Birgit Werner

Dyskalkulie – Rechenschwierigkeiten

Diagnose und Förderung rechenschwacher
Kinder an Grund- und Sonderschulen

Verlag W. Kohlhammer

Alle Rechte vorbehalten
© 2009 W. Kohlhammer GmbH Stuttgart
Gesamtherstellung:
W. Kohlhammer Druckerei GmbH + Co. KG, Stuttgart
Printed in Germany

ISBN 978-3-17-020538-3

Kohlhammer

Inhaltsverzeichnis

Vorwort 7
1 Vom Wesen der Mathematik 11
2 Funktion, Struktur und Grundelemente des Mathematikunterrichts 23
   2.1 Funktion und Struktur des Mathematikunterrichts 23
      2.1.1 Sachstruktur: Das Wesen der Mathematik 26
      2.1.2 Vermittlungsstruktur: Didaktisch-methodische Entscheidungen 27
      2.1.3 Aneignungsstruktur: Wesen und Entwicklung des mathematischen Denkens 34
   2.2 Kommunikation als grundlegender Bestandteil des Mathematikunterrichts 40
   2.3 Situationsdiagnostik als Reflexion von Unterricht 46
   2.4 Thesen zum Wesen von Mathematik, Mathematiklernen und Mathematikunterricht 53

3 Mathematik und Sprache 55
   3.1 Sprache als Kommunikationsmedium im Mathematikunterricht 55
   3.2 Sprachstrukturen, die zu „Stolpersteinen" im Mathematikunterricht werden können 59
   3.3 Mathematik als Fachsprache 62
   3.4 Sach- und Textaufgaben 65
   3.5 Mathematiklernen und Zweisprachigkeit 68
   3.6 Beratungsgespräche als didaktische, kommunikationsfördernde Methode 75
   3.7 Verbalisieren von Lösungswegen und Denkabläufen 82
   3.8 Rechentagebücher als didaktisch-methodische Variante zur Verschriftlichung von Lern- und Lösungswegen 84

Exkurs I: Dyskalkulie, Rechenschwäche oder Schwierigkeiten beim Rechnenlernen 89

4 Mathematische Vorläuferfertigkeiten: Begriff, Entwicklungsmodelle, Förderkonzepte und -programme 106
   4.1 Mathematische Alltagserfahrungen im Vorschulalter 108
   4.2 Spezifische und unspezifische Vorläuferfertigkeiten im Bereich Mathematik 110
   4.3 Modell zur Entwicklung mathematischer Kompetenzen 115
   4.4 Konzepte und Programme zur Förderung vorschulischer mathematischer Kompetenzen 118
      4.4.1 Konzepte 119
      4.4.2 Programme 126

4.5 Übersicht über Verfahren zur Erfassung mathematischer Kompetenzen im Vor- und Grundschulalter 139

Exkurs II: Vom Wesen der Zahl, die Entwicklung des Zahlbegriffs und Diagnoseverfahren 145

5 Didaktische Konzeptionen eines Mathematikunterrichts für lern- und rechenschwache Kinder 159

   5.1 Didaktische Konzepte für den Mathematikunterricht in der Lernbehindertenpädagogik 160
      5.1.1 Das Konzept des Mathematikunterrichts in der (traditionellen) Hilfsschulpädagogik 161
      5.1.2 Der Einfluss der „Neuen Mathematik" 163
      5.1.3 Problemorientierter Mathematikunterricht.................. 167
      5.1.4 Der struktur- und niveauorientierte Mathematikunterricht nach Kutzer.. 172
      5.1.5 Die entwicklungspsychologisch orientierte Konzeption (Wember 1986)... 177
      5.1.6 Das Entdeckende Lernen im Mathematikunterricht der Förderschule.. 179
   5.2 Didaktisch-methodische Prinzipien eines Mathematikunterrichts für lernschwache Schüler 191

6 Kompetenz- und Alltagsorientierung als didaktisch-methodische Kernideen 196

   6.1 Mathematische Kompetenzen und ihre Standards als didaktische Orientierung... 196
      6.1.1 Zahlen und Operationen 202
      6.1.2 Größen und Messen 219
      6.1.3 Raum und Form.. 224
   6.2 Didaktische Implikationen einer Alltagsorientierung 238
   6.3 Faktoren einer erfolgreichen Mathematikförderung 242
      6.3.1 Vorwissen 245
      6.3.2 Kognitive Vorläuferfertigkeiten 246
      6.3.3 Unterrichtsstil bzw. pädagogische Grundhaltung der Lehrkräfte. 248
      6.3.4 Art der Aufgabenstellung 250
   6.4 Das Literacy-Grundbildungsmodell als grundlegende didaktisch-methodische Orientierung... 253
      6.4.1 Kulturelle Literalität.................................... 257
      6.4.2 Anspruch einer Grundbildung in der Lernbehindertenpädagogik 261
      6.4.3 Didaktische Umsetzung des Literacy-Grundbildungsmodells im Mathematikunterricht................................. 264

Literaturverzeichnis 270

Tabellen- und Abbildungsverzeichnis 288

Vorwort

Im Mathematikunterricht gibt es immer Kinder, denen das Lernen speziell in diesem Fach unter den gegenwärtigen schulischen Bedingungen schwerfällt. Dieses recht weit verbreitete – häufig mit dem Begriff „Rechenschwäche" oder auch „Dyskalkulie" bezeichnete – Phänomen lässt sich auch anders ausdrücken: es gibt immer wieder Mathematikstunden, die nicht alle Kinder erreichen, deren Verhalten sich dadurch auszeichnet, dass ihre Lernstrategien scheinbar resistent gegenüber schulischen Bemühungen sind. Nicht nur in pädagogischen auch in therapeutischen Kontexten wird immer wieder der mangelnde Erfolg direkter Instruktionen bzw. Interventionen beklagt (Simon 1999; Rotthaus 1999; Wittmann 2002). Vertreter aller Professionen, die unmittelbar mit Menschen umgehen und darüber hinaus noch versuchen, diese zu beeinflussen, leben mit dem Widerspruch, „die Verantwortung für das Verhalten von Systemen zu tragen, die ganz offensichtlich nur in sehr begrenztem Maße steuerbar sind" (Simon 1999, 9). Speck formuliert aus schulpolitischer Sicht Ähnliches: „Unterrichtsqualität für jeden Schüler ist nur bedingt planbar. Jeder ist seine eigene unverfügbare Größe" (2002, 59). Die vielzitierte und -diskutierte PISA-Studie untermauert dies speziell für das Fach Mathematik: „Im Fach Mathematik erleben sich die Schülerinnen und Schüler aller Schulformen wesentlich häufiger als überfordert als im Fach Deutsch ... Je stärker der Unterricht als überfordernd wahrgenommen wird, desto schlechter die Leistung" (Deutsches PISA-Konsortium 2001, 500). Steinbring (2000a) charakterisiert diese Situation als scheinbar ausweglosen, „fragilen Prozess", bei dem die erfolgreiche Wissensvermittlung nicht „erzwungen, vollständig determiniert und garantiert werden kann" (40). Pointiert beschreibt er diese Situation als „Paradoxie" der unterrichtlichen, mathematischen Kommunikation: „Die (mathematische) Information soll durch die Mitteilung des Lehrers übertragen werden – was nicht direkt erreichbar und im Prinzip völlig unmöglich ist" (37).

Dieses Buch möchte Anregungen dafür geben, mit dieser scheinbar ausweglosen Situation umzugehen. Zunächst wird eine Sichtweise dargelegt, die die unterschiedlichen Aspekte zum Mathematiklernen, z. B. die Lern- und Leistungsvoraussetzungen der Schüler, die Kompetenzen der Lehrkräfte, Fragen der Mathematikdidaktik und Aspekte der Fachsystematik Mathematik, erfasst und berücksichtigt. Alle diese Momente zusammen, ihre gegenseitige Verflechtung und Abhängigkeit charakterisieren das Wesen eines (erfolgreichen) Mathematikunterrichts. Sie fließen in die konkret ablaufende Unterrichtsstunde ein und determinieren ihren Ablauf. Der Mathematikunterricht selbst ist eine gemeinsame Lehr- und Lernsituation, die – wie jegliche Form von Unterricht – auf Kommunikation basiert.

Die deutliche Abkehr eines rein fachwissenschaftlich orientierten Mathematikunterrichts zugunsten eines alltags- und kompetenzorientierten Unterrichts, die sich derzeit sowohl an Regel- als auch an Sonderschulen beobachten lässt, prägt die Grundlinien dieses Buches.

Intention eines kompetenz- und alltagsorientierten Mathematikunterrichts ist es, einen Zugang zum Verständnis für Mathematik als eine charakteristische Art des Denkens und des Problemlösens im Alltag zu schaffen. Es ist nicht Ziel des Unterrichts, reproduzierbares Faktenwissen zu vermitteln, sondern mathematische Kompetenzen als Werkzeuge in einer Vielfalt alltäglicher und lebensbedeutsamer Situationen anzubahnen und anzuwenden. Die fachwissenschaftliche Systematik ist den Anwendungs- bzw. Transferfähigkeiten mathematischen Wissens nachgeordnet. Diese Zielsetzung ist nicht spezifisch sonderpädagogisch, sie trifft für alle Altersstufen ebenso wie für alle Schulformen zu.

Diese Ausführungen analysieren den Unterricht als eine Interaktions- und Kommunikationssituation, in der sich Lehrer und Schüler gemeinsam, aber auf unterschiedlichen Wegen und mit unterschiedlichen Voraussetzungen dem Gegenstand Mathematik nähern. Damit reiht sich dieses Buch in schon vorhandene Publikationen zur Veränderung des Mathematikunterrichts ein. (Exemplarisch seien hier genannt: Wittmann 2002; Scherer 1995; Wember 1986; Häsel 2001; Bauersfeld 1985; Winter 1994; Werner 2003). Die empfohlenen Verfahren und Methoden stützen sich auf empirische Forschungsbefunde, die in der Mathematikförderung gerade für lern- und rechenschwache Kinder ähnliche bzw. die gleichen Vorgehensweisen empfehlen wie für Kinder ohne Lernschwierigkeiten. Nicht defizitorientierte, spezifisch andersartige Techniken, Verfahren, Methoden wie beispielsweise Trainingsprogramme bei Teilleistungsstörungen haben sich in der Förderung rechenschwacher Kinder als erfolgreich erwiesen. Entscheidend für die Effektivität der Förderung ist die individuelle Angemessenheit der Anforderungen, Aufgabenstellungen, Materialien, Methoden usw. an die individuellen Lern- und Leistungsmöglichkeiten des einzelnen Kindes.

Die Umsetzungsvorschläge konzentrieren sich auf drei tragende Aspekte des Unterrichts:

- auf die *Lehrkräfte* (die eher eine begleitende und moderierende, weniger eine stringent vermittelnde Rolle einnehmen können),
- auf die *Schüler* (die weniger Objekt einer Belehrung sein sollten, sondern sich als Subjekte eigener Lern- und Entwicklungsprozesse wahrnehmen könnten) und
- auf das *Unterrichtsgeschehen* selbst (in dem weniger vorgefertigte Inhalte vermittelt werden sollten, sondern das Gestaltungsräume für eine eigenaktive Auseinandersetzung bieten kann).

Diese Intention prägt die Inhalte und den Aufbau dieses Buches.

Die ersten drei Kapitel einschließlich ihrer vertiefenden Exkurse thematisieren ein basales Grundwissen über Mathematik und Mathematiklernen. Aus einem kurzen historischen Abriss über die Geschichte der Mathematik wird das Wesen der Mathematik als geisteswissenschaftliche Disziplin charakterisiert (Kapitel 1).

Der Mathematikunterricht selbst ist in seinem grundlegenden Baustein eine Kommunikationssituation, deren Strukturen stark u. a. von dem formal-abstrakten Charakter mathematischer Zeichen und Symbole geprägt sind (Kapitel 2). Die Grundstruktur des Mathematikunterrichts wird durch die drei Bereiche Aneignungs-, Vermittlungs- und Sachstruktur umrissen. Die Ausführungen zur Vermittlungsstruktur diskutieren vor allem Fragen des Einsatzes von Unterrichts- und Anschauungsmitteln. Unter Berücksichtigung wahrnehmungspsychologischer Aspekte wird deren Wirksamkeit im Unterricht erläutert. Im Bereich Aneignungsstruktur werden Fragen der Entwicklung des mathematischen Denkens sowie grundlegende mathematischer Denkprozesse skizziert.

Unterricht realisiert sich weitgehend in Sprache. Daher widmet sich das Kapitel 3 speziell der Rolle der Sprache. Es analysiert verschiedene Momente wie beispielsweise die sprachlichen Aspekte mathematischer Aufgabestellungen sowie die Möglichkeiten, Sprache als didaktisches und diagnostisches Mittel zu nutzen. Darüber hinaus wird das besonders für die Förder- bzw. Lernbehindertenschule sensible Thema des Zusammenhangs zwischen Mathematiklernen und Kindern mit Migrationshintergrund bzw. Zweisprachigkeit aufgegriffen.

Diese Überlegungen zu den Grundfragen des Mathematikunterrichts werden mit einem Exkurs zur Rechenschwäche bzw. Dyskalkulie abgerundet.

Kapitel 4 widmet sich den Notwendigkeiten und Möglichkeiten einer zielgerichteten und systematischen Erfassung und Förderung mathematischer Kompetenzen vor allem vor Beginn des Schulbesuchs. Die für den Mathematikunterricht spezifischen und unspezifische Vorläuferfertigkeiten sowie Befunde zu deren Entwicklung werden skizziert. Eine Darstellung und Bewertung von Konzepten und Programmen zur Förderung dieser Kompetenzen im Vorschul- bzw. Kindergartenbereich schließen dieses Kapitel ab.

Die Kapitel 5 und 6 setzen didaktische Akzente. Es werden besonders solche Konzepte analysiert, die für lern- bzw. rechenschwache Kinder entwickelt wurden. Vorangestellt wird diesen Ausführungen ein Exkurs über das Wesen der Zahl, als einen grundlegenden Inhalt im Anfangsunterricht Mathematik. Das Wesen der Zahl sowie Aspekte der Zahlbegriffsentwicklung werden vor allem unter didaktischen und diagnostischen Fragestellungen erläutert. Kapitel 5 legt seinen Schwerpunkt auf Konzepte zur Förderung lernbehinderter bzw. schulleistungsschwacher Kinder. (Im Folgenden werden die Begriffe Förder-, Lernbehindertenschule und Schule für Lernbehinderte synonym verwendet). Kernkriterium ihres Vergleichs und ihrer Bewertung liegt in der Alltags- und Kompetenzorientierung gerade für diese Schülergruppe. Das letzte Kapitel 6 greift die aktuelle schulpolitische und mathematikdidaktische Diskussion um einen alltags- und kompetenzorientierten Unterricht auf und skizziert in den wichtigsten mathematischen Inhaltsbereichen wie Zahl und Operationen, Größen und Messen, Raum und Form didaktisch-methodische Umsetzungsmöglichkeiten.

Die dargestellten Unterrichtsbeispiele stammen – sofern sie nicht anders gekennzeichnet sind – aus eigenen Unterrichtsbeobachtungen an Grund- und Förderschulen sowie aus Lehrveranstaltungen, in denen Studierende mit Schülern aus Grund- und Förder-/Lernbehindertenschulen im Bereich Mathematik arbeiteten ... und viel voneinander lernten.

In diesen Ausführungen wird sichtbar, dass es gegenwärtig fruchtbare Annäherungen zwischen der Grundschul-, der Fachdidaktik sowie der Didaktik im Bereich Lernbehindertenpädagogik gibt.

Hinweis

Aus Gründen der besseren Lesbarkeit wird im Text nicht explizit zwischen weiblichen und männlichen Wortformen unterschieden. Es sind jedoch immer beide Geschlechter miteinbezogen.

1 Vom Wesen der Mathematik

„*Mathematik ist eine von Menschen gedanklich konstruierte Wirklichkeit, die ... keinen willkürlichen Charakter hat, sondern von Notwendigkeiten geprägt ist und Entdeckungen zulässt. Es gibt eine Übereinstimmung zwischen unserem mathematischen Denken und unseren Erfahrungen mit der Außenwelt (Natur).*" (Wittenberg 1963, 16)

„*Das Buch der Natur ist mit mathematischen Symbolen geschrieben.*" (G. Galilei)

„*Mathematik kann man nur mit dem Auge des Geistes ‚sehen'.*" (Devlin 2002, 7)

„*Der Mathematiker ist ein Erfinder, kein Entdecker.*" (Wittgenstein 1984, 99)

„*Sie (die Mathematik) ist die abstrakteste Wissenschaft von allen. Sie spricht beispielsweise von Räumen, nennt deren Elemente ‚Punkte' und kann davon abstrahieren, ob es sich dabei um Zahlen, Kurven, Flächen, Funktionen oder sonstwas handelt. Verrückt nur, dass einige ihrer reinsten Gedankenkonstruktionen den weltzugewandten Verstand überhaupt erst möglich machen – von der Raumfahrt über Klimaforschung und Kommunikationstechnik bis zur Medizin und Demographie.*" (Die Zeit 2008, online)

Mathematik

All diese Zitate dienen als Einleitung, als Anregung darüber nachzudenken, was Mathematik eigentlich ist. Was charakterisiert das Wesen von Mathematik? Ist Mathematik eine Natur- oder Geisteswissenschaft? Gäbe es die Mathematik, wenn es die Menschen nicht gäbe?

Dieses Kapitel soll zunächst über einen Rückgriff auf die Geschichte der Mathematik verdeutlichen, dass die Entstehung und die Entwicklung von Mathematik eng an die kulturellen und wirtschaftlichen Gegebenheiten einer Gesellschaft gebunden waren und sind. Selbst eine Geschichte der Mathematik lässt sich nicht ohne Bezug zur Geschichte der Menschheit schreiben.

Mathematik ist ein mehr als eintausend Jahre altes Kulturgut. Schon aus den ältesten Kulturen sind zusammen mit den Schriftzeichen auch Dokumente mathematischer Berechnungen überliefert.

Die *Mathematik* (griech.: mathema) ist die „ursprünglich aus den Aufgaben des Rechnens und Messens erwachsene Wissenschaft, der praktische Fragestellungen zu Grunde liegen und zu deren Behandlung Zahlen und geometrische Figuren herangezogen wurden" (dtv-Lexikon; Bd. 11 1997, 312). Zwar gibt es in den Entstehungs- und Entwicklungsgeschichten aller Kulturen enge Zusammenhänge zwischen der Etablierung schriftsprachlicher und mathematischer Symbole, dennoch „ist das Vorliegen einer Schrift noch keine hinreichende Voraussetzung für die Existenz eigener Zahlsymbole" (Stern 2005, 293). Mathematik und Schriftsprache sind kulturelle Erscheinungen. Sie spiegeln das Ergebnis kultureller Entwicklungen wider. Deren Entwicklungen verliefen zwar zeitlich parallel, aber in deutlich unterschiedlicher Qualität (Ifrah 1998). Während in der Schriftsprache interkulturelle Unterschiede sich immer deutlich abzeichnen (werden), ist Mathematik in ihrer heutigen Form eine globale Erscheinung.

Rechnen

Eng verbunden mit Mathematik ist in unserem heutigen Sprachgebrauch der Begriff des Rechnens. Mit Rechnen (Berechnungen) will der Mensch die Vorgänge in seiner Umwelt quantitativ und mit der Sprache (d. h. mit einem konventionellen Zeichensystem) qualitativ beschreiben.

Der Begriff „Rechnen" (althochdeutsch für „Ordnen") bezeichnet die „Verknüpfung von Zahlen durch Addition und Multiplikation und deren Umkehrung Subtraktion und Division, mit allen Folgerungen, unter Befolgung der Rechengesetze und -regeln" (Grube 2006, 1). Die Größe einer Menge, z. B. einer Viehherde, kann durch Zählen bestimmt werden. Rechenprozesse sind demnach Ordnungsprozesse. Mathematik gilt als das Regelwerk des Rechnens. Insofern ist die Bezeichnung „Rechner" für einen Computer nicht abwertend, sondern trifft den Kern der Funktionalität dieses Gerätes. Ein Computer löst auf der Basis binärarithmetischer Rechnungen Aufgaben in sehr hohen Größenordnungen (Grube 2006, 1).

In unserem heutigen Sprachgebrauch schreiben wir dem Begriff des Rechnens zwei Bedeutungen zu. Zum einen meint „rechnen", dass wir Zahlen logisch, d. h. nach bestimmten Regeln und Bildungsvorschriften miteinander verbinden, Mathematik anwenden, z. B. Peter rechnet gerade Additionsaufgaben im Zahlenraum bis 1000. Zum anderen meinen wir mit „rechnen" etwas stark vermuten, dass etwas geschehen wird, etwas voraussehen, z. B. heute Nacht wird *mit* starken Regenschauern *gerechnet*. Da*mit* hatten wir nicht *gerechnet*. Wir *rechnen* fest *mit* Ihnen.

Geschichte der Mathematik

Mathematik ist eine der ältesten Wissenschaften. Ihre über Jahrhunderte kontinuierliche Entwicklung machte sie zu einer der am besten begründeten Wissenschaften. Sie nimmt heute eine zentrale Stellung im System der Wissenschaften ein und bildet die Basis für andere Wissenschaftsbereiche wie Physik, Biologie, Mikroelektronik, Natur- und Sozialwissenschaften.

Ihren Ursprung fand die Mathematik in der Beschäftigung der Menschen mit Mengen, mit Messen, mit Konstruieren – jeweils aus dem Bedürfnis bzw. der Notwendigkeit einer Auseinandersetzung mit Naturphänomenen wie Zeitpunkte, Mengen der Aussaat, Berechnung von Hochwasser u. ä. heraus. So forderte der Ackerbau der alten Kulturen an Euphrat und Tigris, am Nil die genaue Kenntnis der jeweiligen Hochwasserzeiten der Flüsse, um die Termine für die Aussaat bestimmen zu können. Kanäle zur Bewässerung und Dämme zum Schutz vor Hochwasser mussten vermessen und berechnet werden. Die Bauern mussten einen Termin für die Aussaat bzw. den Zeitpunkt der Überschwemmung bestimmen. Vorformen eines Kalenders wurden entwickelt und erste trigonometrische Rechnungen aufgestellt.

Einige ausgewählte Daten zur Geschichte der Mathematik sollen diese enge Wechselwirkung zwischen Mathematik und menschlicher kultureller Entwicklung verdeutlichen. Die nachfolgende chronologische Darstellung ausgewählter historischer Daten zur Mathematikgeschichte berücksichtigen neben der Entwicklung der Zahlzeichen und des Zahlsystems vor allem die Einflüsse der griechischen, babylonischen und ägyptischen Mathematik.

Lange bevor die Schrift entwickelt wurde, beschäftigte sich der Mensch vermutlich mit Zahlzeichen und geometrischen Strukturen. Geometrische Verzierungen finden sich auf 40 000 Jahre alten Keramikgefäßen. Bereits in der Altsteinzeit, also vor etwa 20 000 bis 30 000 Jahren, entwickelten sich erste Formen elementaren Rechnens.

Die ältesten Hinweise auf den Umgang mit Zahlen wurden auf den Zeitraum 30 000 Jahre v. Chr. datiert. Aus dieser Zeit finden sich (meist auf Knochen) Kerbzeichen, die den Gebrauch natürlicher Zahlen sowohl als Ordnungs- als auch als Kardinalzahlen darstellen. Sie gelten als die ältesten Mengen- bzw. Zahldarstellungen (Ifrah 1998, 545). Diese Knochen mit Kerbmarken waren teilweise in Fünfergruppen zusammenfasst und gelten als Vorformen von Bündelungen, d. h. einer effektiven Art, größere Mengen zu erfassen.

In Ägypten wurden rund 2900 Jahre alte Handschriften gefunden, die einfache Mathematikaufgaben, etwa zur Berechnung der Fläche von Rechtecken, Trapezen und Dreiecken enthalten.

Umfangreicher als die Quellen zur ägyptischen Mathematik sind die schriftlichen Zeugnisse der Babylonier. Diese hielten ihre Erkenntnisse auf Tontafeln fest, die im Gegensatz zu Papier (wie bei den Ägyptern) eine deutlich längere Lebensdauer hatten. Die Menschen dieser Zeit mussten Dinge ihres Alltags wie ihr Vieh oder auch ihren Lohn zählen und notieren. Wie alle Stromlandkulturen beschäftigten sich auch die Babylonier überwiegend mit der Geometrie. Die babylonischen Formeln, z. B. für die Berechnung von Flächeninhalten, entstanden beim Vermessen von Ackerland.

Auf den Zeitraum 3000 Jahre v. Chr. werden die ersten Ziffernsymbole in Form von Hieroglyphen bei den Sumerern datiert. Für die Darstellung ihrer Zahlzeichen nutzen sie ihre Keilschrift (Ifrah 1998, 546).

Etwa um 2900 v. Chr. entwickelten die Ägypter ebenfalls zur Planung von Bauwerken, z. B. für den Bau der Pyramiden, viele Formeln.

Um 2500 v. Chr. wurden in Mesopotamien (heutiger Irak) Keilzahlzeichen aus der sumerischen Keilschrift an ein dezimales Zahlensystem angepasst. Um 1800 v. Chr. entwickelten die Babylonier das älteste derzeit bekannte Positionssystem auf der Basis von 60.

Um 600 v. Chr. begann die Blütezeit der Mathematik bei den Griechen. Sie begründeten und bewiesen nicht nur die von ihnen erstellte, sondern auch die der bereits aus Babylon und Ägypten kommenden Formeln. Eine der wichtigsten Quellen der griechischen Mathematik sind die von Euklid v. Alexandria (365–300 v. Chr.) verfassten 13 Bände mit dem Titel „Die Elemente". Sie stellen eine systematische Erfassung aller bekannten Sätze über die räumliche und ebene Geometrie dar und unterscheiden erstmalig Grundsätze/Axiome und Definitionen sowie Sätze.

Großen Einfluss auf die Entwicklung der Mathematik als eigenständige wissenschaftliche Disziplin hat die (griechische) Pythagoreische Schule (500 v. Chr.). Mathematik wurde hier primär als Geometrie im Sinne der Erd(ver)messung verstanden. Pythagoras von Samoas (570–510 v. Chr.) entwickelte den Flächensatz im rechtwinkligen Dreieck: $a^2 + b^2 = c^2$.

Um 250 v. Chr. verwendeten die Babylonier erstmals ein eigenes Schriftzeichen für die Null als Leerstelle bei den Zahlen.

200 v. Chr. beschäftigte sich Archimedes (287–212 v. Chr.), ein griechischer Mathematiker, vor allem mit praktischer Umsetzung mathematischer Probleme. Er entdeckte die Hebelgesetze und konstruierte auf deren Grundlage den Flaschenzug. Ebenfalls noch vor unserer Zeitrechnung wurden die Berechnungen von Kreis, Kugel, Zahl Pi sowie Volumen entwickelt.

Um 500, durch den Einfluss der indischen Mathematik, begann der Umgang mit negativen Zahlen. Inder nutzten die Null bereits ab dem 9. Jahrhundert und symbolisierten sie durch einen Punkt oder Kreis. Ausgelöst u. a. durch die Ausweitung von Handel und Verkehr und durch die vielen ungelösten kaufmännischen Probleme, z. B. Rest-, Teilzahlungen beim Handel, Umgang mit Schulden, Sollstände usw., erweiterte sich der Zahlbereich von den natürlichen zu den ganzen Zahlen. Negative Zahlen etablierten sich als feste Größe in alltäglichen und mathematischen Kontexten.

Um 976 treten die arabischen Ziffern in Europa erstmals auf; ihr endgültiger Durchbruch erfolgte erst rund sieben Jahrhunderte später.

Arabische Mathematiker übernahmen die Null aus dem Indischen. Es dauert fast 300 Jahre vom 12. bis zum 15. Jahrhundert, bis sich dieses Symbol allmählich im europäischen Raum durchsetzte. Die Null markiert den Anfang der Reihe der natürlichen Zahlen und wird als neutraler Begriff in Bezug auf Addition und Subtraktion verwendet.

Etwa um 1100 beschäftigte man sich in Mitteleuropa intensiv mit Mathematik. Bereits bekannte Gesetzmäßigkeiten und Formeln wurden rezipiert, neue entworfen. Ebenso wurden neue Rechenhilfen wie z. B. der Abakus entwickelt.

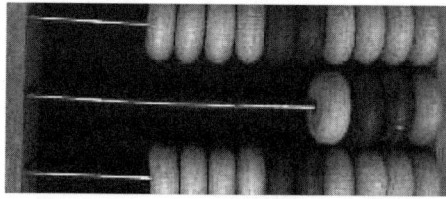

Abb. 1: Abakus

Um 1500 wurden in Mitteleuropa von den Stadtverwaltungen so genannte Rechenmeister als Lehrer und Rechner eingesetzt. Der wohl bekannteste Rechenmeister Adam Ries (1492–1550) verfasste Rechenbücher – und diese in Deutsch und nicht wie üblich in Latein. In dieser Zeit wurden die Rechenverfahren entwickelt, wie Grundrechenoperationen mit natürlichen und ganzen Zahlen sowie die Symbole Plus, Minus, Wurzel und Klammer eingeführt.

Im 16./17. Jahrhundert gewann die Mathematik durch den Aufschwung in Handel, Wirtschaft und Gewerbe erneut an Bedeutung. Geografische Entdeckungen und die Verbreitung der Buchdruckerkunst trugen vor allem zur Verbreitung schriftlicher Rechenverfahren bei. Händler und Gewerbetreibende mussten rechnen können. Häufig lösten sie ihre Aufgaben mit Hilfe von Rechenbrettern.

1610 wurden die ersten Logarithmentafeln entwickelt.

Blaise Pascal (1623–1662) entwickelte die erste mechanische Rechenmaschine. Er schuf zusammen mit dem französischen Juristen und Hobbymathematiker Pierre de Fermat (1601/1608–1665) die Grundlagen der Wahrscheinlichkeitsrechnung.

1631 wurden erstmals die Zeichen „>" und „<" zur Darstellung von Ungleichungen genutzt.

1637 legte René Descartes (1596–1650) die Grundlagen für die Einführung der heutigen Potenzschreibweise und entwickelte Rechenstäbe mit logarithmisch eingeteilten Skalen.

Um 1870 begründete der deutscher Mathematiker Georg Cantor (1845–1918) die Mengenlehre. Sie beruht auf der Erkenntnis, dass ein Teil genau so groß sein kann wie das Ganze.

1880 wurde die erste Lochkartenmaschine entwickelt, die die Grundlage für umfassende Datenerfassung und Voraussetzung für elektronische Datenverarbeitung, für die Existenz eines Computers, darstellt.

1889 begründete der italienische Mathematiker Giuseppe Peano (1858–1932) den Aufbau des Systems der natürlichen Zahlen (Peanosche Axiome). Mit diesen Axiomen legte er die Logik der natürlichen Zahlen fest.

1941 konstruierte der deutsche Bauingenieur Konrad Zuse (1910–1995) den ersten Rechenautomat auf Relaisbasis. 1946 wird in den USA die erste elektronisch arbeitende Rechenmaschine gebaut.

Dieser kurze Abriss macht deutlich, dass Mathematik kein starres, feststehendes, sondern ein lebendiges, sich ständig weiterentwickelndes Theoriegebäude ist. Diese Historie bildet damit eine Begründung dafür, Mathematik als Geistes- und nicht als Naturwissenschaft zu verstehen.

Mathematik: Eine Natur- oder Geisteswissenschaft?

In den Naturwissenschaften werden die Gesetze aus der Natur abgeleitet; in der Mathematik stellen die entwickelten Gesetze die eigentliche Wirklichkeit dar. In der Mathematik wird eine Wirklichkeit erfunden, konstruiert, die sich nicht unmittelbar aus der Natur ableiten lässt.

Mathematische Theorien stellen sich als Wechselspiel zwischen Erfinden und Entdecken dar (Brunner 2007, 32). Mathematische Definitionen sind Erfindungen des menschlichen Geistes, die daraus abgeleiteten Sätze sind Entdeckungen (ebd.). Mathematik kann ohne den Menschen nicht existieren, es gibt sie nur in den Köpfen der Menschen.

Hier zeichnet sich schon eine erste gravierende Unterscheidung zwischen Naturwissenschaften und der Mathematik ab. Entscheidend für die Gültigkeit einer mathematischen Aussage ist, im Gegensatz zu naturwissenschaftlichen Nachweisen, die richtige Herleitung. Aber anders als in den Naturwissenschaften unterliegen mathematische Aussagen keinen Paradigmen, d. h. keinen definierten Vorannahmen einzelner Fachvertreter.

Der wesentliche Unterschied mathematischer Aussagen zu denen anderer Disziplinen liegt also darin, dass sie von der momentanen Wirklichkeit, was immer das auch sein mag, unabhängig gültig sind. Bei den Naturwissenschaften bestimmt die Wirklichkeit das Gesetz, in der Mathematik bildet das Gesetz die Wirklichkeit.

Der Kern der Mathematik sind nicht die in der Umwelt beobachtbaren Objekte, Phänomene und Ereignisse. Mathematik als Wissenschaft schreibt diesen Objekten bestimmte Eigenschaften zu, die nicht direkt von diesen abzuleiten sind. Diese von den Gegenständen unabhängigen Eigenschaften wie z. B. die Anzahl, die Relationen zu anderen Objekten und Erscheinungen können wiederum auf andere Objekte angewendet werden. Für diese beobachtbaren Kategorien entwickelten die Menschen ein strenges, konventionelles Zeichen- und Begriffssystem. Mathematik beschäftigt sich also nicht mit real existierenden Gegenständen, sondern mit den Zeichen und Begriffen, die sie diesen Gegenständen zuschreiben, die aber nicht Eigenschaften der Gegenstände selbst sind. Diese Zuschreibung erfolgt auf einer hoch abstrakten und von den Gegenständen unabhängigen Art. Damit sind diese Zuschreibungen wiederum unabhängig von den Objekten und können auf beliebig andere angewendet werden. So ist es den ersten Kerbzeichen auf Knochen nicht anzusehen, was gezählt wurde, sondern nur, dass etwas gezählt wurde. Ob dabei erlegte Tiere, gesammelte Pflanzen oder die Mitglieder der Menschengruppe erfasst wurden, lässt sich aus dieser Codierung nicht ablesen. Im Gegenteil, diese Art der Darstellung ist so unabhängig von den gezählten Gegenständen, dass sie sich auf beliebig viele weitere übertragen lässt. Ebenso bezieht sich das Zahlwort „fünf" bzw. das Ziffernsymbol „5" nicht auf die Finger einer Hand, sondern auf beliebig verschiedene, qualitativ völlig unterschiedliche Mengen. „Fünf" kann eben auch bedeuten, dass ein Buch, ein Auto, zwei Stühle und eine Tasse gedanklich zusammengefasst wurden.

Damit wird ein weiterer Unterschied zwischen der Mathematik und den Naturwissenschaften deutlich. Der Gegenstand der Mathematik sind nicht naturwissenschaftlich erfassbare Phänomene, sondern abstrakte Zeichen, Begriffe und deren Beziehungen untereinander.

Die einfache Gleichung $5 + 3 = 8$ beschreibt auf einer hochformalisierten und abstrakten Ebene, dass folgende Gesetzmäßigkeit gilt: Immer wenn eine Menge von drei Elementen mit einer Menge von fünf Elementen nach der Bildungsregel „Addition" zusammengefügt wird, ergibt sich eine Menge, die genau so groß ist wie eine Menge mit acht Elementen. Nichts davon jedoch findet sich in der Natur wieder; selbst die Zahlen, ihre Reihenfolge und symbolische Darstellung einschließlich unserer Rechenregeln entspringen allein unserem Denken.

Ausgehend davon, dass es vermutlich niemals eine widerspruchsfreie Mathematik geben und sie notwendig unvollständig bleiben wird, rückt der Zusammenhang zwischen Menschen und Mathematik, von Mensch und Natur in den Vordergrund. In den letzten Jahrhunderten wurde die Unterscheidung zwischen Menschen und

Natur scheinbar immer grundsätzlicher und unversöhnlicher. So ist der Mensch in der Lage, Widersprüche auszuhalten, Fragen zu formulieren und sich dadurch ständig weiterzuentwickeln, während in der Mathematik das Vorhersagbare, das Beständige z. B. in Form von Axiomen gesucht wird (Zimpel 2008). Zimpel analysiert diesen Gegensatz nicht als Widerspruch, sondern als nützlich und produktiv. Beide Bereiche, die Menschen und die (Ingenieurs-)Mathematik lassen sich nur in ihren Wechselwirkungen, in ihren Verwendungen erkennen und beschreiben: „Die Zahlen, das universelle Werkzeug der Naturwissenschaft, haben die Tendenz zur Verselbstständigung und zur Entfremdung. Dadurch wird leicht übersehen, dass Zahlen nicht nur die Welt spiegeln, sondern auch den Menschen, der sie schreibt, mit ihnen zählt und rechnet" (Zimpel 2008, 19).

Gerade dieser hohe Abstraktionsgrad, die Unabhängigkeit von den konkreten Gegenständen, Handlungen und Phänomenen macht diese Wissenschaft so universell. Die Objekte der Mathematik resultieren allein aus unserer kognitiven Tätigkeit, nicht aus einem „Absehen" aus der Natur. Daher ist Mathematik auch diejenige Wissenschaft, die ohne die Hilfsmittel anderer Wissenschaften auskommt.

Dass Mathematik eine Geisteswissenschaft ist, lässt sich auch wahrnehmungspsychologisch begründen. Zahlen, Relationen, Punkte und Funktionen kann man weder hören, schmecken, riechen noch sehen. Zwar kann man Symbole dafür schreiben und diese dann auch sehen, die damit erfassten Phänomene jedoch nicht. Allein durch unseren Geist können wir uns der Mathematik nähern. Mathematik kann nicht mit den menschlichen Sinnen wahrgenommen werden. Vielleicht erklärt dies auch das Phänomen, dass viele Mathematiker sich gleichzeitig mit philosophischen Fragestellungen beschäftigten: Pythagoras, Platon, Kant, Frege, Wittgenstein.

Den engen Zusammenhang zwischen der kulturhistorischen Entwicklung der Menschheit und der Mathematik machen zwei Ansätze zur Erklärung von Mathematik deutlich, die hier kurz skizziert werden sollen. Beide Ansätze beeinflussen stark die gegenwärtige didaktische Diskussion. Das Konzept „Mathematik als Muster" findet viele Parallelen in dem Konzept „mathe 2000", einem Grundschulkonzept von Müller & Wittmann, das seit den 1980er Jahren in den Grundschulen eingesetzt wird.

Der Ansatz von Krämer als kulturhistorische und sprachphilosophische Annäherung an Mathematik macht deutlich, wie eng vor dem Hintergrund des abstrakten Zeichen- und Begriffssystems Mathematik der Zusammenhang zwischen Mathematik und Sprache ist.

Mathematik als Muster (Devlin)

„Mathematik ist die Wissenschaft von Mustern" – diese Auffassung begründet Devlin (2002) als Mathematiker (Professor für Mathematik an der Stanford-Universität) und Wirtschaftsjournalist mit vielfach vorfindbaren naturwissenschaftlichen Phänomenen wie Blütenmuster, Muster auf Tierfellen usw. Sie lassen sich mathematisch-biologisch beschreiben und nachvollziehen, z. B. lassen sich viele Blüten durch mehrfaches Wiederholen einfacher Reproduktionsregeln künstlich erzeugen oder eine Zellteilung wird mit Hilfe arithmetischer Regeln beschreiben (Devlin 2002).

Abb. 2: Muster mit Blüten

„Der Mathematiker untersucht abstrakte ‚Muster' – Zahlenmuster, Formelmuster, Bewegungsmuster, Verhaltensmuster und so weiter. Solche Muster sind entweder wirkliche oder vorgestellte, sichtbare oder gedachte, statische oder dynamische, qualitative oder quantitative, auf Nutzen ausgerichtete oder bloß spielerischem Interesse ‚entspringende'" (Devlin 2002, 5). So beschreibt Devlin den Kern der Mathematik. Erfasst werden dabei Themenbereiche wie Muster bei den Zahlen und beim Zählen, Muster im Umgang beim logischen Schließen und bei der Kommunikation, bei Bewegung und Veränderung, bei Formengebilden, bei Symmetrien und Lagebeziehungen usw.

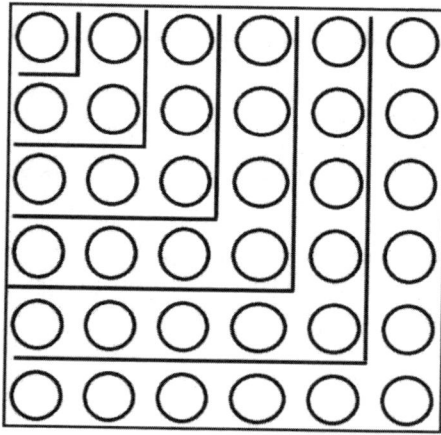

$1 + 3 + 5 + 7 + 9 + 11 = 36 = 6^2$

Abb. 3: Quadratzahlen als Punktmuster (Steinweg 2003, 57)

Wie die Mathematiker herausgefunden haben, gibt es genau 17 Möglichkeiten, ein bestimmtes Muster zu wiederholen, und selbst die scheinbar komplizierteren werden schon seit Jahrhunderten verwendet. Vor allem aber befassen die Mathematiker sich mit hoch abstrakten Ordnungsstrukturen hinter den sichtbaren Dingen: Komplizierte mathematische Überlegungen bieten sogar eine Erklärung, wie die Leoparden zu ihren anscheinend regellosen Flecken und die Tiger zu ihren Streifen kommen.

Devlin beschreibt vier Abstraktionsebenen des Geistes:

1. Objekte des Nachdenkens sind real und sinnlich erfassbar (gedanklich aber ist ein anderer Ort, eine andere räumliche Anordnung möglich); einzelne Tierarten sind zu dieser Abstraktion in der Lage
2. Reale und vertraute Gegenstände außerhalb der unmittelbaren Umgebung
3. Imaginäre Visionen, Varianten realer Objekte, können mit Bezeichnungen für reale Objekte beschrieben werden – nur Menschen sind dazu fähig
4. Mathematisches Denken; mathematische Objekte sind vollkommen abstrakt, haben keine offensichtliche oder direkte Verbindung zur realen Welt, sondern sind davon völlig abstrahiert (Devlin 2004, 150).

Diese Muster sind in der Regel so hochgradig abstrakt, dass eine formale Notation für deren Untersuchung und Beschreibung notwendig ist. Gerade dies kennzeichnet unsere moderne Mathematik: Der Gebrauch der abstrakten Notation. Algebraische Ausdrücke, Formeln und Diagramme sind abstrakte Darstellungen, in denen sich die Abstraktheit der Muster widerspiegelt. Die Symbolsprache der Algebra eignet sich hervorragend dazu, allgemeine Eigenschaften der Grundrechenarten festzuhalten, z. B. die allgemeingültige Formel des Kommutativgesetzes: $m + n = n + m$. Grafische Darstellungen wie die Multiplikationstabelle, der Zahlenstrahl, die Hundertertafel oder auch unsere Potenzschreibweise machen diese abstrakte und zugleich effektive Schreibweise deutlich. Arithmetische Muster finden sich beispielsweise in Übungsformen wie den Zahlenmauern, Zahlenfolgen oder auch bestimmten Aufgabenpäckchen wieder:

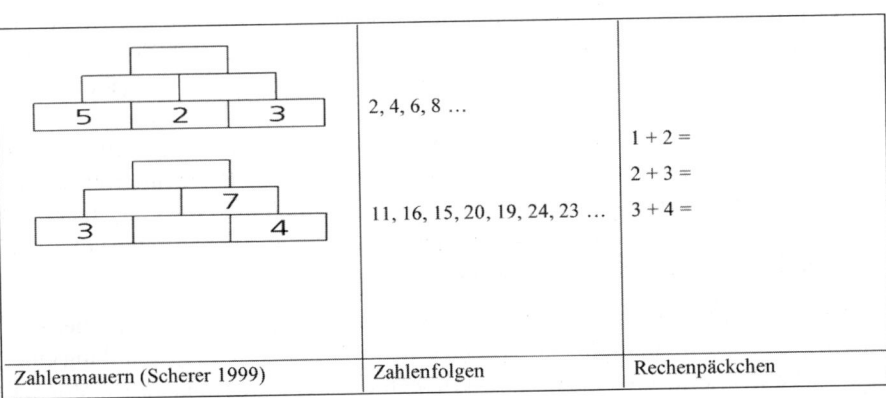

Abb. 4: Arithmetische Muster

Betont wird in diesem Zusammenhang immer wieder, dass die kompetente und sinnvolle Verwendung eines Symbols, einer Ziffer, eines Buchstabens die Einsicht voraussetzt, eine symbolisierte Einheit auch als solche Einheit wahrzunehmen. Um mit dem Symbol „7" die Zahl Sieben darzustellen, müssen wir zunächst diese Zahl

Sieben als Etwas, eine Einheit, ein Ganzes wahrnehmen. Um den Buchstaben „m" als Variable für eine beliebige natürliche Zahl zu benutzen, brauchen wir ein Konzept für das Wesen einer „natürlichen" Zahl. Das Symbol aber erlaubt es, über dieses Konzept nachzudenken und es zu bearbeiten (Devlin 2004, 25).

Aber mathematische Symbole allein machen noch keine Mathematik aus, wie auch ein Notenblatt selbst noch keine Musik ist. Symbole müssen denkend erlebt werden; der Nutzer bzw. Leser dieser abstrakten Notation muss diese Symbole interpretieren und ihnen einen kontextbezogenen Sinn zuweisen, erst dann wird Mathematik „lebendig" (Devlin 2002, 6). „Mathematik kann man nur mit den Augen des Geistes ‚sehen'" (ebd., 7). Um rechnen zu können, bedarf es also nicht der blinden Anwendung von Regeln, sondern einer sinnhaften, kontextgebundenen Interpretation der Symbole. Dass dies nicht immer vorausgesetzt werden kann, zeigen die immer wieder zu beobachtenden, zahlreichen Lösungsversuche der so genannten „Kapitänsaufgaben" mit Aufgabenstellungen wie: „Ein Bauer hat 12 Kühe. Alle bis auf 5 sterben. Wie viele bleiben übrig?" Aufgabenstellungen dieser Art zeigen, dass neben den rein numerischen Aspekten auch die kontextgebundene Interpretation und Sinnentnahme äußerst relevant für deren Lösung ist.

Mathematik als Formalisierung symbolischer Maschinen

Einen interessanten kulturhistorischen und sprachphilosophischen Zugang zur Mathematik entwickelte Krämer (1988). Im Mittelpunkt der Betrachtung über das Wesen der Mathematik steht dabei der hohe Formalisierungsgrad der heutigen Mathematik in seiner historischen Genese. Für die mathematische Wissensbildung rekonstruierte Krämer zwei Typen mathematischer Wissensbildung:

1. Rezeptwissen: Algorithmisch-algebraische Vorschriften (orientalische Herkunft); *Wie?* Dieser Zugang orientiert sich vor allem an der Frage nach den konkreten Abläufen, nach den „technischen" Fertigkeiten zur Lösung einer Aufgabe → *techné*.
2. Begründungswissen: Kenntnisse gelten nur dann als gesichert, wenn sie sich axiomatisch-deduktiv aus einer Theorie ableiten lassen (Ursprung: klassische griechische Mathematik); *Warum?* Hier steht im Mittelpunkt die Frage nach den Begründungs- und Erklärungszusammenhängen für mathematische Vorschriften und Handlungsabläufe → *epistemé*.

Unsere heutige, neuzeitliche Mathematik ist eine Synthese aus orientalischer und griechischer Mathematik, d. h. das Wissen um die Verfahren wird in den Rang eines wissenschaftlich begründeten Wissens erhoben mit der Neuerung, dass mathematische Formeln genutzt werden. Die Anwendung dieser Formeln beruht auf dem operativen Gebrauch von Symbolen. Für die Mathematik bedeutet dies: Mathematik ist u. a. das Operieren mit Zahlen als ein regelgeleitetes Operieren mit Zeichen auf der Basis von Kalkülen. Ein Kalkül ist eine Herstellungsvorschrift, nach welcher aus einer begrenzten Menge von Zeichen unbegrenzt viele Zeichenkonfigurationen hergestellt werden können (Krämer 1988, 59).

Exemplarisch sei dies kurz anhand der wesentlichen Entwicklungsetappen der Zahlreihe zur symbolischen Selbstständigkeit der Zahl skizziert:

1. *Zahlen als Eigenschaften abzählbarer Dinge*: Anhand der Sprache lässt sich erkennen, dass die Zahlen unmittelbar mit den gezählten Dingen verschmolzen sind. So fallen Zahlwort und Ding zusammen. Die Anzahl tritt als Attribut der gezählten Dinge selbst auf. Zahlen sind eben (noch) nicht eigenständige Gegenstände, sondern eine Eigenschaft der gezählten Dinge.
2. *Zahlen repräsentieren sich durch gegenständliche Hilfsmengen*, z. B. Steine, Stäbchen, Muscheln, Perlen. In diesem Stadium lösen sich Zahlwort und die Gegenstände voneinander durch die Benutzung gegenständlicher Hilfsmengen. Die Zahl und das gezählte Ding werden getrennt. Die Elemente der „Hilfsmengen" (meist über Stück-für-Stück-Zuordnung hergestellt) sind in diesem Fall nicht die Zahlen selbst, sondern Anzahlen, d. h. Anzahlen von etwas. Erst wenn an die Stelle der gegenständlichen Hilfsmengen analoge, symbolische bzw. digitale Zeichen treten, erfolgt die wirkliche Ablösung der Zahl von den gezählten Dingen. Dies charakterisiert dann die dritte Etappe.
3. *Zahlen werden erzeugt durch symbolische, später grafische Zählzeichen* (Striche, Ziffernsymbole). Das gegenständliche Zählzeichensystem wird in ein rein symbolisches, meist zweidimensionales, grafisches Symbol umgewandelt (Krämer 1988, 6 ff.).

Damit ist die Grundlage der neuzeitlichen Mathematik gelegt: Die Zahl bleibt nicht mehr Anzahl von etwas, sondern ist etwas, womit gerechnet werden kann. Der „Kunstgriff" der Formalisierung besteht also darin, Symbolreihen unabhängig von ihrer Interpretation manipulieren zu können; diesen Aspekt bezeichnet Krämer mit „techné", da in diesem Fall der Anwender der Mathematik von der Interpretation der Symbole entlastet wird. Unser formales Operieren ist gebunden an einen interpretationsfreien Gebrauch, d. h. während wir mit Symbolen operieren, können wir vergessen, was die Symbole eigentlich bedeuten (Krämer 1988, 1).

Zusammenfassung

Mathematische Inhalte sind an gesellschaftliche Verhältnisse gebunden; unterschiedliche Weltanschauungen prägen unterschiedliche Inhalte und Ziele. Aufgegriffen werden in der Mathematik räumliche und quantitative Beziehungen unserer Umwelt. Mit Hilfe der Mathematik können wir Unsichtbares sichtbar machen, z. B. physikalische Vorgänge beim Fliegen: Was hält ein Flugzeug in der Luft?

Gegenstand der Mathematik (als Fachwissenschaft) sind jedoch nicht diese Beziehungen selbst, sondern deren abstrahierte Formen, d. h. Zeichen und Begriffe, die diese näher beschreiben, so dass sich Mathematik als Wissenschaft zwischen den Beziehungen von Zeichen und Begriffen versteht, die wiederum als abstrakte Symbole der Dimensionen Raum und Zeit quantitative und räumliche Beziehungen beschreiben (Jetter 1982, 66).

Dem mathematischen Laien scheinen aus heutiger Sicht die meisten Probleme der Mathematik gelöst. Mathematik aber entwickelt sich ständig weiter und bleibt – in ihrer reinsten Form ebenso wie in zahlreichen Anwendungen – eine der größten Herausforderungen der Menschheit.

Viele Bereiche der Forschung und der Hochtechnologie sind heute von Mathematik durchdrungen: Ingenieurs- und Sicherheitstechnologien, Informations- und Kommunikationstechnologien, Fahrzeug- und Verkehrstechnologien, Luft- und Raumfahrttechnologien, die Nanotechnologie und andere. Weitere Zukunftsbranchen wie die Genforschung und die Pharmaforschung greifen zunehmend auf mathematische Verfahren zurück.

Diese Ausführungen machen vor allem eines deutlich: Mathematik ist nicht ein vorgefertigtes, stabiles Gebäude von Axiomen und Grundsätzen, die lediglich untermauert und erweitert werden. Mathematik ist eine geisteswissenschaftliche Disziplin, deren Entwicklungsstand im besonderen Maße vom kulturellen Entwicklungsstand der jeweiligen Gesellschaft abhängt.

Trotz aller Unterschiedlichkeit lassen sich in den genannten Ansätzen Gemeinsamkeiten finden, die gerade in schulischen Kontexten interessant und didaktisch-methodisch relevant sind:

- Mathematik ist ein kulturgebundenes Phänomen. Sie wurde von den Menschen erfunden, wurde und wird als notwendiges kulturelles Werkzeug ständig weiterentwickelt.
- Mathematik lässt sich nur erfinden und nicht wie naturwissenschaftliche Phänomene entdecken. Wir Menschen erfanden und erfinden Muster, Formeln und Formalisierungen, Gesetz- und Regelmäßigkeiten, um die uns umgebende Wirklichkeit beobachtbar und beschreibbar zu machen.

Wesentlicher Auftrag des Mathematikunterrichts ist es, diese Entstehungs- und Entwicklungsprozesse als Lehr- und Lernprozesse zu konstruieren, rekonstruieren und dekonstruieren zu lassen. Diese Konstruktionsprozesse sind jeweils kognitive Prozesse, die hinsichtlich ihrer Qualität und Quantität äußerst individuell verlaufen.

Wenn man der Auffassung folgt, Mathematik sei Kulturgut, muss betont werden, dass Lernschwierigkeiten in Mathematik erst vor dem Hintergrund der Entstehung von Mathematik verstanden werden können (Stern 2005, 293).

2 Funktion, Struktur und Grundelemente des Mathematikunterrichts

2.1 Funktion und Struktur des Mathematikunterrichts

Mathematikunterricht ist ein zentrales Unterrichtsfach, in dem Mathematik gelehrt und gelernt werden soll. Er ist ein wesentlicher Bestandteil grundlegender Bildung und dient dem Erwerb mathematischer Kompetenzen. Die Ständige Konferenz der Kultusminister der Länder (nachfolgend KMK) formuliert 2004 als zentrale Zielsetzung für dieses Unterrichtsfach: „Mathematikunterricht trägt zur Bildung der Schülerinnen und Schüler bei, indem er ihnen folgende Grunderfahrungen ermöglicht, die miteinander in Verbindung stehen:

- Technische, natürliche, soziale und kulturelle Erscheinungen und Vorgänge mit Hilfe der Mathematik wahrnehmen, verstehen und unter Nutzung mathematischer Gesichtspunkte beurteilen,
- Mathematik in ihrer Sprache, ihren Symbolen, Bildern und Formeln, in der Bedeutung für die Beschreibung und Bearbeitung von Aufgaben und Problemen inner- und außerhalb der Mathematik kennen und begreifen,
- in der Bearbeitung von Fragen und Problemen mit mathematischen Mitteln allgemeine Problemlösefähigkeiten erwerben" (KMK 2004, 6).

Der Mathematikunterricht hat zentralen Stellenwert für die Vermittlung fachwissenschaftlicher Erkenntnisse und die Entwicklung allgemeiner mathematischer Kompetenzen. Ausgehend vom Grundverständnis, dass mathematische Anwendungen auf kognitiven Prozessen beruhen, leistet der Mathematikunterricht einen grundlegenden Beitrag zur Denkentwicklung. Schwerpunkt des Mathematikunterrichts ist es, in lebensbedeutsamen Alltagssituationen mathematische Strukturen zu erkennen, diese zu verallgemeinern, zu symbolisieren und generalisierend in anderen Handlungsbezügen anzuwenden.

Mit dieser Zielsetzung ist ein Rahmen definiert, der die Struktur und Inhalte der nachfolgenden Kapitel bestimmt. Zentrale Begriffe sind dabei der der Mathematik selbst, der Begriff der mathematischen Kompetenzen sowie didaktisch-methodische Varianten mathematischer Bildung.

Der Erwerb mathematischer Kompetenzen ist zugleich auch immer eine soziale Konstruktion. Werden Lernprozesse als Entwicklungsprozesse verstanden (dies liegt gerade bei der Kopplung zwischen der Entwicklung kognitiver Strategien und dem Erlernen mathematischer Inhalte nahe), darf der Unterricht nicht gekennzeichnet sein von Schülerroutinen, die einen eindimensionalen, linearen Ablauf im Mathematikunterricht provozieren. Schüler würden Mathematik dann als grundsätzlich eindeutig lösbar erfahren, deren Lösungsabläufen eine strenge (wenn auch scheinbar wenig einsichtige) Systematik in den Aufgabentypen zugrunde liegt (Voigt 1994, 285). Spielräume in der Wahl der Lösungswege sowie im Umgang mit eigenen Fehlern sind nahezu ausgeschlossen.

Die Grundthese dieser Monografie geht davon aus, dass Mathematikunterricht durch kommunikative Momente zu beschreiben ist. Kommunikation ist ein soziales Geschehen, das die Art und Weise der Darbietung genauso beinhaltet wie die fachlich-strukturellen Merkmale der Mathematik selbst sowie die individuellen Lernvoraussetzungen der Schüler. Mathematiklernen realisiert sich in einer schulischen Interaktions- bzw. Kommunikationssituation.

Lernen versteht sich als Kontext zwischen Individuum und Interaktion bzw. Kommunikation und erfasst die Beziehung zwischen einem kognitiven System und seiner Umwelt. Lernen ist stets die Einheit, die durch ein lebendes System und dessen Umwelt gebildet wird (Luhmann 2002). Die strukturdeterminierte Autonomie jedes Systems jedoch begründet die Unmöglichkeit, unmittelbar und linear auf ein solches System einzuwirken. Umweltereignisse können ein System lediglich pertubieren, d. h. anregen. Diese Anregungen können von dem System entsprechend seiner inneren Strukturen kompensiert, ausgeglichen oder auch abgelehnt bzw. ignoriert werden. Lernen selbst ist demnach ein Zuschreibungs- und Erklärungsprozess eines Beobachters, der eine bestimmte Verhaltensänderung eines Systems als Lernzuwachs beobachtet und beschreibt: „Ob jemand lernt oder nicht, entscheiden ... die Konzepte des Beobachters. Er schreibt die im Laufe der Veränderungen auftretende Verhaltensänderung eines Menschen den Veränderungen in dessen ‚Wissen' zu" (Simon 1999, 149).

In dem folgenden Modell zur Beschreibung von Lehr- und Lernprozessen zur Mathematik bzw. zur Beschreibung des Mathematikunterrichts werden neben diesen Aspekten ebenso erkenntnistheoretische Aspekte bzw. Momente der kognitiven Entwicklung des einzelnen Kindes in dem Interaktions- und Kommunikationsfeld Mathematikunterricht berücksichtigt.

Die Grundannahmen des Konstruktivismus und der Systemtheorie, schwerpunktmäßig mit ihren Aussagen zum Lernen sowie zur Struktur sozialer Systeme, werden hier auf Mathematikunterricht sowie den darin auftretenden Lernschwierigkeiten angewendet.

Dass für die Erklärung und Deutung mathematischer Lernprozesse kognitionspsychologische Modelle zwar bereichernd, aber nicht ausreichend sein können, betonte Hasemann bereits 1985. Die von ihm zugrunde gelegten kognitionspsychologischen Modelle bei der Untersuchung von Schülern hinsichtlich der Lösung von Aufgaben aus der Bruchrechnung haben sichtbare Grenzen, da sie kommunikative und interaktive Prozesse nicht oder zu wenig berücksichtigen, so dass er als weiterführende Untersuchungen „Untersuchungen über Kommunikationsprozesse beim Mathematik-Lernen" (Hasemann 1985, 199) vorschlägt.

Zentraler Punkt dieser Überlegungen ist nicht die Fachwissenschaft Mathematik, auch nicht allein die Frage der Vermittlung mathematischer Inhalte, ebenso nicht das Kind mit seinen individuellen Lern- und Leistungsmöglichkeiten, sondern das interaktionistische und kommunikative Geschehen im Unterricht selbst. Dieses Geschehen lässt sich durch die drei Komponenten Sachstruktur, Vermittlungsstruktur und Aneignungsstruktur beschreiben. Zwischen diesen Komponenten besteht eine enge, wechselseitige Abhängigkeit und Durchdringung, die weiter unten durch das Modell der Kommunikation näher erläutert werden.

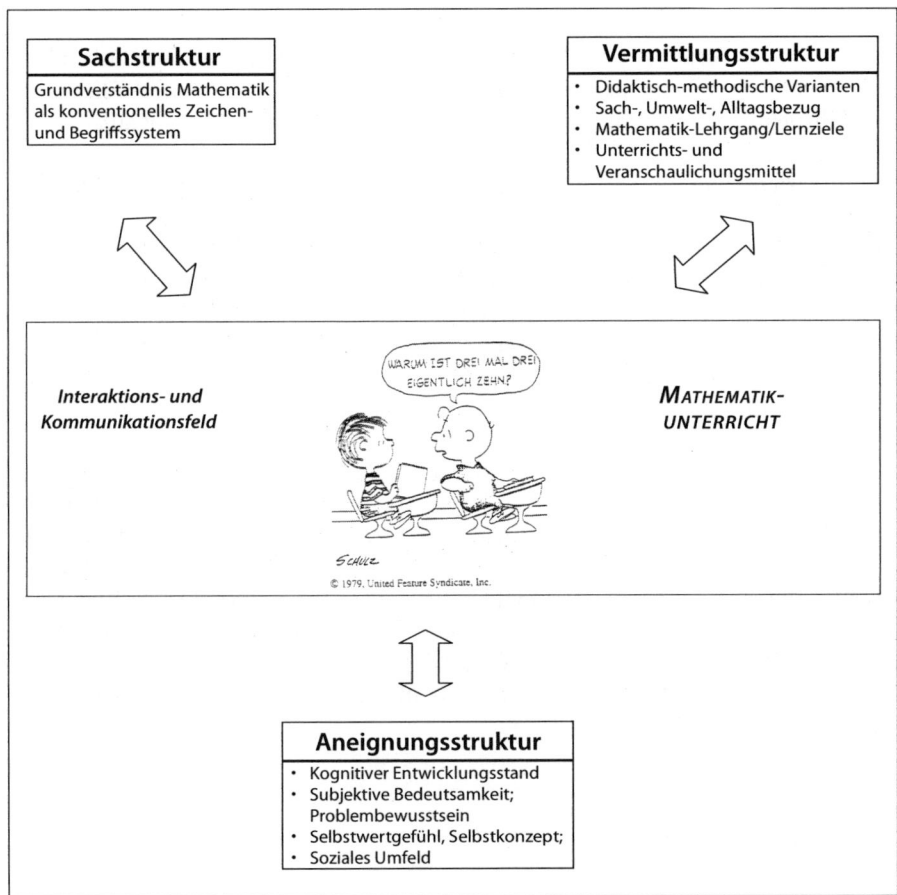

Abb. 5: Kommunikationsmodell (im Kontext Mathematikunterricht)

Das Erlernen mathematischer Sachverhalte ist als interaktiver Prozess zwischen den drei Komponenten Schüler–Lerninhalt–Lehrer zu verstehen (Müller, Steinbring & Wittmann 1997, 72; Hasemann 1985; Voigt 1994; Werner 1999). Kommunikation bzw. Interaktion bilden den Kern dieses sozialen Geschehens.

In der Systemtheorie von Luhmann wird unter Interaktion die Kommunikation unter Anwesenden verstanden. Interaktionen sind soziale Systeme, die eine physische Anwesenheit der Kommunikationspartner verlangen. Sie sind die einfachsten sozialen Systeme, aber zugleich die Voraussetzung von Gesellschaft: „Interaktionssysteme kommen dadurch zustande, dass Anwesende handeln. Anwesende sind Personen, die sich gegenseitig wahrnehmen." Damit wird das kleinstmögliche Format skizziert, das ein soziales System annehmen kann. Jeglicher Unterricht ist demnach ein soziales System, da alle Handlungen von Schülern und Lehrkräften (Wortbeiträge, Gruppenarbeiten, Plakate, Präsentationen, Referate, etc.) als systeminterne Elemente begriffen werden.

In der Systemtheorie gilt die Kommunikation als Spezialfall der Interaktion: „Als Interaktion soll dasjenige Sozialsystem bezeichnet sein, das sich zwangsläufig bildet, wenn immer Personen einander begegnen, das heißt, wahrnehmen, dass sie einander wahrnehmen, und dadurch genötigt sind, ihr Handeln in Rücksicht aufeinander zu wählen" (Luhmann 1984, 81).

Aus systemtheoretischer Sicht ergibt sich die Notwendigkeit einer sorgfältigen Analyse dieser drei Bereiche, in dessen Mittelpunkt jedoch die Kommunikation im Mathematikunterricht über Mathematik steht. Unterrichten bedeutet primär, eine Kommunikationssituation zu gestalten. Zu lernen bedeutet, aus dem Kommunikationsangebot (meist der Lehrkraft) die subjektiv bedeutsamen Informationsangebote herauszufiltern und in das eigene Wissensnetz zu integrieren, um die eigene Handlungsfähigkeit zu erweitern. Diese Grundannahme geht weiter davon aus, dass Unterricht ein sozialer Prozess ist, der zwar intentional, aber letztlich nicht determinierbar ist.

Dieses Grundmodell gibt gleichzeitig einen Rahmen für die Verbesserung der Unterrichtsqualität. Auch wenn die Frage „Was ist guter Unterricht?" scheinbar unbeantwortbar ist, werden hier auf unterschiedlichen Ebenen Handlungs- und Entscheidungenmöglichkeiten aufgezeigt, die die Qualität des Unterrichts operationalisieren. Ein wesentliches Merkmal ist dabei die gelungene Passung zwischen allen beteiligten Komponenten (Helmke 2006, 45). In Anlehnung an Helmke (2006) ist Unterrichtsqualität die ertragreiche Nutzung eines Angebots.

Das vorangestellte Modell erfasst als wesentliche Einflussfaktoren von Unterricht die drei Komponenten:

- Sachstruktur
- Vermittlungsstruktur
- Aneignungsstruktur.

2.1.1 Sachstruktur: Das Wesen der Mathematik

Die Sachstruktur, d.h. das Wesen der Mathematik selbst, ihre kulturelle Geprägtheit, ihr geisteswissenschaftlicher Charakter usw. erstreckt sich auf die Punkte, die in Kapitel 1 näher beschrieben wurden.

2.1.2 Vermittlungsstruktur: Didaktisch-methodische Entscheidungen

Unter dem Aspekt Vermittlungsstruktur werden all die Faktoren subsummiert, die die Vermittlung mathematischer Inhalte erfassen. Dazu zählen u. a. die eingesetzten Medien wie Schulbücher, Veranschaulichungsmittel, aber auch didaktisch-methodische Konzeptionen sowie die curricular festgelegten Lernziele. Einen breiten Raum nehmen unter diesem Aspekt die didaktisch-methodischen und diagnostischen Kompetenzen der Lehrkraft ein: Welche didaktischen, methodischen und diagnostischen Kompetenzen bringt die Lehrkraft in den Unterricht mit ein? Welche Erwartungen und Einstellungen prägen die Planung, Durchführung und Reflexion ihres Unterrichts? Ergebnisse aus der Lehr- und Lernforschung weisen immer wieder darauf hin, dass jegliche Verabsolutierung eines bestimmten Methodenkonzepts, eines Unterrichtsstils kontraproduktiv für die Qualität von Unterricht ist. Sowohl Phasen des Frontalunterrichts als auch alle Varianten eines geöffneten Unterrichts können hilfreich und anregend sein. Unterricht ist lediglich ein Angebot, das nicht linear und direkt auf die Schüler einwirkt, sondern in ganz individueller Weise von den Schülern genutzt wird. Die Chance, dass das Lernangebot, d. h. die Themen- und Materialauswahl, die vorbereitete didaktische Umgebung den Schüler tatsächlich zu einer – von uns erwünschten – eigenaktiven Auseinandersetzung mit dem Thema führt, erhöht sich, wenn diese Angebote die sprachlichen, intellektuellen, und motivationalen Voraussetzungen der Schüler als auch ihre fachspezifischen Vorkenntnisse treffen. Dieses Moment der Passung ist nach Helmke (2006, 45) das Schlüsselmerkmal guten Unterrichts. Dieses Merkmal erfasst alle fachlichen, zeitlich-organisatorischen, didaktisch-methodischen Variationen, die der Heterogenität der Schülerschaft gerecht werden sollen (vgl. Kapitel 6.3). Sie bildet die Grundlage für die notwendige Individualisierung und Differenzierung des Unterrichts.

Besonderer Aufmerksamkeit bedarf es bei der *Auswahl der Unterrichts- und Veranschaulichungsmittel* im Mathematikunterricht und dies gerade bei Kindern mit Lernschwierigkeiten. „Schau doch mal hin, das sieht man doch" – dieser vermutlich sehr häufig formulierte Satz ist in seiner Aussagekraft kritisch zu hinterfragen.

Unterrichts- und Veranschaulichungsmittel beschreiben alle didaktisch aufbereiteten Materialien, die einen schulisch zu vermittelnden mathematischen Sachverhalt abbilden. Sie dienen dazu, themengebundene Sachverhalte des Unterrichts darzustellen und den Schülern Gelegenheit zu geben, innere Vorstellungsbilder dazu zu entwickeln. Doch allein damit ist die Funktion der Anschauungsmittel nicht beendet. Diese Anschauungsmittel sollen letztlich dazu dienen, von ihnen abstrahieren zu können, d. h. es soll den Schülern möglich sein, sich nach den selbst durchgeführten anschaulichen, bildlichen bzw. symbolischen Handlungen bzw. Operationen mit den Anschauungsmitteln wieder davon lösen zu können und diese Operationen ausschließlich gedanklich, d. h. unabhängig von konkreter Wahrnehmung und Anschauung durchzuführen. Diese inneren Bilder bzw. Vorstellungen sollen in unterschiedlichen Situationen zielgerichtet und zweckgebunden einsetzt werden können. Es sollte demnach nicht die Hundertertafel und ihr Umgang selbst

Thema des Unterrichts sein, sondern dieses Anschauungsmittel ist lediglich als Werkzeug für eine mögliche dekadische Strukturierung des Hunderterraums zu betrachten, ein Werkzeug, dessen Umgang sich nach gewisser Zeit erübrigt. Der Umgang mit der Hundertertafel stellt lediglich einen Zwischenschritt auf dem Weg zum Aufbau eines eigenen Vorstellungsbildes des Zahlenraums dar, das möglichst passend zu unseren mathematischen Konventionen ist.

Da Anschauung ihrem Wesen nach eine Modalität des Denkens ist, die neben die Sprache tritt, kommt ihr im Mathematikunterricht besondere Bedeutung zu: „der … Grund, der die Notwendigkeit eines bildhaften Symbolismus rechtfertigt, dessen Funktion von der der verbalen Zeichen deutlich unterschieden ist, besteht darin, dass die Sprache neben ihrer affektiven Tragweite auf kognitivem Gebiet nur Begriffe (Klassen, Relationen, Zahlen, proportionale Verbindungen oder Funktoren usw.) bezeichnet …" (Piaget & Inhelder 1979, 498).

Anschauungsmittel regen einen konstruktiven, selektiven Prozess an, der eben diese inneren Bilder produzieren soll. Diese Bilder können jedoch nur in einer eigenaktiven, konstruktiven Auseinandersetzung mit dem dargebotenen Gegenstand herausgebildet werden, in Zusammenhang mit bereits vorhandenem Wissen; d.h. das Gesehene ist jeweils zu interpretieren und zu verstehen (Lorenz 1992). Deutlich hervorgehoben sei in diesem Zusammenhang noch einmal, dass aber nicht allein die Anschauung eines Bildes, Modells u. ä. zu Vorstellungsbildern führt, ebenso wenig allein die Beobachtung der damit ausgeführten Handlungen anderer Personen. Vorstellungen entwickeln sich erst – besonders im Vor- und Grundschulalter – auf der Basis selbst ausgeführter Handlungen. Weiter ist zu berücksichtigen, dass jede Vorstellung eben kein Abbild einer externen Realität, sondern die individuelle Wissenskonstruktion des Schülers darstellt.

Es ist nicht davon auszugehen, dass jeweils spezifische kognitive Fähigkeiten vorausgesetzt werden müssen, um bestimmte Anschauungsmittel einsetzen zu können. Nicht die Raumorientierung oder Rechts-Links-Unterscheidung und auch nicht die Einsicht in die geordneten Zahlen oder Operationsrichtung sind Voraussetzung für den Einsatz der Unterrichtsmittel. All diese Einsichten sollen mit Hilfe der eingesetzten Veranschaulichungsmittel erst entwickelt werden. Entscheidend ist nicht die Frage: Wie erarbeite ich einen sachgerechten Umgang des Schülers mit diesem Anschauungsmittel bzw. wie kann ich möglichst effektiv die Schüler an das Unterrichtsmittel anpassen? Die Umkehrung dieser Frage charakterisiert die Chancen aller Anschauungsmittel: Wie kann diese Zeichnung, dieses Modell dem Schüler helfen, sich selbst strukturadäquate Vorstellungen zu entwickeln und diese im Sinne einer allmählichen Abstraktion flexibel zu handhaben? Für den Einsatz des einen oder des anderen Anschauungsmittels ist die Frage nach der Passung zwischen den individuellen Lernvoraussetzungen des Schülers und den sachstrukturellen Eigenschaften des Unterrichtsmittels entscheidend. D.h. nicht die Frage, ob ein bestimmtes Mittel überhaupt eingesetzt werden soll, ist von Bedeutung, sondern die Frage nach der Passung bzw. einer möglichen Identität zwischen den avisierten sachstrukturellen Merkmalen und den individuellen Lernvoraussetzungen. Auch diese diagnostische Frage läuft letztlich auf die Gestaltung der Kommunikationssituation hinaus:

Gibt dieses Unterrichtsmittel dem Schüler Gelegenheit für Anschlusshandlungen? Diese im Alltag für die Lehrkraft nicht immer exakt zu gebende Antwort lässt sich produktiv nutzen, indem den Schülern nicht der Umgang eines bestimmten Unterrichtsmittels zwingend vorgegeben wird, sondern die Schüler selbst entscheiden, ob und welche Anschauungsmittel sie einsetzen möchten. Diese methodische Variante provoziert auch die Entscheidungsfähigkeit der Kinder. Indem sie selbst entscheiden, mit welchen Mitteln sie die Aufgabe lösen, übernehmen sie Verantwortung für ihren eigenen Lernprozess. Dass Schüler, auch Schüler der Schule für Lernbehinderte, dazu durchaus in der Lage sind, zeigen Erfahrungen und Ergebnisse von Scherer (1995), Häsel (2001), Werner (2000) u. a.

Diese unterrichtspraktischen Erfahrungen machen auch deutlich, dass Kinder nicht ausschließlich auf die typischen schulischen Unterrichtsmittel zur Lösung zurückgreifen, sondern durchaus Bezüge zu Lösungsvorgängen in Alltagssituationen herstellen können, so z. B. dass eine ungerade Anzahl sich teilen lässt, da man so „Streit vermeidet, wenn man beim Aufteilen zum Schluss einen Kaubonbon teilen muss. Der wird dann in der Mitte durchgebrochen" (Werner 2001). Schulisches Wissen setzt sich netzwerkartig aus unterschiedlichen, auch außerschulischen Wissensbereichen zusammen.

Nachdem verstärkt konstruktivistische Erkenntnisse prägenden Einfluss auf die Pädagogik, die Psychologie, die Neurologie sowie die Erkenntnistheorie hatten und haben, bleibt festzuhalten, dass nur das wahrgenommen werden kann, was für ein Individuum bereits Bedeutung hat.

Vorstellungen enthalten demnach wesentliche Teile des Sachverhalts, seine grundlegenden Strukturen. Sie sind Träger von Bedeutungen, jedoch nicht die Bedeutungen selbst (v. Glasersfeld 1997). Da sich Vorstellungen in Abhängigkeit von dem jeweiligen Kontext entwickeln, sind sie oft situationsgebunden. Um einen Transfer zu ermöglichen, sind diese Bilder in immer vielfältigen unterschiedlichen Alltagskontexten einzusetzen.

Vorstellungsbilder tragen Symbolfunktion, d. h. sie stellen einen Repräsentanten dar, auf dem kognitive Strukturen aufbauen. Sie können aber auch – je nach Kontext – variiert und modifiziert werden. So kann uns z. B. das Bild eines Kreises helfen, um uns alltägliche Zeitabläufe, die Bruchteile eines Ganzen oder die Bewegung der Erde gedanklich vorzustellen, eine räumliche Orientierung auf Landkarten zu finden usw.

Zahlenstrahl, Rechenstrich und Rechenkette

Weit verbreitete Anschauungsmittel innerhalb der Arithmetik sind beispielsweise der Zahlenstrahl und die Rechenkette. Die Wirksamkeit ihres Einsatzes lässt sich nicht generell mit „gut" oder „schlecht" einschätzen. Anschauungsmittel sind zunächst wertneutral. Ihre Effektivität ergibt sich erst im Gebrauch während des Unterrichts und kann für den Kommunikationsverlauf sowohl förderlich als auch hinderlich sein.

Ein ganz grundsätzliches Problem ergibt sich daraus, dass der größte Teil aller im Unterricht verwendeten Materialien eben für genau diesen Kontext geschaffen wurden, d. h. ihre Funktion besteht darin, innerhalb eines institutionell definierten Rahmens eingesetzt zu werden. Das bedeutet weiterhin, dass all diese Materialien nicht aus der Lebenswelt der Kinder stammen, also den Kindern nicht aus anderen Situationen bekannt sind. Erst in der Schule werden die Schüler mit diesen Darstellungen konfrontiert. Jedes dieser Mittel stellt daher für den Schüler etwas subjektiv Neues dar, dessen Funktion und Struktur sich eben häufig nicht durch „Anschauen", sondern erst durch den handelnden Umgang damit erschließen kann. Obwohl diese Materialen den Anspruch erheben, auf nahezu ideale Weise bestimmte mathematische Grundideen abzubilden, stellen sie für den Schüler zunächst einen zusätzlichen Lernstoff dar. Anschauungsmittel sprechen in der Regel nicht für sich selbst. Sie rekonstruieren und materialisieren den Gedanken eines Mathematikdidaktikers über seine Konstruktionen eines mathematischen Sachverhalts. Nicht die Häufigkeit der Verbreitung spricht für die Richtigkeit eines Anschauungsmittels, sondern seine Passung in den konkreten Lehr-Lernprozess.

Der weit verbreitet Zahlenstrahl bzw. -strich mag dieses Problem illustrieren:

Abb. 6: Zahlenstrich

Dargestellt wird die Vorstellung einer linearen Abfolge unseres Zahlenraums. Anzahlen bzw. Mengen werden in Form von Endpunkten bzw. Längenabschnitten gekennzeichnet. Die Markierung der Streckenenden durch kleine Querstriche sind nicht als Längen, sondern als anzahlmäßige Abschnitte zu verstehen, die in einer bestimmten Reihenfolge angeordnet sind.

Hier wird schon ein Problem der Veranschaulichung von Zahlen deutlich. Gerade weil der Zahlbegriff (vgl. Exkurs II) ein abstraktes, kognitives Konstrukt ist, gibt es keine eindeutig „richtige" Darstellung, keine adäquate Abbildung einer Reihe von Zahlen bzw. eines Zahlenraums. Hier wird ein lineares Konstrukt des Zahlenraums dargestellt, das zudem die in unserer Kultur genutzte Konvention des richtunggebenden Umgangs nutzt: Ein Zahlenstrahl ist analog zu unserer konventionellen Lese- und Schreibrichtung von links nach rechts zu nutzen.

All diese Merkmale jedoch lassen sich nicht von der Grafik selbst abstrahieren. Die Bedeutung dieser besonderen Anordnung eines längeren waagrechten Strichs mit regelmäßig auftretenden kleineren senkrechten Strichen darauf lässt nicht zwingend den Schluss zu, dass man einen Zahlenstrahl sieht. Diesen kann der Schüler erst erkennen, wenn er seine Aufmerksamkeit auf die mathematische Struktur, hier auf die gleichmäßige, lineare Anordnung der senkrechten Striche und ihre Anordnung zum waagerechten Strich lenkt und diese mit seinen Vorstellungen über einen bestimmten Zahlenraum (bis 20 oder bis 100) koppelt. Der Zahlenstrahl kann erst gesehen, d. h. konstruiert werden, wenn der Beobachter um die Merkmale unserer

Zahlen weiß und seine gedanklichen Konstruktionen mit den hier dargestellten in weiten Teilen übereinstimmen. Dem Schüler muss der Begriff dafür geläufig sein, erst dann wird die erwartete Antwort folgen: „Das ist ein Zahlenstrahl."

Was aber lässt sich in dieser Abbildung noch alles erkennen, d. h. mit welchen anderen Vorerfahrungen und Begriffen kann diese grafische Darstellung noch verbunden werden? Vielleicht erkennt ein Schüler in dieser Abbildung einen Zaun, ein anderer einen kindlich gezeichneten Kamm. Senkrecht gehalten erinnert diese Darstellung an eine Leiter, ein Regal, vielleicht auch an ein Thermometer. Welche Vorerfahrungen ein Kind mit diesen Abbildungen verbindet, lässt sich nicht vorhersagen. Die vom Kind gewählte Bezeichnung, z. B. „Zaun", kann daher auch nicht als falsch gewertet oder auch nicht als „Wahrnehmungsstörung" gedeutet werden. Entscheidend für die adäquate Wahrnehmung der Anschauungsmittel ist das sachbezogene Vorwissen des Schülers. Konstruiert sich beispielsweise ein Schüler seinen Zahlenraum, seine Vorstellungen über die Anordnung von Zahlen in Form einer Treppe oder als Schnecke (innen mit der Null beginnend und dann links drehend nach außen sich entwickelnd), sind diese Vorstellungen überhaupt nicht kompatibel mit den Ideen eines Zahlenstrahls. In diesem Falle sind Missverständnisse vorprogrammiert.

Wie lassen sich diese *Wahrnehmungsphänomene* erklären?

Einsichten in die Mathematik sowie mathematisches Denken entwickeln sich in der sozialen Interaktion und sind Ergebnisse der menschlichen Denkentwicklung. Begriffe repräsentiert das Gehirn jedoch nicht als dauerhaftes Abbild von Objekten oder Personen, sondern das Gehirn legt eine Art „Protokoll" der Nerventätigkeit an, was während der Beschäftigung mit einem bestimmten Objekt in den sensorischen und motorischen Hirnrindenbezirken stattfindet. Es verzeichnet quasi „Muster" synaptischer Verbindungen, in denen unterschiedliche neuronale Aktivitäten, die letztlich ein Objekt bzw. ein Ereignis definieren, erneut ablaufen können. Dieses wiederholbare Erregungsmuster kann auch artverwandte Abläufe stimulieren. In diesem Prozess stellt unser Gehirn das wichtigste Sinnesorgan dar, da jegliche Wahrnehmung lediglich auf biochemische und elektrische Art einzelne Hirnregionen aktiviert, die eigentliche „Information" über das Wahrgenommene erst durch den Vergleich mit früheren Erfahrungen zustandekommt (Roth 1997). Ein bekanntes Beispiel aus der Belletristik mag verdeutlichen, was geschieht, wenn man etwas sieht, was man nicht kennt: „Er nahm Licht, Bewegung und Farben wahr ein verschwommenes bedeutungsloses Gemisch. Und erst als aus diesem Gemisch eine Stimme drang, die ‚nun' sagte, wurde ihm klar, dass dieses Chaos von Licht und Schatten ein Gesicht war – das Gesicht des Chirurgen" (Sacks 1995). Walthes (1998) benennt wesentliche neurologische und neurobiologische Erkenntnisse über Wahrnehmung, die pädagogisch relevant sind: Das Gehirn hat (in seiner Art zu funktionieren) keinen direkten Kontakt zur Umwelt. Es funktioniert nur mit Hilfe seiner eigenen Bausteine/Strukturen, den Nervenzellen und Operationen, d. h. mit Hilfe elektrischer und biochemischer Prozesse. Sehr unterschiedliche Umweltereignisse können zur Reizung der Sinnesrezeptoren führen, doch Sinnesrezeptoren sind nicht empfänglich für alle Umweltreize. Das Prinzip der Reizumwandlung ist stets dasselbe, aber bei Reizumwandlung verlieren die Sinnesreize ihre Spezifität. Durch die Umwandlung der äußeren Reize in elektrische Aktivität „weiß" das Gehirn nicht mehr, ob es sich um einen akustischen, emotionalen, visuellen Reiz handelte, d. h. es gibt keine Korrelation zwischen dem Umweltereignis und den gehirninternen Prozessen. Wahrnehmung wird daher nicht als Abbild der Wirklichkeit verstanden, sondern als Konstruktion; unsere Wahrnehmungswelt ist deshalb eine konstruierte, weil hirnphysiologische Vorgänge die Geschehnisse der Umwelt zerlegen, neu verknüpfen, transformieren, neu konstruieren. Diese Konstruktion beruht teils auf evolutionär bedingten Regeln, die durch Gehirnstruktur vorgegeben sind, teils auf erfahrungsbedingten Regeln. Die bedeutungskonstituierenden Regeln der Wahrnehmung ergeben sich aus den kollektiv vorhandenen und den individuell gemachten Vorerfahrungen (Roth 1997). So lässt sich z. B. das Ziffernsymbol für vier (4 oder IV oder IIII) erst als ein solches erkennen, wenn Gedächtnisinhalte über Sinn und Form der Ziffernsymbole existieren.

Diese Aspekte sind daher unbedingt bei der Erarbeitung und Nutzung aller Lern- und Veranschaulichungsmittel zu berücksichtigen. Nicht das An- bzw. Absehen von den grafischen und materiellen Eigenschaften ist wichtig, sondern eine Phase der individuellen Re-Konstruktion dieser mathematischen Gegebenheit. Lernhilfen sprechen eben nicht für sich selbst, sondern stellen zunächst einen zusätzlichen Lernstoff dar. Bei der Einführung neuer Lernmittel ist daher genügend Zeit einzuräumen, dass sich die Schüler damit vertraut machen können. Fragen wie: „Was siehst du? Kannst du daran etwas Mathematisches erkennen?" sind wichtige Fragen dabei. Ebenso wichtig ist es, die Kinder die Lernmaterialien selbst handelnd ausprobieren zu lassen und diese Auseinandersetzung fragend zu unterstützen: Was lässt sich damit machen? Kann man damit zählen? Hilft dir dies beim Rechnen?

Zu empfehlen ist auch hier, die mathematische Grundidee aus Alltagssituationen abzuleiten. So finden sich im Alltag die Darstellungen „Zahlenstrahl" bzw. „Zahlenstrich" in Situationen wie am Kiosk Schlange stehen, Perlenketten aufziehen, Wäsche oder Lampions an einer Leine aufhängen wieder. Um den Prozess der Aufeinander- bzw. Reihenfolge deutlich zu machen, lassen sich auch Zahlenkärtchen an Wäscheleinen aufhängen. Diese Handlungen, in ihrer Abstraktion bildlich und letztlich symbolisch dargestellt, können dann zu einem Zahlenstrahl bzw. -strich führen.

Analoges ist für die weit verbreitete *Rechenkette* zu formulieren. Die Rechenkette ist eine Perlenkette mit verschiedenfarbigen Perlen, die meist in 5er- oder 10er-Reihen einfarbig angeordnet sind. Diese farbliche Anordnung und Unterscheidung der Perlen soll dazu dienen, die 5er- bzw. 10er-Bündelung zu nutzen und bei Additions- und auch Subtraktionsaufgaben diese Zahlzerlegung bzw. Strukturierung zu nutzen und nicht mehr alle Elemente einzeln abzuzählen. Aber auch hier gilt, dass dieses Prinzip nicht von einer Kette selbst zu abstrahieren ist. Nicht die farbigen Perlen selbst sichern automatisch das Erkennen und Nutzen des dahinter liegenden Bündelungsprinzips. Handlungsorientierend im Sinne einer kognitiven Strategie wird die Rechenkette erst, wenn die Kinder sie selbst als Abbild einer gedanklichen Konstruktion der Zahlenreihe entwickeln, deren charakteristisches Merkmal eben die Unterteilung in 5 bzw. 10 gleich große Mengen an Perlen ist. Diese Teilmengen müssen dann nicht mehr einzeln abgezählt werden und können das Rechnen erleichtern. Zu empfehlen ist hier, zunächst die Rechenkette selbst aufziehen zu lassen. Erst im eigenen handelnden Umgang damit, gekoppelt mit der anschließenden Reflexion über das eigene Tun („Warum nimmst du jeweils nach 5 bzw. 10 Perlen eine andere Farbe?"), wird die Sinnhaftigkeit deutlich.

Abb. 7: Rechenkette

Diese Herangehensweise trifft auch den Kerngedanken der didaktischen Phänomenologie der mathematischen Begriffe Hans Freudenthals (1982): Die Rechenkette und alle anderen Veranschaulichungsmittel dienen dazu, mathematische Begriffe in der Welt zu verankern. Durch einen zunehmend reflektierten Gebrauch in kontextbezogenen Problemsituationen verinnerlichen die Schüler den mathematisch allgemeingültigen Sachverhalt und lernen, diesen für sich sinnvoll zu nutzen.

Besonders im Unterricht mit lern- und/oder rechenschwachen Schülern erweist sich die angemessene Passung zwischen den Lehrangeboten, den Arrangements des Unterrichts und ihrer Angemessenheit gegenüber den individuellen Lern- und Leistungsmöglichkeiten des einzelnen Schülers als zentrale Frage. Im Mittelpunkt didaktisch-methodischer Entscheidungen steht die Gestaltung der Lehr- und Lernsituation: Wie kann die Situation so verändert werden, damit das Kind besser lernen kann? (Werner 2003, 240). Letztlich liegt der Kern didaktischer Entscheidungen nicht (mehr) in der Ausdifferenzierung einer sonderpädagogischen, behinderungsspezifischen Didaktik, sondern in der Weiterentwicklung eines individualisierenden Unterrichts unter Berücksichtigung situationsangemessener, d.h. auch behinderungsspezifischer Methoden.

Entscheidendes Moment für den bestmöglichen Unterricht ist die Frage, wie es gelingt, die Lernumgebung für jedes einzelne Kind, für jeden einzelnen Schüler so zu gestalten, dass es/er auf der Grundlage seiner Lern- und Leistungsvoraussetzungen die Möglichkeit findet, sich selbstständig und eigenaktiv mit seiner Umwelt auseinanderzusetzen, für seine Entwicklung anregende Impulse zu entdecken und zu nutzen, eigenständige Lernwege und Lösungsmöglichkeiten zu finden. Der Kern didaktischer Entscheidungen liegt darin, eine optimale individuelle Förderung in heterogenen Lerngruppen zu ermöglichen: Mit welchen didaktisch-methodischen und organisatorischen Arrangements gelingt es einer Lehrkraft, in einem zeitlich und institutionell begrenzten Rahmen, Schülern mit äußerst unterschiedlichen Lern- und Leistungsvoraussetzungen möglichst optimale Lern- und Entwicklungsräume anzubieten (Werner in Vorb.)?

2.1.3 Aneignungsstruktur: Wesen und Entwicklung des mathematischen Denkens

Mathematik ist in ihrer heutigen Erscheinungsform und Breite das Ergebnis unserer kulturellen Entwicklung, die ein Mensch im Laufe seines Lernprozesses (d. h. im Laufe der Aneignung aller menschlichen kulturellen Errungenschaften) erwerben muss. Ebenso wie Lesen und Schreiben versteht sich Rechnen als Kulturtechnik, d. h. als spezifisch menschliche, kulturgebundene Fähigkeit. Diese Fähigkeit basiert auf geistigen Operationen wie Vergleichen, Ordnen, Abstrahieren, Verallgemeinern, Systematisieren u. a. Mathematisches Denken ist keine besondere menschliche Fähigkeit, sondern eine allgemeine Struktur menschlichen Denkens, die in besonderer Weise systematisiert und formalisiert ist (Jetter 1986).

Was tun wir eigentlich, wenn wir Aufgaben wie 3 + 8 = rechnen?

Zunächst muss erkannt werden, dass es sich hierbei um mathematische und nicht schriftsprachliche oder andere kontextbezogene Zeichen und Symbole handelt. Diese Zeichen sind zu codieren und ihnen die entsprechende Bedeutung als Ziffern- oder Rechenzeichen zuzuordnen. Dass diese Bedeutung sich eben nicht aus der grafischen Form ableitet wird beispielsweise deutlich, wenn man sich die Ähnlichkeit der beiden Symbole 3 und E (als großgeschriebener Buchstabe) vorstellt:

$$3 \qquad E$$

Erst unser Vorwissen, unsere kontextbezogenen Vorerfahrungen, lassen uns diese beiden Zeichen als Ziffern- bzw. Schriftsymbol auseinanderhalten. Aber nicht allein die Identifizierung „dies ist eine Zahl" genügt, um diese Aufgabe bewältigen zu können, es muss dieser Zahl, zumindest gedanklich, eine Menge zugeordnet werden.

Sobald die beiden Ziffernsymbole der Aufgabe erkannt wurden, muss in einem nächsten Schritt das Symbol + gelesen und genutzt werden. Auch hier wird vorausgesetzt, dass dieses Symbol in diesem Kontext eine Handlungs-, eine Rechenvorschrift markiert. Hier wird die Kontextabhängigkeit des Symbols besonders deutlich. Gerade in unserer hochkomplexen und komprimierten Informationsgesellschaft wird die Codierung in Symbolen immer bedeutender. Das Bild der zwei senkrecht aufeinander stehenden Striche muss – um einen sinnvollen Gebrauch zu sichern – beispielsweise auf einer Fernbedienung der Videoanlage anders interpretiert werden als auf einem Kontoauszug, auf dem Dach eines Gebäudes wiederum anders als rotes Symbol auf weißem Grund an der Tür eines Krankenwagens.

Nachdem das Symbol + als mathematisches Zeichen einer Handlungsvorschrift verstanden wurde, wird diese auf die beiden Zahlen angewendet. In diesem Fall, einer einfachen Addition, sind beide Ziffern zusammenzufügen. Diese zusammengeführte Menge muss wiederum als Ziffernsymbol codiert und notiert werden. Denn selbst bei der möglichen gedanklichen Konstruktion, dass ich bei der Aufgabe 3 + 8 die Vorstellung habe, dass zu 3 Bonbons noch 8 hinzukommen, wird das Ergebnis in Form eines abstrakten Ziffernsymbols notiert. Mit dem Symbol wird eine weitere mathematische Handlungsvorschrift festgelegt, hier das Vergleichen. Es sind die beiden Schreibweisen 3 + 8 und 11 miteinander zu vergleichen. Erst wenn erkannt wird, dass 3 + 8 tatsächlich das Gleiche wie 11 ist, nur jeweils eine andere Schreibweise zugrunde liegt, kann die Aufgabe als gelöst, als abgeschlossen gelten.

Diese einfache Aufgabe 3 + 8 basiert auf folgende Prozessen: Codieren und Decodieren, Vergleichen, Systematisieren, Gruppieren, Ordnen, Zuordnen. All diese Prozesse sind kognitiver Art, d. h. es sind kognitive Operationen, die in vielen anderen Handlungsvollzügen, in verschiedenartigen Situationen ebenfalls angewendet werden. Nicht nur in der Mathematik nutzen wir die Operationen, sondern unsere gesamte Denktätigkeit basiert darauf.

Mathematisches Denken entwickelt sich im Zusammenhang mit der Bewältigung wirklicher Probleme, die erst schrittweise – z. B. durch Abstrahieren, Ordnen, Systematisieren, Vergleichen – zu mathematischen Problemen werden (Jetter 1982, 66 f.).

Mathematik ergibt sich aus der sozialen Situation in jeder Handlung. Nahezu jede Alltagssituation kann ein mathematisches Problem enthalten. So werden z. B. im Vorschulalter zahlreiche persönliche Erfahrungen in den Bereichen Farbe, Form, Größe, Gewicht, Mengen, Relationen, Zeit, Reihenfolge, Zuordnung, Zählen, Zahlwörter, Ziffern u. ä. gemacht, denen in der Mathematik bestimmte Zeichen zugeordnet werden. Typische alltägliche Situationen, in denen unzählige mathematische Strukturen erfahren werden, sind beispielsweise das tägliche Anziehen, Tisch decken, Gruppenspiele organisieren, Türme bauen. Diese Erfahrungen verdichten sich im Laufe der Denkentwicklung zu geistigen Operationen wie Vergleichen, Ordnen, Klassifizieren, Abstrahieren, Konkretisieren, Verallgemeinern o. Ä. Ausgangspunkt jeglicher Denkprozesse sind konkrete Handlungen und unmittelbare Wahrnehmungen. Aus diesen Erfahrungen entwickeln sich Vorstellungen und letztlich abstrakte Begriffe, deren Allgemeinheitsgrad so groß ist, dass sie unabhängig von konkreten Gegenständen, Handlungen, direkten Wahrnehmungen und unmittelbaren Vorstellungen existieren.

Zahlreiche, meist im Vorschulalter gesammelte Erfahrungen wie Mengenvergleiche, Zahlwortreihen und Reihenfolgen, Gleichgewichts- und Gleichungsmächtigkeitserfahrungen, Ein- und Zuordnungen, Veränderungen und Unveränderlichkeiten sind notwendige Voraussetzungen und Einsichten für unsere schulische Mathematik.

Die im Mathematikunterricht angebotenen Rechenverfahren basieren also nicht auf einer scheinbar naturgegeben, objektiven Notwendigkeit, sondern sind zusammengefasste menschliche Erfahrungen, Lösungsvarianten, die sich als nützlich, gangbar und effektiv herausgestellt haben. Lösungsalgorithmen sind dann sinnvoll, wenn sie jeweils eine überschaubare, endliche Folge von Schritten beschreiben, die ausgeführt werden müssen, um das Problem zu lösen. Zimpel formuliert dazu: „Wir besitzen kein besseres Denkwerkzeug als die Mathematik!" (Zimpel 2008, 13).

Einen ähnlichen, soziologisch orientierten Ansatz verfolgt Voigt (1994, 172), der in seinen Untersuchungen nachweist, dass „mathematical meaning is taken as a product of social processes, in particular as a product of social interactions". Auch hier werden immer wieder die individuellen Lern- und Leistungsunterschiede als Ergebnis natürlicher, individueller Entwicklung gesehen: „… mathematical meanings are primarily studied as emerging between individuals, not as constructes inside or existing independently of individuals" (ebd.).

Neben erkenntnistheoretischen, lern- und entwicklungspsychologischen Momenten sind in der Frage der Entwicklung des mathematischen Denkens auch zunehmend neurologische Aspekte in den Vordergrund gerückt. Gerade kognitive Lern- und Entwicklungsprozesse werden häufig mit neurologischen, bildgebenden Verfahren, z. B. durch eine PET (Positronen-Emissions-Tomografie), zu erklären versucht. Die Erwartung, eine genaue Lokalisierung menschlicher Phänomene wie das Bewusstsein, Wünsche, Emotionen oder auch mathematische Netzwerke usw. zu entschlüsseln, hat sich bis jetzt nicht erfüllt. Im Gegenteil: „Das neue Bild des Menschen beinhaltet sich verästelnde und sich selbst organisierende Flüssigkeitsströme, sich ständig verändernde und miteinander kommunizierende Membranen sowie Symbiosen zwischen Mikroorganismen" (Zimpel 2008, 23). Das bedeutet, allein über einen neurologischen Zugang lassen sich Fragen der Aneignung und Entfaltung von Wissen nicht erklären.

Dies berührt auch die Frage nach einer hirnorganischen Basis mathematischen Denkens. Diese Überlegungen wurden spätestens mit der Theorie der Teilleistungsstörungen bei LRS bzw. Legasthenie immer wieder als möglichen Ursachen- und Interventionshintergrund diskutiert. Dass hirnorganische Prozesse bei mathematischen Lösungsvorgängen eine Rolle spielen ist unumstritten. Ungeklärt ist – nach dem gegenwärtigen Forschungsstand – aber die Frage der Lokalität mathematischer Denkprozesse im Zentralnervensystem, also die Frage: Gibt es ein Rechenzentrum in unserem Gehirn? Neuere Publikationen erklären dazu: „Die vorliegenden Ergebnisse legen jedoch den Schluss nahe, dass es für jede Rechenart ein irgendwie unterschiedliches neurales System gibt" (Calvin & Ojemann 2000, 87). Wenngleich diese Antwort sicher auf die Frage nach einem möglichen Rechenzentrum keine erschöpfende Auskunft gibt, so ist doch klar, dass bei mathematischen Lösungsprozessen immer kognitive Prozesse beteiligt sind. Diese an mathematischen Lösungsprozessen beteiligten Hirnaktivitäten lassen sich nicht unmittelbar beobachten. Deren Beobachtbarkeit beruht auf einer Interpretation des (sichtbaren) Verhaltens des jeweiligen Schülers. Dessen Aktivitäten bzw. dessen Auseinandersetzung mit dem jeweiligen Sachverhalt ist durch bestimmte Verhaltensweisen, z. B. zielgerichtetes Vorgehen, Abzählen mit den Fingern, probierende Lösungsversuche auf der konkret-handelnden Ebene o. Ä. gekennzeichnet. Diese können wir beobachten und als kognitiv gesteuerte mathematische Denktätigkeit analysieren bzw. interpretieren. Aber auch diese Analyse basiert auf unseren Modellvorstellungen über mögliche kognitive Aktivitäten bei mathematischen Lösungen, z. B. die Notwendigkeit zu klassifizieren und Reihen herzustellen, um eine Zahl zu konstruieren, oder die Notwendigkeit, sich Mengen vorzustellen, Symbole zuzuordnen und Endmengen zu vergleichen.

Neurologische Untersuchungen berücksichtigen kaum, inwieweit Anregungen von außen unsere Hirntätigkeit beeinflussen und Veränderungen hervorrufen. Hier geben die Untersuchungen von Maturana und Varela interessante und pädagogisch relevante Denkanstöße, indem das Gehirn als autopoietisches System, das unabhängig von der Umwelt agiert, beschrieben wird (Maturana & Varela 1987). Einflüsse aus der Umwelt pertubieren das Gehirn, d. h. sie haben Einfluss auf hirnorganische Aktivitäten. Diese Anregungen erreichen das Gehirn aber nicht in einer linearen, monokausalen Wirkungskette, sondern werden aufgrund vielfältiger systeminterner Erfahrungen gebrochen, transponiert, umgeformt. Letztlich erreichen die Umweltsignale dadurch eine relative, mittelbare Bedeutung für das Gehirn, die dessen Existenz, Funktionen, dessen Mechanismen unterstützen und erweitern. Diese Wirkungsmechanismen aber sind so vielfältig, dass sich keine eindeutige Vorhersage treffen lässt. Diese unberechenbar hohe Zahl an Entscheidungs- bzw. Handlungsmöglichkeiten begründet auch die Vielzahl der individuellen Lebensentwürfe, die Normalität menschlicher Heterogenität. Vertreter des Konstruktivismus vergleichen diese Vielfalt der Handlungsmöglichkeiten mit dem Modell einer „nicht-trivialen Maschine". Im Gegensatz zur „trivialen Maschine", in der es endliche, programmierbare und vorhersehbare Lösungsmöglichkeiten einer Maschine auf einen bestimmten Umweltreiz gibt, lässt sich bei der „nicht-trivialen Maschine" keinerlei Vorhersage über eine mögliche Reaktion treffen.

Unsere Denktätigkeit ist deterministisch und hat das Ziel, ein Problem zu lösen, eine Frage zu beantworten, einen Konflikt zu lösen. Aber welcher Weg dabei eingeschlagen wird, ist bei jedem Menschen unterschiedlich und abhängig von seinen Vorerfahrungen, seinen internen Lösungsschemata. Zwei Menschen lösen ein und dasselbe Problem auf unterschiedliche Weise. Unsere individuellen Lösungsvarianten sind nicht auf eine Option beschränkt und nicht vorab determiniert. Da wir uns unserer Gedankengänge oft nicht bewusst sind, können wir lediglich im Nachhinein die Ergebnisse zur Kenntnis nehmen und diese als Material unserer eigenen Rekonstruktion nutzen, um unsere Lösungsprozesse nachzuvollziehen.

Mathematiklernen als interaktiver Prozess bedeutet die Anerkennung subjektiver, individuell unterschiedlicher Lern- und Entwicklungswege. Bei didaktischen und diagnostischen Überlegungen geht es nicht allein um die Frage, *ob* ein Schüler die Aufgabe lösen kann, sondern *wie* er sie löst, welche Lösungsstrategien angewendet werden, auf welche vorhandenen Lösungsmuster zurückgegriffen werden, welche Kenntnisse und Fähigkeiten angewendet und modifiziert werden, wie das Kind mit ungeeigneten Lösungswegen umgeht, auf welche Hilfsmittel es selbst zurückgreift usw. In diesem Zusammenhang sei an Wittoch erinnert, die bereits 1991 forderte, im Mathematikunterricht unterschiedliche Lösungswege zu akzeptieren und den Unterricht so zu arrangieren, dass jedes Kind die Möglichkeit hat, seine individuellen Lösungsstrategien anzuwenden (Wittoch 1991). Auch Hasemann formulierte schon 1985 dazu: „Wenn ein Schüler einen mathematischen Begriff anwendet, so ist dies sein ganz persönlicher Begriff, der mit dem ‚objektiven' (und das soll heißen: mit dem durch die mathematische Definition oder den Konsens der Fachleute festgelegten Begriffsinhalt) möglicherweise nur den Namen – oder gerade den nicht – gemeinsam hat" (Hasemann 1985, 7).

Die für das Mathematiklernen notwendige Zeit wird vor allem durch schulstrukturelle und curriculare Vorgaben stark begrenzt. Sie beginnt mit der Einschulung im sechsten Lebensjahr (wobei wesentliche mathematische Erfahrungen lange vor dem Schuleintritt gemacht werden) und wird darüber hinaus durch Lehrpläne entsprechend der Jahrgänge zeitlich sorgfältig strukturiert. Es gibt somit die kulturell bestimmte Lernzeit für Mathematik, die Schulzeit. Gibt es die richtige Zeit zum Mathematiklernen?

Eine zwingende sachlogische Abfolge zur Behandlung mathematischer Themen lässt sich nur schwer aufrechterhalten. Erkenntnisse zu Lernprozessen aus neurologischer Sicht unterstreichen die äußerst unterschiedlichen individuellen Lernzeiten: „Wegen unterschiedlicher Anlagen und Entwicklungsgeschwindigkeiten ist kaum damit zu rechen, dass Kinder gleichen Alters gleiche Bedürfnisse und Fähigkeiten haben. ... Da bislang nur wenig experimentelle Daten darüber vorliegen, wann das menschliche Gehirn welche Informationen benötigt, ist wohl die beste Strategie, sorgfältig Kinder zu beobachten, wonach Kinder fragen" (Singer 2002, 56).

Es gibt entwicklungspsychologisch begründete Hinweise auf bestimmte Entwicklungsabfolgen und -etappen zu mathematisch relevanten Einsichten, wie die Entwicklung der Zahlwortreihe, des Zählens, arithmetischer Fertigkeiten und Strategien oder auch die Entwicklung kognitiver Operationen bezüglich des Zahlbegriffs (Fritz, Ricken & Schmidt 2003). Dennoch bieten auch diese Modelle lediglich eine grobe Orientierung über einen möglichen individuellen Lern- und Entwicklungsverlauf.

Ein wesentlicher Orientierungspunkt für die Organisation dieser Lehr- und Lernprozesse sind daher die Interessen, Bedürfnisse, alltagspraktischen Notwendigkeiten eines Schülers:

- Welche mathematischen Kenntnisse, Fähigkeiten, Fertigkeiten braucht ein Kind in welchen alltagpraktischen Bezügen, Kontexten?
- Wofür interessiert sich das Kind?
- Welche mathematischen Grundstrukturen lassen sich in seinen Handlungsabläufen erkennen? Welche mathematischen Vorerfahrungen z. B. hinsichtlich der Reihenbildung, Klassifikation, Symbolverständnis usw. bringt der Schüler mit?
- Wonach fragen Schüler?

Mathematische Begriffe wie u. a. der Zahlbegriff sind also keine typisch mathematischen Größen, sondern das Ergebnis eines Abstraktionsprozesses, d. h. das Ergebnis geistiger Operationen. Auch diese Entwicklung basiert auf konstruktivistischen Grundprinzipien: jedes Kind konstruiert sich jeden mathematischen Begriff, z. B. den Zahlbegriff. Die Zahl baut sich aus logischen Operationen, aus den Operationen der Klassen- und Reihenbildung auf. Somit ist Genese des Zahlbegriffs ein Ergebnis seiner geistigen Entwicklung. Die Konstruktion der Zahl entspricht in ihrem Aufbau den logischen Operationen von Klassen und Reihenbildung; numerisches Denken resultiert aus Vorstufen, dem Denken in Klassen und Relationen und diese wiederum aus ungegliederten Vorläufern des anschaulich-konkreten Tuns. Weiter ist zu beachten, dass bei der Entwicklung des Zahlbegriffs die einzelnen Aspekte der Zahl in ihrer Koordination, in ihrer Gesamtheit, gegenseitigen Bedingtheit und Abhängigkeit zu berücksichtigen sind. Es ist also nicht die Entwicklung des Kardinalzahlaspektes bzw. die Herausbildung des Ordinalzahlaspektes allein ausreichend, sondern erst die Synthese beider führt zu einem operativen Verständnis der Zahl. Die bereits 1982 von Jetter aufgestellte These macht in prägnanter Weise dies noch einmal deutlich: Mathematisches Denken ist (nach Piaget) eine Form der menschlichen Intelligenz. Mathematisches Denken ist keine besondere menschliche Fähigkeit, sondern eine allgemeine Struktur des menschlichen Denkens, die in besonderer Weise systematisiert und formalisiert ist (Jetter 1982).

Die zentralen Grundmechanismen der Entwicklung des menschlichen Denkens seien hier noch einmal kurz zusammengefasst:

- Unsere Denkentwicklung ist gekennzeichnet durch den Drang eines Individuums nach einem ausgewogenen Verhältnis zwischen sich und seiner Umwelt. Unser Denken ist eine spezifisch biologische Anpassung an Umweltbedingungen. Ziel dieser Tätigkeit ist es, ein Gleichgewicht zwischen den individuellen Voraussetzungen und den Umweltbedingungen herzustellen. Kognition ist somit ein Instrument der Anpassung und nicht der Annäherung an eine Außenwelt voller absolut existierender Dinge an sich und dient der Verbesserung des Gleichgewichts eines Organismus.
- Die kognitive Entwicklung verläuft sequenziell.
- Die Entwicklungsstadien werden alle in gleicher Reihenfolge, aber nicht in der gleichen Zeit durchlaufen. Die Denkentwicklung verläuft immer stufenweise von einem niederen zum höheren Stadium. Das jeweils höhere Stadium unterscheidet sich durch größere Beweglichkeit des Denkens der Vorstufe.
- Der Übergang von einem Stadium zum nächsten ist gekennzeichnet durch Umorganisation, nicht durch Hinzufügen von Denk-, Operations- oder Erklärungsmustern, die in die kognitive Gesamtorganisation des Individuums integriert sind und die Aktivitäten des Individuums steuern.
- Intelligenz ist eine Form der menschlichen (biologischen) Anpassung an veränderte, neue Umweltbedingungen.

Diese Stufen- bzw. Stadientheorien, die besonders durch die Schriften von Piaget vielfältig in der Pädagogik rezipiert wurden, sind dennoch nicht als lineare Entwicklungsabfolgen zu verstehen. Die Leistungsfähigkeit, die Flexibilität unseres Denkens ist gerade dadurch charakterisiert, dass wir, passend zu der jeweiligen Situation, unterschiedliche Abstraktionsebenen nutzen. So können wir zwar sicher die schriftliche Instruktion zur Installation eines neuen technischen Gerätes z. B. einer Digitalkamera lesen. Verstanden wird sie vermutlich häufig aber erst dadurch, dass wird diese Handlungsanweisung umsetzen, die Installation durchführen und mit dem Gerät selbst agieren.

Diese enge Verflechtung zwischen den einzelnen Abstraktionsebenen macht die Modifizierung des *Zeichenmodells* von Saussure (1857–1913) durch Steinbring (2000b) deutlich. Steinbring entwickelte in Anlehnung an Saussure das Modell eines Dreiecks als „epistemologisches Dreieck", um die Bedeutung der Kommunikation sowie die enge Verflechtung unterschiedlicher Darstellungs- und Abstraktionsebenen hervorzuheben (ebd., 34).

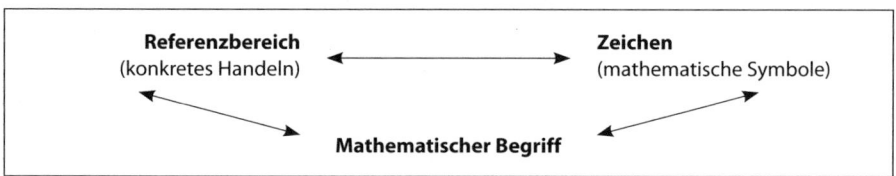

Abb. 8: Epistemologisches Dreieck (Steinbring 2000b, 34)

Dieses Modell unterstreicht die enge Verbundenheit der einzelnen Abstraktionsebenen bei der Ausbildung mathematischen Wissens. Eine Ebene lässt sich nicht von einer anderen trennen. Das mathematische Denken zeichnet sich gerade durch seine hohe Flexibilität auf allen drei Abstraktionsebenen aus: einmal zu erkennen, dass das Symbol „3" bzw. das Zahlwort „Drei" auf der konkreten Ebene eine Menge bezeichnet, aber auch als mathematischer Begriff unabhängig von dieser konkreten Menge alle beliebigen Mengen erfasst.

Zum anderen macht es deutlich, dass das weitverbreitete E-I-S-Prinzip, das auf dem von Bruner entwickelten Abstraktionsprinzip basiert, nicht als hierarchisches Prinzip aufgefasst werden kann. Der Lernprozess läuft eben nicht in einer linearen Abfolge eines Dreierschritts Handlung – Bild – Symbol ab, sondern die wechselseitigen Beziehungen untereinander charakterisieren erst mathematische Einsichten.

Konkrete Erfahrungen in realen Situationen sind sicher notwendige Vorbedingungen für den Wissenserwerb, aber erst in der Abstraktion von diesen konkreten Handlungen und von konkreten Objekten erwerben die Kinder Wissen.

2.2 Kommunikation als grundlegender Bestandteil des Mathematikunterrichts

Unterricht jeglicher Art zielt immer auf die Initiierung von Lern- und Entwicklungsprozessen ab, so dass Lernen als Prozess und Ergebnis von Interaktion zu verstehen ist. Schon Piaget beschrieb als notwendige Komponenten menschlichen

Erkenntnisgewinns (neben der biologischen Reifung) die Auseinandersetzung mit der materiellen Umwelt (Interaktion) sowie als dritte wesentliche Komponente die Kommunikation. Die von ihm benannten Entwicklungsfaktoren sind Reifung, Erfahrungen in und mit der materiellen Umwelt und Wirkungen der sozialen Umwelt (Piaget 1979, 86).

Unterricht trägt sozialen Charakter und basiert auf Kommunikation. Er dient dazu, den Schülern Gelegenheit zu geben, auf Impulse zu reagieren und Anschlusshandlungen zu ermöglichen. Systemtheorie macht diese komplexen Zusammenhänge zu ihrem Gegenstand und bietet einen angemessenen Zugang zu der Komplexität zwischenmenschlicher Phänomene wie sozialen Systemen und Kommunikation.

Die grundlegende Frage zur Planung, Analyse und Reflexion von Unterricht lautet: Wie kann ich diese Situation Unterricht anhand dieses Themas so gestalten, dass das Kind besser lernen und sich entwicklungsadäquat mit den Sachverhalten eigenaktiv auseinandersetzen kann?

Obwohl systemtheoretische Betrachtungsweisen immer stärker Eingang in pädagogische und sonderpädagogische Arbeitsfelder finden, stellt sich oft noch die Frage nach den Vorzügen dieser theoretischen Basis. Mathematikunterricht aus system- bzw. kommunikationstheoretischer Sicht zu betrachten, erlaubt es, aus theoretischen Erwägungen brauchbare Handlungsanweisungen für den Alltag abzuleiten. Das eigene Handeln innerhalb einer pädagogischen Situation wird reflektiert als Beitrag zur Herstellung mehr oder weniger nützlicher Kommunikationsmuster genutzt (Simon 1999, 8). Systemtheorie bietet einen Orientierungsrahmen für das Handeln in sozialen Zusammenhängen.

Systemtheorie als theoretische Basis in der Pädagogik/Sonderpädagogik und auch speziell für den Mathematikunterricht zu nutzen, findet in folgenden Aspekten ihre Berechtigung:

- Einbeziehen konstruktivistischer und erkenntnistheoretischer Positionen zum Lernen und zur Entwicklung, besonders die Modellvorstellungen der Autopoiese, die die mögliche direkte unterrichtliche Einflussnahme auf Schülerverhalten relativieren. Zudem gehen konstruktivistische Theorien davon aus, dass Kognition an biologische und soziale Besonderheiten der Menschen gebunden ist. Somit gibt es aus dieser Sicht keine vom Beobachter unabhängige objektive Welt.
- Verständnis von Unterricht als interaktives und kommunikatives Geschehen, das die Wechselwirkungen aller Faktoren des pädagogischen Geschehens berücksichtigt.
- Lernprozesse haben folgende systemrelevante Merkmale:
  - Lernprozesse sind kontextbezogen
  - Lernprozesse produzieren Sinn und Bedeutung und entstehen in Interaktionen
  - Lernprozesse sind affektlogisch strukturiert (Werning 2002, 143).
- Systemtheorie ist gerade aufgrund ihres nicht explizit pädagogischen Charakters eine geeignete metatheoretische Basis zur Auseinandersetzung mit konkreten

Handlungsfeldern. Sie dient als Reflexionswissenschaft innerhalb der Pädagogik bzw. Erziehungswissenschaft (Luhmann 2002).
- Systemtheoretisches Denken gibt monokausales Denken zugunsten einer selbstrefenziellen, zirkulären Betrachtungs- und Erklärungsweise sozialer Systeme auf. Das zugrunde liegende Modell von System und Umwelt lässt sich nur als Einheit denken und beschreiben.
- Die Beobachtung ist innerhalb der Systemtheorie eine zentrale Kategorie zur Beschreibung von Systemen. Sie wird damit zu einer pädagogisch relevanten Methode der Planung, Diagnose und Reflexion von Unterricht: „Aus pädagogischer Sicht müssen nämlich genau jene (nicht beobachtbaren – und damit auch nicht operationalisierbaren) Hypothesen über das Lernen reflektiert werden" (Werning 2002, 132).

Die folgenden Ausführungen untersuchen kommunikative und sprachliche Momente des Mathematikunterrichts hinsichtlich ihrer didaktischen und diagnostischen Möglichkeiten. Mathematikunterricht wird primär als Kommunikations- und Interaktionssituation verstanden, die sich durch die drei Komponenten Sachstruktur, Vermittlungsstruktur und Aneignungsstruktur näher beschreiben lässt (Werner 1999, 473). Zentraler Punkt dieser Überlegungen ist, dass nicht allein die Fachwissenschaft Mathematik, nicht die Frage der Vermittlung mathematischer Inhalte und auch nicht ausschließlich der Schüler mit seinen individuellen Lern- und Leistungsvoraussetzungen, sondern das interaktive und kommunikative Geschehen im Unterricht selbst entscheidend für eine erfolgreiche Vermittlung mathematischer Inhalte ist. Lernschwierigkeiten im Mathematikunterricht sind demnach nicht zurückzuführen auf isolierte, ausschließlich im Schüler innewohnenden Verursachungsfaktoren, sondern haben eine komplexe, integrierte Genese. Sie sind daher als Kommunikationsstörungen zu verstehen. Um möglichen Schwierigkeiten im Mathematikunterricht vorzubeugen bzw. diese abzubauen, ist es daher sinnvoll, diese Kommunikationssituationen genauer zu analysieren. Soziale Systeme sind – wie schon beschrieben – autopoietische, strukturdeterminierte Systeme, die primär danach streben, ihre Existenz zu erhalten bzw. zu stärken. Danach richten sich Art und Umfang der Reaktion des Systems auf Umwelteinflüsse. Kleinster Baustein sozialer Systeme ist die Kommunikation, die wiederum selbst als eigenständiges System zu betrachten ist (Luhmann 1984; 1997).

„Warum ist drei mal drei eigentlich zehn?", fragt ein Schüler. Wie mag eine Lehrkraft darauf reagieren. „Hat der das denn immer noch nicht kapiert? Der will doch nur wieder ablenken! Wie kommt der jetzt auf 10?" Solche und andere Reaktionen sind auf diese zunächst banal anmutende Frage sicher denkbar. Allein diese Vielfalt möglicher Reaktionen lässt erkennen, dass der Bedeutungsgehalt einer Aussage nicht objektiv durch Sprecher vorgegeben, sondern dies ein individueller, nicht vorhersehbarer (Re-)Konstruktionsakt ist. Obwohl alle das Gleiche gehört haben, hört doch jeder etwas anderes. Die scheinbare Objektivität einer Aussage wird relativ und ist abhängig vom Grad der Übereinstimmung bei verschiedenen Beobachtern bezüglich des gleichen (akustischen) Reizes. Unser Gebrauch von Sprache ist in den

Abb. 9: „Warum ist eigentlich drei mal drei gleich zehn?"

meisten Situationen zweckorientiert (erzählen, informieren, Anweisungen geben, etwas beschreiben). Wörter werden als Signale verwendet, um eine Handlung auszulösen oder Zugang zu einem Gegenstand zu erlangen. Wörter sind somit Werkzeuge, um ein bestimmtes Ziel zu erreichen, d. h. sie sind auf begriffliche Strukturen des Rezipienten gerichtet. Der Sprecher hat dabei eine detaillierte begriffliche Struktur im Kopf, die von ihm benutzten Wörter/Begriffe sind aus seiner Sicht passend zum Anlass. Aber die alltägliche Erfahrung lehrt uns, dass schon die einfachsten Ereignisse in der Erfahrung verschiedener Menschen nicht gleich sind und unterschiedliche Meinungen, Einstellungen, Erkenntnisse hervorbringen können. Jeder Mensch muss Wortbedeutungen aus den Elementen seiner individuellen Erfahrung aufbauen und diese Bedeutungen in sprachlichen Interaktionen passend machen. Dabei werden (selbstverständlich) subjektive Bedeutungen ständig modifiziert, geschärft, variiert.

Bedeutungen oder Begriffe sind nicht in den Wörtern selbst enthalten und können daher nicht wie ein Gegenstand von einer Person zu einer anderen übertragen werden (v. Glasersfeld 1997, 227). Bedeutungen entstehen und entwickeln sich erst im interaktiven, kommunikativen Geschehen selbst.

Kommunikation ist somit keine lineare Übertragung objektiver Botschaften: „Jede Person sagt, was sie sagt und hört, was sie hört, gemäß ihrer eigenen Strukturdeterminiertheit; das etwas gesagt wird, garantiert nicht, dass es auch gehört wird" (Maturana & Varela 1987, 212).

Das Kommunikationsmodell nach Luhmann, das eine Synthese all dieser sozialen, kognitiven, erkenntnistheoretischen, kulturhistorischen, sprachlichen, semantischen Momente einer Kommunikationssituation bildet, soll hier kurz skizziert werden. Kommunikation ist ein eigenständiges soziales System, in dem zwei (oder mehrere) Beteiligte jeder für den anderen Umwelt ist und als Beobachter die Aussage des anderen wahrnimmt. Die Aussage des anderen ist ein Reiz für den Beobachter, auf den reagiert wird. Das eigentliche soziale System Kommunikation (als kleinster Baustein sozialer Systeme) besteht in einer Synthese aus:

1. Information (Selektion aus einem Repertoire möglicher Aussagen/Inhalte, die neben sachlichen auch volitive Momente enthält)
2. Mitteilung (Selektion aus verschiedenen Mitteilungsmöglichkeiten: schriftlich, mündlich, Wahl des Verhaltens, Mimik, Gestik usw.)
3. Verstehen (Selektion von Verstehensmöglichkeiten: Eine Information kann auf unterschiedliche Weise verstanden werden). Was unter Verstehen erreicht wird, entzieht sich der Steuerung jedes einzelnen Beteiligten und ist das Resultat des Zusammenwirkens aller drei Selektionsleistungen und als Handlung nicht zurechenbar auf Sender oder Empfänger. Verstehen resultiert daraus, wie der Empfänger aufgrund seiner Strukturen den Reiz, was er beobachtet, verarbeitet.
4. Im Anschluss daran erfolgt die 4. Selektion über Annahme/Ablehnung/Anschlussakte: Das Verständnis für eine Mitteilung kann nur über nachfolgende Anschlusshandlungen ermittelt werden: „Denn für eine kodierte Kommunikation gibt es kein Ende, sondern nur die allem Verstehen reproduzierte Option über Annahme oder über Ablehnung weiterzumachen (Luhmann 1997, 229 f.)

Die folgende Grafik versucht, das Zusammenspiel der einzelnen Bereiche deutlich zu machen.

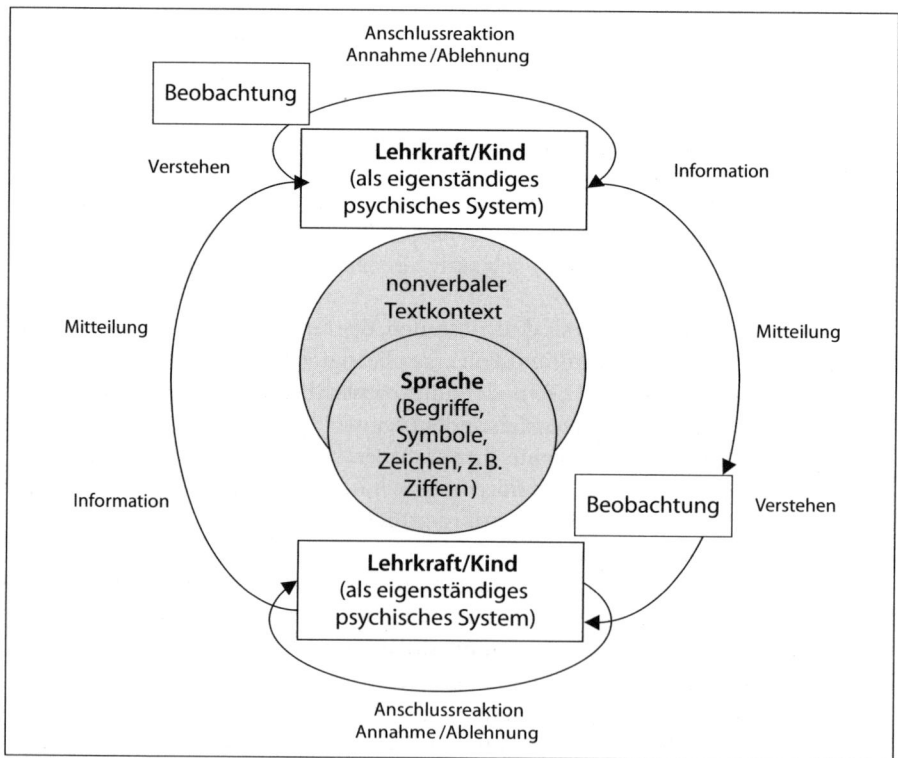

Abb. 10: Systemisch-konstruktivistisches Modell des Mathematiklernens bzw. des Mathematikunterrichts

Kommunikation liegt vor, wenn eine Informationsauswahl, eine Auswahl von mehreren Mitteilungsmöglichkeiten und eine Auswahl mehrerer Verstehensmöglichkeiten getroffen wird. Sie liegt erst dann vor, wenn es zu einer Synthese aller drei Selektionsleistungen kommt. Erst die Anschlussreaktion schließt die Kommunikation ab und an ihr kann man ablesen, was als Einheit zustande gekommen ist. Kommunikation ist auf Psychisches, d.h. auf den Menschen angewiesen, aber der Mensch selbst kann Kommunikation nicht kausal steuern oder determinieren. Um Kommunikation in Gang zu bringen, genügt ein Mindestmaß an wechselseitiger Beobachtung und auf Kenntnissen gegründete Erwartung (Luhmann 1984; 1997). Eine Beobachtung ist dabei die Handhabung einer Unterscheidung, eine unterscheidende und das Unterschiedene zugleich bezeichnende Operation. Beobachtung ist somit Basisoperation eines psychischen Systems. D.h. wie und was ein System beobachtet, hängt von der Eigenart und der Identität dieses Systems ab (Willke 1996, 170). Die Erkenntnis über ein System ist also an die eigenen Mittel des Beobachtens und Verstehens gebunden. Daher kann der Gegenstand einer Erkenntnis nicht „objektiv" oder „real" erfasst werden (Willke 1996, 167). Bei der strukturellen Kopplung zwischen Bewusstseinssystemen und Kommunikationssystemen ist man auf das Phänomen Sprache angewiesen (Gripp-Hagelstange 1997, 73). Sprache ermöglicht und erzwingt die Unterscheidung von Mitteilung und Information, von der das Verstehen maßgeblich abhängt. Sprache ermöglicht differenzierte Unterscheidungen sowie gezielte Anschlussmöglichkeiten. Nur dadurch, dass Sprache Codierungen enthält, wird sichergestellt, dass die an der Kommunikation beteiligten Bewusstseinssysteme die Unterscheidungen von Mitteilung und Information gleichsinnig handhaben können (a.a.O.).

Die dritte Komponente der Kommunikation – *das Verstehen* – soll mit den nachfolgenden Überlegungen skizziert werden. Kommunikation ist gekennzeichnet durch eine gewisse Dynamik, hier eher verstanden als Nicht-Vorhersagbarkeit des Kommunikationsverlaufs. Sie ist daran zu erkennen, dass die beteiligten psychischen Systeme aufgrund ihres geschlossenen, operativen Charakters füreinander intransparent sind (Nassehi 1997, 138). Deshalb fragt die Systemtheorie eben nicht nach der Innerlichkeit des Menschen, sondern ausschließlich nach dem rekursiven Zusammenhang selbstreferenziell aufeinander bezogener kommunikativer Ereignisse. Verstehen kann aus systemtheoretischer Sicht (im Gegensatz zu psychologischen Auffassungen, Foppa 1994, Aeschenberger 1994 oder zur objektiven Hermeneutik Oevermann 1993) nicht als psychisch fundiertes Geschehen aufgefasst werden, sondern als dritte Komponente (neben Information und Mitteilung) des Kommunikationsablaufes. Würde man den Kommunikationsprozess jedoch auf die beiden Komponenten Information und Mitteilung beschränken, wäre Kommunikation letztlich nur als einfache Übertragung einer Information mittels einer Mitteilungshandlung zu verstehen. Aber unsere praktischen Erfahrungen zeigen, dass diese Sichtweise nicht ausreichend ist, da damit die Entstehung bzw. der Fortlauf oder auch der Abbruch von Kommunikation nicht erklärt werden kann. Alltägliche Missverständnisse führen zwar nicht immer zu dem gewünschten Ergebnis, aber auch nicht unbedingt zum Abbruch der Kommunikation. Das klassische Beispiel des Sketches von Loriot um die Dauer des Eikochens macht auf amüsante Weise diesen Aspekt deutlich: Obwohl in fast keinem Gesprächsakt die produzierte Information zu dem gewünschten Verstehen führt, wird dieses Gespräch über eine lange Zeit aufrecht erhalten. Systemtheoretisch gesprochen heißt das, dass selbst eine unbefriedigende oder auch beleidigende Antwort genügend Anhaltspunkte für ein Verstehen und Anlass für eine Anschlusshandlung geben kann. Verstehen begründet demnach die Unterscheidung zwischen Information und Mitteilung und sichert damit den Anschluss einer neuen Kommunikation und ist „Garant für die Autopoiese des sozialen Systems" (Nassehi 1997, 139).

2.3 Situationsdiagnostik als Reflexion von Unterricht

Jegliche Reflexion von Unterricht ist eine Diagnose der Interaktion, der ablaufenden Kommunikation und damit ein auf Beobachtung orientierter Dialog. Innerhalb einer Kommunikationssituation stellt sich in diagnostischer Hinsicht demnach die Frage, worin die Bedeutung dessen liegt, was der Schüler sagt, denn „die Bedeutung dessen, was andere sagen oder tun, zu analysieren, ist Voraussetzung jeglicher Kommunikation und damit Voraussetzung der Konstruktion einer subjektiven wie auch intersubjektiven Realität. Das, was die Menschen für real und wirklich halten, ist das Ergebnis von Kommunikation" (Simon 1999, 29). Diese zugemessene Bedeutung zu analysieren bzw. zu diagnostizieren ist nur über die Beobachtung ihres Gebrauchs möglich, d. h. wir müssen die handlungsrelevanten Aspekte der Realität rekonstruieren (a. a. O.).

Davon ausgehend, dass Kommunikation der kleinste Baustein sozialer Systeme ist, muss der Analyse dieses sozialen Geschehens weit größere Aufmerksamkeit als bisher geschenkt werden. Derzeitige und frühere Unterrichtsanalysen thematisieren z. B. die Wirksamkeit einzelner Unterrichtsverfahren, Unterrichtsmittel, Methoden und Sozialformen u. a. Nicht nur die TIMSS-Studie (Baumert 1998) belegt, dass diese herkömmliche Vorgehensweise vermutlich zur Verbesserung des Unterrichts zu kurz greift.

Jede pädagogische Aktivität selbst ist Element des Kommunikationssystems Unterricht, d. h. wenn überhaupt im Unterricht Wirkungen zu erzielen sind, dann nur innerhalb des Bereiches Kommunikation. Es kommt lediglich zu einer Veränderung der sozialen Umwelt des Schülers, die in unzählige Richtungen möglich ist, z. B. mit Hilfe schultypischer Mittel wie mehr bzw. andere Anschauungs- bzw. Unterrichtsmittel, veränderte Sozialformen, variierte Aufgabentypen usw. Während innerhalb der Pädagogik und auch der Mathematikdidaktik immer wieder Modelle entwickelt wurden, die einzelnen Elemente des Unterrichts zu beschreiben und zu verändern, wurde und wird das eigentliche Handwerkszeug – nämlich die Kommunikation, deren Gestaltung und Interpretation – vernachlässigt: Es gibt derzeit zwar viele verschiedene pädagogische, didaktisch-methodische Überlegungen, die primär Kommunikation in den Vordergrund rücken (Steinbring 2000b; Wittmann 1995; Wember 1998; Werning 2002; Palmowski 1995; Spiess 1998). Diese greifen jedoch leider noch nicht genügend in die Schulpraxis ein.

Reflexion meint eine Selbststeuerung, durch welche Systeme ihre eigene Identität thematisieren, d. h. sich selbst als Umwelt wahrnehmen: Reflexion in diesem Sinne ist eine gesteigerte Form der Selbstreferenz, in welcher der Rückbezug eines Systems sich intentional auf seine Identität und deren Wirkungen in seiner Umwelt richtet (Wevelsiep 2000, 45). Voraussetzung dafür ist die Fähigkeit zur Selbstbeobachtung und -beschreibung und zum Verstehen fremder Systeme. Eine Reflexion des Unterrichtsgeschehens bedarf der Berücksichtigung situativer Momente und ist selbst als kommunikatives Geschehen zu verstehen.

Diagnostisches Arbeiten ist daher situatives Arbeiten, d. h. an die konkrete, unverwechselbare, nicht planbare Situation gebunden. Ein normiertes Testverfahren gibt im Gegensatz dazu eine standardisierte Beobachtungsstruktur vor, favorisiert bzw. vernachlässigt durch seine Konstruktion bestimmte Momente der Auseinandersetzung des Kindes mit dem Sachverhalt. Jeder Intelligenztest gibt durch seine zu beobachtenden Kriterien vor, was der Testleiter als Intelligenz zu erfassen hat. Ein Schulleistungstest definiert durch die Konstruktion seiner Aufgaben die schulischen Fähigkeiten und Fertigkeiten, die nach Ansicht der Testautoren schulrelevant und damit zu beobachten sind. Je nach Anlage/Fragestellung und theoretischer Basis des Tests werden erwünschte Zusammenhänge/Übereinstimmungen z. B. zwischen der Sachstruktur und dem Entwicklungs- oder Lebensalter und erwarteten Schulleistungen beschrieben. Das erkenntnisleitende Interesse der systemischen Diagnostik ist aber das Moment der Interaktion/Kommunikation bzw. Kooperation mit dem Kind. Für eine Reflexion konkreter Situationen sind standardisierte bzw. normierte Testverfahren daher wenig hilfreich.

Um die Grenzen der herkömmlichen Verfahren aufzulösen, wird in Erweiterung des systemischen Modells vom Mathematiklernen (vgl. 2.1) das Modell einer Situationsdiagnostik vorgeschlagen, das sowohl den Einsatz traditioneller Testverfahren als auch informeller Verfahren wie Beobachtung und Befragung ergänzend ermöglicht und den situativen Charakter des Mathematikunterrichts berücksichtigt. Eine Analyse der Interaktions- und Kommunikationssituation läuft letztlich auf einen Vergleich zwischen der Sach-, Aneignungs- und Vermittlungsstruktur hinaus und sucht Antwort auf die Frage nach der Passung zwischen diesen drei Komponenten.

Modell der Situationsdiagnostik

Es basiert auf der bereits mehrfach erwähnten Prämisse, dass Mathematikunterricht seinem Wesen nach zunächst eine Interaktions- bzw. Kommunikationssituation darstellt. Wesentliche Merkmale dieses Geschehens sind die Sachstruktur, die Vermittlungs- und die Aneignungsstruktur. In einer systemisch orientierten Analyse der Situation müssen demnach alle drei Bereiche erfasst werden. Im Mittelpunkt jeglichen diagnostisch orientierten Vorgehens steht die Frage nach der verbesserten

Gestaltung der Unterrichtssituation selbst, d. h. auch nach den Möglichkeiten der größtmöglichen Passung zwischen den individuellen Lern- und Leistungsvoraussetzungen des Kindes und den erwarteten mathematischen Einsichten und Kenntnissen, und mündet in der Frage: Wie muss die Situation verbessert werden, damit das Kind besser lernen kann (Hofmann 1998, 7)? Diese Frage stellt entgegen der traditionellen Diagnoseverfahren nicht das Kind, sondern die Situation Unterricht selbst in den Mittelpunkt. Hinweise und Anregungen zur Beantwortung dieser Frage gibt die Analyse der drei Merkmalsbereiche des Mathematikunterrichts.

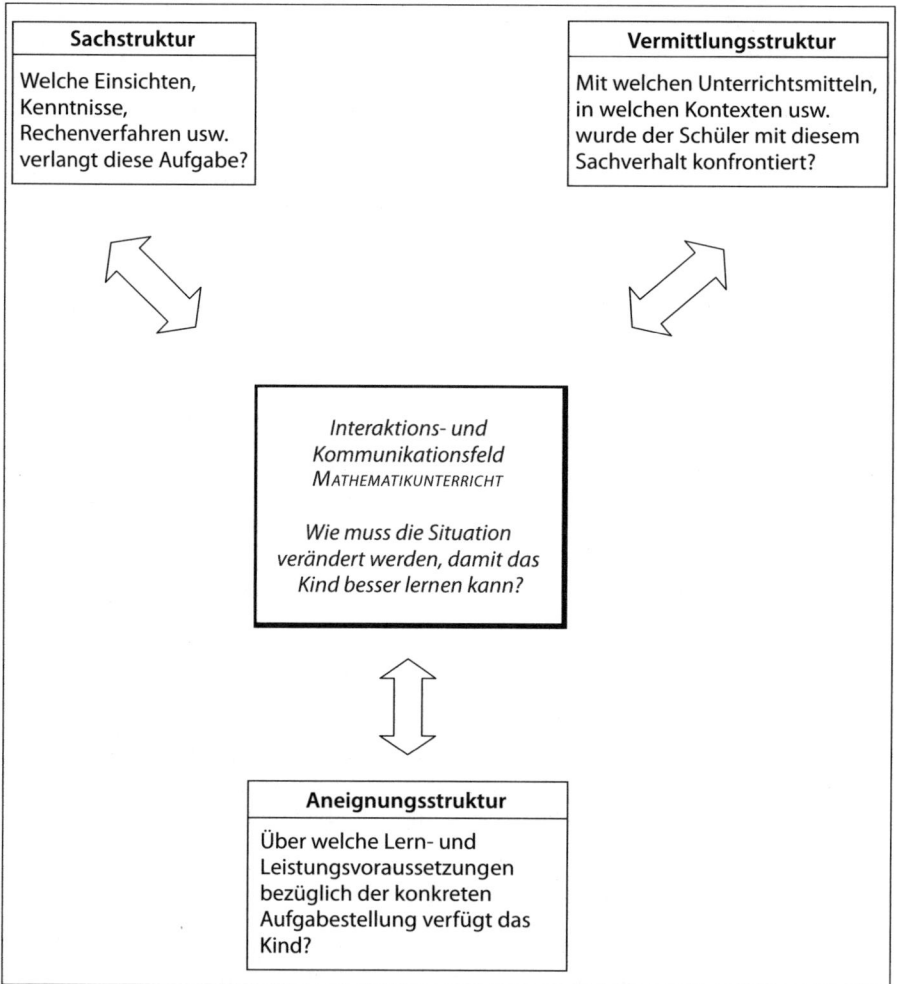

Abb. 11: Modell zur Situationsdiagnostik im Mathematikunterricht

Die erste Frage bezieht sich auf den Gegenstand Mathematik als *Sachstruktur*. Jede Mathematikaufgabe ist bezüglich ihrer nötigen Wissensvoraussetzungen zu analysieren: Was muss ein Schüler alles können, über welche Einsichten, Rechenverfahren und -techniken muss er bereits verfügen, um diese konkrete Aufgabe lösen zu können?

An dieser Stelle sei noch einmal an die grundsätzlichen Aussagen zum Wesen der Mathematik erinnert (vgl. Kapitel 1). Mathematik als Geisteswissenschaft beschäftigt sich mit abstrakten Zeichen und Begriffen, die auf abstrahierter Ebene räumliche, zeitliche und quantitative Beziehungen beschreiben.

Der Bereich der *Vermittlungsstruktur* ist ebenfalls in diese systemische Situationsanalyse mit einzubeziehen. Hier sind es vor allem Informationen über den Einsatz von Unterrichts- und Veranschaulichungsmitteln, die Frage nach dem verwendeten Lehrgang und Lehrbuch, Rechenroutinen und Unterrichtsrituale, die Eingang in die Diagnose finden müssen: Mit welchen Unterrichtsmitteln, in welchen Kontexten wurde der Schüler bisher mit dem Sachverhalt konfrontiert? Welche Chancen hatte der Schüler bislang, sich mit diesem Sachverhalt auseinanderzusetzen?

Unumgänglich sind in dieser Situationsanalyse auch die Aussagen bezüglich der individuellen Lern- und Leistungsvoraussetzungen des Kindes selbst (*Aneignungsstruktur*). Im Zusammenhang mit der Sachanalyse ist folgende Frage zu stellen: Über welche konkreten Einsichten, Rechenverfahren usw. bezüglich dieser Aufgabe verfügt das Kind? Verfügt das Kind über das notwendige Operationsverständnis, d. h. die Einsicht, dass sich mit Hilfe mathematischer Zeichen und Begriffe alltägliche Handlungen wie „dazu kommen", „wegnehmen", „mehr bzw. weniger werden", „gleich viel sein" abbilden lassen? In welchem Zahlenraum agiert der Schüler sicher?

Eingeschlossen in die Analyse der Aneignungsstruktur sind auch Vorerfahrungen der Kinder aus dem nicht schulischen Bereich, z. B. über Umgang mit Geld, individuelle Zeiterfahrungen, Erfahrungen im Umgang mit Längen, Mengen und Volumina usw. Nicht unberücksichtigt bleiben dürfen hier emotionale und soziale Aspekte wie das Selbstwertgefühl des Kindes, seine soziale Einbindung in die Klassengemeinschaft, das Elternhaus.

Zentral für diagnostische und didaktisch-methodische Entscheidungen sind drei Fragen:

1. Die Frage nach den sachstrukturellen Anforderungen des Gegenstands selbst: *Was verlangt die Aufgabe; über welche mathematischen Einsichten, Fähigkeiten und Fertigkeiten muss das Kind verfügen, um die Aufgabe lösen zu können?*
2. Die Frage nach den Aneignungsstrukturen des Kindes: *Über welche Lernvoraussetzungen bezüglich dieses Sachverhalts verfügt der Schüler?*
3. Die Frage nach der Eignung der didaktisch-methodischen Gestaltung (Vermittlungsstruktur): *Mit welchen Anschauungsmitteln usw. hat der Schüler Gelegenheit, sich mit dem Sachverhalt auseinander zu setzen?* (Werner 2003, 240)

Die Analyse von Schülerantworten, Unterrichtsgesprächen und anderen kommunikativen Anlässen bietet zahlreiche Möglichkeiten, Kommunikationssituationen didaktisch und diagnostisch sinnvoll zu nutzen. Diese Gespräche müssen sich dabei nicht ausschließlich auf Gespräche zwischen Lehrer und Schüler beziehen, auch Gespräche zwischen den Schülern sind zu beobachten und können interessante Hinweise über individuelle Strategien, Einsichten und Kenntnisse der Schüler geben. In einem eindrucksvoll geschilderten Beispiel von Werning & Wildt (1997) erfahren wir, wie zwei Kinder anhand des Problems, elf Kekse auf zwei Kinder aufzuteilen, innerhalb dieser Interaktions- und Kommunikationssituation „ihre Mathematik erfinden" (ebd.) und sich so mit Hilfe der Lehrkraft mathematischen Konventionen nähern können. Grundvoraussetzung dafür ist ein Menschenbild, das den Schüler als einen eigenständigen, grundsätzlich lernfähigen Menschen begreift, denn nur die „Wertschätzung der Konstruktion als Ausdruck der Identität des anderen wird dessen Bereitschaft wachsen lassen, die Konstruktionen zu überdenken und zu revidieren" (Werning & Wildt 1997, 79). Alle Unterrichtsformen, die die Kommunikation zwischen den Schülern herausfordern, z. B. Gruppen- oder Partnerarbeit und Streitgespräche über unterschiedliche Lösungswege eignen sich dazu, die Bedeutungen mathematischer Konventionen zu konstruieren und als sinnhaft zu erfahren. Diese Betrachtungsweise setzt bei der Lehrkraft voraus, dass Fehler nicht zum Anlass genommen werden, Kommunikation abzubrechen. Diese Nichtentsprechung zwischen individuellen Lösungswegen und konventionellen mathematischen Erwartungen sollte als Anlass zur weiteren Kommunikation genutzt werden. So genannte „Fehler" geben der Lehrkraft Auskunft über den derzeitigen Lern- und Entwicklungsstand des Kindes. Jedes Ergebnis einer mathematischen Aufgabe ist für das Kind grundsätzlich schlüssig, in sich stimmig. Die diagnostisch und didaktisch relevante Aufgabe für die Lehrperson besteht nun darin, die Konstruktionen eines Kindes zu erforschen, d. h. zu verstehen, wie die Schüler ihre Sinndeutungen bilden (Balgo 1997; Werning & Wildt 1997; Werner 1999). Das Hinterfragen eines Ergebnisses, unabhängig davon, ob dieses richtig oder falsch ist, unterstützt einerseits die Fähigkeit des Schülers zur Selbstreflexion und gibt andererseits der Lehrkraft Aufschluss über die Gedankenwege des Kindes. Diese ermöglichen die Planung des nächsten Entwicklungsschrittes, der jedoch auch wiederum gemeinsam mit dem Kind besprochen und organisiert werden sollte.

Das folgende Beispiel (aus einer Einzelsituation in der Mathematikförderung, Klasse 3 einer Lernbehindertenschule) illustriert die Umsetzung des Modells zur Situationsdiagnostik:

Auf einem Arbeitsblatt war die Situation Kindergeburtstag dargestellt, bei der sechs Kinder um einen Tisch herum saßen und die Mutter an jedes Kind Süßigkeiten verteilte, in diesem Fall 24 Gummibärchen. Der Schüler erkannte die Situation durchaus, konnte den Sachverhalt erläutern und begann zu rechen. Auf seinem Arbeitsblatt erschien nach kurzer Zeit seine Lösung $6 \times 2 = 4$ mit der Erläuterung, jedes Kind bekäme vier Gummibärchen.

Zunächst sollte die Aufgabe hinsichtlich ihrer sachstrukturellen Anforderungen analysiert werden. Über diese Analyse ist es möglich, das sichtbar zu beobachtende Schülerverhalten zu interpretieren.

Um diese Aufgabe lösen zu können, muss ein Schüler zunächst die Informationen auf dem Arbeitsblatt lesen und verstehen können (*Analyse der Sachstruktur*). Es muss der Zusammenhang zwischen der grafischen Darstellung (Bild vom Kindergeburtstag), der Textzeile („Karins Mutter verteilt an jedes Kind") und den Teilaufgaben a), b) und c) mit den jeweiligen bildlichen Darstellungen von Süßigkeiten wie Gummibärchen, Schokoküssen und einer Bonbontüte zu erkennen.

Abb. 12: Arbeitsblatt „Kindergeburtstag"

Allein hier können schon viele Missverständnisse entstehen bzw. Probleme auftauchen. Vorausgesetzt werden hier die Erfahrung, dass ein Kindergeburtstag einen Anlass für eine Feierlichkeit darstellt und dass diese Feste mehr oder weniger typische Rituale haben. Es werden Gäste eingeladen, mindestens eine Mahlzeit wird gemeinsam eingenommen und es werden viele Süßigkeiten konsumiert. Ohne diese Vorerfahrungen sind die Rechenanlässe bzw. der Alltagsbezug für die Schüler bei diesem Arbeitsblatt wenig sinnvoll. Gerade diese Vorerfahrungen sind besonders bei Schülern an Förderschulen nicht unbedingt vorauszusetzen. Zum einen ist nicht immer davon auszugehen, dass der Geburtstag innerhalb der Familie wirklich eine bedeutende Rolle spielt und das Geburtstagskind die entsprechende Aufmerksamkeit erfährt. Zum andern ist zu berücksichtigen, dass knapp 20 % der Schüler an Förderschulen einen Migrationshintergrund haben bzw. in anderen Kulturkreisen leben. In anderen Kulturkreisen spielt der Geburtstag eventuell nicht die große Rolle und andere Feiertage (z. B. Namenstag) prägen das Familienleben vielleicht deutlicher als es in unserem Kulturkreis üblich ist.

Neben diesen eher alltags- und kulturgeprägten Voraussetzungen muss ein Schüler zur Lösung dieser Aufgabe über das Operationsverständnis verfügen, d. h. ihm muss bewusst sein, dass sich die alltägliche Verteilungssituation von Gummibärchen mit mathematischen Zeichen und Begriffen darstellen lässt und dass es Rechentechniken gibt, die diesen Vorgang adäquat, d. h. in Form von mathematischen Gleichungen abbilden. Die Lösung dieser Aufgabe setzt Vorstellungen im Zahlenraum bis 39 (bei Aufgabe c) voraus, zudem muss verstanden sein, dass das Wort „Antwort" mit der daneben stehenden Leerzeile eine verbale Beschreibung der rechnerischen Lösung vorsieht. Ein Mengenverständnis wird ebenso vorausgesetzt wie die Fähigkeit, Anzahlen zu erfassen.

Eine *Analyse der Vermittlungstruktur*, d. h. die Frage, in welchem unterrichtlichen Kontext der Sachverhalt vermittelt wurde, lässt sich hier nicht beantworten. Es ist nicht bekannt, mit welchen Unterrichtsmitteln, mit welchen Verfahren und Strategien derartige Problemlösungen eingeführt wurden und wird daher hier nicht weiter berücksichtigt.

Analyse der Aneignungsstruktur: Über welche Lern- und Leistungsvoraussetzungen bezüglich der konkreten Aufgabenstellung verfügt das Kind? Zunächst ist zu beobachten, dass auf dem Arbeitsblatt die Gleichung 6 × 2 = 4 steht. Wie ist dies zu interpretieren? Ohne in Spekulationen zu verfallen, lässt sich lediglich festhalten, dass der Schüler die Zahlzeichen 6, 2 und 4 schreiben kann. Vermutlich verfügt er auch über Vorstellungen über die formale Struktur mathematischer Aufgaben, denn die Schreibweise seiner Gleichung ist eine typisch mathematische. Welche Rechenstrategien dieser Darstellung zugrunde liegt, ob der Schüler über das nötige Operationsverständnis, die nötige Orientierung im Zahlenraum usw. verfügt, lässt sich aus dieser schriftlichen Darstellung nicht feststellen. Es lässt sich auch nicht mit Sicherheit sagen, welche Bedeutung das Ergebnis, die notierte Zahl, für den Schüler hat.

Für die Lehrkraft trat nun folgender Widerspruch auf: Die schriftliche Lösung für sich genommen würde die Beobachtung nach sich ziehen, dass der Schüler diese Aufgabe nicht lösen konnte.

Um nicht das schriftlich festgehaltene Ergebnis des Schülers sofort als fehlende mathematische Kompetenzen zu interpretieren, wurde der Schüler aufgefordert, seinen Lösungsweg zu beschreiben: „Wie hast du gerechnet?"

Diese mündliche Rekonstruktion des Lösungswegs zeigte, dass die Beschreibung des schriftlichen Ergebnisses „falsch" nicht zutreffend ist. Die Nachfrage machte den Gedankengang des Schülers deutlich: Zunächst würde er an jedes Kind ein Gummibärchen verteilen (auf der Zeichnung erhielt auch jedes Kind daraufhin ein Kreuz), so dass sechs Gummibärchen weg wären. (Die Zahl Sechs wurde deshalb notiert). Das Gleiche würde er noch einmal machen, so dass nun 12 Gummibärchen verbraucht wären. (In der Zeichnung ist ersichtlich, dass jedes Kind mit zwei Kreuzen versehen war). Da aber 12 die Hälfte von 24 sei, müsste er das Ganze also zweimal machen (deutete dabei auf den Teil seiner Gleichung „× 2"), so dass jedes Kind vier Gummibärchen erhalten würde.

Diese Erläuterung lässt die bisherige Interpretation in einem ganz anderen Licht erscheinen und verdeutlicht, dass der Schüler über eine Vielzahl von Rechenstrategien verfügt (Stück-für-Stück-Zuordnung, additive und multiplikative Verfahren, Einsicht in das dekadische Positionssystem und Zahlbeziehungen) und diese auch sinnvoll, d. h. der Situation angemessen miteinander verknüpfen kann. Die anfängliche Unterscheidung zwischen „rechnen können und nicht rechnen können" differenziert sich aus in die Unterscheidung: Konventionell entsprechende Schreibweise versus den Konventionen nicht entsprechende Schreibweise bei geeigneten Rechenoperationen.

Für die weitere Förderung des Schülers empfiehlt es sich, den formalen Charakter der Mathematik, die Bedeutung der Operationszeichen zu thematisieren. Eine intensive Arbeit an den Rechentechniken und -fertigkeiten erscheint hier nicht notwendig. Eine mögliche Aufgabenstellung für die Förderung des Operationsverständnisses wäre: Lege zu deinen Beschreibungen die passenden Ziffern- und Rechenzeichen (z. B. als laminierte Karten). Da der Schüler über das notwendige Operationsverständnis verfügt (sonst hätte er vermutlich bei seinen verbalen Erklärung nicht die Formulierung „das mache ich 2 mal" benutzt), sind auch Fragen bezüglich der Sinnhaftigkeit seiner Schreibweise (z. B.: „Mach mal 6 × 2, lautet das Ergebnis dann 4?") förderlich.

Dem aufmerksamen Betrachter des Arbeitsblattes wird noch ein Aspekt deutlich: Wenngleich die bildlich dargestellte Situation „auf einem Geburtstag werden an 6 Kinder 24 Gummibärchen verteilt" erkennbar ist, lässt die unter dem Bild dargestellte, symbolisierte und verbalisierte Aufgabenstellung eine völlig andere Interpretation zu. Bei exakter Lesart lautete die Aufgabe: Karins Mutter verteilt an jedes Kind 24 Gummibärchen. So müsste die zu lösende Gleichung lauten: 24 × 6 = ?. Da dieser Verteilungsmodus vermutlich kaum praktiziert wird und der Schüler mathematische Strukturen als Alltagssituation erkannte, löste er die Aufgabe wie erwartet.

2.4 Thesen zum Wesen von Mathematik, Mathematiklernen und Mathematikunterricht

1. Der Gegenstand des Mathematikunterrichts (Mathematik) wird überwiegend aus fachwissenschaftlicher Perspektive betrachtet und vernachlässigt wesentliche kulturhistorische, erkenntnistheoretische und entwicklungspsychologische Aspekte.
2. Mathematik als geisteswissenschaftliche Disziplin ist die Wissenschaft der Beziehungen zwischen Zeichen und Begriffen. Zeichen und Begriffe sind abstrakte

Symbole der Dimensionen Raum und Zeit, die auf abstrahierender Ebene quantitative und räumliche Beziehungen beschreiben (Jetter 1982).
3. Mathematisches Denken ist keine besondere menschliche Fähigkeit, sondern eine allgemeine Struktur menschlichen Denkens, die in besonderer Weise systematisiert und formalisiert ist. Mathematisches Denken entwickelt sich im Zusammenhang mit der Bewältigung wirklicher Probleme, die erst schrittweise – z. B. durch Abstrahieren, Ordnen, Systematisieren, Vergleichen – zu mathematischen Problemen werden (Jetter 1982).
4. Mathematisches Wissen besteht aus symbolisierten, operativen Beziehungen, die die grundlegenden Dimensionen Raum und Zeit in ihrer Komplexität und Wechselwirkung beschreiben (Steinbring 2000b).
5. Mathematisches Denken und Wissen entwickeln sich in der sozialen Interaktion und sind Ergebnisse von Prozessen, die sich im Spannungsfeld von kommunikativer Deutung des mathematischen Wissens und der epistemologischen Charakterisierung des interaktiv erzeugten Wissens bewegen (Steinbring 2000b, 40).
6. Mathematische Begriffe sind Ergebnisse der menschlichen Denkentwicklung. Begriffe repräsentiert das Gehirn jedoch nicht als dauerhaftes Abbild von Objekten oder Personen, sondern das Gehirn legt eine Art „Protokoll" der Nerventätigkeit an, die während der Beschäftigung mit einem bestimmten Objekt in den sensorischen und motorischen Hirnrindenbezirken stattfindet.
7. Kernpunkt des Mathematikunterrichts sind Kommunikations- und Interaktionsprozesse, die sich mit den drei Elementen Sach-, Aneignungs- und Vermittlungsstruktur näher beschreiben lassen. Ein lineares Ursache-Wirkungsverhältnis zwischen allen drei Komponenten und dem Erfolg bzw. Versagen im Mathematikunterricht lässt sich derzeit nicht nachweisen.
8. Gelungene Kommunikation im Mathematikunterricht ist eine notwendige, aber nicht hinreichende Bedingung für erfolgreiche Bildung bzw. situationsadäquate, erfolgreiche Anwendung dieser Kulturtechnik außerhalb der Schule (Luhmann 2002).
9. Eine Förderung im Bereich Mathematik stellt sich als gelungene Passung zwischen den individuellen Aneignungsstrukturen des Kindes, den Intentionen der Curricula bzw. des Unterrichts sowie den gewählten Vermittlungsvarianten dar. Im Mathematikunterricht gilt es, angepasst an die kognitiven, emotionalen und sozialen Bedürfnisse und Lernvoraussetzungen der Schüler, deren Entwicklungen anzuregen, zu unterstützen und zu begleiten.
10. Fehler sind individuelle, oft kreative Lösungsversuche seitens der Schüler, die der Lehrkraft nicht einsichtig, nachvollziehbar und sinnvoll erscheinen. Diese individuellen Lösungswege werden erst in der Beurteilung der Lehrkraft zu Fehlern aufgrund erwarteter, konventioneller Regelmechanismen und Normen.
11. Didaktisch-methodische Entscheidungen beruhen dabei auf der Anerkennung des kommunikativen Charakters von Mathematiklernen und spiegeln sich in den Prinzipien des aktiv-entdeckenden Lernens wider, von denen hier folgende besonders hervorgehoben seien: der ganzheitliche Zugang zur Thematik, das Zulassen individueller Lösungswege sowie eine veränderte Sichtweise auf Fehler.

3 Mathematik und Sprache

Kapitel 2 begründet und analysiert die Bedeutung von Kommunikation im Mathematikunterricht bzw. beim Mathematiklernen. In diesem Kapitel werden nach einer kurzen Erläuterung zum Begriff Kommunikation sprachlich relevante Aspekte der Mathematik und des Mathematikunterrichts wie die Rolle der Fachbegriffe und sprachlich-grammatikalische Elemente mathematischer Aufgabenstellungen, hier exemplarisch an Sach- und Textaufgaben, analysiert. Im Anschluss daran werden die Besonderheiten von Kindern mit Migrationshintergrund bzw. Zweisprachigkeit diskutiert. Aus zwei Gründen erscheint diese Thematik besonders relevant: Zum einen lassen sich die sprachlichen Fähigkeiten dieser Kinder aufgrund ihrer Biografie mit dem Begriff der „doppelten Halbsprachigkeit" charakterisieren, was sie in unserem sprachlastigen Unterricht benachteiligt. Außerdem sind gerade Kinder mit Migrationshintergrund an Förderschulen im Vergleich zu Regelschulen deutlich überrepräsentiert.

Diese Überlegungen münden in die Darstellung didaktisch-methodischer Varianten, die ihren Schwerpunkt auf die bewusste Nutzung des Mediums Sprache zur Vermittlung mathematischer Sachverhalte setzen. Es sind die Methoden:

- Beratungsgespräche
- Verbalisieren von Lösungswegen („Wie hast du gerechnet")
- Verschriftlichung mathematischer Lernprozesse durch Lern- bzw. Rechentagebücher.

3.1 Sprache als Kommunikationsmedium im Mathematikunterricht

Mathematikunterricht stellt eine kommunikative Situation dar, die nur dann erfolgreich verläuft, wenn eine gemeinsame Absicht anerkannt wird, die Verständigung auf einem gemeinsamen Zeichenvorrat beruht sowie die vermittelten Botschaften/Informationen gegenseitig verstanden werden. Um gemeinsam verstehen zu können, muss man sich über etwas verständigen. Auf den Aspekt des „Verstehens" innerhalb des dreistelligen Kommunikationsprozesses Information – Mitteilung – Verstehen (Luhmann 1997) soll in diesem Zusammenhang noch einmal hingewiesen werden (vgl. Kapitel 2). Kommunikation aus systemtheoretischer Sicht lebt von der Unterscheidung zwischen Wissen und Nicht-Wissen und ist erst dann realisiert, wenn Verstehen zustande kommt (Luhmann 1997).

Mathematikunterricht als kommunikatives, historisch-konkret ablaufendes, d. h. kontextabhängiges Geschehen setzt eine Übereinstimmung bzw. einen lösbaren Widerspruch zwischen Information und Mitteilung bzw. zwischen Wissen und Nichtwissen voraus.

Mathematikunterricht ist ein gemeinsam auszuhandelnder Erfahrungsbereich, ein durch einen mathematischen Inhalt geprägter sozialer Kontext. Sein Erfolg hängt u. a. davon ab,

- ob eine gemeinsame Absicht anerkannt wird,
- ob die Verständigung auf einem gemeinsamen Zeichenvorrat beruht und
- ob die zu vermittelten Botschaften/Informationen gegenseitig verstanden werden und subjektiv bedeutsam sind.

Kommunikation kann daher nur über Viabilität (Gangbarkeit, Funktionalität) der verwendeten Begriffe zustande kommen, d. h. die Kommunikationspartner einigen sich über eine Auswahl gemeinsamer bedeutungstragender Merkmale eines Begriffs. Verstehen ist immer eine Sache des Zusammenpassens und nicht einer völligen Übereinstimmung. Kommunikation ist daher kein gradliniger Austausch fixierter Bedeutungen. Jeder Mensch baut Wortbedeutungen aus den Elementen seiner individuellen Erfahrung auf und macht diese Bedeutungen danach durch Versuch bzw. Irrtum und erfolgsorientierte Anpassung an sprachlichen Interaktionen viabel (v. Glasersfeld 1997). Dabei werden (selbstverständlich) subjektive Bedeutungen ständig modifiziert, geschärft und variiert.

Wissen besteht aus einem Netzwerk begrifflicher Strukturen, die nicht einfach mit Worten übertragen werden können, denn begriffliche Strukturen müssen von jedem lernenden Individuum selbst konstruiert werden (v. Glasersfeld 1997, 204). Die Begriffe eines anderen zu erklären, kann nur auf der Grundlage von Vermutungen geschehen. Es ist nicht möglich direkt zu analysieren, welche begrifflichen Strukturen der Mensch mit bestimmten Wörtern verknüpft. Sprache kann nur beim Zuhörer die Repräsentation von Erfahrungen aufrufen (ebd., 205).

In der Situation Mathematikunterricht wird eine begriffliche Struktur aufgebaut, die im gegebenen Zusammenhang mit der Struktur vereinbar sein soll, die der Sprecher – hier meist die Lehrkraft – im Kopf hat. Die Kompatibilität zeigt sich darin, dass die Schüler nichts sagen bzw. nichts tun, was den Erwartungen der Lehrkraft widerspricht.

Diese Ausführungen haben hier ihre besondere Relevanz, da sich Mathematik als Fachwissenschaft ausschließlich mit abstrakten Zeichen, Begriffen und Symbolen beschäftigt. Gerade dieser hohe Abstraktionsgrad mathematischer Ausdrücke, Zeichen und Begriffe beeinflusst diese Kommunikationssituation. Häufig ist im Mathematikunterricht zu beobachten, dass Kinder zwar richtig rechnen, aber nicht wissen, was sie warum gerechnet haben. Das heißt trotz rechnerischer Fertigkeiten ist ihnen die Bedeutung der Operationszeichen nicht bekannt. Auf der anderen Seite lässt sich beobachten, dass die Kinder zwar in Alltagskontexten additive und multiplikative Operationen durchaus lösen können, jedoch an Formalisierungen, wie sie Mathematik als Fachwissenschaft in ihrer normativen Schreibweise verlangt, scheitern.

Gestörter bzw. misslungener Mathematikunterricht stellt primär einen Kommunikationsbruch bzw. ein Nicht-Verstehen dar (vgl. auch Exkurs I zu Dyskalkulie).

Mathematikunterricht basiert auf Kommunikation. Sein wichtigstes Kommunikationsmedium ist dabei die Sprache selbst. Alle Instruktionen, das gesamte mathematische Wissen wird mit Hilfe von Sprache dargestellt. Sprache basiert auf einem konventionellen Zeichensystem mit grafischen, akustischen Elementen, auch der Mimik und Gestik. Mathematikunterricht ist vollumfänglicher Sprachunterricht mit hohen fachwissenschaftlichen und umgangssprachlichen Anteilen.

Sprache ist das Medium des Lehrens und Lernens, auch in Mathematik. Wir lernen mit und über Sprache. Sie spielt bei der Erkenntnisgewinnung als auch bei der Verständigung eine große Rolle. Die kommunikative und die kognitive Funktion von Sprache hängen eng miteinander zusammen. Mathematische Aussagen werden sprachlich ausgedrückt. Sprechen und Denkentwicklung sind eng miteinander verknüpft. Sprache erfüllt eine Doppelfunktion, einerseits dient sie als Mittel zur Kommunikation, andererseits stellt Sprache ein wesentliches Mittel im Prozess des Aufbaus geistiger Operationen dar (Steiner 1973, 157 ff.). Sprache erfüllt unter Rückgriff auf Piaget „symbolische Funktion", bei dem das Kind die Unterscheidung zwischen Bezeichnendes und Bezeichnetes und zugleich die gesellschaftliche Konvention der Zeichen erfährt. Wenngleich Sprache eine notwendige, nicht aber eine hinreichende Bedingung für die Konstruktion logischer Operationen ist, so ist ihr zumindest eine „begünstigende Hilfsfunktion" innerhalb der Denkentwicklung zuzuerkennen (Steiner 1973, 159): „In diesem doppelten Sinn von symbolischer Kondensierung und sozial wirksamer Regulierung ist die Sprache unentbehrlich in der Ausbildung des Denkens" (Piaget 1964, in: Steiner 1973, 161).

Sprache hat sowohl eine kommunikative als auch eine kognitive Funktion. Während die kommunikative Funktion der Verständigung dient, unterstützt die kognitive Funktion den Erkenntnisgewinn. Dies sei am allgemein bekannten „Satz des Pythagoras" erläutert: Der Satz des Pythagoras lautet: „Bezeichnen wir in einem rechtwinkligen Dreieck die Länge der Katheten mit a und mit b und die Länge der Hypotenuse mit c, so gilt $a^2 + b^2 = c^2$." Diese sprachlichen Mitteilungen werden durch Zeichen und Symbole/Zeichnungen unterstützt. Maier & Schweiger sprechen in diesem Zusammenhang von der „Dualität zwischen der kommunikativen und kognitiven Funktion der Sprache" (1999, 55). Formeln gestatten sowohl eine komprimierte Mitteilung als auch einen weiteren Erkenntnisgewinn. Die Syntax der Mathematik, unsere regelgeleitete, konventionelle mathematische „Schrift" (meist in Form von Gleichungen, Termen, Aussagen) beschreibt ursächliche, räumliche und zeitliche Zusammenhänge.

Unser Gebrauch von der Sprache ist zweckorientiert. Entsprechend der Situationen und unserer Absicht entscheiden wir uns, ob wir erzählen, informieren, Anweisungen geben, etwas beschreiben o. ä. Die von uns benutzen Wörter werden als Signale verwendet, um eine Handlung auszulösen oder Zugang zu einem Gegenstand zu erlangen. Wörter sind dabei unsere Werkzeuge, um unser bestimmtes Ziel zu erreichen. In sozialen Interaktionen werden zwar Wörter und Begriffe gemeinsam benutzt, aber daraus ist nicht abzuleiten, dass sie identisch sind.

Die Bedeutungen der Begriffe sind nicht in den Wörtern selbst enthalten und können daher nicht als Gegenstand von einer Person zu einer anderen übertragen werden. So stellen Kinder semantische Beziehungen zwischen Wörtern und Begriffen her, indem sie beobachten, in welchen Situationen die Erwachsenen diese verwenden. Von Glasersfeld macht dies am Beispiel des Begriffs „Schlüssel" anschaulich (v. Glasersfeld 1997, 228). Das Kind soll die Bedeutung des Wortes „Schlüssel" erlernen. Vater bzw. Mutter zeigen dem Kind den Gegenstand, sprechen das Wort dazu und üben spezifische Tätigkeiten damit aus. Sie gehen zur Tür, stecken den Schlüssel in das Schloss und drehen ihn herum. Vermutlich zeigen sie dem Kind auch die Konsequenzen ihrer Handlung, d. h. sie zeigen dem Kind, dass sich zuerst die Tür öffnen lässt und dies nach dem Benutzen des Schüssels nicht mehr möglich ist. Das Kind muss dabei drei Schritte ausführen, um Bedeutung zu erlernen:

1. Aufmerksamkeit auf bestimmte sensorische Signale richten, z. B. Zeigen auf den Gegenstand, Hören der besonderen Sprache der Eltern und/oder des typischen Schlüsselklapperns.
2. Isolierung und Koordinierung der sensorischen Signale, um mehr oder weniger einheitliche Dinge/Elemente herauszufiltern; Bewegungen der Eltern mit dem Gegenstand, verstärkte Unterscheidung Figur – Hintergrund.
3. Isoliertes visuelles Muster mit auditiven Erfahrungen verknüpfen, die durch das Wort „Schlüssel" hervorgerufen werden – Zugehörigkeit zur visuellen Einheit herstellen (v. Glasersfeld 1997, 228).

Das Erlernen von schulischer Mathematik in seiner formal-abstrakten Form lässt sich mit dem Erlernen einer Sprache vergleichen. Es sind nicht nur die Wörter und ihre Grammatik, sondern auch deren Beziehungen untereinander, deren Vernetzung begrifflich zu erfassen. Das Erlernen mathematischer Begriffe ist somit ein Prozess ihrer Interpretation in Abhängigkeit von ihrem Kontext. Ziel dieses Lern- bzw. Erwerbsprozesses ist es, diesen Begriffen eine relativ konstante Bedeutung zuzuweisen. Jeder Begriff muss ständig mit Bedeutungsanalysen verbunden werden. So suchen wir in Gesprächen ständig (mehr oder weniger kontrolliert) nach passenden Worten, um sicher zu stellen, dass unser Gesprächspartner unsere Intention soweit wie möglich so versteht, wie es meine Intention ist.

Die sehr emotional geprägte Aussage eines Schülers „Plus mache ich doch nur in der Schule" verdeutlicht diesen Problemkreis. Diese Reaktion war die Antwort eines Schülers auf verschiedene methodische Varianten und verbale Erklärungen einer Lehrkraft, ihm die Bedeutung des Zeichens „+" als Symbolisierung vieler möglicher Alltagshandlungen, bei denen etwas hinzu kommt, mehr wird usw., nahe zu bringen. Offensichtlich erwies sich die Flut der Erläuterungen für den Schüler als nicht hilfreich. Weder das formale Symbol, noch die verbalen Erläuterungen vermochten dem Schüler den Zusammenhang zwischen diesem Symbol und den dahinterliegenden Bedeutungen zu erläutern. In solchen Situationen ist zu empfehlen, den Schüler seine alltäglichen Handlungen, wie die Schultasche packen, Brötchen kaufen, den Tisch decken, etwas geschenkt zu bekommen, durchführen und sprachlich begleiten zu lassen. Erst wenn dem Schüler dann deutlich wird, dass das Gemeinsame in all diesen Situationen ist, dass sich eine Menge immer vergrößert, ist es sinnvoll, die formal-abstrakte Schreibweise zu thematisieren. Sinnvoll ist es auch, für eine erste Abstraktion von den eigenen Handlungen, die Schüler selbst Schreibformen erfinden zu lassen, die die selbst durchgeführten Handlungen auf bildlicher bzw. symbolischer Ebene darstellen. Instruktionen wie „Zeichne bzw. schreibe auf, was du gemacht hast" helfen, die konkrete Handlung in ein formal-abstraktes Zeichensystem zu übersetzen. Erst nach diesem Schritt sollen die konventionellen Zeichen und Symbole thematisiert werden, d. h. die Zusammenhänge verdeutlicht werden: „Immer wenn etwas dazu kommt/etwas mehr wird/etwas größer/höher wird, schreibt man in der Mathematik dafür das Plus-Zeichen."

3.2 Sprachstrukturen, die zu „Stolpersteinen" im Mathematikunterricht werden können

Unsere Sprache unterliegt einer gewissen *Regelhaftigkeit der Serialität* (Lorenz 2005). Es ist nicht unerheblich, in welcher Reihenfolge beim Satzbau die Wörter bzw. Satzglieder gesetzt werden. In Abhängigkeit davon ändert sich auch die Semantik der Aussage, z. B. „die Mutter besucht die Tochter" oder „die Tochter besucht die Mutter". Bei einer sinngemäßen Deutung muss die sprachliche Reihenfolge erkannt und situationsadäquat gedeutet werden.

Analog kann die Bildung der Zahlwörter Schwierigkeiten ergeben, so sind folgende Zahlwörter trotz gleicher Wortteile eben nicht identisch: 356, 536, 635, 365, 653, 563.

Auch bei Text- bzw. Sachaufgaben ist diese Serialität von entscheidener Bedeutung für die notwendige Rechenoperation: „Eine Verkäuferin verdient im Jahr 2356 Euro. Wie viel verdient sie monatlich?" Im Gegensatz dazu verlangt die Aufgabe: „Eine Verkäuferin verdient monatlich 2356 Euro. Wie viel verdient sie im Jahr?" ganz andere Rechenstrategien (Lorenz 2005, 188).

Eine weitere Hürde stellt die *Bildungsregel unserer Zahlwörter* dar. Komplexe Numerale basieren sowohl auf additiven als auch auf multiplikativen Operationen: Die Zahl 1512 basiert auf der Additionen von 1 Tausender, 5 Hundertern, 1 Zehner und 2 Einen. Hinzu kommt, dass die Stellung der einzelnen Ziffern jeweils als multiplikative Struktur einer Zehnerpotenz zu lesen ist. Die Zahlwörter in unserem Kulturkreis entsprechen nicht der Logik des Stellenwertsystems, d. h. die Rolle der 10 bildet sich nicht sprachlich ab. Durch diese fehlende Übereinstimmung zwischen dem dekadischen System der arabischen Ziffernformen und der Wortform kommt es bei Kindern im europäischen Sprachraum häufiger zu Transkodierungsfehlern und Verständnisschwierigkeiten des dekadischen Systems als bei nicht-europäischen Kindern z. B. aus dem asiatischen Sprachraum (Jacobs & Petermann 2007, 29). Eine perfekte Regelhaftigkeit von Zahlennamen macht vermutlich das Rechnen weniger fehleranfällig. Kürzere Zahlennamen sind – besonders beim

Kopfrechnen – von Vorteil, da dann die Ressourcen des Arbeitsgedächtnisses besser genutzt werden können. Es zeigte sich, dass ein regelhaftes Zahlensystem tatsächlich unabhängig von den übrigen kulturellen Unterschieden Vorteile hat (Stern 2005, 296).

Die ersten frühen mathematischen Begrifflichkeiten entwickelten sich parallel zur Sprache.

Das „subitizing", d. h. die Fähigkeit, Anzahlen bis zu vier Elementen simultan („auf einen Blick") zu erfassen, hat keine sprachliche Komponente. In den Stadien der Zählkompetenz (d. h. von Zahlwortreihe als sprachliche Kette im Sinne einer Ganzwortreihe bis zum flexiblen, fehlerfreien, Vorwärts-, Rückwärts- und in Schritten zählen) treten sprachliche Fehlkonstruktionen auf. Kinder konstruieren ihre Zahlwörter aus ihrer eigenen Sprachlogik heraus, z. B. achtundvierzig, neunundvierzig, zehnundvierzig oder zehnundfünfzig (Lorenz 2005).

Das kleine Wörtchen *„und"* wird bei der Konstruktion von Zahlwörtern nicht einheitlich gebraucht; in der additiven Konstruktion mit -zehn fehlt es völlig, bei der Konstruktion der Zahlwörter zwischen 20 und 90 ist es zwingend notwendig (acht-und-sechzig), in Verbindung mit den Zahlwörtern -hundert, -tausend usw. ist diese Konjunktion lediglich fakultativ, z. B. 309 kann sowohl als dreihundertneun als auch als dreihundertundneun gebildet werden (Wiese 2003).

Ähnliche Schwierigkeiten können zumindest bei der lautsprachlichen Produktion der Zahlwörter durch die Lehrkraft auftreten, z. B. bei ähnlich klingenden Zahlwörtern: vierzehn und vierzig. Die Aufmerksamkeit der Schüler, oft erschwert durch einen nicht unerheblichen Lärmpegel in der Klasse, undeutliche Artikulation oder auch Sprachverständnisschwierigkeiten aufgrund eines Migrationshintergrunds können weitere sprachlich bedingte Schwierigkeiten hervorrufen.

Fallbeispiel

Diesen engen Zusammenhang zwischen Unterrichtssprache, mathematischen Strukturen, Muttersprache und individuellen Vorstellungen über mathematische Sachverhalte macht folgendes Beispiel deutlich: Zur Einführung des Hunderterraums wurden den Schülern 100 Streichhölzer, die ungeordnet auf dem Tisch lagen, mit der Aufforderung einmal zu schätzen, wie viel es seien, präsentiert. L., eine Schülerin türkischer Herkunft aus dem 2. Schuljahr, fiel bislang nicht durch sprachliche Defizite und/oder Verständnisprobleme im Unterricht auf. Sie schätzte die Menge zunächst auf 2000, dann 500 und schließlich auf 100 Hölzer. Die Lehrkraft provozierte diese wiederum mit ihrer Schätzung, es seien vielleicht 150 Streichhölzer. Auf die Frage, wie man es prüfen könne, kam einhellig die Strategie des Zählens. L. zählte mehrmals die Gesamtmenge, kam aber immer wieder auf ein anderes Ergebnis. Nachdem die Zählstrategie der Stück-für-Stück-Zuordnung sichtbar nicht zum Ziel führte, wurden der Schülerin als Hilfen die 2er- und die 5er-Bündelung angeboten. Beide Bündelungsstrategien stellten für L. keine ersichtliche Hilfe dar. Sie begann immer wieder die Elemente einzeln abzuzählen. Um dennoch zu einer Lösung des Ausgangsproblems zu kommen, wurde die 10er-Bündelung von der Lehrkraft angeboten. Daraufhin zählte die Schülerin jeweils 10 Streichhölzer ab, legte ein Bündel mit 10 Hölzern in eine Streichholzschachtel und beschriftete diese dann mit „10". Mit Hilfe dieser Einsortierung in die Streichholzschachteln zählte sie die Streichhölzer noch einmal laut vor. Zu beobachten waren dabei folgende sprachliche Muster: 1 (fehlerfrei gesprochen), 41 (gesprochen: einundvierzehn), 100 (gesprochen: einhundert), 1000 (gesprochen: zehnhundert).

Welche Aussagen lassen diese Beobachtungen nun hinsichtlich der vorhandenen Einsichten zu bzw. welche weiterführenden diagnostischen Fragen treten auf? Als Beobachtungskriterien sind hier die sachstrukturellen sowie sprachlichen Momente der Strukturierung des Hunderterraums, d. h. Einsicht in Bündelungsstrategien, die sachgemäße Verwendung der Zahlwörter und das Verständnis der grammatischen Struktur der Wörter als Abbild der dekadischen Struktur, zugrunde gelegt. Die Schülerin konnte in diesem Kontext situationsgerechte Bündelungen noch nicht vornehmen. Jedoch zeigen die Handlungen während des Abzählens der jeweils 10 Streichhölzer und ihre Einordnung in die Schachteln erste Einsichten in die Sinnhaftigkeit dieses strukturierten Vorgehens. Sie ist in der Lage, auf konkreter Ebene eine ungeordnete Menge nach Vorgabe der Bündelungsstrategie zu sortieren. Ob diese Strategie für L. auch in anderen Situationen ein hilfreiches Vorgehen ist, lässt sich hieraus nicht ableiten. Die Analyse der sprachlichen Muster ihres Zählvorgangs lässt folgende Interpretation zu:

- Der Schülerin ist klar, dass sich die Zahlwörter nach einem bestimmten grammatischen Muster ändern.
- Sie weiß, dass man jeweils von 1 bis 9 zählen muss und diese Reihenfolge bei beiden Stellenwerten zu berücksichtigen ist. Nach dem Auftreten der Neun an der Einerstelle muss jeweils etwas „Neues" beginnen. Immer 10 einzelne Elemente gehören in eine Schachtel (Bündelung als Klassenbildung von Klassen mit jeweils 10 Elementen).
- Nach dem Zahlwort 99 kommt das Zahlwort 100.
- Sie kann darüber hinaus die Zahlwörter für die vollen Hunderter in der richtigen Reihenfolge benennen.
- Sie weiß, dass nach 900 noch weitere Zahlen folgen, deren sprachliche Struktur auch mathematische Strukturen abbilden: 1000 wird mit „zehnhundert" beschrieben.

Damit verfügt die Schülerin über Einsichten, die zwar mathematisch unsystematisch wirken, sich sicher aus den unterschiedlichsten Erfahrungsbereichen speisen, ein diffuses Netzwerk zum Thema Zahlenraum bilden und dennoch eine geeignete Basis zur systematischen, d. h. sachstrukturellen Erarbeitung des Zahlenraums bieten. Das sprachliche Vorbild seitens der Lehrkraft ist dabei ebenso wichtig wie die gemeinsame Erarbeitung der Struktur der Zahlwörter einschließlich ihrer Stellenwertschreibweise. „Vorbildwirkung" der Lehrkraft heißt hier aber nicht, die stringente Vorgabe des sprachlich richtigen Musters, sondern gemeinsam die enge Verbindung zwischen Wort- und Gegenstandsstruktur zu finden. Dies ist z. B. möglich über zusammensetzbare Wortkarten, die die jeweils bedeutungstragenden Silben enthal-

ten und von der Schülerin selbst zusammengesetzt werden, z. B. ein hundert oder fünf und vierzig.
Auch andere sachstrukturelle Darstellungen, wie z. B. das Eintragen in die Stellenwerttafel, sind nur dann sinnvoll, wenn die Struktur dieser Tafel von der Schülerin selbst entwickelt wurde und/oder die Strukturmerkmale von ihr selbst benannt wurden.

Hunderter	Zehner	Einer
	4	8
5	0	0

Auch diese Vorgehensweise, gekoppelt mit alltagsbezogenen Darstellungen wie Einkaufsquittungen, Lesarten von Messgeräten wie Stromzähler, Kilometerzähler bei Fahrzeugen usw., ist schrittweise mit der Schülerin zu erarbeiten, vorzugsweise unter Berücksichtigung alltagsrelevanter Probleme und nach Möglichkeit in Zusammenarbeit mit anderen Schülern, um auf sprachlich „gleichberechtigtem" Niveau eine Auseinandersetzung mit dem Sachverhalt zu provozieren.

Des Weiteren führt die von unserer konventionellen *Lese- und Schreibrichtung* abweichende Inversion bei der Bildung der Zahlwörter zu Schwierigkeiten, z. B. sprechen wir beim Zahlwort „24" zunächst den Einer, dann den Zehner aus, sachlogisch wäre die Sprechweise zwanzig-vier. Obwohl es mehrfach Vorstöße gab, diese Sprachinversion aufzuheben, dominiert auch heute der kulturgeprägte Alltagsgebrauch der Zahlwörter. Da die Kinder diesen als Vorerfahrung schon mitbringen, ist es fraglich, ob eine Umformulierung der Zahlwörter nach ihrer exakten Wortbildung nicht ein zusätzliches Lernhindernis darstellen würde. Diese veränderte Bildungsvorschrift für die Zahlwörter müsste als neue Regel erlernt und letztlich, nach erfolgreichem Erwerb dessen, wieder in die gängige Alltagssprache rückübersetzt werden.

3.3 Mathematik als Fachsprache

„Mathematik ist als erste (schulische) Fremdsprache zu verstehen." (Lorenz 2005, 192)

Mathematische Begriffe bilden Netzwerke bzw. vernetztes Wissen über mathematische Objekte, Beziehungen, Operationen und Strukturen ab. Sie treten als Lerninhalte in folgenden Formen auf:

- Arithmetische Begriffe (Zahlbegriff, Begriff von Zahlmengen, Relationsbegriffe, (kleiner als, gleich) Operationsbegriffe (addieren, dividieren), Strukturbegriffe (Stellenwertsystem)
- Algebraische Begriffe (Variable, Term, Gleichung, Körper)

- Geometrische Begriffe (Kreis, Gerade, Strecke, Höhe, Radius)
- Stochastische Begriffe (Häufigkeit, Mittelwert, Wahrscheinlichkeit)
- Begriffe der Analysis (Stetigkeit, Konvergenz)

Weitere Lerninhalte sind:

- Die Kenntnisse von (Lehr-)Sätzen, Einspluseins-, Einmaleinssätzen, Vorzeichenregeln, Größenregeln, Umrechungszahlen für Größen, Verknüpfungsregeln für Bruchzahlen, Schreibweisen für Bruch- und Potenzzahlen
- Die Kenntnisse von Verfahren (Algorithmen), z. B. schriftliches Rechnen, Lösen von Gleichungen und Gleichungssystemen (Maier & Schweiger 1999)

Gerade im Mathematikunterricht ist die Anforderung, sprachlich exakt und präzise zu formulieren, höher als in anderen Unterrichtsfächern.

Ein Kind lernt über Sprache leichter als ohne Versprachlichung seiner Handlung. Sprache hat fundamentale Bedeutung für den Ablauf von Denkprozessen; sie bietet in der Verknüpfung zum Denken die Grundlage für logische Verbindungen. So können Additions- und Subtraktionsaufgaben nur dann gedanklich durchdrungen werden, wenn z. B. die Begriffe „mehr/weniger" bzw. „mehr werden/weniger werden" sprachlich abgeklärt sind. Im Schulalltag lässt sich häufig beobachten, dass die Kinder zwar technisch ein Rechenverfahren anwenden, dessen Inhalt aber nicht verstehen. Erinnert sei in diesem Zusammenhang an die so genannten „Kapitänsaufgaben" z. B.: „Auf einem Schiff sind 14 Hühner, 12 Schweine, 5 Segel und 23 Kojen. Wie alt ist der Kapitän?" Diese Aufgaben beschreiben zwar einen mathematisch logischen, aber alltagslogisch völlig unsinnigen Zusammenhang. Dennoch finden sich immer wieder (und nicht nur) Kinder, die ohne Probleme diese Aufgabe lösen und zu einem scheinbar sinnvollen Ergebnis kommen.

Durch die Verwendung von *Fachbegriffen* (Dreieck, Länge, Summe usw.) werden die Informationen mittels begrifflicher Repräsentation verdichtet. Auch Strategien und Techniken werden über Begriffe leichter abrufbar und verfügbar: Addieren, Zählen, Dividieren usw. Jedoch „Lesen" im Sinne einer Informationsentnahme kann man erst, nachdem man sich mit den Zeichen vertraut gemacht hat (Maier & Schweiger 1999, 25 f.).

Als Fachbegriffe werden zum einen Wörter benutzt, die in unserer Alltagssprache nicht existieren, z. B. Teiler, Primzahl. Mathematische Termini werden in der Alltagssprache aber häufig auch mit anderen Bedeutungen unterlegt als in der Fachsprache Mathematik, z. B. Produkt (einer Firma oder zweier Zahlen), Scheitel (einer Kurve und als Teil der Frisur), gerade (kann eine Zahl sein, auch wenn sie schief aussieht, nicht aber ein Weg). Hasemann spricht von der Interferenz zwischen der Alltags- und Fachsprache, die den Kindern das Erlernen mathematischer Inhalte erschweren kann (Hasemann 2003, 149).

Mathematische Begriffe werden mit Hilfe mathematischer Verfahren definiert. Bei Begriffen, die ausschließlich in Fachsprache existieren, ist dies kein Problem. Erst wenn diese Begriffe in anderen Kontexten vorkommen, wie bei „gleich", können Schwierigkeiten auftreten.

Während sich die Kinder grundlegende Fähigkeiten wie Zählen, Klassifizieren, Ordnen usw. ohne Instruktionen aneignen, macht der Erwerb der „Kulturtechnik" gezielte Instruktionen notwendig.

Als weiteres wichtiges Moment zur Aufrechterhaltung der Kommunikation im Mathematikunterricht soll hier kurz auf die Bedeutung von *Aufgabenformulierungen* speziell bei Sach- und Textaufgaben eingegangen werden. Hier sind es besonders die Schlüsselwörter wie „mehr, weniger, schneller als, gleich viel", die je nach Kontext bestimmte Rechenverfahren verlangen, jedoch unterschiedlich beobachtet werden können und somit verschiedene Lösungswege hervorrufen. Allein die kleine sprachliche Veränderung von „Ergänze auf 100" zu „Ergänze um 100" fordert zur exakten Lösung zwei unterschiedliche Rechenverfahren. Andere Beispiele wie „K. bekommt 8 Euro Taschengeld" oder „K. bekommt 8 Euro Taschengeld mehr" machen die mathematische Relevanz sprachlicher Unterscheidungen deutlich, so dass auch hier falsche Ergebnisse nicht ausschließlich auf fehlerhafte Zahlenrechnungen zurückzuführen sind. Um in diesen Situationen die Schüler zu verstehen, ist es notwendig, sich darüber Klarheit zu verschaffen, welche Bedeutungen diese Worte für die Kinder haben, d.h. welche Unterscheidungen die Schüler aus diesen Bezeichnungen herausfiltern.

Die Übergänge von Alltagssprache zur Fachsprache sind fließend.

Das wechselseitige Verhältnis von Wissen, Modellen und Sprache mündet in ein theoretisch-reflexives Wissen: Dieses lässt sich nicht aus Modellen ableiten, sondern muss durch Interpretation erarbeitet werden, d.h. mit Hilfe sprachlicher Mittel muss die Aufmerksamkeit der Schüler auf mathematische Strukturen gelenkt werden, z.B. über Instruktionen: „Welche Muster erkennst du in diesen Abbildungen?" Die Schüler reflektieren über das Sprechen ihre Beobachtungen. Sprechen gibt den Anstoß zur kritischen Reflexion über das eigene Handeln. Die formulierten Beobachtungen und Interpretationen können individuell sehr variieren. Wichtig ist dabei, im Sinne einer konventionellen Kulturtechnik einen Konsens zu erzielen, d.h. fachwissenschaftliche Verallgemeinerungen durch an Kommunikation gebundenen Gedankenaustausch zu treffen. Die Sprache erfüllt hier Funktionen der Strukturierung, Verifizierung und Ergänzung zu Modellerfahrungen und provoziert die Komplementarität zwischen Begriff und Handlung (Maier & Schweiger 1999, 89).

Wortebene

Ein Wort ist eine komplexe mehrdimensionale Matrix unterschiedlicher Hinweisreize und akustischer, morphologischer, lexikalischer und semantischer Verbindungen.

Fachausdrücke sind auf dieser Ebene der kleinsten, bedeutungstragenden Einheiten anzusiedeln und markieren lexikalische Unterscheidung. Mathematische Fachtermini lassen sich grob in zwei Gruppen unterscheiden:

- Wörter, die nicht in der Alltagssprache vorkommen, z.B. Primzahl, Divisor, Ungleichung, Sinus, addieren

- Wörter, die auch in der Alltagssprache in gleicher oder ähnlicher Form auftreten (Gerade, Dreieck, Scheitel, Menge, doppelt so hoch, drei mal so billig, 2 ist eine gerade Zahl – ich bin gerade angekommen – zeichne eine Gerade; es ist gleich groß – wir kommen gleich)

In der Mathematik, und hier besonders in den Sach- und Textaufgaben, sind folgende Wortarten relevant: Substantive, Adjektive, Verben, Zahlwörter, Ausdrücke für Beziehungen (kleiner als, ähnlich zu, teilbar durch) sowie Ausdrücke für logische Objekte und deren Beziehungen (wenn … dann; „nicht" als Negation, „und" als additive Konjunktion, „oder" als disjunktive Konjunktion). Besonders bedeutungstragend sind in der Mathematik die Präpositionen:

- Räumlich-zeitliche Präpositionen: oben, hinten, vor, zwischen, früher, zuerst, dann, danach, vorher, nachher
- Räumlich-richtunggebende Begriffe: vorwärts, rückwärts, zur Seite, rechts, links
- Relational-kausale Präpositionen: an, bei, hinter, unter, auf, zwischen, in, vor, nach, von, hinter, irgendeiner, nah – fern, kurz – lang, weder – noch, manche, keiner, fast alle, außer, groß, größer, wenn … dann, weil, daher größer/kleiner als, kürzer usw.

Es wird von den Kindern erwartet, den situationsabhängigen Sinngehalt präpositionaler Begriffe zu interpretieren und anzuwenden. Allein schon durch die Nutzung von Anschauungsmitteln, ihre räumliche Anordnung und die zeitliche Abfolge der Handlungen kommen Präpositionen eine steuernde und der Begriffsentwicklung fördernde Rolle zu (Lorenz 2005, 189).

3.4 Sach- und Textaufgaben

Spätestens bei der Lösung von Text- und Sachaufgaben wird der enge Zusammenhang zwischen Mathematik und Sprache deutlich. Für deren Lösung ist nicht nur konzeptuelles Wissen, sondern im gleichen Maße ein situationsangemessenes Sprachverständnis nötig.

Die Begriffe Sach- und Textaufgaben werden meist synonym verwendet. Mathematikdidaktisch werden folgende Unterscheidungen getroffen:

Textaufgaben: Mathematische Sachverhalte werden versprachlicht, z. B. „Multipliziere drei und acht."; „Errechne die Summe aus sieben und neun."; „Wie groß ist der Quotient aus 27 und 3?" Der Alltagsbezug, der Sachgegenstand selbst ist hier bedeutungslos. Die Textaufgabe gilt als schulische Kunstform des Sachrechnens. Tendenziell findet sie gerade aufgrund ihres fehlenden lebenspraktischen Bezugs immer weniger Anwendung.

Sachaufgaben (auch eingekleidete Aufgaben): Eine Alltagssituation wird beschrieben und die darin enthaltenen mathematischen Strukturen müssen erkannt werden,

z. B. „F. hat 9 Bonbons und verschenkt 3". Diese Aufgabenform fokussiert darauf, den Kindern den engen Zusammenhang zwischen der Alltagswelt und der schulisch-mathematischen Welt herzustellen. Sachaufgaben beinhalten komplexe logisch-grammatische Strukturen, deren Komplexität sich unterscheidet und steigern lässt:

- *„Peter hat vier Äpfel, Paula hat drei Äpfel. Wie viele Äpfel haben sie zusammen?"* Diese Aufgabe basiert auf einem einfachen Algorithmus, der meist kein besonderes Suchen notwendig macht.
- *„Peter hat vier Äpfel, Paula hat zwei Äpfel mehr als Peter. Wie viele Äpfel haben Peter und Paula zusammen?"* Zur Lösung dieser Aufgaben sind Zwischenschritte notwendig, die Lösung erfolgt meist in zwei Schritten. Hier wird nicht mehr eine konkrete Menge angegeben, sondern nur eine Relation beschrieben. Neben einer mentalen Vorstellung der Zahl als objektunabhängiges kognitives Konstrukt braucht es zur richtigen Lösung dieser Aufgaben auch ein entsprechendes (Vor-)Wissen über die Situation selbst (Stern 2004, 46).
- *„Es standen 18 Bücher auf zwei Regalen, auf dem einen waren doppelt so viele Bücher wie auf dem anderen. Wie viele Bücher standen auf jedem der Regale?"* Die Schwierigkeit dieser Aufgabe besteht darin, dass die Rechentechnik nicht direkt ablesbar ist, sondern erst nach einer eingehenden Analyse der Aufgabenbedingungen gefunden werden kann. Für die Lösung muss eine besonderen Strategie gefunden werden: die ursprüngliche Bedingung zwei Bücherregale muss erweitert werden um Hilfsgröße „drei".
- *„Eine Kerze ist 15 cm lang, ihr Schatten ist 45 cm länger. Wie viel mal ist der Schatten länger als die Kerze?"* Die Lösung dieser Aufgabe ist insofern schwierig, weil sich eine spontane Lösung (45 : 3) sich aufdrängt, dieser Rechenweg sich aber als (alltags-)unlogisch erweist und ersetzt werden muss durch $15 + 45 = 60$; $60 : 15 = 4$ (Stern 2005).

Komplexe logisch-grammatische Strukturen werden nicht einsichtiger durch Wiederholungen, sondern lassen sich erst durch eigene konstruierende, de- und rekonstruierende alltagsrelevante Problemlösungen erarbeiten.

Sowohl in seiner Funktion Sachrechnen als Lernstoff als auch als Lernprinzip sollen mathematische Begriffe und Verfahren grundsätzlich für die Lebenswirklichkeit der Schüler genutzt werden (Krauthausen & Scherer 2003). Sachrechnen im Sinne der Umwelterschließung basiert sowohl auf fachwissenschaftlichen, mathematischen als auch auf alltagssprachlichen Begriffen.

Maier & Schweiger (1999) nennen fünf wichtige Komponenten, die zur Lösung von Sach- und Textaufgaben relevant sind:

- Die konzeptuelle Komponente, d. h. das Wissen um charakteristische Merkmale des Begriffs, einschließlich repräsentativer Beispiele,
- prozeduale bzw. funktionale Komponenten (Wissen um Prozesse und Handlungsmöglichkeiten, die sich mit diesem Begriff verbinden),
- relationale bzw. strukturelle Komponenten (Wissen um die in dem Begriff bzw. Satz vorzufindenden gegenständlichen Beziehungen und ihre Beziehungen zu anderen Begriffen, Sätzen u. a.),

- argumentative Komponente (Wissen um die in Begriffen und Sätzen enthaltenen logischen Beziehungen, elaborative Komponente, Wissen um mögliche Formen der Verwendung bzw. Anwendung des Begriffs),
- metakognitives Wissen als reflexive Komponente (Maier & Schweiger 1999, 75 f.).

Folgende Problemkreise beim Lösen von Sachaufgaben werden immer wieder beschrieben (Radatz 1983; Müller 2000; Troßbach-Neuner 1994; Maier & Schweiger 1999). Sie werden hier in die drei strukturelle Aspekte der Kommunikationssituation Mathematikunterricht (vgl. Kapitel 1) eingeordnet:

1. *Sachstruktur:* Sprachlich-syntaktische Struktur (z. B. mehrgliedrige Satzkonstruktionen, Fremdwörter, Fachtermini, Textlänge und -komplexität, Satzschachtelung), Eigennamen in Fachwörtern, zusammengesetzte Substantive wie Schulolympiade; Pauschalreise; Adjektive mit ungewöhnlichen Vorsilben und Endungen (unlösbar, anspruchsvoll)
2. *Vermittlungsstruktur:* Komplexität der Aufgaben (Anzahl der notwendigen Teilschritte und Größenbeziehungen und mathematische Fähigkeiten); Anschauungsmittel zur Verdeutlichung mathematischer Strukturen bzw. Rechenverfahren
3. *Aneigungsstruktur:* Prozessstruktur, Lösungshypothesen und -strategien, motivationale und volitive Aspekte, sinnentnehmende Lesefähigkeit, kontextbezogene Vorerfahrungen

Entwicklungs- und sachrelevante Anforderungen an Sachaufgaben erfasst Häsel (2000, 63) in ihrer Konzeption zu Sachaufgaben als „episodisches Modell". In ihrem Modell einer Sachaufgabe als „episodisches Problemmodell" sind es vor allem die Komponenten arithmetischer/mathematischer Struktur und episodischer Charakter des Kontextes, die eine Sachaufgabe kennzeichnen. Die realistische, alltagsnahe Sachsituation sowie ihre sprachliche, bildliche und/oder symbolische Einkleidung sind Basiselemente dieses dreiphasigen Modells. Um die notwendigen Informationen zu erhalten, sind zunächst die relevanten Informationen aus dem Kontext zu entnehmen, d. h. sinnentnehmende Fähigkeiten, die den Text und die Situation verstehen lassen, sind notwendig. Diese erste Phase des Prozesses wird als „Aufbau des episodischen Problemmodells" bezeichnet (Häsel 2000, 60). In der zweiten Phase, dem Aufbau und der Bearbeitung des mathematischen Problems, kommt es zur Mathematisierung des Problems und zu den eigentlichen Rechenoperationen. In der dritten Phase, der Interpretation mathematischer Lösungen, wird eine situationsbezogene Antwort formuliert. „Dabei besteht eine große Anforderung an die Lehrperson, geeignete Sachaufgaben zu finden oder zu konstruieren, die für die unterschiedlichen Kinder einer Klasse zu einem interessanten Lernstoff werden können. Die ausgewählten Sachaufgaben müssen sowohl ihren sprachlichen als auch umweltlichen Kenntnissen entsprechen, damit das episodische Problemmodell aufgebaut werden kann. Die zugrunde liegende mathematische Operation sollte der Zone der arithmetischen Entwicklung angemessen sein oder darüber hinaus weisen ... und die gewählten Aufgaben sollten über einen längeren Zeitraum möglichst unterschiedliche Typen von Sachaufgaben sein" (Häsel 2000, 83).

Dieses Vorgehen zur Lösung von Sachaufgaben lässt sich ebenso mit systemtheoretischen Begriffen beschreiben, indem die Situation als kommunikatives Moment erfasst wird. Um die Kommunikation aufrecht zu erhalten, sind möglichst zahlreiche Anschlusshandlungen zu schaffen.

3.5 Mathematiklernen und Zweisprachigkeit

Mathematik ist ein kulturelles Produkt, das sowohl universale Aspekte besitzt, aber gleichzeitig unterschiedliche kulturelle Ausprägungen erfährt. Die Schüler bringen nicht nur aufgrund unterschiedlicher kognitiver Voraussetzungen, sondern auch aufgrund ihrer kulturell und ethnisch unterschiedlichen Zugänge zur Mathematik äußerst unterschiedliche Voraussetzungen mit. Die Entwicklung des mathematischen Denkens ist von den individuellen Stufen der kognitiven Entwicklung genauso abhängig wie von den kulturellen Rahmenbedingungen, in denen kulturspezifische Einflüsse relevant werden. Diese beziehen sich u. a. auf das Zählen, die Beschreibung bzw. Bezeichnung mathematischer Sachverhalte und auch zentrale mathematische Ideen wie die Zahl, den Stellenwert, die Rechenmuster im Sinne eines algorithmischen Vorgehens, mathematische Modelle o. ä. Das bedeutet, dass u. U. für Schüler der Schule für Lernbehinderte Mathematiklernen – je nach kultureller, sprachlicher und auch kultureller Vielfalt, vor allem aus nicht westlichen Herkunftsländern – auch ein Kennenlernen fremder Kulturen darstellen kann.

Derartige Überlegungen werden gleichzeitig durch die Unterrichtsanalysen sowohl der TIMSS-Studie als auch der PISA-Studie untermauert. Auch in diesen Analysen zeigte sich, dass nicht der Inhalt des Unterrichts, die Mathematik selbst, sondern auch die Prozesse des Lehrens und Lernens kulturell geprägt sind.

Insgesamt beträgt der Anteil ausländischer Schüler an den allgemeinbildenden Schulen in Deutschland 9,5 %. An den allgemeinbildenden Schulen des Sekundarbereichs liegt er bei 7,7 %. Im Vorschul- und Primarbereich sind 12,0 % aller Schüler Ausländer, an den Sonderschulen 14,9 % (KMK 2008, online).

Allein in den Lernbehinderten-/Förderschulen jedoch beträgt der Anteil 18,1 %, d. h. er ist deutlich höher als in den anderen Schulformen, nahezu doppelt so hoch.

Besondere Berücksichtigung müssen gerade unter sprachlicher Perspektive Schüler mit Migrationshintergrund finden. Ihr Leistungsniveau ist ca. um $1/3$ niedriger als das der Kinder ohne Migrationshintergrund (PISA-Konsortium 2001). Als wesentliche Ursachenfelder zur Erklärung dieses besorgniserregenden Befundes werden drei Kategorien beschrieben: familiäre, gesellschafts- und bildungspolitische Rahmenbedingungen (PISA-Konsortium 2001; Schmitman 2007). Zunächst hat die Familie als primäre Sozialisationsinstanz erheblichen Einfluss auf die schulischen Leistungen. Erinnert sei in diesem Zusammenhang nur an die generelle Wertschätzung von

Bildung, eine lern- und entwicklungsfördernde Umgebung, die den Zugang z. B. zur Schrift und Alltagskultur unterstützt. Dieses Bildungsinteresse steht wiederum im engen Zusammenhang mit einem niedrigen sozio-ökonomischen und -kulturellen Status meist gekoppelt mit einem eigenen niedrigen Bildungsstatus. Hinzu kommt eine meist wenig förderliche Lebens- und Wohnumgebung; die durchschnittliche Wohnfläche dieser Familien ist durchschnittlich deutlich geringer als die deutscher Familien (Koch 2004). Zudem erweist sich das auf Selektion ausgerichtete deutsche Schulsystem als ungünstige bildungspolitische Rahmenbedingung für diese Schülergruppe. Grundsätzlich erscheint das deutsche Bildungssystem (noch) nicht in der Lage, soziale Ungleichheiten aufgrund unterschiedlicher regionaler und kultureller Herkunft auszugleichen.

Die Untersuchungen von Kaiser & Schwarz (2003, 365) weisen darauf hin, dass eine mögliche Ursache für diese Leistungsunterschiede speziell in Mathematik in „kulturell differenten Auffassungen von Mathematik und der Art und Weise, sie zu lernen", liegen. Gerade innerhalb der Mathematik werden sozio-kulturelle Einflüsse besonders deutlich bzw. dadurch hervorgebracht. Diese Kulturabhängigkeit der Mathematik zieht bestimmte kulturell geprägte Einstellungen gerade zu diesem Fach nach sich. Es ist davon auszugehen, dass Schüler aus anderen Kulturkreisen andere Einstellungen zu diesem Fach, andere Strategien und Erwartungen haben. Gerade in den zugewanderten Familien bleiben die Bindungen an Sprache und Traditionen stabiler, als es die vorangegangene Mobilität vermuten lässt. Die Sinnzusammenhänge der Unterrichtsinhalte Mathematik bleiben den Schülern meist verborgen. Fachwörter werden als fremdsprachliche Namen für abstrakte Objekte und Operationen zwar gelernt, aber ebenso so schnell wieder vergessen (vgl. zusammenfassend Kaiser & Schwarz 2003). Schüler mit Migrationshintergrund müssen Transferleistungen auf mehreren Ebenen vollbringen: Einmal muss die sprachliche Überlappung von Alltags- und Fachbegriffen (z. B. „gerade" und „gleich") verstanden und zum anderen müssen die lebensweltlichen mit den fachspezifischen Vorstellungen verbunden werden. Sie bewegen sich „per definitionem in mehreren Sprachen und kulturell divergent vorgeprägten Lebenswelten" (Kaiser & Schwarz 2003, 368).

Der derzeitige Unterricht greift nicht die Notwendigkeit auf, die Schüler die Bedeutung und die Herkunft der fachspezifischen Termini begreifen zu lassen. Die Fülle der Fachbegriffe sowie die der Konventionen bleiben diesen Schülern verschlossen.

Geringe Sprachkenntnisse in der deutschen Sprache werden im deutschen Schulsystem als Bildungsbarriere gesehen. Zudem zieht sie eine systematische Abwertung der Erstsprache nach sich. Diese Kinder stagnieren sowohl in der Entwicklung ihrer Erstsprache als auch darüber hinaus im Erwerb der Zweitsprache. Kinder mit Migrationshintergrund erlernen Mathematik meist in ihrer Zweitsprache.

Sie erlernen Rechenstrategien, die mit denen ihrer Eltern vermutlich aufgrund ihres Schulbesuchs in anderen Kulturkreisen nicht identisch sind. Wachsen Kinder mit zwei Sprachen auf, erleben sie zu Hause und im Freundeskreis die Sprache des Heimatlandes der Eltern und außerhalb dieser Kreise (z. B. im Kindergarten, in der Schule, beim Arzt etc.) die Zweitsprache. Die Muttersprache ist ein wichtiges Ausdrucksmittel der Identität des Kindes. In dieser Sprache hat das Kind seine ersten sprachlichen Erfahrungen gemacht und gelernt, seine Gefühle auszudrücken und sich mitzuteilen.

Einige der Kinder erwerben weder die eine noch die andere Sprache vollständig. In diesem Falle wird von *doppelter Halbsprachigkeit* gesprochen. Häufig können sie beide Sprachen nicht oder nur schwer sicher voneinander unterscheiden. Die doppelte Halbsprachigkeit kann zunächst die Oberflächenstruktur der Sprache betreffen. Die Kinder

- verfügen über einen begrenzten Wortschatz,
- weisen eine nicht korrekte Artikulation auf,
- haben Probleme mit der Redeflüssigkeit und
- vermischen Teile beider Sprachen.

Weiter kann die doppelte Halbsprachigkeit auch die Tiefenstruktur der Sprache betreffen. Die Kinder haben Probleme bei der Einordnung von Begriffen in semantische Felder (Wortfelder) und sie können abstrakte Begriffe nur beschränkt verstehen und gebrauchen (Ahrenholz 2006; Kniffka & Siebert-Ott 2007). Als Folge können diese Kinder sowohl Probleme bei der Analyse als auch bei der Bewältigung von Sinnzusammenhängen haben.

Es gibt zu diesem Themenkreis relativ wenig Studien. Lörcher untersuchte 1980 rund 1000 Grundschüler, von den 20 % nicht die deutsche Staatsangehörigkeit besaßen. Einige markante Ergebnisse der Studien seien hier kurz genannt: Zwischen 10 und 20 % der ausländischen Schüler konnten gelesene Zahlwörter nicht richtig in die Ziffernschreibweise übersetzen. Am deutlichsten waren die Unterschiede im Bereich Geometrie ausgeprägt. Rund $1/3$ der ausländischen Schüler konnten die geometrischen Grundbegriffe (Kreis, Rechteck, Quadrat) nicht richtig zuordnen (Lörcher 1981).

Dieser hohe Zusammenhang zwischen Sprachkompetenz und Schulerfolg in den einzelnen Unterrichtsfächern wurden durch die PISA- und IGLU-Studie erneut bestätigt. Schüler mit Migrationshintergrund zeigen deutliche Leistungsrückstände gegenüber monolingual aufgewachsenen Schülern. Es stellte sich eine hohe Korrelation zwischen der Lese- und der Mathematikleistung der einzelnen Schüler heraus (ß = .55) (Deutsches PISA-Konsortium 2001, 184). Das bedeutet, dass unter sonst gleichen Bedingungen, wie Geschlecht, sozioökonomischer Status, Selbstkonzept, kognitive Fähigkeiten, die mathematischen Leistungen um etwa eine halbe Standardabweichung steigen, wenn die Leseleistung um eine Standardabweichung wächst. Damit hat die Lesekompetenz in diesem Konzept das größte Gewicht unter allen Faktoren für die Erklärung mathematischer Grundbildung (Deutsches PISA-Konsortium 2003, 185).

Auf die besonderen Aspekte einer migrationsbedingten besonderen mathematischen Sozialisation weist auch die Studie von Goglin et al. (2004) hin. Sie untersuchten die Frage, ob das Aufwachsen in zwei Sprachen und kulturellen Traditionen Einfluss auf die schulbildungsrelevanten sprachlichen Fähigkeiten und die schulische (kognitive) Leistungsfähigkeit hat. Als entscheidendes Moment hat sich herausgestellt, ob die Schüler nicht allgemein über allgemeinsprachliche gute Fähigkeiten verfügen, sondern „ob die Schülerinnen und Schüler über spezifische sprachliche Strategien und Redemittel verfügen. Bezogen auf mathematikorientierte sprachliche Fähigkeiten sind es wiederum eine ‚hinreichende Anzahl präzise gebrauchter grammatischer Einheiten'" (Goglin et al. 2004, 151). Schulbezogene Spracherfahrungen in der Herkunftssprache erweisen sich ebenfalls als bedeutsam (ebd.). D. h. diejenigen Schüler, die bereits in ihrer Muttersprache mit mathematischen Begriffen souverän umgingen, haben im deutschen Mathematikunterricht weniger Schwierigkeiten. Diese schulischen Spracherfahrungen kompensieren darüber hinaus eine geringe allgemeinsprachliche Fähigkeit.

Signifikante Unterschiede zwischen deutschen Kindern und Migrationskindern zeigten sich auch in der Oldenburger Längsschnittstudie (Grüßing 2007; Schmitman 2007, 30). Hier wurden bei 1000 Kindern vom letzten Kindergartenjahr vor der Einschulung bis zum Ende des zweiten Schuljahres die mathematischen Kompetenzen in den Bereichen Umgang mit Mengen, Begriffe zu Raum-Lage-Beziehungen, Muster, Ordinalzahlen, Simultanerfassung, Zuordnung von Zahlsymbolen zu Punktfeldern, Teil-Ganzes-Beziehung, Vorgänger-Nachfolger, Eins-zu-eins-Zuordnung, Reihenbildung mit Testverfahren erfasst (EMBI: Elementarmathematisches Basisinterview 2007). Die Sprachfähigkeiten der Kinder wurden durch das niedersächsische Screening-Verfahren „Fit in Deutsch" ein Jahr vor der Einschulung diagnostiziert.

In folgenden mathematisch relevanten sprachbezogenen Bereichen zeigten sich in dieser Studie gravierende Unterschiede:

1. Mathematische Begriffe: Präpositionen (nach 4 kommt 5, gehe nach rechts, gehe vier Schritte nach vorn, ordnen nach der Farbe, nach dem Mittagessen, mach das mal nach, B. zieht nach)
2. Ordnungsrelationen (größer, kleiner, höher, niedriger, weniger, mehr)
3. Zahlwörter (vorwärts, rückwärts und in Schritten zählen) (Schmitman 2007)

Wichtigstes Ergebnis dieser Studie ist, dass die Kinder ohne Migrationshintergrund in allen 11 Bereichen bessere Ergebnisse als Kinder mit Migrationshintergrund erreichten. Deutliche Unterschiede zeigten sich in den Bereichen:

- Begriffe zur Raum-Lage (Präpositionen)
- Subitizing (Simultanerfassung)
- Zuordnung von Zahlsymbolen und Punktefeldern
- Benennen von Vorgängern und Nachfolgern (Grüßing & Schmitman 2007, 30)

Die Untersuchungen ergaben höchst signifikante Korrelationen zwischen den durch den Vorschulteil-Teil des EMBI erhobenen frühen mathematischen Kompetenzen und der Sprachfähigkeit in der Erst- bzw. Zweitsprache.

Erfolgreiche Interventionsmöglichkeiten innerhalb dieser Studie waren u. a. Alltagssituationen zu nutzen, um handlungsbegleitendes Sprechen zu provozieren, Bewegungsspiele besonders für Präpositionen anzubieten und alltagsbezogenen Zählübungen z. B. „Wie viele Stühle brauchen wir für alle Kinder in der Gruppe/Klasse?" durchzuführen.

All diese didaktisch-methodischen Varianten schlagen sich auch in dem didaktischen Modell eines alltags- und kompetenzorientierten Mathematikunterrichts nieder.

Diese Befunde unterstreichen die Bedeutung fachspezifischer Kenntnisse, wie es sich auch schon in den Untersuchungen zu den schulrelevanten Vorläuferfertigkeiten für Deutsch und Mathematik herausgestellt hat. In Abgrenzung zu den unspezifischen Faktoren wie Gedächtnis und Intelligenz stellte sich das Vorhandensein spezifischer Vorläuferfertigkeiten als die entscheidende Voraussetzung für einen erfolgreichen Schulbesuch heraus. Für den Bereich des Schriftspracherwerbs schälten sich dabei das Buchstabenwissen sowie die phonologische Bewusstheit heraus, während im Bereich Mathematik das Mengen- und das Zahlvorwissen als die entscheidenden Vorbedingungen gelten (vgl. auch Kapitel 4).

Konsequenzen

Allgemein ist davon auszugehen, dass Kinder mit Migrationshintergrund mehr schulische Schwierigkeiten haben als ihre deutschen Mitschüler. Eine Analyse mehrerer Untersuchungen lässt folgendes Fazit zu: „Schüler in Deutsch als Zweitsprache befinden sich im Leistungsbereich insgesamt gesehen in einer ungünstigeren Lage als ihre deutschen Mitschülerinnen und Mitschüler" (Helmke & Reich 2001, 594).

Die Zweisprachigkeit bei Schülern erfordert die Einbeziehung einer zusätzlichen Dimension in das Verhältnis von Alltags- und Fachsprache: Die differenzierte Einführung und Reflexion der Fachsprache. Es ist zu sichern, dass der spezifisch sprachlich-kulturelle Zugang zur Begrifflichkeit als individuelle Lernvoraussetzung mitberücksichtigt und einbezogen wird.

In Untersuchungen zum Zusammenhang von Zweisprachigkeit und bilingualem Unterricht zeigten sich bei einer Unterrichtung auch in der Herkunftssprache deutlich positive Effekte. Eine ressourcenorientierte Förderung zweisprachiger Schüler begreift die sprachlich-kulturellen Unterschiede und die unterschiedlichen Lebenswelten als Bereicherung einer gemeinsamen Annäherung an die Erarbeitung fachwissenschaftlicher Begriffssysteme. Eine Förderung in der Erstsprache steigert zum einen das Verstehen von mehr Unterrichtsinhalten, zum anderen die Lesekompetenz der Schüler (Schmitman 2007, 65).

Auf der Ebene der Sprache ist demnach einmal die Unterscheidung zwischen Alltags- und Fachsprache, andererseits die große Wechselwirkung zwischen Erst- und Zweitsprache zu berücksichtigen. Diese Wechselwirkungen können den Erwerb mathematischen Wissens erschweren. Hohe Fähigkeiten in der Erstsprache scheinen andererseits aber auch den Erwerb mathematischer Kompetenzen in der Zweitsprache zu begünstigen (Schmitman 2007, 93; Goglin et al. 2004).

Kinder, die in mehreren Sprachen aufwachsen und leben, entwickeln andere Sprachwahrnehmungs- und Sprachgewohnheiten. Eine lineare Abhängigkeit zwischen Zweisprachigkeit und Lernerfolg lässt sich daraus jedoch nicht ableiten. So zeigen u. a. englischsprachige Untersuchungen sowie auch die Studien von Gasteiger-Klicpera & Klicpera (2000), dass neben der Zweisprachigkeit auch noch Momente wie die Literalität der Eltern, ihre Unterstützungskompetenzen und Motivationsfähigkeit beim Lese- und Schreiberwerb ihrer Kinder, situative Rahmenbedingungen für Hausaufgaben und auch die Fähigkeit, außerschulische Hilfen anzunehmen, hinzu kommen.

Diese Ressourcen, z. B. die Einheitlichkeit mathematischer Symbole auf (fast) weltweiter Ebene, die Chancen bilingualer Unterrichtung, d. h. die Nutzung der Vorerfahrungen der Schüler aus ihrer Erstsprache, gilt es zukünftig genauer zu analysieren und zu nutzen.

Ein Ansatz, der im Sinne einer kulturellen Literalität auch in der Förderschule zu berücksichtigen wäre, bildet das Konzept „FörMig" an der Universität Hamburg (www.blk-foermig.uni-hamburg.de).

Das Konzept basiert auf dem Prinzip einer „durchgängigen Sprachförderung", das sich quer durch die Fächer und Lernbereiche zieht und so die Grundlagen für eine erfolgreiche Bildungsbiografie schafft.

Je weiter eine Bildungsbiografie fortschreitet, desto mehr unterscheiden sich die schulsprachlichen Anforderungen vom Repertoire der Allgemeinsprache. Das Anliegen der FörMig-Projekte ist der kumulative Aufbau von schul- und bildungssprachlichen Fähigkeiten. Diese Fähigkeiten sind die Voraussetzung für einen kompetenten Umgang mit den Aufgaben des Verstehens, Verarbeitens, Denkens und Formulierens, mit denen sich die Kinder und Jugendlichen in ihrem Bildungsprozess auseinanderzusetzen haben. Eine solche planvolle Förderung soll „durchgängig" sein, um Allgemeinsprache und Schulsprache, gesprochene Sprache und Schriftsprache, kindliche Kommunikation und fachlichen Diskurs miteinander zu verbinden.

Dieses Konzept der Sprachförderung konzentriert sich auf schul- und bildungsrelevante sprachliche Fähigkeiten von Kindern und Jugendlichen mit Migrationshintergrund. Es basiert auf dem im englisch-sprachigen Raum etablierten Ansatz „language across the curriculum" („Sprache lernen in jedem Unterricht"). Sprachförderung ist somit ein Anliegen aller Fächer und ist in allen Fächern möglich. Sie darf sich nicht reduzieren auf einen Kurs zur Einführung in die deutsche Sprache und vielleicht einem weiteren Kurs zur Grammatik und Rechtschreibung. Mit steigenden curricularen Anforderungen wachsen und verzweigen sich auch die Erwartungen an die Leistungsfähigkeit der Sprache in die einzelnen Fächer und Lernbereiche hinein. Es geht z. B. um die Mathematisierung von Textaufgaben, um die Erschließung von naturwissenschaftlichen oder technischen Fachdarstellungen, um das Verstehen historisch fremder Dokumente im Geschichtsunterricht, um das Gespür für die sprachlichen Feinheiten literarischer Texte oder auch um das Ermitteln sprachlicher Strukturen im Vergleich von Herkunftssprache und deutscher Sprache (www.blk-foermig.uni-hamburg.de).

Des Weiteren ist der zeitliche Faktor von erheblicher Bedeutung. Schüler mit Migrationshintergrund müssen wesentlich mehr Zeit für die Lösung aufwenden.

Eine dritte Perspektive, die die Bedeutung der Vermittlung von Strategien berührt, resultiert aus dieser Studie. Schüler mit Migrationshintergrund verfügen über weniger zielführende Strategien, mit deren Hilfe mathematische Sachverhalte systematisch und sprachlich besser erschlossen werden können. Dies wird im Wesentlichen auf die Grundstruktur des deutschen Mathematikunterrichts zurückgeführt, der im

Wesentlichen ergebnis- bzw. lösungs- und nicht prozessorientiert ist. Der alltägliche Mathematikunterricht in Deutschland lässt sich idealtypisch so charakterisieren: Es dominieren Vorbereitungen auf Klassenarbeiten und Abschlussprüfungen. Die Erarbeitung mentaler, innerer Vorstellungsbilder kommt häufig zu kurz, inner- und außerfachliche Vernetzungen tauchen nur selten auf. Methodisch herrscht der „fragend-entwickelnde" Unterricht vor, der sich am idealtypischen Lernprozess eines fiktiven Durchschnittsschülers orientiert. Die Schüler sind geistig eher passiv, Reflexionen über das Vorgehen und Lösungsmöglichkeiten werden nur selten gefordert.

Eine explizite Thematisierung der Lösungsprozesse aber ist erforderlich, um besonders Jugendlichen mit Migrationshintergrund die notwendigen sprachlichen Strategien sowie das Wissen und die Fähigkeiten für eine erfolgreiche Bewältigung mathematischer Probleme zu ermöglichen.

Änderungen werden dann möglich, indem schulische Lern- und Erziehungsprozesse all die milieuspezifischen, lebensweltlich praktikablen Handlungsbefähigungen, das kulturelle Kapital der Herkunftsfamilie, die bislang in der Schule kaum eine Wertschätzung erfahren, akzeptieren und anerkennen. Für den Mathematikunterricht findet sich dieser Gedanke in einem „kultursensiblen" Mathematikunterricht (Schröder 1998; 2003) sowie in der Konzeption einer „kultursoziologisch fundierten, zielgruppenspezifischen Didaktik" (Hiller 1989; 2007) wieder.

Zusammenfassung/Konsequenzen

Aus der Sicht der Sprach- und Mathematikdidaktik sowie des Spracherlernens lassen sich folgende sprachfördernde Maßnahmen für das Mathematiklernen ableiten:

- Nutzung der Alltagssprache der Schüler
- Einbettung in den Alltag, d. h. Wiederkennen mathematischer Strukturen im Alltag
- Mathematik als (kulturelles) Werkzeug erkennen, um sich den Alltag zu erschließen und ihn zu bewältigen
- Akzeptanz von Fehlern bzw. Misserfolg als notwendige, normale Erfahrungen im Lernprozess
- Finden eigener Lernwege und entsprechende Verantwortlichkeit dafür übernehmen
- Geben individueller Rückmeldungen mit notwendigen Korrekturen bei gleichzeitiger Akzeptanz subjektiver Vorstellungen
- Verständnis von Lernen als gemeinschaftliche Situation (Maier & Schweiger 1999, 70)
- Keine Überbetonung fachwissenschaftlicher Begriffe
- Sprachanregender und -förderlicher Unterricht, d. h. Situationen, in denen Schüler Situationen beschreiben, selbst Aufgaben und Fragen formulieren, die Auswahl der Rechenoperationen und relevanten Zahlen begründen, ihre Lösungswege verbal begleiten, beschreiben, begründen, Antworten selbst formulieren; Erzählen eigener themenaffiner Erlebnisse
- Schaffen anregender Sprachanlässe zum Abbau von Sprachhemmungen unter Berücksichtigung sozialer Regeln sowie zur Schulung kooperativen Verhaltens

- Verwendung von Satzmustern, z. B. Frage- und Antwortsätze, sprachstrukturierende und sprachverständniserleichternde Veränderungen des Sprachmodellverhaltens von Lehrkräften (Motsch & Berg 2003)
- Integrierte Wortschatzarbeit, d. h. durch die Auseinandersetzung mit Sach- und Bildsituationen bzw. Materialen neue Begriffe erarbeiten bzw. semantisch erläutern, z. B. Klassifikationsübungen zu Oberbegriffen wie Farbe, Form, Größe
- Parallele Nutzung notwendiger mathematischer Begriffe wie „gleich" einschließlich visueller Unterstützung, z. B. durch Wortkarten
- Lehrersprache als Modell: Natürlich modellierte Sprache, d. h. in korrekten Sätzen mit reduzierter Komplexität, in lautreiner Aussprache sprechen; Vermeidung von Aufforderungsketten, Nutzung außersprachlicher Sinnstützen (Mimik und Gestik) und parasprachlicher Hinweisreize (Tonhöhe, Akzentsetzung)
- Aufgreifen individueller Sprechhilfen und -korrekturen durch die Lehrkraft, d. h. Aufgreifen der in der Übungssprache erworbenen Laute bzw. Lautkombinationen für den Transfer in die Unterrichtssprache sowie Nutzung von Modelliertechniken wie Expansion, Umformungen, korrektives Feedback usw. (Dannbauer 1999)

Darüber hinaus sei auf folgende *Lesehilfen* z. B. zur Bearbeitung von Sachaufgaben hingewiesen:

- Strukturierung von Texten: In Abschnitte gliedern, Teilüberschriften finden, Fragen zum Inhalt beantworten, Texte umschreiben
- Erkennen von Beziehungen zwischen Wörtern und Teilinformationen: Verknüpfungen zwischen den einzelnen Informationen erkennen und markieren; Beziehungen zwischen Informationen grafisch verdeutlichen
- Erkennen des Wesentlichen: Wesentliche Informationen unterstreichen, Informationen auf das Wesentliche kürzen
- Integration von neuem Wissen in bestehende Strukturen: Behaltenes nach dem Lesen notieren, Zusammenfassungen schreiben, Textentlastung (Benholz, Lipkowski & Iordanidou 2005, 23 f.)

Diese Forderungen decken sich mit denen, die sich auch aus einer Analyse der Kommunikationssituation Mathematik aus systemischer Sicht ergeben (vgl. Kapitel 6 und 7).

3.6 Beratungsgespräche als didaktische, kommunikationsfördernde Methode

Gespräche bzw. Kommunikationssituationen, die auf der Anerkennung der Gleichheit und Gleichwertigkeit der Gesprächspartner (gleichzeitig unter Anerkennung unterschiedlicher Voraussetzungen, Aufgaben, Rollen und Kompetenzen) basieren, sind eine mögliche didaktisch-methodische Variante, um Lernen als einen gemeinsamen Prozess zu begreifen, zu planen und zu gestalten. In diesen Einzelgesprächen zwischen Lehrer und Schüler geht es darum, gemeinsam die individuellen Denk- und Lösungsmuster des Kindes herauszuarbeiten, den Entwicklungsverlauf des Kindes zu rekonstruieren und weitere Entwicklungsschritte zu skizzieren (Spiess 1998; Spiess & Werner 2001; Reymann 2000). Grundlage dieses Vorgehens ist, die bislang genutzten Lösungswege des Kindes als entwicklungsfähige Ressourcen zu nutzen und Lernen als Prozess zu verstehen, der gemeinsam geplant und gestaltet wird. Die Fragen des Gesprächsleitfadens sollen das Kind dazu anregen, über bestimmte Dinge nachzudenken, sie strukturiert zu rekonstruieren und daraus erfolgversprechende Problemlösestrategien abzuleiten. Gespräche dieser Art geben Gelegenheit, die vom Kind genutzten sprachlichen Konstruktionen als Abbild gedanklicher Modelle zu interpretieren, d. h. Aufschluss darüber zu bekommen, wie sich mathematische Bedeutungen herausgebildet haben.

Konstruktivistische Gespräche, hier speziell entwicklungsorientierte Gespräche, zielen darauf ab, Anstöße für Entwicklungen und Veränderungen zu geben (Spiess 1998, 10). Hier ergibt sich die Möglichkeit, individuelle Begriffe und Vorstellungen (z. B. über mathematische Sachverhalte) zu erläutern und in gewissem Maße konstruktivistisch zu verändern. Die Anerkennung der Autonomie des Einzelnen, besonders die Akzeptanz der Entscheidungskompetenz sowie die Anerkennung unterschiedlicher Voraussetzungen und Funktionen der Gesprächsteilnehmer, sind unerlässliche Grundprinzipien dabei. Für eine Gesprächsführung heißt dies anzuerkennen, dass ein Kind durchaus seine Fähigkeiten, seine Leistungsgrenzen, aber auch seine Entwicklungsmöglichkeiten einzuschätzen vermag. Entwicklungsorientierte Ansätze gehen grundsätzlich von den Stärken des Kindes aus, zielen ab auf den Auf- bzw. Ausbau zukünftiger Stärken sowie die Umbewertung/Umdeutung vorhandener Handlungsentwürfe und Lösungsschemata. Diese Fragen sollen das Kind dazu anregen, über bestimmte Dinge nachzudenken, bestimmte Dinge nach und nach zu „strukturieren" und Erfolg versprechende Problemlösestrategien zu entwickeln. Für ressourcen- bzw. entwicklungsorientierte Beratungsgespräche bietet sich folgende Struktur an:

Tab. 1: Leitfaden für entwicklungsorientierte Gespräche (Spiess & Werner 2001).

1. Begrüßung *(joining)*
2. Beschreibung aktueller Stärken: *Wenn Du an (z. B. Rechnen, Zahlen, Einkaufen, Geld und Bezahlen) denkst:* *Was kannst Du gut? Bzw.: Was kannst Du seit dem letzten Mal besser?*
3. Analyse der Entwicklungsgeschichte aktueller Stärken: *Wie hast Du das gemacht, dass Du das jetzt so gut kannst?*
4. Entwurf künftiger Stärken: *Was von dem, was Du derzeit tust, möchtest Du (noch) besser machen/können?*
5. Anregungen und Tipps: *Was hat Dir (oder anderen) bei vergleichbaren Problemen geholfen?*
6. Gemeinsame Reflexion: *Was haben wir diesmal gemacht? Was ist gelungen?*

Erste Ergebnisse dieses Vorgehens (erprobt innerhalb einer explorativen Studie im Rahmen einer Examensarbeit am Heilpädagogischen Institut der Universität Kiel an Schülern der Klasse 3 einer Förderschule für Lernbehinderte, 2000) lassen sich folgendermaßen zusammenfassen:

- Kinder sind durchaus in der Lage, ihren aktuellen Wissensstand einzuschätzen, wobei die Differenziertheit der Aussagen von der individuellen Reflexionsfähigkeit des Kindes abhängt.
- Ebenso können Kinder über das, was sie als nächstes lernen möchten (im Sinne der „Zone der nächsten Entwicklung" nach Wygotski) Auskunft geben. Die vorliegenden Ergebnisse zeigen, dass alle von den Kindern benannten Themen aus dem Bereich Mathematik stammen und durchaus als nächster Lernschritt möglich sind, z. B. „Ich möchte gern Mal-Aufgaben lernen"; „Ich möchte gern mit großen Zahlen rechnen".
- Mit Hilfe gezielter Nachfragen, zeichnerischer Darstellungen und anderen Hilfsmitteln gelingt es gemeinsam mit den Kindern, deren individuelle Strategien zu verdeutlichen. Zu vermuten ist aufgrund dieser Studie, dass dies nur so lange möglich ist, wie die Rechenfertigkeiten noch keine Automatismen geworden sind, d. h. nahezu unbewusst ablaufende Vorgänge. Antworten wie: „Das ist doch so, das weiß man doch", lassen solche Beobachtungen und Beschreibungen zu.
- Auch das Verbalisieren metakognitiven Wissens (bezüglich reflexiven Wissens, d. h. Wissen über das Wissen und das Wissen über die Anwendung von Strategien) ist Schülern mit sonderpädagogischen Förderbedarf durchaus möglich (Reymann 2000).

Das folgende Interview zwischen einer Studentin als Gesprächsleiter (GL) und einem Schüler einer 3. Klasse (Kind) illustriert das beschriebene Vorgehen und mag die Chancen eines solchen Gesprächs verdeutlichen:

Phase 1: Begrüßung
GL: Ich hoffe, dass dir dieses Gespräch was bringt und dass du da jetzt Lust dazu hast.
Kind: Ja.
GL: Ok.
Kind: Also, rechnen kann ich wirklich gut.
GL: Das ist doch in Ordnung.

Phase 2: Beschreibung aktueller Stärken
GL: Wenn du jetzt an Rechnen oder Mathematik denkst, was meinst du, kannst du das schon gut?
Kind: Also von Rechnen da?
GL: Mhm.
Kind: Kann ich auch über Hundert rechnen.
GL: Aha, schreibst du mir mal eine Aufgabe auf?
Kind: Hundert plus eins gleich hundertundeins *(schreibt 100 + 1 = 101)*.
GL: Mhm. Schön. Fällt dir noch eine Aufgabe ein, die du kannst?
Kind: Ja. Hundert plus zehn gleich *(schreibt dabei 100 + 10 =)*. Wie wird die Hundertzehn denn gemacht? ... Ach, so? ... *(schreibt 110)*
GL: Toll. Richtig so. Hast du noch eine dritte Aufgabe?

Kind: Eigentlich rechnen wir gar nicht bis da. Wir rechnen nur bis Hundert.
GL: Mhm. Noch eine Aufgabe, die dir einfällt?
Kind: Mal sehen, ob ich hundert plus einundachtzig kann *(schreibt 100 + 81 =)*. Hunderteinundachtzig *(schreibt 181)*
GL: Mhm.
Kind: Wird so eine Hunderteinundachtzig gemacht?
GL: Toll. Genau so wird es gemacht. Da freue ich mich.
Kind: Mal sehen, was kann ich denn noch mit Hundert rechnen? … Hundert plus neunzig.
GL: Mhm.
Kind: *(schreibt 100 + 90 =)* Hundertneunzig *(schreibt 190)*.
GL: Schön. Wie hast du die Aufgaben jetzt gemacht?
Kind: Nur gerechnet.
GL: Mhm.
Kind: In Kopf.
GL: Und wie? Kannst du mir das erklären?
Kind: Ich hab' die Hundert eingenommen, plus eins sind zum Beispiel hundertundeins.
GL: Aha.
Kind: Und dann hab' ich einfach so gerechnet.
GL: Gut. Und woran merkst du, dass das leicht geht?
Kind: Ich rechne nur im Kopf.
GL: OK. Dann mach' hinter alle Aufgaben mal ein Kreuz, die du ganz leicht fandest.
Kind: Alle waren eigentlich ganz einfach.
GL: Dann mach' hinter alle ein Kreuz.
Kind: *(setzt hinter alle Aufgaben ein Kreuz)* So?
GL: Ja, genau.

Phase 3: Analyse der Entwicklungsgeschichte aktueller Stärken
GL: Waren die Aufgaben irgendwann einmal schwer für dich?
Kind: Ja, wo ich ein kleines Baby war.
GL: Mhm. Und wie hast du das gemacht, dass du sie jetzt so gut kannst?
Kind: Ich hab' aufgepasst in der Schule.
GL: Mhm. Aber du sagtest, ihr habt das noch gar nicht gemacht.
Kind: Nee. Ich weiß nicht, warum ich das kann. Mein Vater mir auch beigebracht, und so.
GL: Ah ja.
Kind: Und meine Mutter. Ich kann jetzt auch schon Mal, nur ich weiß nicht, wie das Malzeichen geht.
GL: Mhm. Gab es einen Trick, der dir bei diesen Aufgaben geholfen hat?
Kind: Weiß ich nicht.
GL: Ok.

Phase 4: Entwurf künftiger Stärken
GL: Wenn du jetzt noch einmal zurückdenkst an Rechnen und Mathematik, was möchtest du neu können?
Kind: Besser Minus.
GL: Mhm. Was findest du schwer daran?
Kind: Rückwärts zählen.

Phase 5: Anregungen und Tipps
GL: Schreib' mal eine Aufgabe auf, wir probieren das mal. Eine, die schwer ist.
Kind: Welche?

Beratungsgespräche als didaktische, kommunikationsfördernde Methode

GL: Du sagtest eben, Minus kannst du nicht so toll. Schreib' mal eine Aufgabe auf, die du schwer findest.
Kind: Ich nehm' immer Hundert. Hundert plus, nein, minus *(schreibt 100 +)*.
GL: Mhm. Nimmst ein Radiergummi sonst dazu.
Kind: *(verbessert + zu –)* Eine schwere Aufgabe?
GL: Mhm.
Kind: Neunzehn *(schreibt 19 =)*.
GL: Gut.
Kind: Find' ich aber ganz schön schwer. Mit dem Rückwärtszählen werde ich mal versuchen.
GL: Ja, dann probier' das mal!
Störung
Kind: *(zählt an den Fingern ab und murmelt)* Neunundneunzig, achtundneunzig, siebenundneunzig, sechsundneunzig, fünfundneunzig, vierundneunzig, dreiundneunzig, zweiundneunzig, einundneunzig, neunzig, neunundachtzig, achtundachtzig, siebenundachtzig, *(laut)* sechsundachtzig.
GL: Mhm. Wie bist du da jetzt darauf gekommen?
Kind: Einfach rückwärts gezählt und dann krieg' ich das meistens auch raus.
GL: Mhm. Ist dir das im Kopf leicht gefallen?
Kind: Nicht ganz leicht.
GL: Was ist dir daran schwer gefallen?
Kind: Das Rückwärtszählen, das kann ich auch nicht so gut.
GL: Mhm. Also liegt das gar nicht am Rechnen, sondern am Rückwärtszählen.
Kind: Ja.
GL: Du hattest jetzt sechsundachtzig heraus?
Kind: Ja.
GL: Dann schreib' das erst einmal hin.
Kind: *(schreibt 86)*
GL: Hilft es dir, wenn du eine Hundertertafel dazu nimmst? Nimmst du die in der Schule zum Rückwärtszählen?
Kind: Nein.
GL: Was machst du denn in der Schule, wenn du minus rechnen musst?
Kind: Muss ich mit Fingern rechnen.
GL: Dürft ihr denn eine Hundertertafel benutzen?
Kind: Dürfen wir, haben wir ja extra gekriegt.
GL: Willst du da mal probieren rückwärts zu zählen?
Kind: Wir benutzen da keine Hundertertafel jetzt mehr.
GL: Nein, nicht mehr? Ich dachte, das dürft ihr noch. … Kannst du denn überprüfen, ob die Aufgabe so richtig ist?
Kind: Manchmal rechne ich auch wieder zurück.
GL: Mhm. Wie geht denn das?
Kind: Also, ich zähl' noch mal von hinten.
GL: Ja, probier' doch noch mal.
Kind: Neunundneunzig, achtundneunzig, siebenundneunzig, sechsundneunzig, fünfundneunzig, vierundneunzig, dreiundneunzig, zweiundneunzig, einundneunzig, neunzig. Noch vier zurück. Neunundachtzig, achtundachtzig, siebenundachtzig, sechsundachtzig.
GL: Wie viel hast du jetzt abgezogen?
Kind: Neunzehn.
GL: Neunzehn hast du abgezogen?
Kind: Ja. Erst hab' ich zehn gerechnet, dann kommen die wieder weg und vier.
GL: Wie viele hast du denn abgezogen, wenn du zehn und vier hast?

Kind: Oh, oh.
GL: Was hast du abgezogen?
Kind: Vierzehn.
GL: Ok, sechsundachtzig und noch einmal fünf runter.
Kind: Sechsundachtzig. Fünfundachtzig, vierundachtzig, dreiundachtzig, zweiundachtzig, einundachtzig.
GL: Mhm.
Kind: Einundachtzig.
GL: Gut.
Kind: *(verbessert 86 zu 81)*
GL: Was kann dir helfen, dass das vielleicht ein bisschen leichter geht? Überleg' mal mit. Was können wir machen?
Kind: Mir fällt das Wort dazu nicht ein. Wie heißt das gleich? Für Minusrechnen.
GL: Mhm. Das haben wir ja jetzt gemacht mit Rückwärtszählen. Gibt es irgendetwas, was wir noch machen können?
Kind: Im Kopf.
GL: Wie kann man das machen?
Kind: Im Kopf behalten, was man gerade hat.
GL: Das ist aber schwierig.
Kind: Ja.
GL: Was ist denn das, die Neunzehn? Musst du da wirklich immer neunzehn rückwärts zählen?
Kind: Nein. Irgendwann möchte ich auch mal einundachtzig.
GL: Ja. ... Sag' mal, kann man die Neunzehn vielleicht ein bisschen aufteilen? Dass wir einen Teil im Kopf abziehen und einen Teil mit den Fingern nur?
Kind: Ja. Werd' ich mal versuchen.
GL: Welchen Teil kann man denn wohl im Kopf abziehen?
Kind: Einundachtzig minus eins kann man im Kopf.
GL: Gut, das kann man im Kopf gut rechnen. Was ist denn mit hundert minus zehn? Wie viel ist denn das?
Kind: Neunzig.
GL: Gut. Ok, und wie viel musst du jetzt noch rückwärtszählen?
Kind: Neun.
GL: Ja. Da brauchst du keine neunzehn mehr rückwärtszuzählen, sondern nur noch neun.
Kind: Ah. Nein.
GL: Möchtest du das noch einmal probieren?
Kind: Wie?
GL: Soll ich dir mal eine Aufgabe sagen?
Kind: *(nickt)*
GL: Gut, dann rechnest du mal neunzig minus achtzehn.
Kind: *(schreibt 90 – 18 =)*
GL: Was kannst du erst einmal im Kopf abziehen?
Kind: Neunzig minus achtzehn. ... Von der Achtzehn erst einmal zehn nehmen.
GL: Ja.
Kind: Sind dann nur noch achtzig.
GL: Ja. Und wie viel musst du dann noch abziehen?
Kind: Acht.
GL: Gut. Achtzig minus acht.
Kind: Muss ich im Kopf rechnen?
GL: Ja. Oder acht an den Fingern abzählen.

Kind: Achtzig, neunundsiebzig, achtundsiebzig, siebenundsiebzig, sechsundsiebzig, fünfundsiebzig, vierundsiebzig, dreiundsiebzig, zweiundsiebzig.
GL: Toll. Hinschreiben.
Kind: *(schreibt 72)*
GL: Schön.
Kind: Die war einfacher.
GL: Welche? Die zweite?
Kind: Ja. Die war irgendwie einfacher.
GL: Warum war die denn einfacher? Die erste hast du doch aufgeschrieben!
Kind: Ja, die zweite habe ich zehn weggenommen und dann nur noch acht rückwärts.
GL: Mhm. Gut.

Phase 6: Gemeinsame Reflexion
GL: Wenn wir jetzt zum Ende kommen, wenn du an dieses Gespräch denkst, was haben wir gemacht?
Kind: Gerechnet. Minus und plus.
GL: Und was hat dir gefallen?
Kind: Plus.
GL: Und was ist dir dabei gelungen? Was hast du gut gekonnt?
Kind: …
GL: Du hast die Aufgaben vor dir, guck' sie dir an.
Kind: Bei Minus hab' ich erst zehn weggenommen bei der Achtzehn und dann Acht mit den Fingern zurückgezählt.
GL: Und das ist dir gut gelungen?
Kind: Ja.
(Reymann 2000)

Das Augenmerk der diagnostischen Tätigkeit bei der Analyse von Gesprächssituationen liegt dabei auf der Frage: Wie denkt das Kind? Über welche Lösungsmuster und Handlungsschemata verfügt das Kind? Welche Vorstellungen und mentalen Modelle hat das Kind bezüglich mathematischer Sachverhalte entwickelt? Welche Strategien und Lösungswege eignen sich zur Umbewertung bzw. Erweiterung und Anpassung (Spiess & Werner 2001)? So ist es nicht nur legitim, sondern auch empfehlenswert, „falsche" Ergebnisse zu hinterfragen. Es unterstützt einerseits die Fähigkeit zur Selbstreflexion und gibt andererseits der Lehrkraft Aufschluss über die Gedankenwege des Kindes und ermöglicht die Planung des nächsten Entwicklungsschritts, der jedoch auch wiederum gemeinsam mit dem Kind besprochen und organisiert werden sollte. Die Stärke dieser Gesprächsform liegt nicht nur in der Erkennung und Anerkennung individueller Lösungsmuster, darüber hinaus auch in der Möglichkeit, diagnostische Erkenntnisse über die Problemlösestrategien bezüglich mathematischer Aufgaben zu sammeln. Mögliche vorhandene, dem Kind aber nicht bewusste Kenntnisse können erkannt und zu einem späteren Zeitpunkt wieder aufgegriffen werden. Gespräche geben Gelegenheit, die vom Kind genutzten sprachlichen Konstruktionen als Abbild gedanklicher Modelle zu interpretieren, d. h. Aufschluss darüber zu bekommen, wie sich mathematische Bedeutungen herausgebildet haben. „Missverständnisse", wie sie in diesem Gespräch über die Lösungsmöglichkeiten der Aufgabe auftraten, sind als Mehrdeutigkeit der Begrifflichkeit zu verstehen. Interaktionistische Studien des Mathematikunterrichts zeigen, dass selbst die gemeinsame Verwendung eines mathematischen Begriffs nicht auch gleichzeitig eine identische Interpretation sichert (Voigt 1994). Innerhalb solcher Gespräche erfährt das Kind seine Kompetenzen für Entscheidungen bezüglich der eigenen Entwicklung und erlebt die Möglichkeit, Verantwortung für den Unterrichtsverlauf zu übernehmen, z. B. indem es über Art und Umfang der zu lösenden Aufgabe entscheidet.

3.7 Verbalisieren von Lösungswegen und Denkabläufen

Die Frage „Wie hast du gerechnet?" basiert auf der denkpsychologischen Methode „Lautes Denken" zur Erhebung verbaler Daten. Entwickelt in der Denkpsychologie zum Beginn des 20. Jahrhunderts, wurde die Methode dazu genutzt, um herauszufinden, welche kognitiven Prozesse sich beim Lösen von Problemen abspielen. Mit der „kognitiven Wende" in der Pädagogik erhielt diese Form zur Rekonstruktion individueller Denkvorgänge ihre Bedeutung darin, neben dem beobachtbaren Schülerverhalten die subjektiven Theorien der Schüler zu erfassen. In den Aufforderungen an die Befragten geht es darum, dass sie verbalisieren, was ihnen von den ablaufenden kognitiven Prozessen bewusst ist, was „anderen durch den Kopf geht" (Weidel & Wagner 1982, 82). Das laute Denken gibt weitgehend wieder, was/wie jemand in der Situation denkt und was sein Handeln steuert bzw. beeinflusst.

Dennoch können wir nicht davon ausgehen, dass es über die Methode tatsächlich möglich ist, die kognitiv ablaufenden Prozesse des Einzelnen analog dargestellt zu bekommen. Allein schon die Notwendigkeit, aus all unseren Gedanken in einer Situation eine bestimmte Auswahl zu treffen (wir können offensichtlich nicht so viel aussprechen wie wir denken) und diese sozial erwünscht und verbal angemessen darzulegen, schränken die Aussagekraft dieser Methode deutlich ein. Auch die Fähigkeit, die wahrgenommenen internen Prozesse angemessen zu artikulieren, kann das Ergebnis dieser Methode erheblich einschränken. Einerseits muss sich der Betroffene darüber im Klaren sein, welche Emotionen, Handlungsabläufe usw. von ihm wahrgenommen wurden, anderseits muss er dafür angemessene, viable (d. h. funktionale, angemessene) Begrifflichkeiten und Formulierungen kennen, um sie anderen mitzuteilen. Außerdem werden nur die von Befragten bewusst wahrgenommenen kognitiven Abläufe thematisiert; viele unserer Handlungen aber werden darüber hinaus noch von unbewusst ablaufenden Prozessen gesteuert. So führen wir alltägliche Handlungen wie Kaffee kochen, duschen oder Autofahren routiniert durch, haben aber Schwierigkeiten, diese für andere Personen nachvollziehbar zu formulieren. Wenn Sie versuchen, den Vorgang des Schleifebindens bei Schuhen zu versprachlichen, wird dies sicher deutlich.

Hinzu kommt, dass die Art der Verbalisierung wiederum abhängig von der Versuchsinstruktion selbst ist. So reagieren die meisten Schüler zu Beginn auf die Frage

„Wie hast du gerechnet?" mit Unverständnis bzw. mit einer Umdeutung ihrer Denkprozesse. Bedingt durch Erfahrung in der Schule, mit dem Wissen um die „Regeln" in dieser sozialen Situation, dass der Lehrer prinzipiell nur die Fragen stellt, auf die er selbst eine Antwort weiß, wird diese Instruktion häufig wahrgenommen als Hinweis: „Du hast falsch gerechnet". Mit diesem Wahrnehmungsmuster dekonstruieren die Schüler ihren bisherigen Gedankengang und formulieren ihn z. T. komplett um. Erst wenn dieses Nachfragen zu einem selbstverständlichen Teil der Kommunikation im Unterricht wird, bei dem die Schüler u. a. die Gewissheit haben, dass die Lehrkraft tatsächlich Interesse an den Gedanken des Schülers (und eben nicht nur an der erwarteten Antwort) hat, wird diese Methode sinnvoll.

Die in der Unterrichtsforschung eingesetzte Methode lässt sich exakterweise besser als „nachträgliches lautes Denken" bezeichnen (Weidel & Wagner 1982, 99).

Ein offenes, vertrauensvolles Klima, das jeden Lösungsweg zunächst als individuelle Lernstrategie und potenzielle Lernchance akzeptiert, lässt dieses Vorgehen zu einer sinnvollen und effektiven Methode werden.

Zahlreiche Untersuchungen belegen den engen Zusammenhang zwischen Sprechen und Denken, der gerade unter förderdiagnostischem Aspekt stärker zu berücksichtigen und produktiv zu nutzen ist. Alle Befunde weisen darauf hin, dass eine sprachliche Begleitung des Lösungsprozesses diesem äußerst förderlich ist; die verbale Explikation regt das schöpferische Denken an und erleichtert Klärung und Kontrolle brauchbarer Lösungsideen (Maier & Schwaiger 1999). Weiter ist zu vermuten, dass durch die Verbalisierung des Lösungsweges stets neue Begründungen für das Vorgehen entwickelt werden, so dass auf diese Weise die Entdeckung eines Prinzips sowie dessen Anwendung erleichtert wird (ebd., 106).

Die Effektivität dieser Methode verdeutlicht u. a. das Fallbeispiel zum Arbeitsblatt „Kindergeburtstag" (vgl. Kapitel 2.3).

Das Provozieren sprachlicher Äußerungen verfolgt zudem nicht nur die Absicht, dem Lehrer diagnostische Aussagen zu ermöglichen, sondern gerade dem Argumentieren, dem Beschreiben und Begründen von Lösungswegen kommt im Mathematikunterricht große Bedeutung zu. Argumentieren kann das Verständnis für mathematische Strukturen und Lösungswege fördern, unterstützt das planmäßige und überlegte Arbeiten und dient der Festigung und Erweiterung mathematischen Wissens und Könnens (Bürger 2000, 32).

Eine weiterführende Frage: „Was hilft dir beim Rechnen?" zielt bereits auf die metakognitive Ebene ab, d. h. vom Schüler werden reflektierte, von der augenblicklichen Mathematiksituation abstrahierte Gedankenabläufe verlangt. Ergebnisse aus Untersuchungen zu Additionsleistungen bei Förderschülern zeigen (Werner 2000): Schüler wissen durchaus, welche Unterrichtsmittel ihnen helfen bzw. welche eher hinderlich sind, d. h. welche vom Lehrer gewählten, meist didaktisch aufbereiteten Veranschaulichungsmittel relativ konform mit ihren individuellen Konstruktionen über mathematische Sachverhalte sind bzw. mit Hilfe welcher Hilfsmittel sie sich Vorstellungen darüber konstruieren können: „An der Hundertertafel gehen die Plus-Aufgaben leichter." Klare, aber völlig unterschiedliche Aussagen machten die Schüler zur Frage nach möglichen Kombinationen von eigenen Denkprozessen und

Anschauungsmitteln, wobei viele Unterrichtsmittel auch bewusst abgelehnt werden: „Ich rechne nicht mit den Fingern"; „Mit der Hundertertafel kann ich gar nicht rechnen"; „Ich rechne alles im Kopf"; „Ich rechne im Kopf und mit den Fingern, aber nie am Zahlenstrahl"; „Ich rechne mit den Fingern und am Zahlenstrahl, aber nicht mit Plättchen"; „Der Zahlenstrahl und die Finger sind gut zum Rechnen, im Kopf geht es gar nicht" (Werner 2000).

3.8 Rechentagebücher als didaktisch-methodische Variante zur Verschriftlichung von Lern- und Lösungswegen

Dem engen Zusammenhang zwischen Schriftsprache und Mathematik widmen sich vor allem Ruf und Gallin (1993). Sie präferieren dafür den Einsatz von Rechen- bzw. Lerntagebüchern. Diese Tagebücher sind textliche Eigenproduktionen und basieren u. a. auf den theoretischen Annahmen des Spracherfahrungsansatz, wie ihn u. a. Brügelmann vertritt (1998, 2008). „Beim Schreiben verlangsamen und klären sich die Gefühle und Gedanken, nehmen Gestalt an und fordern zur Stellungnahme heraus. Wer schreibt, übernimmt in besonderer Weise Verantwortung für seine Position, öffnet sich der Kritik" (Gallin & Ruf 1993).

Im Schulalltag beobachteten Gallin & Ruf (1993), dass mit der Verarbeitung negativer Erlebnisse und bei hohem Vertrauen in die eigene Fähigkeit zum Denken und Handeln sich die Leistungen der Schüler steigerten. Kam es zunächst am Beginn einer Lernphase zu einer Verlangsamung im fachlichen Fortschreiten, beobachteten sie danach ein ungewöhnlich schnelles Lernen. Die Schüler griffen Themen höherer Stoffgebiete auf, ihr Wissen war länger aktiv und anwendungsbereit. Das Fazit der beiden Mathematikdidaktiker lautet: Die Schüler müssen lernen, ihre individuelle Sprachkompetenz/Symbolkompetenz zu einem Instrument des Lernens zu machen (Ruf & Gallin 1995).

Unsere gesprochene Sprache ist flüchtiger als die geschriebene. Ihr Satzbau ist oft unvollständig und von Flexionsbrüchen gekennzeichnet. Häufig bestimmen Dialekte und umgangssprachliche Ausdrücke die Wortwahl. Selbstkorrekturen werden spontan und häufig sogar innerhalb eines Satzes vorgenommen. Im Gegensatz dazu ist die geschriebene Sprache dauerhafter, die Wortwahl durchdachter, die Sätze grammatikalisch vollständiger. Im Schreiben erklären, bedeutet sich der heuristischen Funktion der Sprache bewusst werden. Durch das Beschreiben macht sich der Schüler Gedanken über den individuellen Verlauf seines Verfahrens. Er kann sein Verfahren später im Vergleich mit anderen optimieren (Metakognition) und übernimmt Verantwortung für Verlauf und Abbruch der Arbeit (Mündigkeit). Der Schüler behält Interesse am selbst Geschriebenen. Rechentagebücher können als Basis für gemeinschaftliches Lernen dienen (divergierender Vergleich). Das Schreiben fördert die Reflexion mathematischer Begriffe und Sachverhalte; neue Verknüpfungen können hergestellt werden und führen zu einer verstehenden Konstruktion neuen Wissens. Es soll die Schüler befähigen, ihr Denken und Verstehen zu erklären, zu bestätigen und auszuweiten. Das selbstständige Formulieren verlangsamt den Prozess des Sammelns von Gedanken und lässt dem Schüler Zeit, seine Beobachtungen zu strukturieren, zu ordnen sowie sorgfältig und überlegt darzustellen. Er hat Zeit und Möglichkeit, fachsprachliche Kompetenzen zu erproben und zu entwickeln.

Ruf und Gallin schlagen zum Mathematiklernen eine Art Mathetagebuch vor, in das die Schüler all ihre Beobachtungen, Gedanken, Entdeckungen bezüglich der Mathematik sammeln. Rechen- oder Mathematiktagebücher beinhalten eine schriftliche Dokumentation der Ideen, Gedanken, und deren Entstehung und Entwicklung.

Von den Schülern wird ein kreatives Herangehen an die mathematischen Probleme gefordert, indem sie verschiedene Wege erproben sollen. Hier sind unkonventionelles Ausprobieren und Fehler machen nicht verboten, sondern erwünscht. Die Schülertexte geben der Lehrkraft wertvolle diagnostische Hinweise, die individuellen Denkweisen des Schülers aufzuspüren, um so eine gezielte Beratung und Förderung zu initiieren. In den Texten wird transparent, mit welcher Intensität sich ein Schüler mit einer Sache auseinandergesetzt hat. Die Schüler werden zum selbstständigen Forschen ermutigt und erfahren vielleicht, Mathematik aus einer ganz individuellen Perspektive zu betrachten.

In Form von Reisetage- oder Mathematiktagebüchern dokumentieren die Schüler ihre Überlegungen zu mathematischen Aufgabenstellungen. Hierbei sind es vor allem offene Aufgabenstellungen wie das Zahlenforschen: „Suche große Zahlen!", oder: „Die Zahlen bis 100 marschieren hintereinander ins Kino. Sie setzen sich sehr ordentlich hin. Zeichne in dein Tagebuch, wie die Zahlen sitzen. Du darfst mehrere Möglichkeiten ausprobieren!", oder Fragestellungen wie: „Wie rechnest du denn 9 + 8 = ?" (1995, 126), die die Kinder zu ausführlichen Verschriftlichungen anregen. Da der Schreibprozess selbst den Gedankenfluss verzögert, macht sich der Schüler Gedanken über den individuellen Verlauf seines Verfahrens. Gleichzeitig übernimmt er die Verantwortung für den Verlauf und den möglichen Abbruch der Arbeit. Der für den Schüler neue Sachverhalt, z.B. die für ihn größte Zahl, muss zunächst nicht identisch mit mathematischen Konventionen sein, sondern ist als Vorerfahrung, als unvollständige, aber notwendige begriffliche Struktur zu beobachten. Erst bei inhaltlicher Klarheit beim Schüler sollen anschließend reguläre Begriffe/Algorithmen eingeführt werden. Ein wesentlicher, nicht zu unterschätzender Bestandteil dieser Tagebücher sind die Rückmeldungen seitens der Lehrkraft, die notwendig sind, um die Kommunikation aufrecht zu erhalten. Diese Rückmeldungen beziehen sich nicht ausschließlich auf die Entscheidung „richtig oder falsch", sondern geben vor allem Hinweise für weitere Anschlussmöglichkeiten, z.B. „Kannst du das auch deinem Nachbarn erklären?", „Wer/was könnte dich dabei unterstützen?". Kommunikationsanlässe bieten sich außerdem bei einem späteren Vergleich der einzelnen Verfahren zwischen den Schülern an. In diesem Vergleich unterschiedlicher Lösungsansätze wird über den Dissens die Notwendigkeit mathematischer Konventionen für die Schüler nachvollziehbar.

Rechentagebücher eröffnen noch weitere Möglichkeiten: Um die Grenzen schulischen bzw. fächerorientierten Denkens zu überwinden, bietet es sich gerade hier an, die Leistungen der Schüler nicht nur hinsichtlich ihrer mathematischen Fähigkeiten und Einsichten zu beobachten, sondern auch Bezüge zum Schriftspracherwerb herzustellen. In der Entwicklung beider Symbolsysteme gibt es viele Parallelen, die aufgrund struktureller Ähnlichkeiten eine stärkere Verknüpfung beider Kulturtechniken ermöglichen sollten.

Folgende Varianten haben sich in der Praxis bewährt:

- Sammeln von Arbeitsproben
- Vorstrukturierte Formulare/Arbeitsblätter
- Offen gestaltete Schreibhefte

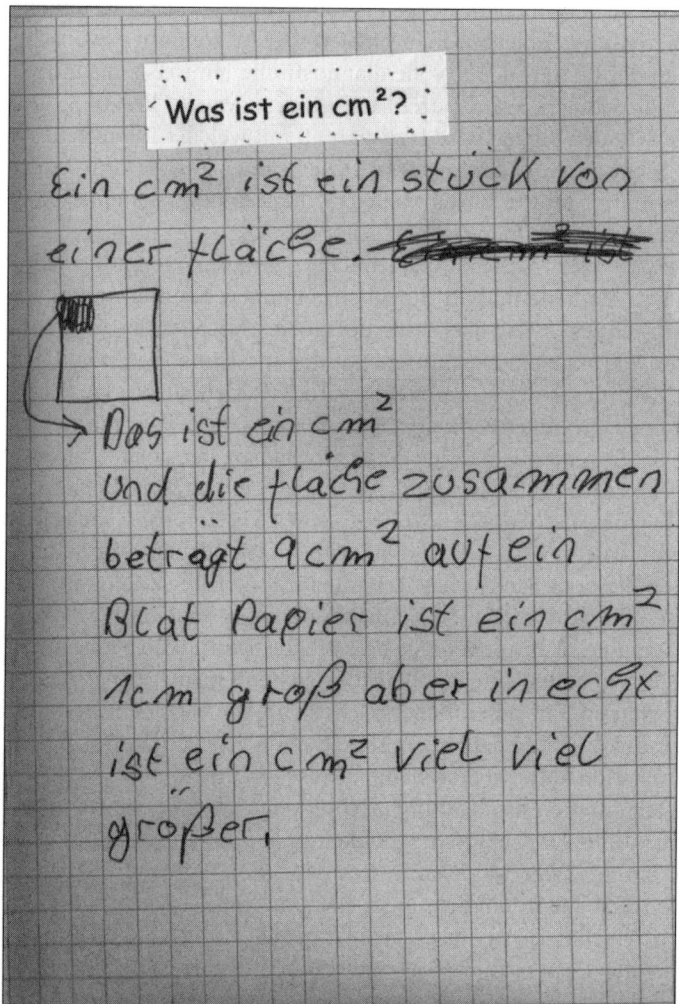

Abb. 13: Rechentagebuch

Rechentagebücher als didaktisch-methodische Variante

Rechentagebücher bilden eine lernprozessbegleitende und damit diagnostisch orientierte, didaktisch-methodische Variante im Mathematikunterricht als:
- Verfahren zur kontinuierlichen Dokumentation und Reflexion der eigenen Lerngeschichte/des eigenen Lernprozesses
- Kontinuierliches Sammeln von Informationen aller Art, um Lern- und Entwicklungsprozesse deutlich zu machen
- Grundlage für die Leistungsbeurteilung und Motivation des Lernenden

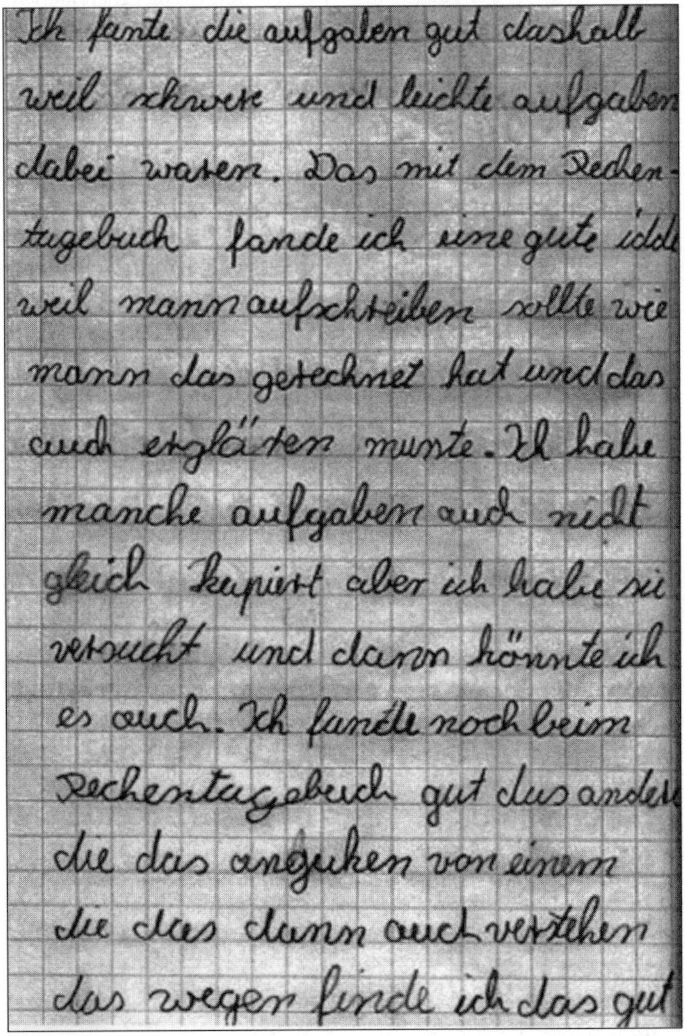

Abb. 14: Schülerreflexion über Rechentagebücher (Piepenbreier 2008)

> Ich fante die aufgaben gut dashalb weil schwere und leichte aufgaben dabei waren. Das mit dem Rechentagebuch fande ich eine gute idee weil mann aufschreiben sollte wie mann das gerechnet hat und das auch erglären munte. Ich habe manche aufgaben auch nicht gleich kapiert aber ich habe sie versucht und dann könnte ich es auch. Ich fande noch beim Rechentagebuch gut das andere die das anguken von einem die das dann auch verstehen das wegen finde ich das gut

Für den Primarbereich bieten folgende Themen Anregung zum Anlegen eines Rechentagebuchs:

Zahlenraum bis 20

Entdecken von Zahlen: Wo findest du Zahlen?
Welche Zahlen sind für dich wichtig?
Zeichne dich als „Zahlenmännchen".

Simultanerfassung und Zählstrategien: Beschreibe, wie du Perlen/Kreise/Bonbons zählst.

Zahlen auf allen Abstraktionsebenen darstellen: Lege und zeichne und beschreibe die Zahlen:
3, 0, 9, 19, 11, 1, 20

Orientierung im Zahlenraum: Wie finden die Kinder/Personen im Zirkus/Kino den richtigen Platz?

Gleichwertigkeit von Termen erfassen/Zahlen zerlegen: Mit Hilfe von Alltagssituationen bzw. bildlichen Situationen die Frage klären: Wer hat mehr? Haben beide gleich viele? Warum? Erzähle eine Rechengeschichte dazu.

Zahlenraum bis 100

Entdecken der Zahlen: Kennst du die Zahlen bis 100? Wo findest du diese Zahlen? Welche Zahlen sind groß/klein?

Strukturierungen (Bündelungen) als Hilfe zu Anzahlbestimmung bei großen Mengen verstehen:
Wie kannst du solche Mengen leicht zählen?
Warum sind die Plätze im Kino/Zirkus so nummeriert?
(Bündelungen von Kaubonbon/Kaugummi, Eiern, Getränkekisten, Treppen aus Pappstreifen u. ä. nutzen)

Sich im Zahlenraum orientieren: Wie stellst du dir die Zahlen bis 100 vor? Zeichne auf.
Wie findest du die Zahlen
 a. auf dem Zahlenstrahl?
 b. auf dem Hunderterblatt?

Gleichwertigkeiten (koppeln mit dem Thema Größen):
Wer hat mehr/weniger? Begründe.
Was ist länger/kürzer? Begründe.
Erzähle eine Rechengeschichte dazu!

Grundrechenarten

Wo findest du „+" und „–" zu Hause, in der Schule?
Zeichne Bilder, erzähle Geschichten zu „+" und „–".
Was ist „gleich"?

Exkurs I: Dyskalkulie, Rechenschwäche oder Schwierigkeiten beim Rechnenlernen

Die Problematik leistungsschwacher bzw. versagender Kinder im Fach Mathematik ist hinlänglich bekannt. Zahlreiche Lehrkräfte und ebenso viele Eltern kennen mehr oder weniger starke Leistungsabfälle und -ausfälle in diesem Unterrichtsfach, die sich allgemein beschreiben lassen als fehlerhaftes bzw. fehlendes Verständnis für Mathematik, ihren Aufbau und ihre Operationen. Aussagen von Eltern wie: „Die Lösungen der Mathematikaufgaben sind fast immer falsch"; „Unser Kind macht kaum etwas richtig, braucht lange, träumt, übt nicht genug. Wenn es wollte, dann könnte es ..."; „Mein Kind wird aggressiv, wenn ich es an seine Rechenhausaufgabe erinnere; es wirft seine Rechenhefte und -bücher voller Wut in die Ecke ..."; „Vor jeder Arbeit hat meine Tochter Bauchweh oder Kopfschmerzen, öfters hat sie sogar erbrochen und konnte dann nicht in die Schule gehen", umschreiben nur all zu deutlich den Leistungs- und Leidensdruck, dem betroffene Eltern und Schüler gleichermaßen ausgesetzt sind (Krüll 1994, 12).

Das Phänomen Dyskalkulie ist nicht neu und beschreibt zunächst nur die Beobachtung, dass es Kinder gibt, die im Mathematikunterricht nicht die erwarteten schulischen Leistungen zeigen.

Dieses Phänomen hat sehr viele verschiedene Bezeichnungen, so beispielsweise mathematische Lehr- und Lernstörungen, Rechenschwäche, Rechenstörung. In älterer Literatur finden sich auch Begriffe wie: Akalkulie, Alexie für Zahlen, Anarithmastenie, Anarithmetrie, Dysmathematica, Gerstmann-Syndrom, Kalkulastenie, Lernstörungen im arithmetischen Verstehen, Parakalkulie, Pseudo-Akalkulie, Pseudo-Oligokalkulie, Zahlen-Aphasie, Zahlendyslexie, Zahlendyssymbolismus.

Der allgemeine Tatbestand dieses Phänomens ist ein dauerhaftes Leistungsversagen im Unterrichtsfach Mathematik. Die Kinder bewältigen die in der Schule geforderten Leistungen nicht angemessen. Sie bekommen schlechte Noten, können auch von zusätzlichen Hilfsangeboten nicht profitieren und verweigern sich letztlich häufig bei allem, was mit Zahlen und Rechnen zu tun hat (Krüll 1994).

Da der Begriff für dieses Phänomen an sich schon sehr unklar ist, lässt sich auch der Anteil betroffener Schüler nicht genau ermitteln. Je nach Schätzungen bzw. Untersuchungen wird von 5–20 % der Schüler ausgegangen. Wehrmann (2003) beziffert diese im Grundschulbereich auf 5–8 % der Kinder. Diagnosen aus medizinischen Grundlagenforschungen gehen davon aus, dass 6 % der Grundschüler davon betroffen sind (v. Aster 2005). Jacobs und Petermann geben nach der WHO-Definition zu Rechenstörungen die Zahl der Betroffenen mit rund 5 % an (Jacobs & Petermann 2003, 197).

Schulstudien wie PISA und IGLU erfassen diese Problematik eher auf einer pädagogisch-didaktischen Ebene. Hier werden die Mathematikleistungen durch fünf Stufen mathematischer Kompetenz erfasst. Die beiden untersten Stufen I („rudimentäres schulisches Anfangswissen") und II („Grundfertigkeiten zum Zehnersystem, zur ebenen Geometrie und zu Größenvergleichen") markieren eine Risikogruppe, deren Leistungen in diesem Bereich vermutlich nicht den erforderlichen Kenntnissen zum Besuch einer weiterführenden Schule entsprechen. Diese Risikogruppe umfasst knapp 20 % der Grundschüler, d. h. ¹/₅ der Grundschüler beendet die Grundschule mit zum Teil erheblichen Defiziten (Bos et al. 2003, 223). Diese „Risikogruppe" ist auch im Sekundarbereich nicht kleiner. In der PISA-Studie 2003 machten die Schüler auf diesen Kompetenzstufen immer noch 21,6 % aus (PISA-Konsortium 2003, 73).

Zu beobachten ist außerdem, dass in lerntherapeutischen Einrichtungen die Zahl der Kinder, die Schwierigkeiten im Mathematikunterricht haben, kontinuierlich zunimmt.

Diese Ergebnisse stehen im eklatanten Widerspruch zu den Beobachtungen und Erfahrungen aus dem Vorschulalter, in dem Kinder scheinbar mühelos und ohne didaktische Anregungen lernen zu zählen und zu rechnen, Mengen herzustellen, diese zu vergleichen, Veränderungen in Bezug auf Längen, Flächen, Volumen und Zeit zu erfassen und zu beschreiben.

Die Problematik einer Dyskalkulie erscheint in diesem Zusammenhang eher als ein Problem des Übergangs von der intuitiven zur kulturellen, schulischen (Stern 2005) bzw. von der informellen zur schulischen Mathematik (Wember 1996).

Folgende Phänomene werden häufig als Dyskalkulie gedeutet:

- *Verhaltensprobleme* in der Schule und besonders in Mathematik (Angst vor der Schule, dem Fach, den Klassenarbeiten, der Lehrkraft; Misserfolge trotz häuslichen Übens; hoher Zeitaufwand bei Hausaufgaben im Vergleich zu den Mitschülern und den anderen Unterrichtsfächern; Eindruck totaler Vergesslichkeit von bereits Gelerntem; völliges Unverständnis für die Aufgabenstellung; ärgerliche bis abweisende Reaktionen auf Hilfestellungen; bei Begründung von Antworten Bezug zu Autoritätspersonen: „Die Lehrerin/die Mutter ... hat gesagt")
- *Orientierungs- und Sprachprobleme* (Lageprobleme, Vertauschen von Einern und Zehnern, Vertauschen ähnlicher Ziffern wie 9 und 6; Sprachproblem aufgrund von Dialekt oder anderen Muttersprachen)
- *Probleme im Umgang mit Zahlen und im Rechnen* (meist zählendes Rechnen; Auswendiglernen als Kompensationsstrategie, ineffektive Rechentechniken, z. B. Aufgaben wie 15 + 8 werden schriftlich gerechnet; Vertauschen der Rechenarten; keine adäquate Analyse der Sach- bzw. Textaufgaben; Bedeutung der Rechenzeichen unklar; Probleme im Stellenwertsystem; fehlerhafter Umgang mit der Null; fehlendes bzw. einseitiges Zahl- und Operationsverständnis; Schwierigkeiten im Wechsel der Abstraktionsebenen)

Im Folgenden werden knapp die bisherigen Erklärungsmodelle für dieses Phänomen beschrieben. Weitere detaillierte Ausführungen finden sich bei Moser Opitz (2007b), Jacobs & Petermann (2007), Hasselhorn, Marx & Schneider (2005), v. Aster & Lorenz (2005), Kaufmann (2003), Fritz, Schmidt & Ricken (2003).

Den Argumentationen der jeweiligen Erklärungsmodelle werden aktuelle themenrelevante Forschungsbefunde zur Prüfung ihrer Gültigkeit gegenübergestellt.

Die hier beschriebenen Erklärungsmodelle folgen im Wesentlichen ihrer Erscheinungschronologie. Jedoch finden sich ihre Argumentationsmuster sowohl in ihrer ursprünglichen Form, aber auch in kombinierten bzw. modifizierten Varianten durchaus in der heutigen Diskussion immer wieder.

Dyskalkulie als Begabungsdefizit

Dieses Erklärungsmodell thematisiert den Zusammenhang zwischen genetischer Anlage und umweltbedingter Einflüsse auf das Lern- und Leistungsverhalten eines Kindes.

Gerade vor der kognitiven Wende und den Einflüssen der Gesellschaftstheorien in der Pädagogik in den 1970er Jahren ging man von einem eher statischen Begabungsbegriff aus, d.h. all unsere individuellen kognitiven Leistungsmöglichkeiten und Fähigkeiten seien genetisch bedingt und lassen sich nur schwer beeinflussen. Die Mathematikleistungen sind im Wesentlichen abhängig von genetischen Dispositionen und somit vorgeprägt. Der Einfluss pädagogischer Maßnahmen ist gegenüber dieser genetischen Prägung vergleichsweise gering. Gute Mathematikleistungen basieren weitgehend auf einer „mathematischen Begabung".

Eine erste Revision dieses Grundverständnisses war ab Beginn der 1970er Jahre zu beobachten. Die Ergebnisse aus der Begabungsforschung, psychologischer Forschungen in pädagogischen Kontexten (Konzentration, Aufmerksamkeit, Intelligenz, Wahrnehmung, Gedächtnis u.a.), die Entwicklung der Gesamtschulbewegung sowie Untersuchungen zum Zusammenhang von Lernbehinderung und sozialer Herkunft ließen kritische Gedanken an dieser statischen, personenbezogenen und monokausalen Sichtweise aufkommen.

Der Zusammenhang zwischen genetischer Anlage und Umwelt lässt sich auch heute nur schwer einschätzen, zumal es an einem allgemeinverbindlichen Kriterium fehlt, an dem dieser Einfluss gemessen wird. Der Einfluss beider Faktoren ist eben nicht additiv, sondern interaktiv zu sehen. Schon umweltbedingte Einflüsse in der frühen Kindheit, z.B. die Möglichkeiten, sich mit Schrift, Symbolen, Mengen auseinanderzusetzen, Raumerfahrungen zu machen, zeigen positive Wirkungen. Weinert & Helmke (1997) fassen diese wechselseitigen Einflüsse von Umwelt und Begabung wie folgt zusammen: Individuelle Persönlichkeitsmerkmale sind eher genetisch bedingt, im Gegensatz dazu jedoch kognitive Unterschiede nicht. Besonders bei schulischen Leistungen ist die Bedeutung genetischer Anlagefaktoren geringer und die der Umwelt erheblich größer. Schulische Leistungsunterschiede beruhen weniger auf Begabung und Intelligenz, sondern sind eher auf das fachspezifische Vorwissen und didaktische Effekte zurückzuführen.

Weinert geht davon aus, „dass etwa 50% der geistigen Unterschiede zwischen Menschen genetisch determiniert sind, ungefähr ein Viertel durch die kollektive Umwelt und ein weiteres Viertel durch die individuelle, zum Teil selbstgeschaffene Umwelt erklärbar sind" (Weinert 2000, 367).

Diese Befunde widerlegen die auch heute noch weit verbreitete Auffassung, dass es ein genetisch bedingtes Korrelat zur eigenen Leistungsfähigkeit in Mathematik gibt, ohne dass ein schulischer Erfolg nicht bzw. nur unter größten Mühen möglich ist.

Dyskalkulie als Teilleistungsstörung

In diesem Erklärungsmodell – besonders verbreitet in der Sonderpädagogik in den 1970er und 1980er Jahren – werden Erfolge bzw. Misserfolge im Mathematikunterricht mit einem gestörten Zusammenspiel unterschiedlichster individueller Teilleistungen wie Konzentration, Gedächtnisleistungen sowie grob- und feinmotorischer Fähigkeiten begründet.

Mathematisches Lernen setzt sich aus einer Reihe basaler Funktionen wie Motorik, räumliche Orientierungsfähigkeit, auditive und visuelle Wahrnehmung, Wahrnehmungsgeschwindigkeit, Gedächtnis usw. zusammen. Störungen in diesen Bereichen führen mehr oder weniger zwangsläufig zu Störungen im Mathematiklernen.

Weite Verbreitung fand das Modell von Ayres (1984; 1992; 2002) zur sensorischen Integration. Sensorische Integration meint die Koordination, das Zusammenspiel unterschiedlicher Sinnesqualitäten und -systeme. Sensorische Integrationsstörungen sind Störungen im Zusammenspiel dieser Sinnesmodalitäten und rufen verschiedenste Störungsbilder hervor wie Dyspraxien, Störung des vestibulären Systems, Störung der visuellen Wahrnehmung, Hör- und Sprachprobleme, Störung der Verarbeitung von Sinnesreizen (Autismus) usw. Wesentlich in diesem Konzept war das Modell des Körperschemas. Kinder mit sensorisch-integrativen Einschränkungen spüren demnach nicht, wo sie sich im Raum befinden und können sich auch zu anderen Personen, Objekten nur schlecht in Beziehung bringen. Dies hat u. a. Auswirkungen auf die Entwicklung von Raum-Lage-Begriffen und damit auf das Erlernen mathematischer Sachverhalte (Ayres 1986; 1992).

Milz (1995), Brunsting (1990), Barth (2003) u. a. thematisieren in diesem Zusammenhang vor allem das Konzept der räumlich-visuellen Wahrnehmung und beschreiben entsprechende Wahrnehmungsstörungen als Ursache für Dyskalkulie. Die entsprechenden Therapieprogramme konzentrierten sich auf die Förderung solcher Grundfunktionen.

Langzeitstudien jedoch zeigten, dass die Effekte dieser Therapieformen lediglich unspezifische Wirkungen haben. Übungen zur Körperwahrnehmung, zum Gleichgewichtssinn, Raumorientierung usw. zeigen Effekte genau in diesen Bereichen, führen aber nicht zur erhofften Lern- und Leistungssteigerung in Mathematik (Walter 2002). All diese Fähigkeiten sind notwendige, aber nicht hinreichende Bedingungen für erfolgreiches Mathematiklernen. Ebenso wie wir Radfahren, laufen o. ä. erst durch diese Tätigkeiten lernen, lernen wir Mathematik auch erst durch Mathematik selbst.

Zu diesen Teilleistungsstörungen im Sinne einer Diskrepanzdefinition zählt auch die Definition von Dyskalkulie nach der WHO (Weltgesundheitsorganisation). Hier zählt die Rechenstörung – der Begriff der Dyskalkulie taucht im Vokabular der

WHO nicht auf – neben zehn anderen diagnostischen Kategorien zu den Entwicklungsstörungen (1. des Sprechens und der Sprache und 2. schulischer Fertigkeiten):
Zu den umschriebenen Entwicklungsstörungen schulischer Fertigkeiten im Sinne der WHO bzw. ICD-10 zählen:

- Lese- und Rechtschreibstörung
- Isolierte Rechtschreibstörung
- Rechenstörungen
- Kombinierte Störung schulischer Fertigkeiten
- Sonstige Störungen schulischer Fertigkeiten
- Nicht näher bezeichnete Entwicklungsstörungen schulischer Fertigkeiten

„Diese Störung beinhaltet eine umschriebene Beeinträchtigung von Rechenfertigkeiten, die nicht allein durch eine allgemeine Intelligenzminderung oder eine eindeutig unangemessene Beschulung erklärbar ist. Das Defizit betrifft die Beherrschung grundlegender Rechenfertigkeiten wie Addition, Subtraktion, Multiplikation und Division, weniger die höheren mathematischen Fertigkeiten, die für Algebra, Trigonometrie, Differential- sowie Integralrechnung benötigt werden" (Dilling & Freiberger 2001).

Diagnostische Leitlinie der WHO

„Die Rechenleistung des Kindes muss eindeutig unterhalb des Niveaus liegen, welches aufgrund des Alters, der allgemeinen Intelligenz und der Schulklasse zu erwarten ist. Dies wird am besten auf der Grundlage eines standardisierten Einzeltests für Rechenfähigkeiten beurteilt. Die Lese- und Rechtschreibfähigkeiten des Kindes müssen im Normbereich liegen, nach Möglichkeit beurteilt auf der Grundlage einzeln angewendeter, angemessen standardisierter Testverfahren. Die Rechenschwierigkeiten dürfen nicht wesentlich auf unangemessene Unterrichtung oder direkt auf Defizite im Sehen, Hören oder in neurologischen Störungen zurückzuführen seien. Ebenso dürfen sie nicht als Folge irgendeiner neurologischen, psychiatrischen oder anderen Krankheit erworben worden sein" (Dilling & Freiberger 2001).

Nach dieser Definition wird von einer Prävalenz von 4,4–6,7 % ausgegangen (Jacobs & Petermann 2003, 197).

Die Rechenstörungen sind nach dieser Definition Teilleistungsstörungen bei durchschnittlicher Intelligenz und müssen das Diskrepanzkriterium von 1,5 Standardabweichungen erfüllen. D. h. die betroffenen Schüler besuchen die Regelschule und zeigen erhebliche Leistungsausfälle ausschließlich im Mathematikunterricht. In den anderen Unterrichtsfächern zeigen sich keine Auffälligkeiten. Ist diese Standardabweichung kleiner als 1,5, wird eher von einer Rechenschwäche gesprochen.

Folgende Kriterien müssen erfüllt sein, um von einer Rechenstörung sprechen zu können:

- Die schulische Fertigkeit wird mit „mangelhaft" oder „nicht genügend" bewertet,

- beim standardisierten Rechentest wird ein Prozentrang von etwa 10 und weniger erreicht,
- der Intelligenzquotient fällt nicht kleiner als 70 aus,
- zwischen Rechentestergebnis und Intelligenzquotient besteht eine Differenz von mindestens 1,5 Standardabweichungen oder alternativ wird eine Diskrepanz von 12 T-Wertpunkten überschritten und
- die schulische Leistungsstörung tritt noch vor dem Erreichen der 6. Klasse auf (Jacobs & Petermann 2007, 27; Esser & Wyschkon 2002).

Über den Ausschluss möglicher Verursachungen wie beispielsweise unangemessene Beschulung, Sinnesbeeinträchtigungen o. ä. werden hier eindeutig Normen festgelegt, durch die sich eine eindeutige Rechenstörung erfassen lässt. Die Abweichung von zwei grundsätzlichen Normen ist entscheidend für die Diagnose einer Rechenstörung: die Altersnorm und damit eingeschlossen die curriculare bzw. Schulklassennorm sowie die Intelligenznorm. Beide Normen sind in ihrer Aussagekraft kritisch zu beleuchten.

Die Kritik an der Orientierung der nur schwer fassbaren Größe „Intelligenz" sei hier nur kurz wiederholt. Einerseits ist diese angenommene Diskrepanz zwischen Intelligenz und dem Lern- und Leistungsstand in Mathematik nicht eindeutig nachgewiesen; andererseits ist durch die PISA-Debatte deutlich geworden, dass gerade in deutschen Schulen Intelligenz nicht die entscheidende Größe für einen möglichen Schulerfolg ist.

Die Rechenstörung wird laut WHO wie folgt näher charakterisiert: „Die Rechenschwierigkeiten, die auftreten, sind verschiedenartig. Es kommen vor:

- ein Unvermögen, die den Rechenoperationen zugrunde liegenden Konzepte zu verstehen;
- ein Mangel im Verständnis mathematischer Ausdrücke und Zeichen;
- ein Nichtwiedererkennen numerischer Symbole;
- eine Schwierigkeit, unsere Standardrechenschritte auszuführen;
- eine Schwierigkeit im Verständnis, welche Zahlen für das in Betracht kommende arithmetische Problem relevant sind;
- Schwierigkeiten, Zahlen in die richtige Reihenfolge zu bringen oder Dezimalstellen oder Symbole während des Rechenvorganges einzusetzen;
- mangelnder räumlicher Aufbau von Berechnungen;
- eine Unfähigkeit, das Einmaleins befriedigend zu lernen" (Dilling & Freiberger 2001).

Allein an dieser Aufzählung wird deutlich, dass sich die WHO an einem schulisch gebundenen mathematischen Verständnis orientiert. Das Verständnis für Rechenoperationen erwerben, Standardrechenschritte auszuführen oder das Einmaleins zu lernen, all dies sind genuin Aufgaben des Mathematikunterrichts innerhalb der Schule. D. h. die hier benannten Schwierigkeiten, die eine Dyskalkulie kennzeichnen, sind schulbezogene Fertigkeiten und Kenntnisse, für deren Vermittlung sich die Schule verantwortlich zeichnet.

Jegliche auf Diskrepanztheorien basierende Definitionen bergen *Nachteile* in sich (vgl. Moser Opitz, 2007b). Sie sind u. a. deshalb pädagogisch fragwürdig, weil Kinder, die auf Diskrepanzen basierende Diagnosen nicht erfüllen, zwangsläufig von jeglichen Fördermaßnahmen ausgeschlossen werden. Eine Prävention von Rechenstörungen ist damit nicht möglich. Zudem liegt diesen Annahmen eine deutlich defizitorientierte Sichtweise zugrunde. Es wird ein relativ stabiler, manifester Mangel diagnostiziert, der als nahezu unüberwindbar gilt.

Des Weiteren ist die Qualität der hierfür notwendigen Testverfahren bezüglich des zugrunde gelegten Mathematikverständnisses kritisch zu hinterfragen. Ein Großteil der derzeit zur Verfügung stehenden standardisierten und normierten Verfahren sind ergebnisorientiert, d. h. sie analysieren das Wissen und die Fertigkeiten überwiegend auf formal abstrakter Ebene. Sie vernachlässigen den Konstruktionsprozess dieser Ergebnisse seitens der Schüler und berücksichtigen nicht die individuellen Lern- und Leistungsvoraussetzungen.

Kompetenzorientierte Verfahren, d. h. Verfahren, die die potenziell verfügbaren Fähigkeiten, Fertigkeiten auch in alltagsrelevanten Situationen abprüfen, liegen derzeit nur vereinzelt vor.

Selbst in klinisch-psychologischen Kontexten wird darauf hingewiesen, dass es spätestens bei der „Übungsbehandlung", d. h. bei der eigentlichen Förderung, unabdingbar ist, das Kenntnis- und Fertigkeitsniveau des Schülers im Rechnen festzustellen: „Ziel der Analyse der Rechenfertigkeiten ist es, Aufschluss über den Wissensstand (welche der unterrichteten Rechenregeln und Rechenaufgaben werden beherrscht bzw. nicht beherrscht), die Art der Rechenfehler und Rechenstrategien zu gewinnen" (Hemminger 2000, 199). Darüber hinaus wird auch hier darauf hingewiesen, dass eine eindeutige Ursachenermittlung bei der von der WHO definierten Störung schulischer Fertigkeiten als umschriebene Entwicklungsstörung kaum möglich ist: „Grundsätzlich kann praktisch jede psychische Störung über emotionale, motivationale oder kognitive Veränderung zu Lern- und Leistungsstörungen führen und damit Lesen, Rechtschreibung und Rechenleistungen eines Kindes beeinträchtigen" (Hemminger 2000, 200).

Gleichzeitig darf an dieser Stelle nicht unerwähnt bleiben, dass Erkenntnisse über Dyskalkulie in neuropsychologischen Arbeitsfeldern „häufig an Erwachsenen mit Schädelhirnschädigungen gewonnen" werden (Jacobs & Petermann 2003, 198). D. h. die so gewonnenen Ergebnisse erhellen in diesen Arbeitsbereichen wesentliche grundsätzliche Fragen. Für eine schulisch orientierte, didaktisch-methodische Herangehensweise sind diese Erkenntnisse nur von begrenztem Aussagewert. Wesentliche Komponenten, die einen erfolgreichen Erwerb mathematischer Kompetenzen beschreiben, können in dieser Untersuchungsform nicht erfasst und berücksichtigt werden (vgl. Kapitel 2). So lautet auch ein wesentliches Fazit neuropsychologischer Herangehensweise bezüglich einer Ursachenforschung inklusive möglicher Therapien: „Für die Therapie ist es sinnvoll, die Rechenstörung als multikausal verursacht bzw. beeinflusst zu betrachten" (ebd., 205). In deren multikausalem Erklärungsmodell wird zwischen Ursachen und ungünstigen Einflüssen unterschieden, deren Wechselwirkungen jedoch schwer zu fassen sind. Zu den möglichen Ursachen zählen:

- Genetische Prädispositionen
- Hirnreifestörungen
- Psychologische Faktoren wie Sprache, exekutive Funktionen, Gedächtnis, räumliche Konstruktionen, Wahrnehmung, Sensomotorik
- Psychosoziale Faktoren
- Didaktische Faktoren

In Kombination mit ungünstigen Einflüssen wie

- Lehrer-Schüler-Interaktion,
- Eltern-Kind-Interaktion,
- Erfahrungen mit Gleichaltrigen,
- psychische Störungen des Kindes

lässt sich Dyskalkulie erklären (ebd., 204).

Dyskalkulie als neurophysiologisches, medizinisches Phänomen

Diese besonders in den 1980er und 1990er Jahren weit verbreitete Annahme sieht die Ursachen für dieses Leistungsdefizit im medizinischen, speziell im neurologischen, neuropsychologischen Bereich.

Kognitive Leistungen und hier speziell Rechenleistungen lassen sich über die Funktionsweise des Gehirns, ebenso wie sich Leistungsausfälle über Störungen in diesen hirnorganischen Funktionen erklären. Da diese Zusammenhänge sich äußerst selten auf wirklich nachweisbare Hirnverletzungen zurückführen ließen, wurde der Terminus „minimale cerebrale Dysfunktion" (mcd) eingeführt.

Generell verbindet sich damit die Vorstellung einer verzögerten bzw. gestörten Entwicklung in verschiedenen neurobiologischen Bereichen und in den schulischen Fertigkeiten, meist gekoppelt mit Verhaltensbesonderheiten, wie zum Beispiel Langsamkeit, Reizüberempfindlichkeit, Impulsivität, Distanzstörung, u. a. In der Diagnose werden einzelne Besonderheiten aus mehreren Merkmalsgruppen (Risiken in früher Kindheit, Anomalitäten der psychomotorischen Entwicklung, neurologische und neurophysiologische Defizite, spezifische Teilleistungsschwächen, besondere Verhaltensweisen) additiv aneinander gereiht, ohne deren Wechselwirkungen bzw. einzelne Gewichtungen zu berücksichtigen (Schmidt 1991).

Diese Merkmale wurden durch Angaben über pathologische Vorkommnisse während der Schwangerschaft, der Geburt und der postnatalen Entwicklungen, gelegentlich auch durch detaillierte neurologische Befunde und Besonderheiten im EEG untermauert. All diese Befunde wurden als spezifisch für Schulschwierigkeiten (hier im Bereich Mathematik) gehalten, d. h. diese Symptome seien regelhaft im Sinne eines Syndroms damit verbunden.

Der Terminus wurde sehr schnell populär und zu einem Sammelbegriff für Störungen, Auffälligkeiten aller Art, ohne deren Ursachen genauer erfassen zu können. Störungen der Wahrnehmung, der Sprache, des Gedächtnisses, der Informationsverarbeitung, Problemlösung, des allgemeinen Verhaltens und eben auch der mathematischen Leistungsfähigkeit verstanden sich als individuelles Leistungsdefizit auf vermutlich existierenden, aber nicht nachgewiesener hirnorganischer Basis.

Die daraus abgeleiteten Therapieprogramme ähneln denen innerhalb des Modells der Teilleistungsschwäche. Die Schüler sollten über das isolierte Training der jeweils gestörten Teilleistungsbereiche ihre Mathematikleistungen verbessern. Ebenso wie im Konzept der Teilleistungsstörungen lassen sich die Effekte in diesen Interventions- und Trainingsprogrammen lediglich als mathematikunspezifische Förderungen charakterisieren. Ein Lernzuwachs lässt sich lediglich in den speziell geförderten Bereichen wie Konzentration, Impulsivität, auch Lern- und Strategieverhalten feststellen, aber nicht speziell im Bereich Mathematik.

Grundsätzlich geht diese Sichtweise davon aus, dass Rechenleistungen sich tatsächlich im Gehirn, im Zentralnervensystem verorten lassen. Zum gegenwärtigen Zeitpunkt aber müssen wir davon ausgehen, dass eine Lokalisierung eines „Rechenzentrums" im Gehirn nicht nachweisbar ist. Die langjährigen Forschungen im medizinischen und (neuro-)psychiatrischen Bereich konstatieren derzeit folgenden Wissensstand: „Morphologisch nachgewiesene zerebrale Defizite führen nicht zwangsläufig zu Dyskalkulie, auch wenn hierfür Einzelbeispiele existieren. Rechenstörungen sind zumeist eingebettet im psychosozialen und schulischen Umfeld zu finden" (Neumärker & Bzufka 2005, 82).

Zusammenhang mit Intelligenz

Immer wieder wird im Kontext mit Rechenstörungen bzw. -schwierigkeiten der Faktor Intelligenz diskutiert. Wie schon erwähnt, ist der Einfluss der Intelligenz nicht als entscheidend für Mathematikleistungen zu betrachten. Untersuchungen wie Scholastik und Logik (vgl. Stern 2005) erbrachten folgende Zusammenhänge zwischen Intelligenz und Mathematikleistungen. Während zwischen dem Lösen mathematischer Aufgaben in der 2. und in der 11. Klasse hohe Korrelationen bestehen, lassen sich hingegen keine Wechselbeziehungen zwischen der Intelligenz in der 2. Klasse und den Mathematikleistungen der 11. Klasse nachweisen (Stern 2005, 47). Damit wird nicht grundsätzlich die Bedeutung von Intelligenz negiert, sondern lediglich relativiert: „Der Einfluss der Intelligenz zeigt sich vorwiegend in der konfudierten Varianz. Diese sagt aus, dass sich Kinder mit einer höheren Intelligenz auf Dauer mehr mathematisches Wissen aneignen und deshalb bessere Leistungen erbringen können" (Stern 2005, 47).

Bezüglich der vieldiskutierten Größe „Intelligenz" sei hier noch einmal angemerkt, dass Leistungsverbesserungen aufgrund von Intelligenz deutlich geringer sind als die, die auf mathematisches Vorwissen zurückzuführen sind. „Defizite in der Intelligenz können durch Vorwissen offensichtlich kompensiert werden, Defizite im mathematischen Vorwissen hingegen nicht" (Stern 2005, 47). Hohe Intelligenz ist nur von Vorteil, wenn sie zuvor in bereichsspezifisches Wissen umgesetzt wurde. Mangelnde Intelligenz kann durch Wissen kompensiert werden, während sich fehlendes Wissen nicht durch hohe Intelligenz ausgleichen lässt (ebd., 45).

Die aktuellen bildungspolitischen Diskussionen nach den vergleichenden Bildungsstudien PISA und IGLU mahnen immer wieder den besonders in Deutschland engen Zusammenhang zwischen dem Schulerfolg und der sozialen, sozio-ökonomischen und -kulturellen Herkunft an. Gerade der Faktor soziale Herkunft ist in Deutschland die entscheidende Größe für einen erfolgreichen Schulbesuch. Diese Form von Bildungsbenachteiligung verstärkt sich noch, wenn der Faktor Migration hinzugezogen wird. Besonders Jugendliche mit einem Migrationshintergrund sind von einer niedrigen sozio-ökonomischen Lage betroffen und haben von daher deutlich weniger Chancen, eine höhere Schulform zu besuchen (PISA-Konsortium 2003, 267).

Psychogene Leistungsstörungen im Bereich Mathematik

Wenngleich dieser Erklärungsansatz nicht den Anspruch erhebt, Dyskalkulie eindeutig zu definieren, sollen diese Überlegungen hier dennoch thematisiert werden, da sie im Schulalltag sicher immer wieder zu beobachten sind.

Psychogene Lern- und Leistungsstörungen äußern sich zunächst in einer gestörten Lern- und Leistungsmotivation, in Lernhemmungen und ziehen häufig einen schulischen Leistungsabfall nach sich. Gelegentlich sind diese Störungen eingebettet in intrapsychischen Krisen wie Anpassungsstörungen, Schulangst, Schulphobie, Entwicklungskrisen der Adoleszenz. Bei Kindern mit Rechenstörungen treten sowohl Ängste, Depressionen als auch aggressives Verhalten gehäuft auf (Jacobs & Petermann 2005, 14). Jedoch kann daraus nicht geschlossen werden, dass eine allgemein höhere Ängstlichkeit zwingend eine Leistungsminderung in Mathematik nach sich zieht. Unbedingt zu berücksichtigen sind in diesen Fällen neben den personenbezogenen Faktoren mögliche Probleme der familiären Interaktions- und Erziehungsmuster. Extreme Formen des elterlichen Verhaltens wie mangelnde Zuwendung und Vernachlässigung/Deprivation oder auch übermäßige Behütung, übermäßige Betonung der Leistung sowie Störung der intrafamiliären Kommunikation und Identifikation können diese Lern- und Leistungsstörungen verursachen. Auch Störungen in der Einstellung gegenüber Erziehung und Schule wie mangelndes Interesse oder Distanz und Widerstand gegenüber Lehrern sind zu berücksichtigen (Steinhausen 2001).

Diskontinuitäten in der Lebensgeschichte, Geschwisterrivalitäten, häufiger Schul- und Lehrerwechsel, aber auch mangelndes Vertrauen zur Lehrkraft werden in diesem Kontext als Auslöser für Rechenschwierigkeiten diskutiert. Ausfälle in Rechenleistungen können durchaus an symbolische Bedeutungen geknüpft sein, z. B. durch negative/fehlende Erfahrungen im Teilen bei bzw. mit Geschwisterkindern. Reiser plädiert dafür, dass bei derartigen Lernschwierigkeiten in Mathematik „die Möglichkeit einer psychodynamischen Verursachung" unbedingt berücksichtigt wird (1990, 318).

Vor dem Hintergrund psychoanalytischer Theoriemodelle können u. a. Diskrepanzen zwischen innerer und äußerer Realität erklärt werden: „Die Entwicklung der Fähigkeit, der eigenen Logik der Zahlen zu folgen, und der Fähigkeit, mit ihnen die äußere Realität zu ordnen, hängt offensichtlich davon ab, dass das Kind sich als ein selbstständiges wachsendes Subjekt vorstellen kann, und die äußere Realität als schützend und zu eigenen Erkundungen herausfordernd erfährt" (ebd.). Gerade der Bereich Mathematik mit seiner scheinbar statischen, von außen vorgegebenen Struktur scheint prädestiniert dafür, dass sich Lern- und Leistungsprobleme in dieser Situation besonders deutlich zeigen, Überforderungen und Abwehrhaltungen signalisiert werden können. Bei derartigen Ausweich-, Abwehrhaltungen einzelner Schüler handelt es sich jedoch „nicht um pathologische Extremformen psychischer Reaktionen" (Reiser 1990), sondern vielmehr um allgemeine Konstellationen innerhalb psychodynamischer Prozesse. Sorgfältig ausgewählte und von professionellen Fachvertretern durchgeführte verhaltenstherapeutische Diagnosemaßnahmen vermögen diese Situationen zu analysieren und (nicht nur auf Seiten der Kinder) zu verändern.

Neuere Erklärungsmodelle

Rechenstörungen werden gemessen an den Vorgaben aktueller Rahmenrichtlinien bzw. Schulnormen und dokumentieren eine – meist erhebliche – Diskrepanz zwischen den Lernvoraussetzungen bzw. -möglichkeiten des einzelnen Schülers und den Erwartungen seitens der Schule. Sie vernachlässigen subjektive Lernvoraussetzungen und gehen von relativ homogenen Lern- und Erkenntnisprozessen bei den Schülern aus.

Diese Überlegungen machen deutlich, dass traditionelle Ansätze dieses weit verbreitete Phänomen nicht exakt definieren und empirisch begründen können. In diesen Erklärungsmodellen liegt der Fokus mehrheitlich auf Problemen in der Aneignungsstruktur des Kindes bezüglich mathematischer Inhalte. Rechenschwäche wird hier als Persönlichkeitsmerkmal, als relativ manifeste, statische Eigenschaft des Betroffenen definiert. Fragen, die die Sachstruktur, also das Wesen mathematischer Aufgaben sowie die Vermittlungsstruktur (die pädagogischen und didaktisch-methodischen Bedingungen) betreffen, spielen hier kaum eine Rolle.

Insgesamt bergen diese Erklärungsmuster Gefahren einer Pathologisierung und sind daher wenig hilfreich für die konkrete Förderung dieser Kinder. Das Konstrukt „Dyskalkulie" erweist sich als empirisch schwer greifbar.

Seit Beginn der 1990er Jahre erweitert sich diese Diskussion um pädagogisch-psychologische Sichtweisen. Hier fließen vor allem Aspekte der kognitiven Leistungsfähigkeit sowie des Einflusses didaktisch-methodischer Faktoren auf die Mathematikleistungen ein (Lorenz & Radatz 1993). Auch Grissemann öffnet sich in seinen Publikationen systemtheoretischen Überlegungen und fordert eine Kooperation psychologischer, pädagogischer und sonderpädagogischer Fachkräfte in der Dyskalkulietherapie (1996).

Wember (1991, 5) macht darauf aufmerksam, dass in der damaligen Diskussion personenzentrierte Sichtweisen dominieren, die die situativen Bedingungen wie beispielsweise die Schule, die Familie u. a. stark vernachlässigen. Favorisiert wird von ihm ein systemischer Dispositionsbegriff, bei dem es in der Diagnose und Förderung darauf ankommt, das wechselseitige Zusammenspiel interagierender Bedingungsfaktoren herauszuarbeiten, um festzustellen, welche Systemkomponenten verbesserungsbedürftig sind, damit die Passung zwischen Schüler und Umwelt optimiert und die Leistungsfähigkeit des Systems gesteigert werden kann (ebd., 12).

Auch neuere Sichtweisen aus medizinischen bzw. psychotherapeutischen Professionen nähern sich einem multikausalen Erklärungsmodell an: „Rechenstörungen können durch genetisch und frühkindlich erworbene Hirnfunktionsstörungen sowie schulische, soziokulturelle und emotionale Faktoren mitverursacht werden" (v. Aster 2005). Schwierigkeiten im Mathematikunterricht sind somit als komplexe, mehrdimensionale Phänomene zu verstehen.

Sind nun aber die Faktoren wie Wahrnehmung, Intelligenz, neuropsychologische, psychogene Aspekte in der Diskussion für das Erkennen und die mögliche Förderung bei Schwierigkeiten im Mathematiklernen generell zu vernachlässigen? Diese Frage muss eindeutig verneint werden: All diese Faktoren sind bei der Analyse der Situation, warum ein Kind im Mathematikunterricht versagt, mit zu berücksichtigen. Jedoch ist die Wertigkeit dieser Faktoren deutlich zu relativieren. Während in den traditionellen Ansätzen diesen Faktoren eindeutige Wirkungen im Sinne von linearen Verursachungsfaktoren zugeschrieben wurden, ist heute davon auszugehen, dass es für Lernschwierigkeiten in Mathematik keine monokausalen Verursachungsmuster gibt.

Diese personenbezogenen Merkmale sind als Risikofaktoren unbedingt zu berücksichtigen, jedoch nicht als lineare Verursachungsfaktoren zu verstehen. D. h. die Faktoren können eine Rolle bei der Entstehung von Rechenstörungen (Rechenschwäche) darstellen, aber deren Existenz führt nicht zwangsläufig zu diesem Problem.

Die Analyse der zahlreichen Publikationen zu diesem Phänomen lässt erkennen, dass die Konsequenzen für die Erkennung, Behebung und Vorbeugung einer Rechenschwäche weitgehend im Rahmen „wohlbekannter Kategorien der Mathematikdidaktik" liegen (Wittmann o. J., Internet). Damit kann sich eine zielgerichtete Förderung mathematischer Sachverhalte nicht ausschließlich auf vermeintlich spezifische Probleme des einzelnen Kindes orientieren, sondern muss zwingend alle Momente der Kommunikationssituation „Mathematikunterricht" mit berücksichtigen.

Untermauert wird dies durch den Charakter der Fehler bei rechenschwachen Kindern. Ähnlich wie im Bereich der LRS lassen sich bei den Kindern keine dyskalkulietypischen Fehler finden. Es gibt demnach keine Fehlertypen, die sich ausschließlich bei diesen Kindern finden lassen. Normal lernende und rechenschwache Kinder machen die gleichen Fehler, besonders bei der Vermittlung neuer Sachverhalte (Hasselhorn & Gold 2006). D. h. Fehler machen gehört zum normalen Lernprozess dazu. „Nicht die Art der Fehler, sondern ihre Häufigkeit und Vielfalt, ihre Persistenz liefern Indizien darüber, ob eine Rechenschwäche vorliegt oder nicht" (Jacobs & Petermann 2007, 3).

In dem Modell zur Diagnose und Förderung von Lernschwierigkeiten in Mathematik sollen neben diesen Aspekten stärker erkenntnistheoretische bzw. Momente der kognitiven Entwicklung des einzelnen Kindes in dem Interaktions- und Kommunikationsfeld Mathematikunterricht berücksichtigt werden (vgl. Kapitel 2).

Systemtheoretische Überlegungen, die ihren Ursprung in biologischen und soziologischen Fragen fanden, leisten demnach einen wesentlichen Beitrag zur Diskussion innerhalb der Mathematikdidaktik (Maaß 1986, 184).

Lernschwierigkeiten und somit auch Schwierigkeiten im Mathematikunterricht sind in erster Linie Kommunikationsdysfunktionen im Interaktionsfeld Schule. Die Probleme einzelner Schüler im Mathematikunterricht lassen sich nicht auf isolierte, ausschließlich dem Schüler innewohnenden Verursachungsfaktoren zurückführen, sondern haben eine komplexe, integrierte Genese.

Dieses Grundverständnis von Kommunikation (als dreistellige Selektion von Information, Mitteilung und Verstehen) hebt die traditionelle Trennung zwischen Didaktik und Diagnostik auf, da jegliche Reaktion auf Äußerungen eines Schüler bereits das Ergebnis einer subjektiven, strukturdeterminierten Beobachtung der Lehrkraft sind. „Aus pädagogischer Sicht müssen nämlich genau jene (nicht beobachtbaren – und damit auch nicht operationalisierbaren) Hypothesen über das Lernen reflektiert werden" und „Lernstörungen müssen als gestörte Beziehungsmuster zwischen Individuen und Umwelt rekonstruiert werden" (Werning 2002, 132).

Die Kategorie „Dyskalkulie" ist somit lediglich als das Ergebnis einer Beobachtung einschließlich seiner Beschreibung und nicht als dem Schüler innewohnende Leistungseigenschaft zu sehen. Die Zuschreibung „Dyskalkulie" erfährt dann ihren Sinn, wenn sie dazu dient, die Situation „Mathematikunterricht" so zu gestalten, dass der Schüler besser lernen kann. Für die hier diskutierte Thematik bedeutet dies, Beobachtung und Anschlusshandlungen stärker in diagnostische und didaktisch-methodische Überlegungen einzubeziehen.

Über das Bewusstsein der Lehrkraft, sowohl Beobachter als auch Beobachteter (vom Schüler) zu sein, ergeben sich zahlreiche diagnostische Aussagen, die wiederum (trotz ihres relativen und subjektiven Charakters) Anlass für didaktisch orientierte Anschlusshandlungen bieten.

Eine aktuelle „Zwischenbilanz" empfiehlt daher einen „terminologischen Wandel von der Dyskalkulie zu Schwächen oder noch besser Schwierigkeiten im Rechnenlernen" (Fritz, Ricken & Schmidt 2003, 453).

„Dyskalkulie" ist der nicht gelungene Umgang mit verschiedenartigen Lösungswegen der Kinder, mit ihren individuellen Fähigkeiten und Fertigkeiten bezüglich mathematischer Sachverhalte. Sie beschreibt eine Diskrepanz zwischen den individuellen Lösungswegen des Kindes und den schulischen, konventionellen Erwartungen (Werner 1999; 2002).

Lernbehinderung und Dyskalkulie

Die Begriffe Lernbehinderung und Dyskalkulie schienen zunächst eindeutig getrennte Störungsbilder zu markieren. Genauere Betrachtungen jedoch ergeben sowohl in der Phänomenologie als auch der Ätiologie mehr Gemeinsamkeiten als zunächst vermutet.

Die WHO erfasst den speziellen Begriff der Lernbehinderung nicht, definiert aber unter F 81.3 (kombinierte Störungen schulischer Funktionen) umfänglich persistierende Lernbeeinträchtigungen. Diese beschreiben Störungen beim Erlernen von Lesen, Schreiben und Rechnen. Lesen, Rechtschreiben und Rechnen sind beeinträchtigt, ohne dass diese Minderleistung durch eine allgemeine Intelligenzminderung oder unangemessene Beschulung erklärbar ist. Die Leistungen in diesem Bereich liegen eindeutig unter dem Niveau, das aufgrund von Alter, Intelligenz und Beschulung zu erwarten ist. Darüber definiert die WHO (unter F 81.9 „nicht näher bezeichnete Entwicklungsstörungen schulischer Fertigkeiten") eine „allgemeine Lernschwäche", die ebenfalls nicht durch Intelligenzminderung und/oder unangemessene Beschulung oder Sehstörungen erklärbar ist (Dilling & Freiberger 2001).

Dyskalkulie fällt nach WHO in die Rubrik „Umschriebene Entwicklungsstörungen schulischer Fertigkeiten" (F 81.2): Eine Rechenstörung „beinhaltet eine umschriebene Beeinträchtigung von Rechenfertigkeiten, die nicht allein durch eine allgemeine Intelligenzminderung oder eine eindeutig unangemessene Beschulung erklärbar ist" (Dilling & Freiberger 2001).

Erinnert sei in diesem Zusammenhang an den Faktor Intelligenz, der laut WHO-Definition als Diskrepanzkriterium entscheidend ist, aber in der Lehr- und Lernforschung als Faktor für erfolgreiche Schulleistungen zunehmend als unwichtig erachtet wird. Gleiches gilt für die Diskussion um die Ursachen beider Phänomene. In beiden Bereichen werden als Ursachen Einflussmomente wie soziale Herkunft, fehlendes Vorwissen, (neuro-)biologische und psychische, aber auch schulische, didaktogene Faktoren benannt. Diese jedoch markieren lediglich Risikofaktoren und sind nicht als eindeutige Ursachen zu verstehen. Untermauert wird diese Unschärfe u.a. mit den Ergebnissen aus der LRS- und Dyskalkulieforschung. Die betroffenen Kinder machen grundsätzlich keine anderen Fehler als Schüler im normalen Lernprozess, d.h. als alle anderen Schüler. Ebenso wie sich keine legasthenietypischen Fehler finden lassen, „produzieren rechenschwache Kinder auch keine besonderen, jedoch besonders viele Fehler" (Hasselhorn & Gold 2006, 187). Dies wiederum ist u.a. ein Merkmal des Lernverhaltens lernbehinderter Schüler. Die Frage, inwieweit sich beide Gruppen überschneiden, ist derzeit kaum untersucht. Gemeinsam ist beiden, dass standardisiert erhobene Schulleistungen als Gradmesser für die jeweigen Phänomene dienen.

Gemeinsam ist auch beiden Gruppen, dass sie von gleichen didaktisch-methodischen Angeboten profitieren (vgl. Kapitel 5 und 6). Diese Angebote lassen sich grob skizzieren als Lehr- und Lernsituationen, in denen die Schüler die Möglichkeit haben, sich angemessen an ihren Lern- und Entwicklungsstand selbstständig mit mathematischen, subjektiv bedeutsamen Themen auseinanderzusetzen.

Außerschulische Bildungsangebote

Erschreckend ist in diesem Zusammenhang das Anwachsen außerschulischer Bildungsangebote zu beobachten, die sich nach der öffentlichen Wahrnehmung der Phänomene LRS bzw. Legasthenie in den Bereichen Deutsch und Mathematik entwickelt haben. Meist gekoppelt an den Begriff Therapie (Lern-, LRS-, Ergo-, Dyskalkulietherapie u. a.) bieten sie ein breites Spektrum außerschulischer, mehrheitlich kommerzieller Bildungsangebote.

Die Leistungserwartung der Schule und vieler Eltern auf eine angemessene Schullaufbahn ihres Kindes begünstigt den Zulauf auf diese Einrichtungen.

Die Angaben über die Höhe der Investitionen für die private schulische Nachhilfe sind recht unterschiedlich, bewegen sich aber in Größenordnungen zwischen einer und zwei Mrd. Euro pro Jahr. Die Initiative „Nachhilfe ungerecht" beziffert die Ausgaben auf ca. zwei Mrd. Euro pro Jahr für schulische Nachhilfe (http://www.yaez.de/schule/nachhilfe-ungerecht_153057). Rund eine Mrd. Euro, mit steigender Tendenz, errechneten die Initiatoren der Internetplattform „Elternwissen" (http://www.elternwissen.com/foerdern-mit-spass/nachhilfe/art/tipp/nachhilfe-tuev-zertifizierung.html).

Das Berliner Forschungsinstitut für Bildungs- und Sozialökonomie (FiBS) veröffentlichte 2008 eine Studie zu Angebot, Nachfrage und Wirkung von Nachhilfe in Deutschland, die von unabhängigen Experten im Auftrag des Bundesministeriums für Bildung und Forschung durchgeführt wurde. Ziel des Projekts war eine umfassende Bestandsaufnahme und Analyse der kommerziellen, organisierten Ergänzungen oder Unterstützungen schulischer Anforderungen. Die Studie führte zum ersten Mal alle aktuellen Forschungserkenntnisse systematisch zusammen, wertete sie aus und brachte damit Licht in den – gerade auf der Anbieterseite – oft wenig transparenten Markt.

Die zentralen Ergebnisse lassen sich in sieben Punkten zusammenfassen:

„1. Die Bedeutung von organisierter Nachhilfe wächst in Deutschland zusehends. Die jährlichen Elternausgaben dürften heutzutage realistisch eine Größenordnung von bis zu 1,2 Mrd. Euro haben. Für kommerzielle Angebote werden durchschnittlich etwa 1500 Euro pro Jahr und Schüler ausgegeben, mitunter auch mehr. Für nicht-kommerzielle Angebote liegen die jährlichen Ausgaben bei etwa der Hälfte.
2. Es ist davon auszugehen, dass derzeit 0,95 bis 1,2 Mio. Schüler kommerzielle Unterstützung für originär schulische Aufgaben erhalten. Damit nimmt jeder achte bis zehnte Schüler aktuell Nachhilfeunterricht. Da Nachhilfe ganz überwiegend von Schülern des Sekundarbereichs genutzt wird, ist es dort etwa jeder Vierte. Von den Schulabgängern hat sogar jeder Dritte bis Vierte die Dienstleistung nachgefragt. Mädchen und Jungen fragen etwa gleich häufig Nachhilfe nach.
3. Zwischen Ost- und Westdeutschland zeigen sich einige Unterschiede. So nutzen Schüler in den alten Ländern mit rund 30 % doppelt so häufig Nachhilfe wie in den neuen Ländern. Während in den alten Bundesländern vor allem Gymnasiasten und Realschüler Nachhilfestunden nehmen, sind es im Osten eher die Hauptschüler.
4. Insgesamt ist festzuhalten, dass Schüler aus einkommensstärkeren Familien unter den Nachhilfeschülern überrepräsentiert sind, während gerade Kinder des untersten Einkommensquartils deutlich seltener Nachhilfe nehmen. Auffallend sind dabei die Unterschiede hinsichtlich des Bildungshintergrunds der Eltern:

So scheint die Häufigkeit der Inanspruchnahme von organisierter Nachhilfe in Westdeutschland mit dem Bildungsniveau der Eltern abzunehmen, während sich in den neuen Ländern keine solchen Differenzen abzeichnen.
5. Dabei zeichnen sich einige Trends ab: Ziel der Ergänzungsstunden ist es zunehmend, die schulischen Leistungen der Kinder und Jugendlichen generell zu verbessern und nicht mehr nur die Überwindung aktueller Problemlagen. Über ein Drittel der Nachhilfeschüler hat Noten von drei und besser. Damit verliert die Verhinderung von Klassenwiederholungen oder die Kompensation schlechter Schulleistungen ihre ursprüngliche Bedeutung für die Nutzung von Nachhilfeangeboten. Die organisierte Nachhilfe, die meist in den Hauptfächern Mathe, Deutsch und Englisch erteilt wird, wird meist über einen längeren Zeitraum und nicht nur sporadisch in Anspruch genommen.
6. Wenige große, bundesweit tätige Anbieter stehen einer Vielzahl regionaler und lokaler Anbieter gegenüber, die eines gemeinsam haben: Es gibt kaum Informationen über die Qualifikation der beschäftigten Lehrkräfte, auch wenn mit einer hohen Professionalität des Unterrichts geworben wird. Zwar steigt die Zahl der Zertifizierungsmaßnahmen, aber die Verfahren sind sehr verschieden und nicht aufeinander abgestimmt; einheitliche Qualitätsstandards gibt es nicht. Insbesondere fehlt eine Überprüfung der pädagogischen Inhalte, da der Nachhilfesektor nicht der Schulaufsicht unterstellt ist.
7. Die Forschung zur Wirksamkeit von Nachhilfe beschränkt sich weitgehend auf erkennbare positive Effekte auf die Schulnoten. Es muss jedoch festgestellt werden, dass qualitativ valide Studien fehlen und die vorliegenden Untersuchungen methodische Schwächen aufweisen. In dieser Hinsicht besteht insofern erheblicher Forschungsbedarf" (Forschungsinstitut für Bildungs- und Sozialökonomie [FiBS], Internet).

Dieses breite außerschulische Bildungsangebot birgt eine große Gefahr: Je mehr die Kinder diese außerschulischen Hilfen in Anspruch nehmen, umso mehr verbreitet sich die Überzeugung (leider auch bei vielen Lehrkräften), dass gerade diesen Kindern eben nur außerhalb der Schule geholfen werden kann. Die Schule selbst kann diese Verantwortung „getrost" an außerschulische Einrichtungen abgeben. Ihr eigentlicher Auftrag, alle Kinder bestmöglich zu fördern, ihnen vor allem die Kulturtechniken zu vermitteln, wird zunehmend häufiger von außerschulischen Einrichtungen mit übernommen. In dem Wissen, dass es neben der Schule mehr oder weniger genügend Einrichtungen zum Umgang mit diesen „Teilleistungsstörungen" gibt, verringert sich auch das Bewusstsein der Lehrkräfte für ihre Verantwortung gegenüber ihrer ureigensten Aufgabe. Die Förderung lese-, rechtschreib- und/oder rechenschwacher Kinder wird tendenziell nicht mehr eine Aufgabe der Schule, sondern verlagert sich allmählich auf einen privaten außerschulischen Bildungsmarkt. Wie schon in der Studie des Berliner Forschungsinstitut für Bildungs- und Sozialökonomie (FiBS) analysiert, birgt diese Tendenz die Gefahr eines schleichenden Verantwortungsverlusts der Schule in sich. Das Wissen, dass es neben der Schule Einrichtungen gibt, die schulische Aufgaben übernehmen, begleiten und unterstützen können, vermag manche Lehrkraft von einer intensiven Auseinandersetzung mit Lehr- und Lernproblemen einzelner Schüler abhalten.

Darüber hinaus ist die Wirksamkeit all dieser Maßnahmen nicht nachgewiesen. Zudem ist die Qualität dieser außerschulischen Nachhilfeeinrichtungen derzeit nicht genau zu erfassen. Erste Ansätze zur Qualitätssicherung verbleiben innerhalb der Einrichtungen selbst (vgl. die Qualitätsmerkmale des Bundesverbands Legasthenie: http://www.legasthenie.net).

Gerade diese Einrichtungen unterliegen marktwirtschaftlichen Kriterien und arbeiten, wenn nicht gewinnbringend, so zumindest jedoch kostendeckend. D.h. die Nutzung solcher Einrichtungen ist kostenpflichtig und damit nur von einem geringen Teil der betroffenen Schüler erreichbar. Aus der Sicht der Lernbehindertenpädagogik stellt dies eine markante Hürde dar, denn gerade Schüler dieser Schulform sind hierbei doppelt benachteiligt. Zum einen ist der Hauptüberweisungsgrund auf diese Schulform ihr Versagen in den beiden Kernfächern Deutsch und Mathematik. Trotz der Ähnlichkeit ihrer Phänomene wird in diesem diagnostischen Prozess jedoch selten die Frage nach einer Dyskalkulie und/oder einer LRS gestellt. Zum anderen ist es gerade aufgrund des sozialen Status und ihrer sozio-ökonomischen Situation eines Großteils dieser Schüler nicht möglich, diese Nachhilfeeinrichtungen in Anspruch zu nehmen.

Eine wichtige – und vielleicht die wichtigste – Voraussetzung im Umgang mit so genannten rechenschwachen Schülern ist die Anerkennung dieser Kinder in ihren prinzipiellen Lern- und Leistungsmöglichkeiten. Für eine erfolgreiche Förderung ist es notwendig zu akzeptieren, dass diese Kinder nicht dumm, unbegabt oder faul sind. Oft üben sie nicht zu wenig, sondern das Falsche. Sie lernen häufig zu viel auswendig und wagen nicht mehr, bei Verständnisproblemen nachzufragen. Sie zweifeln an sich und verzweifeln am Ende an der Mathematik.

Gerade für diese Kinder erweist sich ein Mathematikunterricht als geeignet, der

- unterschiedliche Lösungsansätze zulässt,
- dem Sprachgebrauch der Schüler angemessen ist,
- die unterschiedlichen Vorerfahrungen, Ideen und Lösungsvorschläge der Schüler aufgreift und
- Schülern auch bei „Missverständnissen" die Möglichkeit weiterer Aktivitäten, z.B. durch Nachfragen und zusätzliche Hilfe, ermöglicht.

Baumert mahnt an, in der Betrachtung von Lernschwierigkeiten im Mathematikunterricht die möglichen Ursachen nicht im Kind, sondern im Mathematikunterricht selbst zu suchen:

„Nicht die Schüler sind schlecht, sondern der Mathematikunterricht bot ihnen bislang nicht genügend Raum, sich mit diesen Anforderungen auseinanderzusetzen, denn in einem Unterricht, der mehrheitlich auf Frontalphasen, mechanisierte Übungsphasen und vorgegebene Lösungswege orientiert ist, sind kreative, schöpferische, selbst entwickelte Lösungsvarianten nicht vorgesehen (z.B. auch Fragen zu stellen, Ergebnisse zu hinterfragen)" (Baumert 1997).

4 Mathematische Vorläuferfertigkeiten: Begriff, Entwicklungsmodelle, Förderkonzepte und -programme

Spätestens seit der Diskussion um die Ergebnisse der PISA- und IGLU-Studie rückt die Bedeutung einer vorschulischen Bildung in den Mittelpunkt des allgemeinen Interesses.

Diese Ideen einer vorschulischen Bildung verbinden sich mit dem Gedanken einer „Bildung von Anfang an" bzw. einer „lebenslangen Bildung", die bereits vor der Schule einsetzen und die über die gesamte Lebensspanne anhalten soll. Ausgangspunkt ist die Erkenntnis, dass das Lernen nicht erst in der Schule beginnt. Es lässt sich beobachten, dass Kinder schon vor dem Schuleintritt durchaus in der Lage sind, sich mit komplexen und abstrakten Sachverhalten auseinanderzusetzen.

Bereits im Vorschulalter entwickeln die Kinder Basiskompetenzen bzw. Vorläuferfertigkeiten, die für das Lesen-, Schreiben- und Rechnenlernen unerlässlich sind. Diese relevanten Vorläuferfertigkeiten haben Kinder bis zum Zeitpunkt des Schuleintritts in unterschiedlichem Maße entwickelt, wobei beträchtliche individuelle Unterschiede zu beobachten sind. Beim Schuleintritt zeigt sich eine große Spannbreite der Voraussetzungen.

Bei der IGLU-Studie wurde ein Zusammenhang zwischen der Dauer der Kindergartenzeit und den Lesekompetenzen von Kindern festgestellt und geschlussfolgert, dass „alle Kinder ... also in ihrer Entwicklung vom Besuch eines Kindergartens oder einer vorschulischen Einrichtung ... profitieren" (Bos et al. 2003, 128). Die PISA-Ergebnisse 2003 hoben die Bedeutung des Elementarbereichs für den Kompetenzaufbau in Mathematik hervor: Schülerinnen und Schüler, die über höherwertige Kompetenzen in Mathematik verfügten, hatten – laut der Angabe ihrer Eltern – auch längere Zeit eine vorschulische Einrichtung besucht. Zur Vorhersage von Unterschieden in der mathematischen Kompetenz fünfzehnjähriger Jugendlicher zeigte die Dauer des Kindergartenbesuchs „einen geringen, aber dennoch nennenswerten Beitrag. .... Offensichtlich kann auch bei Kontrolle aller anderen Merkmale [z. B. sozioökonomischer Status, Migrationsstatus, kulturelle Besitztümer etc.] diesem Indikator ein eigener Beitrag zur Vorhersage von Unterschieden in der mathematischen Kompetenz zugesprochen werden" (Prenzel et al. 2004, 275).

Nicht nur Entwicklungspsychologen, Pädagogen, Didaktiker u. a. Berufsgruppen, sondern auch Bildungsökonomen entdecken die Relevanz vorschulischer Bildung. Sie untersuchen u. a., wie sich die für Bildung aufgewendeten Investitionen auszahlen. Die nachfolgende Grafik verdeutlicht die unterschiedlichen Investitionserträge in Abhängigkeit von der jeweiligen Lebensphase.

Bildungsinvestitionen zeigen mehr Effekte, wenn sie so früh wie möglich in der Lebensphase eingesetzt werden. Je früher man mit der Förderung beginnt, desto

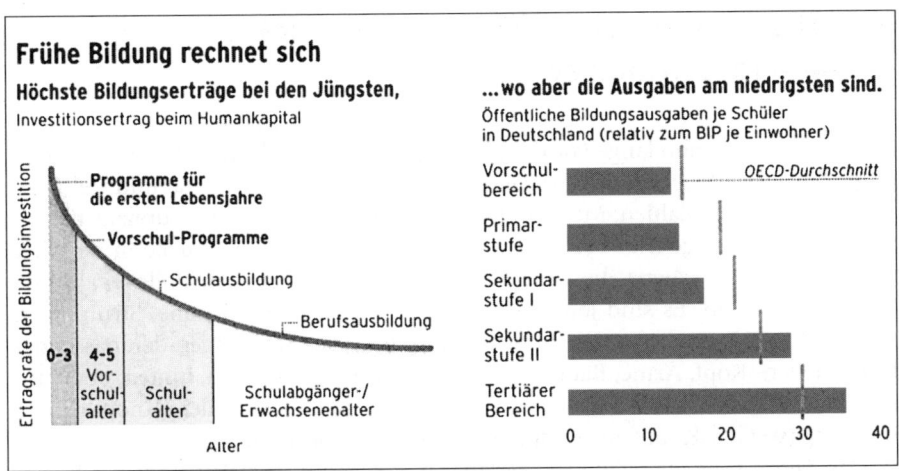

Abb. 15: Erträge der Bildungsinvestitionen in Abhängigkeit vom Lebensalter (FAZ 2008, 40)

höher ist der Ertrag. Die öffentlichen Ausgaben der Bundesrepublik für den Vorschulbereich liegen deutlich unter dem OECD-Durchschnitt. Auch die Ausgaben im Primar- und Sekundarbereich I liegen weit darunter. Erst im Sekundarbereich II und im tertiären Bildungssektor werden deutlich mehr Investitionen als im OECD-Durchschnitt aufgewendet (Wößmann 2008). Aus der Sicht der Lehr- und Lernforschung ist die Verteilung sehr kritisch einzuschätzen, denn es ist davon auszugehen, dass gerade die in diesen sehr frühen Lebensphasen erworbenen spezifischen Kompetenzen sich als grundlegend für die späteren Schulleistungen erweisen. Lernschwierigkeiten in den höheren Klassenstufen lassen sich häufig auf das Fehlen grundlegender basaler Wissenskonzepte zurückführen. Eine zielgerichtete vorschulische Bildung kann präventiv gegenüber späteren Lernschwierigkeiten wirken. Es ist dringend angeraten, die derzeitigen Bildungsinvestitionen zugunsten einer Intensivierung früherer Lernprozesse umzuwidmen.

Vorschulische Bildungsaktivitäten verfolgen zum einen das Ziel, das Lernpotenzial der Kinder zu nutzen, zu fördern und zum anderen potenziellen Lernschwierigkeiten, die sich – zumindest für die Bereiche Deutsch und Mathematik nachweislich zu weiten Teilen auf unzureichendes Vorwissen bzw. Vorläuferfertigkeiten zurückführen lassen – präventiv zu begegnen. Es ist zu vermuten, dass bei rechenschwachen Kindern solche Fertigkeiten beeinträchtigt sind, die früh im Entwicklungsverlauf, d.h. bereits im Vorschulalter entstehen. Diese Schwierigkeiten gilt es entsprechend früh im Entwicklungsprozess zu erkennen, um sie gezielt beeinflussen zu können. Ein umfassendes Training pränumerischer Fertigkeiten schon vor der Einschulung kann eine wichtige Basis für die Entwicklung des Zahlbegriffs und weiterer schulrelevanter mathematischer Kompetenzen schaffen. Eine breite Wissensbasis beugt späteren schulischen Misserfolgen, damit psychischen und sozialen Problemen und letztlich auch einer Rechenschwäche vor. „Besser als jede Therapie der Rechenschwäche ist die Prophylaxe" (Lorenz 2003, 8).

4.1 Mathematische Alltagserfahrungen im Vorschulalter

Kinder machen schon lange vor dem Schuleintritt die Erfahrung, dass Mathematik ihren Alltag durchzieht. Sie entwickeln dabei erstaunliche Kreativität und vielfältige Varianten, um mit Zahlen, Mengen, Längen, Größe und Relationen umzugehen.

Beim *Anziehen* geht es beispielsweise darum, die Kleidungsstücke in der richtigen Reihenfolge (zuerst die Unterwäsche, dann die Hose, den Pullover und die Jacke) anzuziehen. Es sind jeweils paarweise die passenden Schuhe, Strümpfe zu finden. Beim Überstreifen des Pullovers sind die vielen Öffnungen den passenden Körperteilen (Kopf, Arme, Bauch) richtig zuzuordnen, d. h. vorn, hinten, oben und unten zu erkennen. Beim Zuknöpfen der Hemden/Blusen soll jedem Knopfloch genau ein passender Knopf zugeordnet werden (1:1-Zuordnung).

Das *Aufräumen eines Zimmers* verlangt u. a. Klassifikationsleistungen, z. B. sind alle Bücher auf das eine Regal, alle Bausteine in diese Kiste, alle T-Shirts in die obere und alle Socken in die untere Schublade des Schankes einzusortieren.

Auch erste Auf- bzw. Verteilungsstrategien, z. B. beim *Verteilen einer Tüte mit Bonbons* erwerben die Kinder schon lange vor der Einschulung.

Bei *Laufspielen* erleben die Kinder Wege als Längen, machen die Erfahrung, dass sich Wege abkürzen bzw. durch Kurven laufen verlängern lassen. Ebenso erfahren sie die Zusammenhänge zwischen Weg und Zeit: „Wenn ich die gleiche Strecke schneller laufe, brauche ich weniger Zeit."

Auch *Messerfahrungen* selbst gehören zum Erfahrungsbereich der Kinder. Sie vergleichen beispielsweise ihre eigene Größe mit der des Freundes oder diskutieren, wessen Haustier usw. größer bzw. kleiner ist. Zunächst erfolgt dieses Messen über einen direkten, häufig erst groben Vergleich. Abhängig von der äußeren Wahrnehmung entscheidet das Kind, ob ein Gegenstand größer ist als der andere. Je geringer die Differenz zwischen den Gegenständen ist, umso weniger hilft dieser grobe Vergleich. Hier entwickeln die Kinder Strategien, die die Gegenstände unmittelbar miteinander vergleichen. Sie legen ihre Gegenstände nebeneinander und schätzen durch den unmittelbaren Vergleich die Größen ein. Mittels dieses direkten Vergleichs bilden sie eine Reihe, die gleichzeitig auch eine Rangfolge darstellt. Lässt sich dieser direkte Vergleich nicht realisieren, weil z. B. die Objekte nicht direkt nebeneinander gelegt werden können, nutzen die Kinder die Strategie des indirekten quantitativen Vergleichs, d. h. sie setzen einen Gegenstand ein, der als Vergleichsmaß gilt, z. B. eine Stange. Die Länge dieser Stange wird zum Maßstab der anderen Gegenstände und es werden Urteile getroffen wie: der Tisch ist so lang wie diese Stange; ich bin größer als diese Stange. Voraussetzung dafür ist die Einsicht des Kindes in die Transitivität, d. h. wenn die Stange größer ist als der Tisch und der Tisch breiter ist als die Stuhllehne, dann ist die Stange auch breiter als die Stuhllehne. Erst in einer letzten Stufe nutzen die Kinder beim Messen konventionelle Einheiten, z. B. eines Meterstabs.

Beim *Tischdecken* ist es wichtig, nicht nur genau so viele Teller, Gläser usw. wie Personen hinzustellen, sondern diese Geschirrteile auch gleichmäßig auf je eine Person zu verteilen. Beim Tischdecken für vier Personen muss sichergestellt werden, dass jeder der vier Personen genau einen Teller, ein Glas usw. bekommt, gleichzeitig müssen aber insgesamt vier Teller, Gläser usw. zur Verfügung stehen.

Nahezu alle *Karten-, Brett- und Würfelspiele* enthalten mathematische Strukturen. Es wird das simultane Erfassen oder auch das Abzählen ebenso gefordert wie das Klassifizieren oder das Reihenbilden.

Beim *Kartenspielen* sind die Spielkarten nach vorgegebenen Regeln gleichmäßig zu verteilen. Die Verteilung der Karten selbst fordert auch mathematische Kompetenzen. Die Karten lassen sich einzeln (über die Stück-für-Stück-Verteilung), paarweise oder auch in Dreiergruppen verteilen. Quartette bilden bedeutet, die Karten nach bestimmten Merkmalen zu klassifizieren. In anderen Spielen sind auf- oder absteigende Reihen zu bilden.

Bei *Würfelspielen* ist die Zahl der Würfelaugen zusammenzuzählen und in Spielzüge umzusetzen. Spielzüge können einzeln oder gebündelt vollzogen werden. Die Spielfelder lassen sich als Gesamtmenge nutzen (z. B. vier Felder auf einmal vorrücken) oder auch jedes Feld einzeln setzen. Die Kinder lernen, auf einen Blick Mengen zu erfassen wie z. B. die Anzahl der Würfelaugen.

Zahlen in Form von *Zahlwörtern und Ziffernsymbolen* begegnen den Kindern im Alltag auf vielfältigste Art und Weise: Haus- und Telefonnummern, Alters-, Preis-, Mengen- und Längenangaben usw. sind in nahezu allen Lebenssituationen zu finden.

Besonders häufig tauchen in unserem Alltag Zahlen und Ziffernsymbole als Codierung auf, z. B. Zahlen als Telefon-, PIN-Nummer usw. In diesem Kontext benutzen Kinder die Zahlwörter, jedoch haben sie keine Bedeutung für das Rechnen selbst. Auch in unseren Märchen spielen Zahlen eine große, hier häufig eine emotional besetzte Rolle, z. B. 3 Rätsel, 7 Zwerge, die 13. Fee usw.

Die Kinder erlernen sehr früh die *Zahlwortreihe*. Kinder benutzen Zahlwörter besonders gern, weil sie im Wortschatz der Erwachsenen häufig vorkommen und Kinder so „wie die Erwachsenen" sprechen. Mit dem Beginn des Sprechenlernens erlernen die Kinder die Zahlwortreihe ähnlich einem Gedicht oder einem Reim. Die Kinder benutzen Zahlworte, jedoch ohne ein Mengen- oder Zählverständnis. Später können die Kinder mit Hilfe der Zahlwortreihe (und meist zusammen mit Antippen der Finger) eine Menge auszählen und das richtige Zahlwort zuordnen. Das Rückwärts- und in Schritten Zählen bildet sich danach heraus. Im Grundschulalter erkennen die Kinder dann, dass Zahlen auch den Abstand zwischen zwei Zahlen beschreiben können, d. h. sie erkennen, dass der Abstand zwischen 3 und 6 genau so groß ist wie der Abstand zwischen 7 und 10.

Kinder finden tagtäglich Situationen, in denen Zahlen mit *Maßangaben* verknüpft werden: „Meine Lieblingssendung dauert 30 Minuten" oder: „Eine Kugel Eis kostet 70 Cent". Ebenso benutzen sie die Zahl zur Beschreibung des Vielfachen eines Vorgangs: „Ich muss noch drei Mal schlafen, bis ich Geburtstag habe".

Kinder verfügen schon vor der Schule über die ersten situationsgebundenen *Rechenfähigkeiten*, z. B.: „Wenn ich 2 Euro habe und Oma gibt mir noch 3 Euro dazu, dann habe ich 5 Euro". Oder: „Wenn ich von meinen 5 Bonbons 3 aufesse, habe ich nur noch 2" oder auch: „Ich weiß, dass 5 und 5 zusammen 10 sind".

Dieses Rechnen wird meist bis in die Grundschulzeit hinein durch den Umgang mit Fingern unterstützt. Dabei lassen sich interessante Entwicklungen beobachten. Während in einem frühen Alter die Kinder bei Additionsaufgaben zunächst beide Teilmengen einzeln (meist an den Finger je einer Hand) auszählen und dann noch einmal die Gesamtmenge abzählen, lässt sich später beobachten, dass dieselbe Aufgabe über das Weiterzählen gelöst wird. Noch später erkennen sie dann, dass es sich leichter und schneller rechnet, wenn man die Finger einer Hand nicht immer wieder einzeln abzählt, sondern schon 3 oder 5 Finger „auf einen Blick" sieht. Oft nutzen die Kinder die Struktur der Hände und wissen, dass 5 Finger an einer Hand sind, die nicht mehr einzeln abgezählt werden müssen.

Kindern begegnen Mathematik tagtäglich und sie haben Freude daran, sich mit diesen Fragen auseinanderzusetzen. Gelingt es, diese Neugier, diesen Lerneifer, die mathematischen Entdeckungen der Kinder zu unterstützen und zu fördern, so geben wir ihnen die bestmöglichen Voraussetzungen für das schulische Mathematiklernen. Die Entwicklung mathematischer Kompetenzen zu fördern bedeutet, den Kindern Gelegenheit zu geben, sich in ihrer Umgebung mit Mengen, Längen, Zahlen auseinanderzusetzen und Mathematik im alltäglichen Handlungsablauf zu erkennen.

Diese vielfältigen individuellen Vorerfahrungen sind eine wichtige Basis für das Erlernen der formalen Mathematik, d.h. der Abstraktion und der symbolischen Darstellungen dieser Alltagserfahrungen. In der Mathematik wird z.B. das Bauen eines Turmes mit Bausteinen mathematisch als Additionsaufgaben 1 + 1 + 1 usw. dargestellt. Mit Hilfe unserer mathematischen Zeichen und Begriffe (+, –, =) lassen sich auf einer formal-abstrakten Ebene viele dieser Alltagserfahrungen und -vorgänge beschreiben.

4.2 Spezifische und unspezifische Vorläuferfertigkeiten im Bereich Mathematik

Der Begriff der Vorläuferfertigkeiten wird unterschiedlich genutzt bzw. dieser Themenkreis wird mit unterschiedlichen Begriffen umschrieben. So finden sich die Begriffe wie Vorwissen, Vorerfahrungen, pränumerische Grundlagen synonym zu *Vorläuferfertigkeiten* oder dem Begriff *Vorläuferfähigkeiten*. Im Unterschied zur mathematikdidaktischen Forschung wird in der Psychologie von Vorläuferfertigkeiten statt von Vorläuferfähigkeiten gesprochen. Der Begriff „Fertigkeiten" betont die Automatisierung, die schnelle Abrufbarkeit und die Entlastung des Gedächtnisses. Der Begriff „Fähigkeiten" ist assoziiert mit operativem Üben, beweglichem Denken und Verständnis.

Wenn von *Vorläuferfähigkeiten* die Rede ist, dann geht es um Fähigkeiten, die als eine Voraussetzung für schulisches Lernen angesehen werden und bereits im Kindergarten erworben bzw. gefördert werden können und sollen. Vorläuferfertigkeiten meinen die Kenntnisse, Fähigkeiten und Fertigkeiten, die als Voraussetzungen für die Entwicklung dieser Kompetenzen gelten (Hellmich & Köster 2008, 9). In diesem Sinne wird nachfolgend von Vorläuferfertigkeiten gesprochen.

Was Kinder in der Vorschulzeit in Mathematik lernen können und sollen, ist bislang nicht eindeutig geklärt. Ergebnisse aus der Entwicklungspsychologie legen den Schluss nahe, dass das Vorhandensein von Vorläuferfähigkeiten im Bereich des Zahlen- und Mengenverständnisses, grundlegende Mengen-Zahlen-Kompetenzen bei Kindern den Erwerb von arithmetischen Fähigkeiten und Fertigkeiten im Laufe der Grundschulzeit in erheblicher Weise unterstützen (Krajewski 2003; Krajewski & Schneider 2004).

Für den Erwerb des Zahlbegriffs als – ein basales Wissenskonzept der mathematischen Kompetenzen – wurden über die Zeit verschiedene Vorläuferfähigkeiten angenommen. Betonte Piaget (1964) die logischen Operationen, so wurde in der Folge von Gelman & Gallistel (1978) die Bedeutung des Zählens für den Zahlbegriffserwerb herausgestellt. Nach Resnick (1989) müssen die Teilfertigkeiten Mengenvergleich, Zählen und Subitizing zu einem numerischen Teil-Ganzes-Schema integriert werden. Diese Auffassungen fanden vielfach Eingang in die Mathematikdidaktik. Die Teilfertigkeiten werden aber z. T. unterschiedlich gewichtet, so unterscheiden Psychologen spezifische und unspezifische Vorläuferfertigkeiten (vgl. Krajewski 2003).

Analog zu den Einflussfaktoren in der schriftsprachlichen Entwicklung werden nachfolgend zwei Faktorengruppen voneinander unterschieden: *Unspezifische* oder *spezifische Vorläuferfertigkeiten*.

Im Folgenden werden dazu die einzelnen Untersuchungsbefunde systematisiert und in die Kategorien spezifische und unspezifische Vorläuferfertigkeiten aufgeschlüsselt.

Die *spezifischen Vorläuferfertigkeiten* erfassen all diejenigen Kenntnisse, Einstellungen, Fähigkeiten und Fertigkeiten, die unmittelbar mathematische Inhaltsbereiche wie Zahlbegriff, Zahlen und Operationen, Raum und Form, Muster und Strukturen, Größe und Messen sowie Daten, Häufigkeiten und Wahrscheinlichkeiten erfassen.

Unspezifische Vorläuferfertigkeiten erfassen diejenigen Teilleistungen, die den Erwerb und die Nutzung mathematischer Kompetenzen zwar unterstützen, aber nicht primär mathematischer Natur sind. Zu ihnen zählen u. a. Konzentrationsfähigkeit, visuell-räumliche und sprachliche Kompetenzen. Diese Teilfertigkeiten werden sowohl in mathematischen, aber beispielsweise auch in schriftsprachlichen und naturwissenschaftlichen Kontexten relevant. Sie gelten als notwendige, aber nicht hinreichende Bedingungen für den Aufbau mathematischer Kompetenzen. In mathematischen Kontexten (wie z. B. dem Erwerb von Wissenskomponenten über Formen, Flächen und Körper) erhalten sie ihre fachspezifische Komponente.

Spezifische Vorläuferfertigkeiten

Jacobs und Petermann (2007) beleuchten bei ihren Aussagen zur Entwicklung von Rechenkompetenzen folgende Aspekte: Gleich-Ungleich-Relationen, Größer-Kleiner-Relationen, vorsprachliches Rechnen, Zählen, Mengen- und Zahlwissen als Prädiktoren für das Rechnen.

Krajewski & Schneider (2007) gehen davon aus, dass die Entwicklung der mathematischen Basisfertigkeiten über drei Ebenen erfolgt:

1. Numerische Basisfertigkeiten (Begriff Mengen, Zählprozedur, korrekte Zahlenfolge)
2. Mengenbewusstsein: Quantitative Bedeutung der Zahlenfolge (unpräzises/präzises Zahlkonzept)
3. Relationskonzept: Teil-Ganzes-Schema

Gerster und Schultz (2000, 247 ff.) benennen als Grundbausteine der Entwicklung mathematischer Kompetenzen drei Bereiche:

- Zählfertigkeit
- Protoquantitative Urteile über Mengen
- Erfassung/Reproduktion und Analyse/Synthese von Mustern, insbesondere visuell räumlich strukturierte Konfigurationen

Frühe Mengen-Zahlen-Kompetenzen bilden wichtige Grundbausteine für späteres mathematisches Verständnis. In Untersuchungen zeigte sich, dass Kinder, die im Kindergartenalter an entsprechenden Aufgaben scheitern, später in der Schule häufiger Schwierigkeiten im Bereich Mathematik haben.

Krajewski (2003) geht der Frage nach, ob sich bereits im Kindergarten ein halbes Jahr vor der Einschulung der Kinder relevante Vorläuferfertigkeiten identifizieren lassen, die Prognosen auf die späteren Mathematikleistungen Ende des 1. und 2. Grundschuljahres zulassen, und ob mit Hilfe dieser Vorläuferfertigkeiten auch eine Rechenschwäche bei Kindern vorhergesagt werden kann. In ihrer Längsschnittstudie an 195 Kindergartenkindern konnte sie aufzeigen, dass das mengen- und zahlbezogene Vorwissen einen ganz entscheidenden Einfluss auf die späteren Leistungen im Mathematikunterricht der Grundschule hat. Als gute Prädikatoren haben sich in dieser Untersuchung Seriationsleistungen, Mengenvergleich, Zahlenwissen, Zählfertigkeiten und erste Rechenfertigkeiten erwiesen. Kinder, die im Vorschulalter diesbezüglich schwache Leistungen zeigten, wurden auch in der zweiten Klasse als rechenschwach identifiziert.

Das *mengen- und das zahlbezogene Vorwissen* kann als bedeutsamste spezifische Vorläuferfertigkeit für mathematische Kompetenzen in den ersten beiden Grundschuljahren angesehen werden.

Unter das *mengenbezogene Vorwissen* fallen folgende Fähigkeiten:

- Fähigkeit zur Seriation (ein Element in eine vorgegebene Reihe einordnen)
- Mengenvergleich (erkennen, dass die Anzahl einer Menge nicht durch deren räumliche Ausdehnung gekennzeichnet ist)
- Längenvergleich

Das *Zahlvorwissen* umfasst:

- Zählfertigkeiten (vorwärts, rückwärts zählen)
- Arabisches Zahlenwissen (Ziffernkärtchen nach einer Erzählung richtig auf einen Spielplan legen)

- Geldwissen
- Einfache Rechenfertigkeiten im Umgang mit konkretem Material

Fünf dieser Fertigkeiten (Seriation, Mengenvergleich, Zahlwissen, Zählfertigkeiten und Rechenfertigkeiten) klären selbst noch am Ende der Grundschulzeit mehr Varianz in den Mathematikleistungen der Kinder auf als die Intelligenz. Dabei erwiesen sie sich als spezifische Prädiktoren der Mathematikleistung. Mit Hilfe des mengen- und zahlbezogenen Vorwissens lassen sich weder Unterschiede in den Rechtschreib- noch in den Leseleistungen der Kinder erklären (Krajewski 2003).

Kleine Mengen sind in großen enthalten, große sind in kleinere Mengen aufteilbar. Dieses Wissen über die Zerlegbarkeit von Mengen bzw. die Einsicht in die *Teil-Ganzes-Beziehung* wird von vielen Autoren als der wichtigste Schritt in der Entwicklung des mathematischen Verständnisses angesehen (Gerster 2003; Krajewski 2003; Fritz & Ricken 2008).

Gerade das Lösungsverhalten schwacher Rechner ist dadurch charakterisiert, dass sie fast ausschließlich alle Objekte von 1 beginnend auszählen und dass sie Schwierigkeiten bei der Lösung von Aufgaben zur Zahlzerlegung haben. Vermutlich kommen rechenschwache Kinder in der Entwicklung ihres Zahlwissens nur schwer über ein ordinales Zahlverständnis ohne Verbindung zur Menge hinaus (Fritz & Ricken 2008).

Übungen zur Analyse und Konstruktion von Zahlzerlegungen müssen daher zum festen Bestandteil in diesem Bereich gehören. Mögliche Alltagssituationen dafür finden sich z. B. beim Kegelspiel, Dosenwerfen oder Kerzen auspusten. Hier wird jeweils eine Gesamtmenge per Zufall in unterschiedliche Teilmengen zerlegt. Diese Prozesse auf der konkret-handelnden Ebene lassen sich dann allmählich durch Verbalisierung („Wie viele Dosen waren am Anfang da, wie viele sind herunter gefallen, wie viele stehen noch da"?) und Formalisierungen („Welche Rechenaufgaben passen dazu?") in die formale Mathematik überführen.

Für den schulischen Lernerfolg haben sich folgende mathematische Bereiche als bedeutsam erwiesen:

- Klassifikationsleistungen, d. h. Mengen herstellen, bestimmen und vergleichen („Das ist mehr/weniger, gleich viel" usw.)
- Seriationsleistungen, d. h. Muster und Symmetrien sowie Rang- bzw. Reihenfolgen bilden
- Zahlwissen und Zählfertigkeiten
- Einschätzung von Größenrelationen („Was ist länger, kürzer, breiter/schmaler, höher/kleiner?")
- Wahrnehmungskonstanz, Invarianz (5 Murmeln sind immer 5 Murmeln, auch wenn sie anders angeordnet sind)
- Einsicht in die Zerlegbarkeit von Mengen/Zahlen bzw. in die Teil-Ganzes-Beziehung
- Räumliche Vorstellungsleistungen: Raum-Lage-Beziehungen, Rechts-Links-Orientierung (Ganser 2004; Lorenz 2003; Kaufmann 2003; Krajewski 2003; Caluori 2004; Gerster 2003; Fritz & Ricken 2007)

Es darf allerdings nicht unerwähnt bleiben, dass deren tatsächliche Relevanz und Reichweite wissenschaftlich noch nicht ausreichend gesichert ist.

Eine übergeordnete bzw. vermittelnde Rolle nehmen dabei der Faktor Sprache bzw. die für die Mathematik notwendigen *Sprachkompetenzen* ein. Dieser Aspekt wird hier mit einem Verweis auf Kapitel 3 an dieser Stelle nicht weiter erläutert.

Unspezifische Voraussetzungen

Zu den *unspezifischen* Faktoren werden die Wahrnehmungsverarbeitung, die räumliche Orientierung, die Entwicklung des Körperschemas oder die Bewältigung visuo-motorischer Anforderungen, taktil-kinästhetische Fähigkeiten sowie die Figur-Hintergrund-Differenzierung gezählt (Lorenz 2003). Heubrock & Petermann (2000) ergänzen diese Liste um Störungen der sprachlichen Kodierung, der Reihenfolgeanalyse, des Sprachverständnisses und des abstrakten Denkens. Befunde zu Zusammenhängen dieser Art sind jedoch nicht widerspruchsfrei und diese Auffälligkeiten werden auch bei Kindern mit schriftsprachlichen und allgemeineren Entwicklungsproblemen beschrieben (Ricken & Fritz 2005, 222). Diese Faktoren ziehen nicht zwangsläufig eine Rechenstörung nach sich und können u. U. auch bei Kindern auftreten, bei denen später keine Lernprobleme auftreten. Faktoren wie diese können zwar nicht als monokausale Verursachungsfaktoren verstanden werden, jedoch als Risikofaktoren ist ihnen entsprechende Aufmerksamkeit in der Didaktik und Diagnostik zu schenken.

In der Forschung der letzten Jahre zeigt sich eine Ausdifferenzierung der Bedingungen und Funktionen innerhalb kognitiver Funktionen. So werden stärker zahlverarbeitende Informationsverarbeitungsprozesse untersucht. Nach Geary (2000) spielen die Präzision der Speicherung und die Schnelligkeit beim Abrufen von Rechenfakten und Strategien im oder aus dem Langzeitgedächtnis eine wichtige Rolle und sind bei schwächeren Kindern eingeschränkt. Die Zeit, die für die Verarbeitung von Zahlen benötigt wird, gehört nach Krajewski (2003) zu den Voraussetzungen ebenso wie die Leistungsfähigkeit des Arbeitsgedächtnisses (Gaupp 2003), die visuell nonverbalen Verarbeitungsprozesse und die Intelligenz insgesamt.

Der Erwerb elementarer Kulturtechniken wie Lesen, Schreiben und Rechnen ist in hohem Maß abhängig von auditiven und visuellen Wahrnehmungsprozessen. Während Lese- und Rechtschreibleistungen nachweislich mit auditiven Prozessen im Zusammenhang stehen, wird das Erlernen mathematischer Inhalte primär mit visuellen Wahrnehmungsmechanismen in Verbindung gebracht (Kaufmann 2003). Frostig (1985) umschreibt den Begriff der visuellen Wahrnehmung als die Fähigkeit, visuelle Reize zu erkennen, zu unterscheiden und sie durch Assoziationen mit früheren Erfahrungen zu interpretieren. Gemeint ist also nicht nur der Prozess des sensorischen Erkennens, sondern die kognitive Verarbeitung visueller Reize. Diese beinhaltet im Wesentlichen Klassifikationsleistungen, die Einschätzung von Größenrelationen (Größe, Länge, Breite, Höhe), die Wahrnehmungskonstanz (d. h. Objekte oder Mengen als gleich zu erkennen, unabhängig von ihrer räumlichen Anordnung) bzw. räumliche Vorstellungsleistungen (Raum-Lage-Beziehungen, Rechts-

Links-Orientierung). Auf den nicht unerheblichen Einfluss visueller Kompetenzen weisen die Untersuchungen von Lorenz (2003) und Kaufmann (2003) hin. Kaufmann (2003) erhob bei Schulanfängern die visuellen und arithmetischen Vorkenntnisse. Sie stellte bereits zu diesem Zeitpunkt einen Zusammenhang zwischen den visuellen Faktoren, besonders den Raum-Lage-Beziehungen sowie den räumlichen Beziehungen, mit den arithmetischen Faktoren her. Kinder mit defizitären visuellen Fähigkeiten müssen daher als Risikokinder angesehen und entsprechend gefördert werden. Die Befunde von Lorenz zeigten, dass die visuellen Faktoren „mehr als 36 % der Varianz der mathematischen Leistungen am Ende der 2. Klasse aufklären" (2008, 40).

Geometrische Aktivitäten leisten einen wichtigen Beitrag zur Umwelt und Realitätserschließung. Unsere Umwelt enthält zahllose geometrische Strukturen, die ohne Kompetenzen einer Raumvorstellung und/oder einer visuellen Informationsverarbeitung nur schwer durchdrungen werden können. Aber allein die Anschauung im Sinne von Ansehen reicht nicht aus, um mentale Vorstellungen zu entwickeln. Visuelle Wahrnehmung lässt sich nicht reduzieren auf die Aufnahmen optischer Reize, sondern erst die kognitive Verknüpfung visueller Reize mit Gedächtnisinhalten, Vorwissen, Vorstellungen und auch Sprache bzw. Begriffen führt zur Entwicklung von Vorstellungen.

Wichtige Komponenten sind dabei die Raum-Lage-Beziehung sowie das Erkennen und Benennen räumlicher Körper und ebener Figuren. Innerhalb der Raum-Lage-Beziehung werden Begriffe wie lang, kurz, daneben, dahinter, davor, oben, unten, zwischen, vor, hinter, außen, innen, rechts, links usw. erarbeitet (vgl. Kapitel 7.1.3 Raum und Form).

4.3 Modell zur Entwicklung mathematischer Kompetenzen

Ein umfassendes Modell mathematischer Kompetenzentwicklung schufen Fritz, Ricken & Gerlach (2007) und erprobten es in einer Untersuchung mit ca. 2500 Grundschulkindern der Klasse 1–3 in den Jahren 2005–2007. Es basiert auf den theoretischen Konzepten von Fuson (1988) und Resnick (1989) und versucht, ein umfassendes Modell über den Erwerb des Wissens über Zahlen, Mengen und Rechenoperationen zu beschreiben.

Der Aufbau mathematischer Kompetenzen ist ein Prozess aus folgenden Teilfertigkeiten:

- Simultane Erfassung kleiner und strukturierter Mengen
- Erwerb der Zählkompetenzen
- Mengenverständnis
- Verständnis für die Teil-Ganzes-Beziehung

Mathematische Vorläuferfertigkeiten

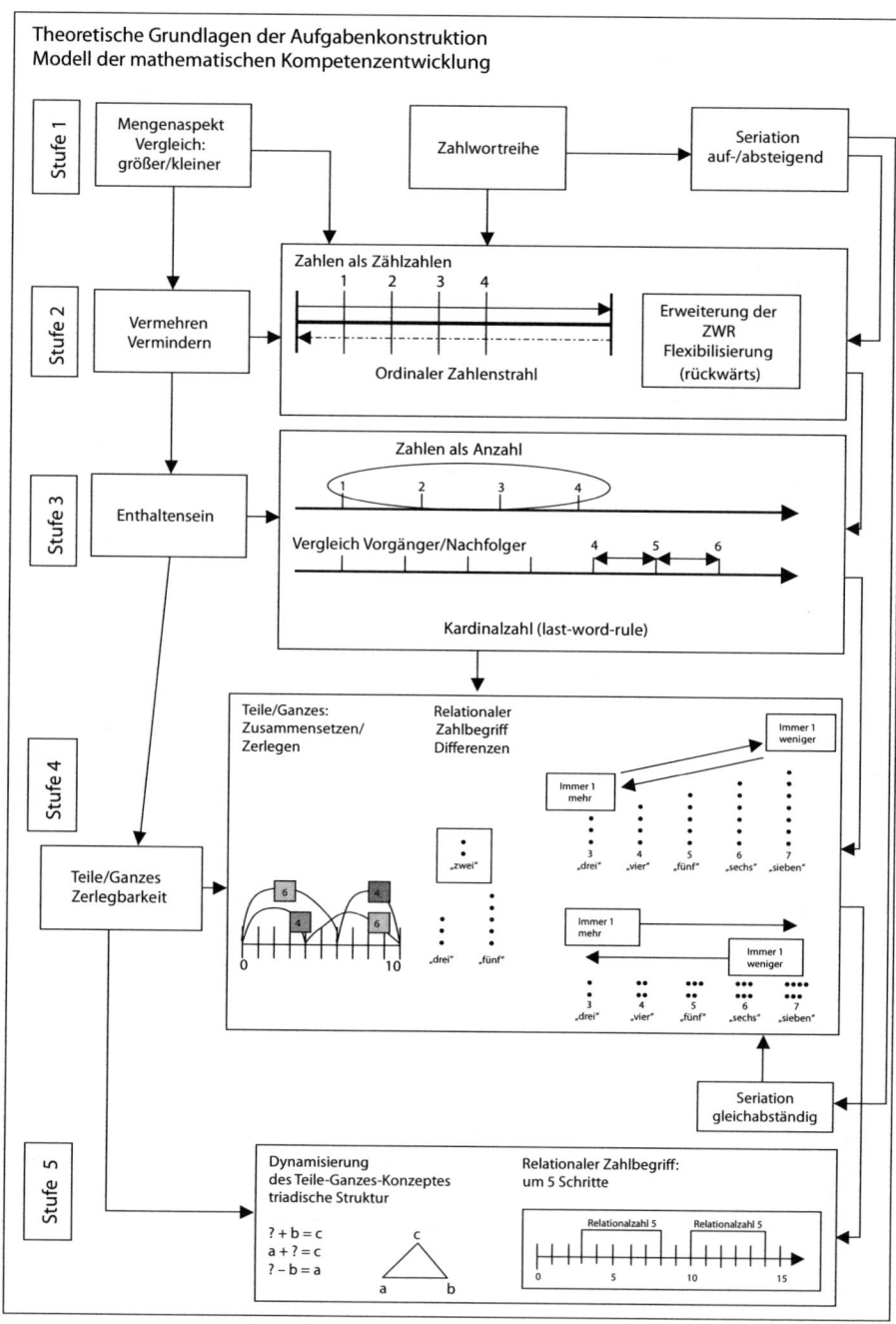

Abb. 16: Kompetenzentwicklungsmodell (Fritz, Ricken & Gerlach 2007, 15)

Stufe I (bis 3. Lebensjahr):
Mit dem Beginn des Sprechenlernens nutzen die Kinder Zahlworte, jedoch ohne Mengenverständnis, aber in einer bestimmten Reihenfolge. Das Aufsagen der Zahlwortreihe ist noch keine Zählstrategie. Es können Serien/Reihen von Objekten hergestellt und Mengenvergleiche über Stück-für-Stück-Zuordnung vollzogen werden.

Stufe II (4–5 Jahre):
Die sequenziellen Zahlwörter werden zu Zählwörtern, d. h. die 1:1-Zuordnung von Objekt-Zahlwort (Fingerzählen) ist möglich. Zahlen werden für Zählhandlungen eingesetzt, sie stehen für jeweils eine Position in der Reihe. Objekte werden von 1 aus abgezählt.

Die Kinder entwickeln einen mentalen Zahlenstrahl, d. h. sie verstehen den Aufbau der Zahlwortreihe. Die Zahlwortreihe hat eine feste Reihenfolge. Auf jede Zahl folgt ein Nachfolger, der größer als die vorhergehende Zahl ist.

Zahlen können miteinander verglichen werden: 7 ist größer als 5 aufgrund der Position in der Zahlwortreihe. Diese Entscheidung ist aber nicht abhängig von der Mächtigkeit (als kardinales Verständnis), sondern ausschließlich von der Stellung des Zahlworts in der Zahlwortreihe.

Die Kinder können rückwärts zählen.

Sie haben eine Grundvorstellung von Vermehren/Vermindern und können Rechenoperationen in konkreten Situationen über (ab)zählende Strategien lösen: „5 Bonbons und 3 Bonbons sind zusammen 8. Wenn 6 Kinder auf dem Spielplatz sind und 3 Kinder weggehen, sind noch 3 dort."

Stufe III:
Die Zahlwörter werden ihren Positionen und den Mengen zugeordnet, Zahlen stehen für Anzahlen. Es wird erkannt, dass Zahlen auch Anzahlen von Elementen einer Menge darstellen und Mengen in Mengen enthalten sind.

Mengen sind als Anzahl der in ihr enthaltenen Objekte erkennbar, d. h. in 5 sind 1, 2, 3, 4 oder 5 Elemente enthalten. Aus einer Gesamtmenge können Teilmengen gebildet werden: „Gib mir 4!"

Es können Fragen wie: „Wie viele hast du gezählt/wie viele sind es?" über das Kardinalzahlprinzip gelöst werden. Jetzt ist auch ein Weiterzählen von einer beliebigen Zahl möglich, ohne dass die Kinder jeweils von 1 beginnen müssen. Vorgänger und Nachfolger werden ohne Abzählen benannt.

Stufe IV:
Die Integration der sequenziellen Zahlenstrahlvorstellung und der Mengenbedeutung wird vertieft. Zahlen/Mengen können aus anderen Zahlen/Teilmengen zusammengesetzt werden: „Gib mir 5 Bauklötze, 3 davon sollen rot sein."

Das Verständnis für gleiche Abstände zwischen aufeinanderfolgenden Zahlen wird entwickelt, Differenzen zwischen Mengen sowie Teil-Ganzes-Verhältnisse werden erkannt.

Das Kardinalzahl- und Relationszahlprinzip ist verstanden. Zahlen werden als Relationszahl erkannt und damit als relationaler Zahlbegriff verstanden. Differenzen können ermitteln werden.

Stufe V:
Die Teil-Ganzes-Beziehung als wichtiger Schritt im mathematischen Verständnis wird weiter entwickelt, d. h. die Kinder verfügen über die Einsicht: 8 = 3 + 5 und 4 + 4. Sie lösen Relationsaufgaben: „Paul hat drei Murmeln; Peter hat neun. Wie viele Murmeln hat Peter mehr als Paul?"

Sie erkennen das Kommutativgesetz, nutzen effektive Rechenstrategien und können in Schritten weiterzählen.

Sie lösen Ergänzungsaufgaben wie: „Auf der Rutsche sind ein paar Kinder, vier kommen dazu. Nun sind es 16 – wie viele Kinder waren es vorher?" (Fritz, Ricken & Gerlach 2007; Fritz & Ricken 2008)

Kompetenzmodelle wie diese sind nicht unkritisch zu betrachten. Zum einen gehen sie davon aus, dass das zugrunde gelegte Konzept tatsächlich das Kompetenzspektrum der Kinder abbildet. Zum anderen wird bei der Diagnose der Fertigkeiten ausschließlich auf die richtige Lösung, auf ein erfolgreiches Können fokussiert. Damit besteht die Gefahr, dass unterschiedliche Herangehensweisen innerhalb einer Aufgabe mit den gleichen Kompetenzen beschrieben werden. Zudem können sich Kompetenz und Performanz wechselseitig beeinflussen, denn als Kompetenz wird nur das erkannt, was in der konkreten Lösung der Aufgabe als Strategie beobachtbar ist (Moser Opitz 2001, 79). Fraglich bleibt auch, ob es tatsächlich gelingen kann, alle individuellen Lernwege und spezifischen Veränderungsprozesse damit abzubilden.

Dennoch stellen derartige Kompetenzmodelle eine theoriegeleitete, empirisch relativ abgesicherte Basis für eine Modellvorstellung über die Entwicklung mathematischer Kompetenzen und damit eine Orientierung für das weitere didaktisch-methodische Vorgehen dar.

4.4 Konzepte und Programme zur Förderung vorschulischer mathematischer Kompetenzen

In den vergangenen Jahren lässt sich eine Vielzahl von Publikationen zur Diagnose und Förderung mathematischer Kompetenzen im Vorschulbereich finden. Im Folgenden werden exemplarisch einige *Konzepte* (d. h. Überlegungen, die einer didaktisch-methodischen Konkretisierung noch bedürfen) und *Programme* (d. h. Überlegungen, die weitgehend konkrete didaktische und methodische Varianten zur Umsetzung anbieten) vorgestellt. Ausgewählt wurden diese zum einen nach ihrer theoretischen und ihrer empirischen Basis sowie nach ihrer Praxisnähe bzw. Praktikabilität.

4.4.1 Konzepte

Aspekte der Entwicklung vorschulischer mathematischer Kompetenz (Hellmich 2008)

Hellmich orientiert sich aufgrund fehlender Erfahrungen und Traditionen in der deutschen Bildungslandschaft an den Standards des nordamerikanischen National Council of Teachers of Mathematics (NCTM; vgl. http://standards.ntcm.org) aus dem Jahr 2000.

Die Standards des NCTM beruhen auf Ergebnissen aus der Lehr-Lern-Forschung, aber auch auf zahlreichen unterrichtspraktischen Erfahrungen. Sie stellen grundlegende Leitlinien für den Mathematikunterricht vom Kindergarten bis zur 12. Klassenstufe dar und geben einen Überblick einer möglichen systematischen Entwicklung mathematischer Kompetenzen bei Kindern und Jugendlichen im Allgemeinen und einer Förderung mathematischer Vorläuferfähigkeiten bei Kindern im Vorschulalter im Besonderen. Für den vorschulischen Bereich werden dabei verschiedene Inhalts- und Fähigkeitsbereiche ausgewiesen (NCTM 2000), die an dieser Stelle im Überblick dargestellt werden:

1. Im Inhaltsbereich *Arithmetik* sollen Kinder das Zählen erlernen; hierzu gehören z. B. auch die Bestimmung des Vorgängers oder des Nachfolgers einer Zahl, das Vorwärts- bzw. Rückwärtszählen und/oder das Zählen in Zweier-, Fünfer- oder Zehnerschritten. Ebenfalls sollen Kinder lernen, Mengen zu bestimmen, zu vergleichen und zu schätzen. Sie sollen darüber hinaus bereits auf frühen Stufen ihrer Entwicklung den Kardinal- und den Ordinalzahlaspekt verstehen, Eins-zu-Eins-Zuordnungen vornehmen können, das Prinzip der Invarianz nachvollziehen können und ein erstes Verständnis der beiden Rechenoperationen Addition und Subtraktion entwickeln.
2. Im Inhaltsbereich *Geometrie* sollen Kinder in ersten Schritten Eigenschaften und Verhältnisse zwei- und dreidimensionaler Formen und Körper analysieren und im Hinblick auf Gemeinsamkeiten und Unterschiede vergleichen können. Sie sollen dazu angehalten werden, erste räumliche Beziehungen bzw. Lagebeziehungen (vor/hinter, links/rechts) erklären und beschreiben zu können, symmetrische Figuren zu erstellen und zu erkennen sowie geometrische Figuren durch Zeichnungen und Bilder zu visualisieren.
3. Im Lernbereich *Größen* sollen Kinder verschiedene Größenbereiche (Länge, Volumen, Gewicht, Flächen, Zeit, Geld etc.) kennenlernen und Möglichkeiten entwickeln, Größen zu messen (z. B. Messen mit einer Waage, mit Messbechern, einer Sanduhr, Messen von Flächen mit Hand- oder Fußlängen etc.).
4. Unter dem Inhaltsbereich *Muster und Relationen* werden schließlich Fähigkeiten und Fertigkeiten verstanden, die das Erkennen sowie das Fortsetzen von Mustern, Strukturen und Relationen betreffen (z. B. Bausteine mit Mustern analysieren, Muster mit dem Tangramspiel legen, Bandornamente fortsetzen etc.). Veränderungen bei gegebenen einfachen mathematischen Sachsituationen sollen erkannt und gedeutet werden können.

5. Das Sammeln von Informationen und Daten sowie das Formulieren von Vermutungen wird schließlich unter dem Inhaltsbereich *Umgang mit Daten und Wahrscheinlichkeit* subsumiert. Kinder sollen erlernen, Fragen zu formulieren, die sie anhand von Beobachtungen oder dem Sammeln von Daten beantworten können. Darüber hinaus machen Kinder in Spielsituationen bereits erste Erfahrungen mit Häufigkeiten und Wahrscheinlichkeiten, an die im Kindergarten angeknüpft werden können (Hellmich 2008).

Dieses Konzept kann damit einen detaillierten Rahmen einer grundlegenden Bildung für das Lehren und Lernen von Mathematik darstellen, das sicherlich mit hinreichender Notwendigkeit bei der Förderung mathematischer Vorläuferfähigkeiten unter fachmathematischem und fachdidaktischem Aspekt berücksichtigt werden sollte.

Ähnliche thematische Schwerpunkte greift Hasemann (2008) für eine vorschulische Förderung auf: Bis zum Alter von 3 Jahren ist es wichtig,

- eigene, köperbezogene Erfahrungen zu machen, z. B. den Körper in seiner Position im Raum erkennen (in eine Kiste, unter/auf einen Tisch klettern),
- Bewegungen im Raum nachzuvollziehen (wohin rollt der Ball; kann man in eine Ecke des Raums gehen?),
- geometrische Formen und Körper nutzen und deren Eigenschaften zu erkennen und zu benennen (Farbe, Form und Größe),
- mit Zahlen umzugehen (z. B. in Form von Abzählreimen, Klatschspielen, Liedern).

Für das Kindergartenalter (zwischen dem vierten und dem sechsten Lebensjahr) werden diese basalen räumlichen und pränumerischen Kompetenzen erweitert und ausdifferenziert:

- Umgang mit Raum-Lage-Beziehungen (lang, kurz, oben, unten, vorn, hinten, dazwischen, daneben, innen, außen, rechts, links)
- Kennen und Benennen von räumlichen Körpern (Kugel, Würfel, Quader, Säule) und ebenen Figuren (Kreise, Quadrate, Rechtecke, Dreiecke)
- Erkennen von Figuren nicht nur an ihrer äußeren Gestalt, sondern zunehmend an Merkmalen und Eigenschaften (rund, eckig, Anzahl der Ecken und Kanten)
- Vergleichen, Klassifizieren und Ordnen von Objekten und Materialien nach unterschiedlichen Kriterien
- Einsicht in die Invarianz von Größen und Mengen
- Erfassen der Anzahl von Objekten (von Gegenständen, aber z. B. auch von Tönen) „mit allen Sinnen"
- Gebrauch von Zahlwörtern und das Ab- und Auszählen von Objekten
- Erkennen von Zahlen in der alltäglichen Umwelt
- Zusammenfassen und Gliedern von Mengen und Objekten im Sinne eines gegenständlichen Rechnens (z. B. 3 Bonbons und 2 Bonbons sind zusammen 5 Bonbons)

- Erkennen von Mustern (z. B. das Zahlenbild auf einem Würfel oder das Fortsetzen von Reihen)
- Wahrnehmen und Erfassen von Größen (Längen, Gewichte, Volumina, Zeit, Geld)
- Verbales Beschreiben von Sachverhalten, ihrer Gemeinsamkeiten, Unterschiede und erste Transferangebote z. B. in andere Sachverhalte bzw. andere Darstellungsformen
- Feinmotorische Fertigkeiten wie Falten, Schneiden, Zeichnen, Ausmalen usw. (Hasemann 2008, 19 f.)

Kompetenzorientierte Förderung (Steinweg 2008)

Während sich viele Fördervorschläge und -programme an einen systematisch und sachlogisch strukturierten Aufbau mathematischer Kompetenzen orientieren, plädiert Steinweg für eine eher offene, alltagsbezogene Auseinandersetzung mit Sachverhalten, denen mathematische Strukturen zugrunde liegen.

Die fest vorgegebenen Förderprogramme laufen ihrer Meinung nach Gefahr, die Lernprozesse der Kinder durch die festen Inhalts- und Methodenvorgaben zu sehr einzuengen. Der häufig missverstandene Bildungsauftrag, schulische Inhalte einfach in den Vorschulbereich vorzuverlegen, nimmt den Kindern Raum für eigene Entdeckungen und freies Spiel. Lernen wird dann mehr oder weniger gleichgesetzt mit linearen Abläufen, die – ähnlich wie es die Kritik am Mathematikunterricht betont – entdeckende Lernwege, notwendige Alltagsbezüge, Möglichkeiten, Fehler und Irrtümer zu erfahren und Umwege auszuprobieren, nicht mehr erlauben.

Gerade aber die Prämissen des Entdeckenden Lernens, eines systemisch-konstruktivistischen Lehr- und Lernverständnisses betonen die Notwendigkeit der Freiräume für das Lernen sowie die Gefahren stark strukturierter Lehrprozesse: „Gut gemeinte Daueranregungen lassen keinen Raum für eigene Überlegungen und die Einordnung und somit die Festigung des Erfahrenen in die eigenen Denkmuster" (Steinweg 2008, 145).

Darüber hinaus fokussieren die organsierten Lehrgänge mehrheitlich ausschließlich mathematische Inhalte, die jedoch häufig emotionale und volitive Aspekte vernachlässigen. Steinweg plädiert daher dafür, mathematische Kompetenzbereiche auf inhaltlicher und prozesshafter Ebene zu beschreiben. Abbildung 17 verdeutlicht die enge Verzahnung der einzelnen mathematischen Kompetenzbereiche.

Eine solche Vorgehensweise entspricht den Forderungen des Entdeckenden Lernens und enthält so viel Offenheit wie möglich und so viel Strukturierung wie nötig. Sie ist weder unstrukturiert noch unsachlich; jedoch wird davon ausgegangen, dass Wissenserwerb sich nicht in fachsystematischer Abfolge sowie in gleichförmigen Schritten vollzieht: „Eine wirklich sinnvolle und damit auch effektive Förderung des mathematischen Denkens in der Zeit vor der Schule braucht überlegte Anregungen, die sich nicht allein auf das Faktenwissen beziehen und die eine gute Auswahl an Inhalten treffen, statt ‚irgendetwas' anzubieten" (Steinweg 2008, 145).

Mathematische Vorläuferfertigkeiten

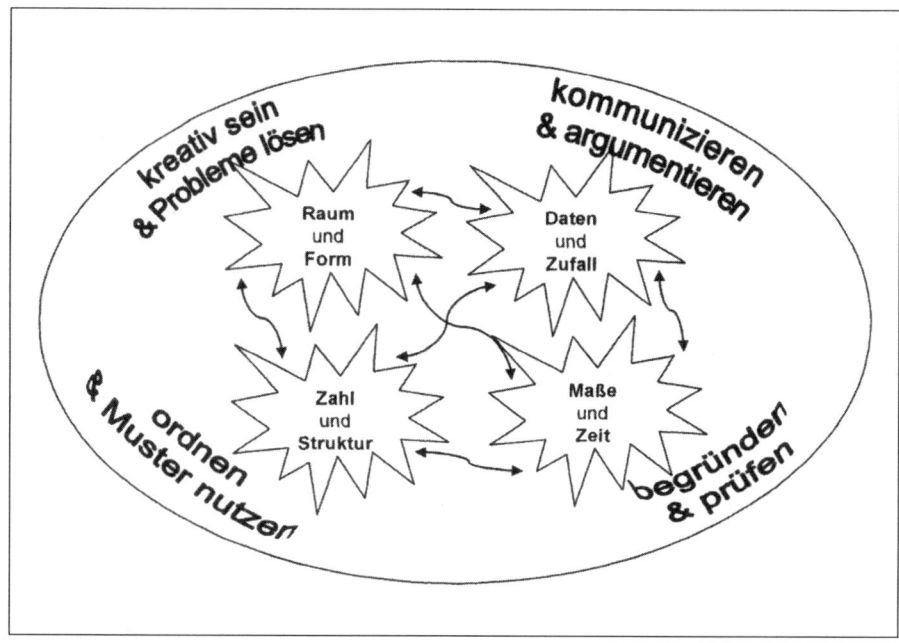

Abb. 17: Verzahnung mathematischer Kompetenzbereiche (Steinweg 2008, 147)

Steinweg gibt folgende Übersicht über die für den Schuleintritt hilfreichen Basiskompetenzen:

Kenntnisse/Wissen:
- Erkennt die Ziffern bis 9, Zahlen ≥ 10 bis …
- Kennt Ordnungszahlen (kann im Spiel sagen, wer an 3. oder 4. Stelle ist)
- Erkennt und benennt Formen (z. B. Viereck, Kreis, Dreieck)
- Erkennt Fachbegriffe der Raumlage, kann Objekte nach Raumlage („links von dir" oder „hinter dir") finden
- Kennt die Wochentage und Jahreszeiten in ihrer Reihenfolge
- Kennt den eigenen Geburtstag (im Jahresablauf/Datum)
- Kennt Code-Zahlen, die persönlich von Bedeutung sind, z. B. Hausnummern oder Telefonnummern
- Erkennt einige Münzen und Scheine (z. B. aus Einkaufssituationen etc.)
- Kennt Messinstrumente (erforscht Waagen etc. spielerisch)

Fertigkeiten/Handlungen:
- Zählt Gegenstände richtig ab bis … (Augen eines Spielwürfels, setzt einen Spielstein zählend weiter)
- Zählt in Schritten (setzt den Spielstein auf einmal oder in 2er-Schritten weiter)
- Erfasst Anzahl oder Mengenunterschiede schätzend oder quasi simultan durch die Struktur (erkennt Würfelbild/Fingerzahl ohne zu zählen, kann fünf oder mehr Gegenstände auf einmal nehmen)

- Kann ohne zu zählen sagen, wie groß die Menge ist, wenn noch 1 oder 2 dazu kommen oder abgegeben werden
- Zeichnet Formen erkennbar und korrekt (frei oder mit Hilfsmitteln)
- Baut Gebäude aus Bauklötzen (frei oder nach Vorlage)
- Gestaltet Körper und Formen (Vollmodell aus Knetmasse, Kantenmodelle mit Hölzchen, Papier falten, schneiden, stanzen und stempeln)
- Kann einfache Wege beschreiben
- Setzt Muster aus Formen in einer gewissen Ordnung sinnvoll fort
- Raumvorstellungen: Beachtet beim Abzeichnen oder Nachbauen von Bauwerken oder Mustern räumliche Beziehungen (Dreieck neben Quadrat oder Prisma oberhalb des Würfels etc.)
- Beachtet zeitliche Abläufe (im Alltag, in Erzählungen, plant mit und erwartet zukünftige Ereignisse)
- Bewegt sich passend zu Takten und Rhythmen
- Kann Dinge nach Länge oder Gewicht vergleichen und ordnen
- Findet für verschieden große Dinge die passenden Aufbewahrungsgefäße, z. B. Kisten etc.
- Nutzt und gestaltet erste Diagramme, Skizzen, Zeichnungen

Fähigkeiten/Denkweisen:
- Freut sich daran, kreativ zu gestalten
- Hat originelle Ideen und Lust am Forschen
- Versucht Probleme gezielt und beharrlich zu lösen
- Versucht, andere Standpunkte zu verstehen, kann mit anderen über Sachverhalte diskutieren, kann Meinungen begründen und Behauptungen auf ihren Wahrheitsgehalt hin prüfen
- Verabredet mit anderen gemeinsame Spielregeln und achtet auf ihre Einhaltung
- Versteht Scherze und Geschichten, die Maße thematisieren (Däumling, Gullivers Reisen)
- Bildet Hypothesen und macht sich Gedanken über die Ursachen von Ereignissen
- Ahnt, dass manche Ereignisse Gesetzmäßigkeiten folgen (Steinweg 2008, 155)

„Anregungsumgebungen werden hierbei verstanden als vorbereitete Umwelten, in denen die Kinder individuell Erfahrungen machen können, ohne Bevormundung oder engmaschige, methodische Aufbereitung der Inhalte" (Steinweg 2008, 145). Ein solches Vorgehen setzt hohe Ansprüche an die didaktischen und diagnostischen Kompetenzen der Lehrkraft. Zum einen ist es erforderlich, in den jeweiligen Situationen wie z. B. Tischdecken, Anziehen usw. zugrunde liegende mathematische Strukturen zu entdecken. Zum anderen bedarf es professioneller Beobachtungskompetenzen, aus den äußerlich sichtbaren Handlungsabläufen der Kinder bzw. ihren sprachlichen Äußerungen die jeweils zugrunde liegenden Einsichten interpretieren zu können.

Förderung spezifischer Lernvoraussetzungen in Alltagssituationen (Werner 2008)

Folgende Alltagssituationen lassen sich als vorbereitete Umwelten im Sinne Steinwegs verstehen und nutzen:

Klassifizieren und Sortieren (Mengen herstellen, bestimmen und vergleichen):
Kinder ordnen alltägliche Materialien (Spielzeug, Steine, Naturmaterialien, Schrauben, Knöpfe usw.) in selbst gewählte Kategorien ein. Kinder sollen ihre Spielsachen selbst sortieren, einräumen und ihre Kriterien erklären können. Während des Tischdeckens, Wäschesortierens, Besteckeinräumens usw. sollen Kinder helfen und sich von den Eltern die gewählten Ordnungskriterien begründen lassen. Beim Einkaufen können Kinder die Ordnungs-/Klassifikationskriterien eines Supermarktes entdecken: „Dort in diesem Regal findet sich immer das Obst/Gemüse, in einem anderen Regal stehen immer Milch und Milchprodukte." Spiele wie „Ich sehe was, was du nicht siehst", Quartett-, Lege- und Würfelspiele wie „Mensch-ärgere-dich-nicht", „Speed", „Halli-Galli" (ein Legespiel zu Obstsorten), „Ligretto" (ein Zuordnungsspiel zu Anzahl, Farbe und Form) fördern besonders die mathematisch wichtigen Klassifikationsfähigkeiten.

Muster und Symmetrie (Reihenbildung):
Das Entdecken von Mustern ist hilfreich, um Zusammenhänge und Regelmäßigkeiten in der Mathematik (Mathematik als Muster) erfassen zu können. Unser Alltag sowie unser immer wiederkehrender Lebensrhythmus bestehen aus Regelmäßigkeiten und Mustern: Wochentage, Tages- und Jahreszeiten usw. Auch die Entdeckung musikalischer und auch Zählrhythmen wie „2 – 4 – 6 – 8 – 10" oder das Zählen in 5er Schritten „5 – 10 – 15 – 20 – 25" gehören dazu. Die Kinder erkennen Muster in der Umgebung (z. B. auf Handtüchern, Tischdecken, Gardinen, Fußbodenbelägen), setzen diese fort bzw. entwerfen selbst Muster (Perlenketten aufziehen, Karten gestalten). Kinder können Reihenfolgen herstellen, z. B. Familienmitglieder nach dem Alter, nach der Größe ordnen, bei Wettspielen benennen, wer „Erster, Zweiter, Dritter" geworden ist. Viele Lauf- und Wettspiele agieren in einer regelhaften Abfolge, die Beteiligung der Spieler wird wiederum häufig nach dem Zufallsprinzip ausgelost („Wer die höchste Zahl gewürfelt hat, beginnt").

Zahlwissen und Zählfertigkeiten:
Kindern begegnen in ihrer Umgebung Ziffernsymbolen, sie zählen gerne Gegenstände ab. Die Kinder sollen Ziffernsymbole in der Umwelt suchen: Wo überall stehen Zahlen? Wo gibt es große/kleine Zahlen? Was bedeuten die Zahlen auf der Uhr, dem Kalender, der Haustür, dem Telefon, der Zuckertüte usw.?

Überlegungen wie „Wer kann am weitesten zählen?", „Zähle rückwärts", „Welche Zahl ist die größte?", „Welche Zahlen sind für dich wichtig?" (Lebensalter, Haus- und Telefonnummer u. ä.) fordern zum reflektierten Umgang mit Zahlen heraus.

Spiele wie „Elfer raus", Abzählreime, paarweises Zählen (Zählen in Zweierschritten), Seilspringen, „Himmel & Hölle", Zahlendomino unterstützen den vielseitigen Gebrauch von Zahlworten und Ziffernsymbolen.

Gespräche sollen zum Nachdenken über mathematische Phänomene im Alltag anregen und/oder auch Mengen, Längen, Zeiten, Relationen geschätzt werden, z. B. „Was meinst du, wie alt du in zwei Jahren bist, und wie alt dann Mama/Papa sind? Gibt es in deinem Kinderzimmer mehr Bücher oder mehr Autos? Sind wir schneller, wenn wir mit der Bahn oder dem Auto zur Oma fahren? Wie alt bist du, wenn du doppelt so alt bist wie jetzt?".

Räumliches Vorstellungsvermögen; Raum-Lage-Beziehungen:
Der Umgang mit verschiedenen geometrischen Formen und Körpern wie Spielzeuge, Bausteine, Verpackungen und das Verstehen von Begrifflichkeiten wie „oben, unten, neben, in, auf" unterstützt die Raumorientierung. Türme aus Bausteinen bauen, sich auf Klettergerüsten bewegen, in Kisten/Kartons hineinkriechen, sich vorwärts und rückwärts zu bewegen, rechts und links zu unterscheiden („mein rechter Platz ist leer") – all diese Aktivitäten fördern diese Kompetenzen.

Messen und Wiegen (Umgang mit Größen/Größenrelationen):
Kinder sammeln hier grundlegende Erkenntnisse über die Bedeutung von Maßangaben. Sie entwickeln erste Vorstellungen über gebräuchliche Maße wie z. B. „1 l ist so viel wie ein Tetrapack Milch", „Was bedeutet die Zahl, die erscheint, wenn ich mich auf die Waage stelle?", „1 kg ist so schwer wie eine Tüte Zucker", „Ich bin so groß wie 1 m". Auch Fragen zum Vergleich bieten sich hier an: „Bin ich so groß wie der Tisch?", „Bin ich so schwer wie eine Tüte Zucker?".

Gerade der Alltagsbereich Küche unterstützt die Entwicklung realer Vorstellungen von Gewichts- und Volumeneinheiten wie Liter, Gramm oder Kilogramm sowie deren Beziehungen untereinander, z. B. $^1/_2$ kg, $^1/_4$ l usw. Lassen Sie die Kinder umrühren, abwiegen, abmessen, umschütten, umrühren, Zahlen in Rezepten finden usw.

Zu empfehlen ist auch, den Kindern früh eine überschaubare Summe Taschengeld zu geben, über die die Kinder selbstständig verfügen können. Fragen wie „Was kannst du dir für 50 Cent kaufen?", „Wenn du dir etwas für 2 Euro kaufen möchtest, wie viel mal brauchst du 50 Cent?" unterstützen den bewussten und reflektierenden Umgang mit Geld.

Das (Vor-)Lesen, Erzählen, Nacherzählen von Geschichten bildet Vorstellungen über zeitliche Reihenfolgen z. B. von Ereignissen heraus.

Die Planung eigener Spiele, das Entwickeln von Spielregeln, das Treffen von Vereinbarungen fördern Einsichten in regelhafte Strukturen, fördern die Hypothesenbildung über mögliche kommende Ereignisse und Abläufe.

All diese beschriebenen Situationen machen deutlich, dass es nicht um eine spezifisch isolierte Förderung bezüglich mathematischer Kompetenzen geht, sondern um eine integrative, alltags- und kompetenzorientierte Förderung. Den Kindern soll bewusst werden, dass sich viele ihrer Alltagshandlungen und -phänomene mit Hilfe mathematischer Zeichen und Begriffe beschreiben lassen.

4.4.2 Programme

Mathe-Kings – Junge Kinder fassen Mathematik an (Hoenisch & Niggemeyer 2007)

Dieses anschaulich gestaltete, mit zum Teil ganzseitigen farbigen Fotos versehene Buch dokumentiert zahlreiche Umsetzungsvorschläge einer vorschulischen mathematischen Bildung. Die Grundideen orientieren sich an den entwicklungspsychologischen Befunden. Basierend auf der Entwicklungstheorie von Piaget wird davon ausgegangen, dass die Kinder drei Phasen (*konkrete, Übergangs- und abstrakte Phase*) in ihrer Entwicklung der mathematischen Konzepte durchlaufen.

Diese Konstruktion aber basiert nicht ausschließlich auf einem biologisch ablaufenden Reifungsprozess, sondern entwickelte sich in der lebendigen Auseinandersetzung mit Mathematik: „Während Kinder im Alltag Mathematik spielen, erfahren sie deren Sinn und wachsen mit einer Vorliebe für Mathematik heran. Sie reden über ihr Tun, während sie mit der Waage spielen. Sie vergleichen, stellen fest, dass etwas mehr wiegt als etwas anderes und fragen sich, warum: ‚Wenn du zwei Bauklötze in die Waagschale legst – wie viele müssen in die andere Schale, damit sie die gleiche Höhe hat?' Die Kinder nähern sich dem logischen Denken, indem sie Ideen austauschen: die eigene Lösung wird mit der Lösung des anderen Kindes verglichen. Gerade für junge Kinder ist Mathematik eine Denkart, kein System von Symbolen und Formeln" (Hoenisch & Niggemeyer 2007, 11).

Die „Konstruktionen" der Kinder über grundlegende mathematische Konzepte basieren auf sechs so genannten „Brückenpfeilern":

Sortieren und Klassifizieren:
Kinder ordnen alltägliche Materialien in selbst erklärte Kategorien ein.

Das Muster:
Das Entdecken von Mustern ist hilfreich, um Zusammenhänge und Regelmäßigkeiten im Leben erfassen zu können. Unsere Kleidung besteht aus Mustern wie auch unser immer wiederkehrender Lebensrhythmus: Montag, Dienstag usw. Auch die Entdeckung von Rhythmen gehört hier hinzu.

Die Zahl:
Kinder befassen sich mit Gegenständen und ordnen Zahlen hinzu („Zu einem Teller kommt ein Becher, eine Gabel und so weiter"). Später wird die Beschäftigung mit Zahlen abstrakter. Zahlmengen und Zahlen als Symbole können erkannt werden.

Raum und Geometrie:
Das Erfassen verschiedenster Formen und das Verstehen von Begrifflichkeiten wie „oben, unten, neben, in, auf" dient Kindern zur Raumorientierung und dazu, Gegenstände zunächst zu lokalisieren und dann auch umschreiben zu können: „Der eckige Würfel liegt neben dem Stift, auf dem Tisch. Ich gehe durch das kleine runde Loch in das dreieckige Zelt."

Abb. 18: Zahlenkonstruktion (Hoenisch & Niggemeyer 2007, 59)

Wiegen, Messen und Vergleichen:
Dieser „Pfeiler" umfasst Möglichkeiten, sich mit Maßeinheiten in verschiedenen Experimenten auseinanderzusetzen. Kinder sammeln dabei Erkenntnisse über die Bedeutung von Mengenangaben. Die Kinder denken sich eigene Varianten aus, Dinge maßstäblich zu erfassen: „Wie viele Kartoffeln sind so schwer wie eine Melone? Ist mein Hüpfseil genauso lang wie ich, wenn ich mich auf den Boden lege?" Hinzu kommen alltäglich verwendete standardisierte Einheiten wie kg, l, m.

Grafische Darstellung und Statistik:
Kinder eignen sich eine Vorstellung von Mengenverhältnissen an. Diese ist hilfreich, um Zahlstrukturen zu verstehen und um verschiedene Gegebenheiten einordnen zu können. Eine visuelle Darstellung macht es den Kindern noch deutlicher. Ein Beispiel: Es gibt 12 Mädchen und 9 Jungen in meiner Gruppe. Für jedes Mädchen gibt es einen Kreis. Die Jungen bekommen ein Viereck. So können die Kinder klar erkennen, dass es mehr Kreise gibt, also auch mehr Mädchen.

Dieses Programm präferiert den Erwerb mathematischer Kompetenzen über das eigene Entdecken innerhalb von Alltagssituationen. Eine fachwissenschaftliche Systematik ist hier nicht handlungsleitend. Dennoch werden den Kindern Erfahrungen in allen mathematischen Kompetenzbereichen ermöglicht. Dieses Programm ist daher für eine vorschulische Förderung gut geeignet.

Abb. 19: Melonenumfang messen (Hoenisch & Niggemeyer 2007, 17)

Das kleine Zahlenbuch Band 1 und 2 (Müller & Wittmann 2002; 2004)

Dieses Lernmaterial erweitert das mathematikdidaktische Grundschulprojekt „Mathe 2000". Die inhaltliche Leitidee des Programms besteht in der Auffassung von Mathematik als „Wissenschaft von den Mustern". Mathematik wird auch als Wissenschaft von den Mustern, d. h. von den Regelmäßigkeiten und den Gesetzmäßigkeiten verstanden, beginnend bei „einfach zugänglichen arithmetischen und geometrischen Mustern bis hinauf zu hochkomplexen, abstrakten Mustern" (Wittmann 2007; vgl. auch Kapitel 1). Kinder interessieren sich von klein auf für Zahlen und lernen sie im täglichen Leben in verschiedenen Zusammenhängen kennen und gebrauchen. „Das kleine Zahlenbuch" unterstützt und vertieft die Begegnung von Kindern mit Zahlen.

Insbesondere werden hierbei Fähigkeiten und Fertigkeiten in den Bereichen Zahlenreihen, Rechnen, Rechengesetze, Rechenvorteile, arithmetische Muster sowie Zahlen in der Umwelt aufgegriffen. Im Detail bedeutet dies, dass die Kinder sich möglichst durch eigene Erkundungen sowie durch die Konfrontation und Auseinandersetzung mit Mathematik im Sinne einer „aktiven Aufbauleistung" (Wittmann 2004, 51) Inhalte, Fähigkeiten und Fertigkeiten erarbeiten. Als weitere Prinzipien für ein Design von Lernumgebungen zur mathematischen Frühförderung sieht Wittmann dabei den spielerischen Umgang mit Mathematik durch „mathematische Aktivitäten in Form echter mathematischer Spiele" (Wittmann 2007, 52) vor.

Wittmann beschränkt das Lehren und Lernen von Mathematik im vorschulischen Bereich allerdings implizit auf die Förderung mathematischer Vorläuferfähigkeiten: „Gezieltes, systematisches Lernen muss der Grundschule vorbehalten bleiben. Es nimmt einen umso erfolgreicheren Verlauf, je besser es durch spielerische Aktivitäten im Vorschulalter vorbereitet ist" (2007, 52).

Abb. 20: Das kleine Zahlenbuch (Band 1)

Abb. 21: Das kleine Zahlenbuch (Band 2)

Es werden Kernideen der Grundschulmathematik aufgegriffen und in vielfältigen Alltagssituationen angewendet. Die Kinder können dabei Strukturen entdecken und sie in Spielsituationen nutzen, um beispielsweise zu gewinnen.

Teil 1: Spielen und Zählen
Dieser Band zielt auf die umfassende Entwicklung des Zahlbegriffs. Die Kinder lernen die natürlichen Zahlen als Anzahlen, Ordnungszahlen, Zählzahlen, Maßzahlen und Nummern kennen. Durch viele zahlenhaltige Bilder aus der Lebenswelt werden die Kinder angeregt, in ihrer eigenen Umgebung Ausschau nach Zahlen zu halten.

Beispiel:
- Bei „Volles Haus" hat jeder der beiden Spielpartner als Spielplan ein Haus mit 6 Zimmern, die von 1 bis 6 nummeriert sind. Die Kinder würfeln abwechselnd und dürfen in ihrem Haus das Zimmer der gewürfelten Nummer mit einem Plättchen besetzen. Wenn das Zimmer schon besetzt ist, war der Wurf umsonst. Wer sein Haus zuerst voll hat, gewinnt.

- Bei „Muster legen" müssen Reihen von roten und blauen Plättchen nachgelegt und der Regel entsprechend fortgesetzt werden.

Teil 2: Schauen und Zählen
Grundlage für sicheres und flexibles Rechnen ist die Fähigkeit, kleine Anzahlen „strukturiert" zu bestimmen, d.h. eine Menge in kleine Gruppen zu zerlegen, zu bündeln und deren Anzahl auf einen Blick erfassen zu können. Um diese Fähigkeit zu schulen, wurden zwei Sets von Spielkarten entwickelt:

Auf den $4 \times 6 = 24$ „Insektenkarten" sind Bienen, Käfer, Schmetterlinge und Ameisen mit den Anzahlen 1 bis 6 abgebildet, auf den $4 \times 12 = 48$ Zahlenkarten sind die Zahlen 1 bis 12 in verschiedener Form dargestellt. Dadurch dass z.B. 6 Bienen als 3 + 3 Bienen, 6 Ameisen als 4 + 2 Ameisen oder 11 Punkte durch zwei Würfel mit den 6 und 5 Augen bzw. ein Punktmuster mit 5 + 5 + 1 Punkten dargestellt sind, lernen die Kinder im Umgang mit den Spielkarten Anzahlen unterschiedlich zu sehen und wahrzunehmen.

Beispiel:
- Im Spiel „Passende Pärchen" wird z.B. ein Spielplan verwendet, auf dem 12 der 24 Insektenkarten abgebildet sind. Die 24 Karten werden an 3–4 Kinder verteilt, die reihum eine der abgebildeten Karten nach der anderen ablegen. Jede der übrig bleibenden Karten wird dann wieder reihum auf eine anzahlgleiche Karte abgelegt.
- Im Spiel „Verdeckt – Entdeckt!" schließt ein Kind die Augen, die anderen legen die 6 Bienen- und die 6 Käferkarten bunt durcheinander auf den Tisch und drehen je eine Bienen- und Käferkarte um. Das Kind öffnet dann die Augen und muss die verdeckten Karten identifizieren.

„Spielend Mathe" – ein Programm zur Förderung mathematischer Vorläuferfertigkeiten im Kindergarten (Quaiser-Pohl 2008)

Dieses Programm basiert auf dem Magdeburger Programm zur Förderung mathematischer und allgemeiner intellektueller Fähigkeiten (Quaiser-Pohl 2008, 107). Im Gegensatz zu ähnlichen Programmen, die sich z.B. eher auf den Umgang mit Zahlen konzentrieren (Preiß 2004; Friedrich & Bordihn 2003), wird hier der Fokus auf unterschiedliche kognitive Fähigkeitsbereiche gerichtet.

Aufbauend auf den Befunden zur Entwicklung mathematischer Kompetenzen sowie der Dyskalkulieforschung und mathematikdidaktischen Überlegungen werden im Rahmen dieses Programms verschiedene mathematische Kompetenzen gefördert, die sich den folgenden fünf Bereichen zuordnen lassen:

1. Visuelle Differenzierungsfähigkeit und Umgang mit Symbolen
2. Mengenauffassung
3. Zahlbegriff
4. Einfache Rechenoperationen
5. Raumvorstellungen (Quaiser-Pohl 2008, 107)

Wesentliches Merkmal der Fördereinheiten ist, dass die mathematischen Inhalte den Kindern in altersadäquater Art und Weise und vor allem in spielerischer Form nahe gebracht werden.

Dazu wurden jeweils zwei aus verschiedenen Übungen bestehende Fördereinheiten entwickelt, die das mathematische Denken auf spielerische Art und in Verbindung mit der konkreten Lebenswelt des Kindes anregen sollen. Sie sind zwar – auch aus Gründen der Systematik – den einzelnen Fähigkeitsbereichen zugeordnet, aber nicht systematisch aufeinander aufbauend und funktional miteinander verbunden. Das bedeutet, dass beim Umgang mit den Aufgaben meistens mehrere Fähigkeiten gleichzeitig beteiligt sind, wobei aber immer ein Fähigkeitsbereich durch die Förderung besonders angesprochen wird. Selbst eine Klassifikation in grundlegende und darauf aufbauende Fähigkeiten ist somit schwierig, weshalb die Reihenfolge der Förderbereiche im Zuge der Durchführung relativ flexibel gehandhabt werden kann. Ein weiteres grundlegendes Prinzip von „Spielend Mathe" besteht darin, Kinder aller Begabungsausprägungen fördern zu können. Es ist nicht nur für durchschnittlich begabte, sondern auch für eher „rechenschwache" und auch mathematisch besonders begabte Kinder konzipiert. Dazu sollten die Kleingruppen aber relativ begabungshomogen zusammengesetzt sein und der Schwierigkeitsgrad der Inhalte innerhalb der Förderbereiche jeweils variiert werden.

Das Programm „Spielend Mathe" wurde im Frühjahr 2006 mit ca. 180 Vorschulkindern aus insgesamt zwölf Kindergärten zehn Wochen lang durchgeführt und im Rahmen einer Evaluationsstudie mit Prä-/Posttestdesign und bisher zwei Follow-up-Untersuchungen evaluiert. Neben dem nachgewiesenen Leistungszuwachs zeigte sich, dass es möglich ist, Mathematik spielerisch und mit viel Spaß und Freude bereits Vorschulkindern nahezubringen. Die Vorschulkinder fühlten sich dabei keineswegs überfordert.

Insgesamt weist die Evaluation darauf hin, dass das Programm durch die gezielte Beeinflussung von kognitiven Merkmalen (diverse mathematische Leistungen) und nicht-kognitiven Merkmalen (z. B. Schul- und Prüfungsangst, schulisches Selbstkonzept) die Startbedingungen bei der Einschulung bedeutsam verbessert. Und generell scheinen sowohl leistungsstärkere als auch leistungsschwächere Kinder von diesem Programm zu profitieren. Allerdings hat sich gezeigt, dass gerade mathematisch weniger begabte Kinder geringere Tendenzen zeigen, mathematische Strukturen von sich aus zu erkunden und die mathematische Welt zu explorieren. Weitere Follow-up-Untersuchungen werden zeigen, wie nachhaltig sich die Effekte des Programms über das erste Schuljahr hinaus erweisen (Quaiser-Pohl 2008).

„Entdeckungen im Zahlenland" (Preiß 2004)

Ziel des Projekts „Entdeckungen im Zahlenland" ist es, Kindern das Verständnis von Mathematik zu erleichtern. Es wird eine Basis geschaffen, mathematische Vorerfahrungen der Kinder in unterschiedlichen Handlungsfeldern anzuregen und zu entwickeln.

Mathematische Vorläuferfertigkeiten

Die grundlegenden Ideen dieser Handlungsfelder wurden von Preiß in den Jahren 1989 bis 1994 entwickelt und im Unterricht mit geistig behinderten Jugendlichen an einer Schule für geistig Behinderte erprobt. Gegenwärtig findet es weite Verbreitung in vielen vorschulischen Einrichtungen bzw. Kindergärten.

Die „Entdeckungen im Zahlenland" verfolgen das Ziel, Kindern schon vor der Schule grundlegende Erfahrungen mit Zahlen zu ermöglichen, und dies mit ihrem Leben zu verbinden. Die Grundidee des Programms basiert auf zwei Säulen: Dem natürlichen Entdeckungsdrang und der lebendigen Neugier von Kindern sowie der Aufgabe, die abstrakte Welt der Mathematik als sinnlich erfahrbar zu gestalten.

Der Aufbau des Zahlbegriffs vollzieht sich bei den „Entdeckungen im Zahlenland" im Rahmen von drei Erfahrungs- und Handlungsfeldern: Im Zahlenhaus, auf dem Zahlenweg und in den verschiedenen Zahlenländern. In insgesamt 22 Einheiten machen sich die Kinder mit den Zahlen 1 bis 10 vertraut und können erste Erfahrungen im Zahlenraum bis 20 sammeln.

Große Bedeutung kommt auch dem Mathematisieren von Sachsituationen aus der kindlichen Erfahrungs- und Lebenswelt zu. Die Kinder werden damit vertraut gemacht, Situationen mathematisch zu interpretieren und Fragestellungen zu finden, eigene Lösungswege zu entwickeln und sie handelnd darzustellen. Der Aufbau eines weiten Zahlbegriffs erfordert die Vereinigung dreier Kompetenzbereiche: Tragfähige Vorstellungen von den einzelnen Zahlen, Vorstellungen vom Zusammenhang der Zahlen sowie Vorstellungen von der Bedeutung der Zahlen.

Die drei Handlungsfelder der „Entdeckungen im Zahlenland" (das Zahlenhaus, der Zahlenweg und die Zahlenländer) sollen gezielt diese drei Kompetenzbereiche fördern.

Abb. 22: Zahlenweg (Preiß 2004)   **Abb. 23:** Zahlenhaus (Preiß 2004)

Im „Zahlenhaus" wohnen die Zahlen. Vor allem zu den Zahlen von 1 bis 10 sollen die Kinder eine enge Vertrautheit aufbauen. Auf dem „Zahlenweg" nähern sie sich den Zahlen „Schritt für Schritt". In den einzelnen Zahlenländern herrscht immer eine Zahl. Im „Einerland" kommen alle Dinge nur einmal vor, dagegen treten im

"Zweierland" alle Dinge paarweise auf, usw. Es gibt Geschichten von Zahlen, passende Lieder und Abzählreime. Rätsel werden gelöst und Pflanzen und Tiere genauer betrachtet. Ebenso wird der enge Zusammenhang der Zahlen mit geometrischen Erfahrungen aufgegriffen. Die Kinder vergleichen Längen, setzen diese zusammen, erfahren z. B. den Zahlenweg als Länge, vergleichen Körper hinsichtlich ihrer Formen und Größen.

Das Projekt „Entdeckungen im Entenland" (2004)
Dem „Projekt Zahlenland" wurde inzwischen das „Projekt Entenland" vorgeschaltet.

„Entdeckungen im Entenland" ist ein ganzheitliches Gruppenprojekt für Kinder zwischen zweieinhalb und vier Jahren. Es vermittelt mathematische Kompetenzen wie beispielsweise das Lernen geometrischer Formen, räumliches Vorstellungsvermögen, Erfahrungen mit Gewicht, Orientierung in der Zeit, erste Erfahrungen mit dem Würfel und dem Zählen. Durch Sortieren und Ordnen lernen sie, Begriffe zu bilden und Gegenstände und Gedanken in eine feste Reihenfolge zu bringen.

Die Lerninhalte sind in sechs Lernfelder gegliedert und ihre Gestaltung ist vor allem von folgenden vier pädagogischen Prinzipien geprägt: Ganzheitlichkeit, Selbsttätigkeit der Kinder, soziales Verhalten und Lernen in Zusammenhängen.

Entenland 1
Lernfeld 1: Farben und innen/außen (Sortieren und Orientieren im Raum)
Lernfeld 2: Ebene Formen und ebene Formen in Kombination mit Farben (Sortieren)
Lernfeld 3: Zählen, Würfeln und Simultanerfassung (Sortieren und Ordnen)

Entenland 2
Lernfeld 4: Räumliche Figuren, Gewichte und oben/unten (Sortieren, Ordnen und Orientieren im Raum)
Lernfeld 5: Höhen, Längen und vorne/hinten, rechts/links (Sortieren, Ordnen und Orientieren im Raum)
Lernfeld 6: Vorher/nachher und Jahreszeiten (Orientieren in der Zeit)

Dieses alltagsorientierte Konzept bietet den Kindern die Möglichkeit, sich spielerisch mit Mengen und Zahlen in ihrer unmittelbaren kindlichen Lebenswelt auseinander zu setzen. Die bewusst spielerisch gestalteten Elemente sollen es den Kindern erleichtern, sich mit Mengen und Zahlen zu identifizieren. Die angebotenen Inhalte umfassen alle relevanten Vorläuferfertigkeiten wie Mengen- und Zahlvorwissen. Gerade der wenig fachsystematisch orientierte sowie spielerische Umgang lässt vermuten, dass beide Konzepte sowohl im Kindergarten als auch für die Förderung entwicklungsverzögerter bzw. lernschwacher Kinder sinnvoll sind.

Dieses Programm findet zunehmend Anwendung in den Kindergärten. Auch wenn empirische Untersuchungen zur Wirksamkeit des Programms derzeit nicht vorliegen, ist davon auszugehen, dass mit diesem Angebot wichtige Vorläuferfertigkeiten entwickelt werden können.

Das Projekt „Zahlenzauber" – mathematische Bildung im Kindergarten (Clausen-Suhr 2008)

Frühe mathematische Kenntnisse stehen in engem Zusammenhang mit schulischen Mathematikleistungen. Durch mathematische Vorläuferfertigkeiten im Kindergarten lässt sich ein Risiko abschätzen, ob ein Kind später im schulischen Lernen Rechenschwierigkeiten entwickeln wird. Gerade das letzte Jahr vor Schuleintritt zeigt sich für Kinder als eine besonders wichtige Phase, in der sie spezifische mathematische Kenntnisse ausbilden, die ihnen das spätere mathematische Lernen erleichtern. Innerhalb eines Jahrgangs bestehen jedoch extreme Unterschiede in diesen mathematischen Vorkenntnissen. Allen Kindern durch frühe mathematische Bildungsangebote die Chancen auf erfolgreiches schulisches Lernen zu eröffnen und möglichen Rechenschwierigkeiten vorzubeugen, ist vor diesem Hintergrund die zentrale Zielsetzung des Projekts (Clausen-Suhr, o. J., Internetseite).

Die Entwicklung mathematischer Kenntnisse und Einsichten schon im Kindergarten gezielt und dennoch spielerisch zu fördern, ist das Ziel des Projekts „Zahlenzauber". Mit etwa 240 Kindern wird derzeit ein Lernangebot erprobt, das Kindern die Mathematik in kindlichen Handlungs- und Alltagssituationen anbietet.

Die Materialien des Programms „Zahlenzauber" bieten den Erzieherinnen und Erziehern mit ihrem bausteinartigen Aufbau die Möglichkeit, Lern- und Erfahrungsangebote in Anpassung an die Lernbedürfnisse der Kinder und die organisatorischen Bedingungen des pädagogischen Kindergartenalltags flexibel anzuwenden und umzusetzen. Dabei geht es ausdrücklich nicht darum, Inhalte des schulischen Mathematikunterrichts in den Kindergarten zeitlich vorzuverlegen. Spiele, Bewegungsangebote, Geschichten und vielfältige Rahmenhandlungen sowie Angebote zur freien Beschäftigung werden so mit mathematischen Inhalten verknüpft, dass kindgerechte Lern- und Erfahrungsräume entstehen.

Das Programm stellt eine Kombination aus entdeckenden Lernformen und Elementen der direkten Instruktion und der Selbstinstruktion dar. Damit wird vor allem den Befunden Rechnung getragen, die wiederholt belegen, dass lernschwache Schüler von Formen des entdeckenden Lernens weniger profitieren als andere Kinder. Diese Kinder benötigen zusätzlich strukturierende Hilfen, um eigene Entdeckungen zu erkennen und zu systematisieren, Lösungsstrategien entdecken, vergleichen und verinnerlichen zu können (Clausen-Suhr 2008).

In Voruntersuchungen im Frühjahr 2007 hat sich gezeigt, dass die geförderten Kinder gegenüber einer Kontrollgruppe nachweisbar von der Förderung profitieren und diesen Vorsprung noch bis in die erste Grundschulklasse hinein halten konnten. In der nun beginnenden längsschnittlich angelegten Projektphase (Januar 2008 bis Juni 2009) wird der Frage nachgegangen, inwiefern die Lernerfolge der Kinder über kurzfristige Effekte hinaus noch im Grundschulalter (Ende des 1. Schuljahres) das mathematische Lernen positiv beeinflussen (Clausen-Suhr o. J.).

In einer quasi-experimentellen Interventionsstudie wurde versucht, die Unterschiede in der Leistungsentwicklung in Abhängigkeit von den methodischen Varianten der Förderung (aktiv-entdeckendes Lernen gegenüber einer Kombination aus entdeckendem Lernen und der Methode der direkten Instruktion und des kognitiven Modellierens) festzustellen. Die Ergebnisse des Experimental-Kontrollgruppen-Versuchsplans im Vortest-Nachtest-Design mit Follow-up bei knapp 100 Kindern lassen sich wie folgt zusammenfassen:

Mit einer hohen Effektstärke wurde ein deutlicher Fördererfolg in der Trainingsgruppe gegenüber der Kontrollgruppe sichtbar, der auch über den Förderzeitraum hinweg stabil blieb.

Kinder der Trainingsgruppe I, die noch vor der Förderung einem Risikobereich zugeordnet wurden, konnten das Niveau ihrer Zahlbegriffsentwicklung signifikant häufiger im mittleren Leistungsbereich erhöhen.

Diese Studie bestätigt, dass für lernschwache Kinder eine Förderung mit kombinierten Methoden aus entdeckenden Lernformen und Formen der direkten Instruktion sehr effektiv ist und gegenüber Formen des ausschließlich entdeckenden Lernens durchaus Vorteile bietet.

Für die Förderung lernschwacher Kinder bietet dieses Programm deutlich Chancen, präventiv zu wirken: „Gerade Kinder ..., die mit niedrigen Vorkenntnissen vor der Förderung gestartet sind, konnten gegenüber der Kontrollgruppe so stark von der Förderung profitieren, dass sie nach Ende der Förderung nicht mehr dem Risikobereich zuzuordnen sind" (Clausen-Suhr, Schulz & Bricks 2008, 347).

„Mengen, zählen, Zahlen (MZZ)" – Ein Programm zur mathematischen Frühförderung im Kindergarten (Krajewski, Nieding & Schneider 2007)

Dieses Förderprogramm begründet sich mit den Untersuchungen zu den Vorläuferfertigkeiten im Mathematikunterricht der Grundschule sowie dem daraus abgeleiteten Entwicklungsmodell früher mathematischer Kompetenzen (Krajewski 2003; 2008). In der Untersuchung schälten sich das Mengen- und Zahlvorwissen als die relevanten mathematischen Bereiche heraus.

Die Entwicklung der Vorläuferfertigkeiten des Rechnens vollzieht sich über den Zeitraum von der Geburt bis zur Einschulung. Die Kinder durchlaufen verschiedene Etappen, die sich drei Kompetenzebenen zuordnen lassen und das zunehmende Verständnis für die Verknüpfung von Mengen und Zahlen widerspiegeln.

Kompetenzebene I – numerische Basisfertigkeiten:

Mengen können ab dem Säuglingsalter nach Ausdehnung und Volumen unterschieden werden. Davon isoliert erlernen Kinder ab dem Kleinkindalter das Zählen. Zählen, Zahlen und Mengen werden noch nicht miteinander in Verbindung gebracht. Die Kinder können Mengen differenzieren, verfügen über erste Fähigkeiten zum Abzählen (hier meist das Aufsagen der Zahlwortreihe ohne Verbindung zu Mengen) und kennen die Zahlwortreihenfolge.

Kompetenzebene II – Anzahlkonzept:

Die Zahlen werden von den Kindern mit Mengen verknüpft und als Anzahlen bewusst wahrgenommen. Sie erfahren, dass Mengen mit Zahlen verknüpft werden

Mathematische Vorläuferfertigkeiten

und sich durch Abzählen bestimmen lassen. Zunächst entwickeln die Kinder ein unpräzises Anzahlkonzept, d. h. sie unterscheiden grob zwischen Zahlen bzw. Mengen in den Kategorien „wenig, viel oder sehr viel". Eng beieinander liegende Zahlen können dabei noch nicht miteinander verglichen werden, da sie demselben Mengenbegriff zugeordnet werden (z. B. sowohl 15 als auch 17 sind „viel").

Erst später begreifen sie das präzise Anzahlkonzept und können präzise Zuordnungen zwischen Anzahlen und Zahlwörtern herstellen („genaues Anzahlkonzept"): Die Anzahlen können in eine exakte Reihenfolge gebracht und auch unmittelbar folgende Zahlen miteinander verglichen werden (z. B. 15 sind weniger als 16).

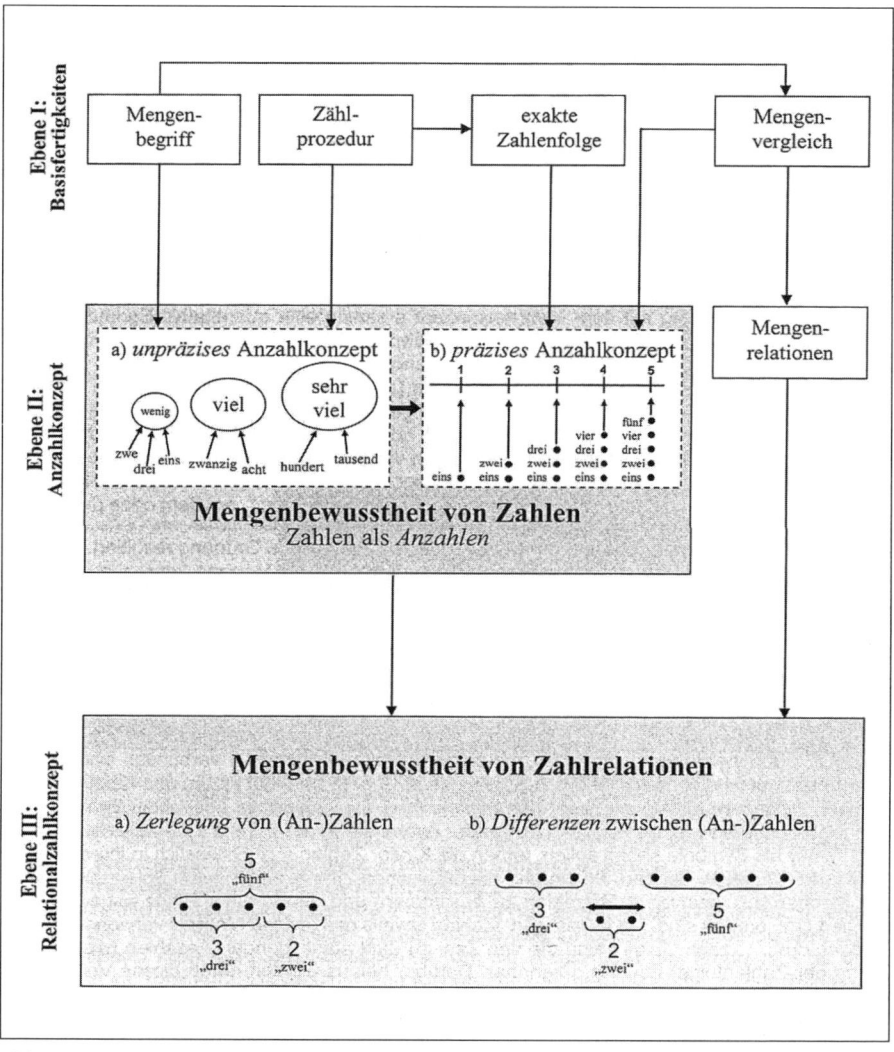

Abb. 24: Entwicklungsmodell nach Krajewski (2008)

Ebene III – Anzahlrelationen:
Auf dieser Ebene werden Mengen als zusammensetzbare und zerlegbare (An-)Zahlen erfahren. Die Kinder erkennen die Beziehungen zwischen Zahlen. Sie erfahren, dass die Unterschiede zwischen Zahlen auch wieder Zahlen sind, z. B. zwischen 3 und 6 liegen genau so viele Zahlen wie zwischen 5 und 8. Die Relationen zwischen Mengen werden mit Zahlen verknüpft (Anzahlrelationen). Teil-Ganzes-Beziehungen von Mengen (alle und einige) werden jetzt auch mit Zahlen dargestellt (fünf kann aufgeteilt werden in zwei und drei).

Eine gezielte Förderung im Kindergarten sollte sich eng an diesen Entwicklungs- bzw. Kompetenzebenen orientieren und dabei gezielt die nächst höheren Kompetenzstufen im Auge haben. Grundlegende Idee dieses Förderkonzepts ist es, sich von Anfang an auf das Verständnis der abstrakten Zahlenstruktur zu orientieren. „Abstrakt" meint hier nicht, dass die Kinder ohne konkretes Material operieren. Abstrakt meint jedoch, dass Kinder die Zahlen nicht in Verbindung mit irrelevanten Informationen und fantasievollen Märchen kennenlernen sollten. Fantasievolle Geschichten werden von Kindern sehr emotional erlebt und lösen vielfältige Assoziationen aus, die sie von Zahlen und Mengen eher wegführen. Kinder sollten vielmehr von Anfang an durch geeignete Darstellungsmittel mit der Zahlenstruktur vertraut gemacht werden. Ihnen muss bewusst werden, dass Dinge unter dem Aspekt der Anzahl betrachtet und beispielsweise nicht nur nach Farbe und Funktion unterschieden werden können (Krajewski 2008).

Abb. 25: Titelblatt aus „Mengen, zählen, Zahlen"

Über einen Zeitraum von zwei Monaten werden dreimal wöchentlich Spiele durchgeführt, die jeweils etwa eine halbe Stunde beanspruchen und die in der Handanweisung wortwörtlich vorgegeben sind. Das Frühförderprogramm ist für das letzte Kindergartenjahr geplant mit einer Gesamtdauer von 8 Wochen mit insgesamt 24 Sitzungen. Eine Sitzung dauert ca. 30 Minuten.

Zu jedem Spiel finden sich Leitfragen, die die Erzieherin stellen sollte. Besonderes Augenmerk wird darauf gelegt, dass die Kinder die vermittelten Inhalte auch verbal wiedergeben und sich das Numerische der Situationen bewusst machen.

Das Programm „Mengen, zählen, Zahlen" (MZZ) orientiert sich an den dargestellten Entwicklungsstufen und baut systematisch die frühen mathematischen

Kompetenzen der Kinder auf. So lernen die Kinder zunächst die Zahlen in Verbindung mit dahinterstehenden Anzahlen kennen. Sie lernen Anzahlen zu vergleichen und schließlich auch Unterschiede zwischen Anzahlen festzustellen und mit Zahlen zu belegen. Hierfür stellt das Programm geeignete Darstellungsmittel (z. B. die Zahlentreppe) zur Verfügung, die geeignet sind um Kindern die Zahlenstruktur zu vermitteln.

Für dieses Programm steht eine Materialbox mit Bausteinen, Spielchips und Spielkarten zur Verfügung. Als Basis lernen die Kinder die Zahlen bis 10 und entsprechende Anzahlen kennen. Begriffe wie „größer/kleiner als" werden gebildet oder Anzahlen zugeordnet.

Das Förderprogramm ist in der Praxis erprobt und erfolgreich evaluiert. Erste wissenschaftliche Überprüfungen des Programms an 260 Vorschulkindern (Trainings- und Kontrollgruppen), die mit einem allgemeinem Denktraining, einem anderen mathematischen Programm, mit dem MZZ oder gar nicht gefördert wurden, zeigten, dass bei Kindern mit der MZZ-Förderung kurz- und langfristig ein größerer Zugewinn im Bereich der Mengen-Zahlen-Kompetenzen zu beobachten war als in den drei anderen Kontrollgruppen. Eine derartige Förderung erweist sich dann als besonders wirksam, wenn sie gegen Ende der Kindergartenzeit durchgeführt wird. Aber auch in der Grundschulzeit zeigt dieses Programm Wirksamkeit (Krajewski 2008).

Es ist zu erwarten, dass dieses Programm auch positive Effekte in der Förderung lern- bzw. rechenschwacher Kinder zeigt. Es eignet sich daher als unterrichtsbegleitende Fördermaßnahme und auch als Differenzierungsmöglichkeit innerhalb des Unterrichts, z. B. in Phasen der Frei- oder auch Wochenplanarbeit. Ob sich allerdings damit eine alltagsbezogene Erarbeitung des Zahlbegriffs selbst erübrigt, müssen nachfolgende Untersuchungen zeigen. Es ist aber zu prüfen, ob die alleinige Anwendung dieses Programms eher zu einem isolierten, kontextunabhängigen Konzept über Zahlen und Zahlbeziehungen führen kann. Dieses so erworbene Wissen birgt die Gefahr in sich, als isoliertes Wissenskonzept vorhanden zu sein, das sich als nicht transferierbar und flexibel anwendbar erweist. Eine Kopplung dieser sach- und entwicklungsstrukturell orientierten Aufgaben mit Situationen und Problemen aus der Alltagswelt der Schüler erscheint daher empfehlenswert.

4.5 Übersicht über Verfahren zur Erfassung mathematischer Kompetenzen im Vor- und Grundschulalter

Stand: August 2008

Titel	Verfasser	Verlag/Jahr	Altersstufe	Thematische Schwerpunkte	Durchführung	Auswertung
Mathematik entdecken und verstehen analoges Verfahren: Hessisches Landesinstitut für Pädagogik (Hrsg.): Lernstand Mathematik Primarstufe 2002	Kutzer	Moritz Diesterweg, 1983	Vorschulalter, kurz vor Einschulung	pränumerisches Vorwissen (Formen, Größe, Farbe, Zuordnungen, Invarianz, Herstellen von Mengen) formales Vorwissen (Addition und Subtraktion im Zahlenraum 1–6; Kenntnis der Zahl und Menge „0")	freies Prüfverfahren Handlungsvorschläge eher Einzelprüfung nicht unterrichtsbegleitend	Bewertung kann/kann nicht bei „kann nicht" hier Förderansatz
SBL I/II Schultestbatterie zur Erfassung des Lernstandes in Mathematik, Schreiben und Lesen	Hrsg. Ingenkamp	Beltz Verlag, 1. Auflage 1972, Neubearbeitung in Anwendung seit 2000/2002	1./2. Klasse; entsprechende Leistungsstufen an Sonderschulen	Pränumerische Operationen, Kardinal- und Ordinalzahlaspekt Rechnen mit Geld, Sachrechnen und Textaufgaben, angewandtes Rechnen Addieren, Subtrahieren Zahlenrechnen, Längen messen, Rechnen mit Platzhaltern: Zerlegen und Ergänzen, Multiplizieren, Dividieren Geometrie, Rechnen mit Zeitmaßen	2 × 45 Min. Vorgegebene Formulierungen und Zeitmaße Schriftliche Bearbeitung Einführungsaufgaben Exploration und Lernversuche im Anschluss vorgeschlagen	*Quantitativ:* Anhand von Rohpunkten und Normtabellen (PR-Bänder) *Qualitativ:* Auswertungstabellen

Titel	Verfasser	Verlag/Jahr	Altersstufe	Thematische Schwerpunkte	Durchführung	Auswertung
Produktives Lernen für Kinder mit Lernschwächen:	Scherer	**Band 1:** Klett-Verlag, Leipzig, 1999	**Band 1:** Zwanzigerraum; FöSch Klasse 2/3	**Band 1:** Aufgaben mit abzählbaren und nicht abzählbaren Darstellungen (teils mit Kontextbezug, teils kontextfrei) Aufgabengruppen zur Anzahlbestimmung, Lesen und Schreiben einer Zahl, Größenvergleich,	Einzelsituation; Aufgaben auf Einzelblättern; 3 Aufgabenblöcke à ca. 10 Minuten, (verteilt auf 3 Sitzungen – nicht zwingend)	Auswertungsbogen für rein qualitative Analyse der individuellen Lösungsstrategien des Kindes;
Fördern durch Fordern. Band 1, 2 und 3		**Band 2:** Petersen Verlag, Horneburg, 2003 **Band 3:** Petersen Verlag, Horneburg, 2005	**Band 2:** Addition und Subtraktion im Hunderterraum; FöSch Klasse 3/4 **Band 3:** Multiplikation und Division im Hunderterraum; FöSch Klasse 3/4	Addition und Subtraktion. **Band 2/3:** Analoger Aufbau im ZR bis 100 und Multiplikation als fortgesetzte Addition. Erkennen von Zählstrategien möglich (abzählend oder gebündelt).	Für weitergehende Informationen zu den Lösungsstrategien des Kindes werden Interviews durchgeführt. Während der Testdurchführung keine Rückmeldung ob richtig oder falsch, relativ freie Formulierung.	Interview als Ergänzung zur Analyse individueller Lösungsstrategien empfohlen Im Übungsteil Orientierungsaufgaben zur weiteren Förderung.
Osnabrücker Test zur Zahlbegriffsentwicklung (OTZ)	van Luit, van de Rijt, Hasemann	Hogrefe-Verlag, 2000	5,0–7,5	Ermittlung des aktuellen Standes der Zahlbegriffsentwicklung in den Bereichen: 1. Vergleichen 2. Klassifizieren 3. Eins-zu-Eins-Zuordnen 4. nach der Reihenfolge ordnen 5. Zahlwörter benutzen 6. synchrones und verkürztes Zählen 7. resultatives Zählen 8. Anwenden von Zahlwissen	standardisierte Testanweisung; Antworten der Kinder in die Spalte Beobachtungen eintragen	Antworten nach Richtigkeit mit 0 oder 1 Rohpunkt bewertet; Rohpunkte mittels Tabelle in ein Kompetenzergebnis umwandeln; Kompetenzergebnis = Niveau der Zahlbegriffsentwicklung (Skala)

Übersicht über Verfahren zur Erfassung mathematischer Kompetenzen

Titel	Verfasser	Verlag/Jahr	Altersstufe	Thematische Schwerpunkte	Durchführung	Auswertung
Prozessdiagnose mathematischer Kompetenzen in den Schuljahren 1 und 2	Behring, Dobrindt, Kretschmann	Persen Verlag GmbH 1999, Horneburg/ Niederelbe	1. und 2. Schuljahr (Förderklassen 3, 4 und höher)	1. emotionale Einstellung zum Fach Mathematik 2. Arbeitsstil 3. fachliche Kompetenzen: Mengenoperationen und Vergleiche; Symbole; Orientierung und Gebrauch von Rechenmaterialien; mathematische Umwelterfahrungen; Grundrechenarten, dekadisches System, Zehnerübergänge, Lösungs-, Ableitungsstrategien → Festlegen eines Förderprogramms anhand vorgeschlagener Förderprinzipien	**Vortest:** → emotionaler Fragebogen → arithmetisches Schülerarbeitsblatt sowie Aufgabensammlung und Materialien zu einzelnen Kompetenzbereichen (zur weiteren Überprüfung und Förderung)	Lehrerauswertungsbogen zum Vortest mit Verweis auf weiterführende Aufgaben zur Überprüfung einzelner Kompetenzbereiche (Band II + III) Auswertungs-Tabellen für das aufgabenbezogene Lösungsverhalten zu weiterführenden Aufgaben
Deutscher Mathematiktest für erste – vierte Klassen (Demat 1+ –4)	Krajewski/ Küspert/Liehm/ Schneider/ Riock/ Gölitz/Hasselhorn	Hogrefe 2002/2004	Jeweils Ende der Klassenstufe bzw. Beginn der nächst höheren Grund- und Förderschule	Curricular valide Bereiche: **Band 1:** Menge-Zahl, Zahlenraum, Addition/Subtraktion, Zahlzerlegung, -ergänzung, Teil-Ganzes-Schema, Kettenaufgaben, Ungleichungen, Sachaufgaben **Band 2:** Zahleigenschaften, Längenvergleich, Addition/Subtraktion, Verdoppeln/Halbieren, Division, Rechnen mit Geld, Sachaufgaben, Geometrie **Band 3/4:** Arithmetik, Sachrechnen, Geometrie	Einzel- und Gruppentest (20 bzw. 40 Minuten), Parallelversion, förderdiagnostische Erweiterung durch Interviews beim Einzeltest	Qualitative Auswertung mit Hilfe von Schablonen, produktorientiertes Verfahren, Profilerstellung auf Subtestebene möglich

Titel	Verfasser	Verlag/Jahr	Altersstufe	Thematische Schwerpunkte	Durchführung	Auswertung
Neuropsychologische Testbatterie für Zahlenverarbeitung und Rechnen bei Kindern (ZAREKI)	v. Aster/Weinhold	Hogrefe 2002	7,5–11 Jahre Grund- und Förderschule	Testverfahren zur Dyskalkulie Basis: neurologisches Modell zur Zahlverarbeitung nach Dehaene (Tripel-Code-Modell)	Einzeltest (15–30 Minuten)	Prozentrangtabellen für Subtests Ermittlung eines kritischen Cutt-Off-Wertes für Dyskalkulie Keine förderdiagnostische Variation, ergänzende Hinweise für die Behandlung einer Dyskalkulie
HRT 1–4 Heidelberger Rechentest	Haffner, Baro, Parzer, Resch	Hogrefe 2005	Ende Klasse 1 bis 4, Grund- und Förderschule	Grundrechenarten, Lösen von Gleichungen und Ungleichungen, numerische und visuell-räumliche Zusatzinformationen a) Rechenoperationen (6 Untertests): Addition, Subtraktion, Multiplikation, Division, Ergänzungsaufgaben, Größer-Kleiner-Vergleiche b) Numerisch-logische und räumlich-visuelle Fähigkeiten (5 Untertests): Zahlenreihen, Längenschätzen, Würfelzählen, Mengenzählen, Zahlenverbinden	Einzel- und Gruppentest (45–60 Minuten) Parallelversion	Diagnose von Dyskalkulie und Hochbegabung Förderhinweise ableitbar
Qualitatives Prüfverfahren zum mathematischen Verständnis von Sachverhalten, den Grundlagen des Verstehens von Zahlen und Rechenoperationen	Reihe Pädagogische Diagnostik des IQSH (früher IPTS), König, Ebert	Kronshagen (bei Kiel) 2001	Grundschulbereich	Verständnis von Zahlen, Verständnis additiver Rechenoperationen, Stellenwert, Verständnis multiplikativer Rechenoperationen, Sachrechnen (einschließlich Größen und Maßzahlen)	Einzelverfahren	Informelles Verfahren Schwerpunkt: Individuelle Lernstrategien mit dem (kognitiven) Schwerpunkt Gruppenbildung und Reihenbildung (Klassifikation/Seriation) Interview zum Lösungsverhalten vorgesehen

Übersicht über Verfahren zur Erfassung mathematischer Kompetenzen

Titel	Verfasser	Verlag/Jahr	Altersstufe	Thematische Schwerpunkte	Durchführung	Auswertung
Eingangsdiagnostik aus „Navi 1 Mathematik" (Lehrwerk für Förderschulen)	Bildungsverlag Eins	Troisdorf 2008	Vor-, Grund- und Förderschulbereich, Klasse 1	Pränumerischer Bereich, Zahlbegriffsentwicklung, Addition/Subtraktion bis 6, Geometrie, Geldwerte Sachrechnen	Einzelverfahren	Informelles, unterrichtsbegleitendes Verfahren Schwerpunkt: Anwendung von mathematischem Wissen in Alltagssituationen
Besmath Berner Screening Mathematik	Erziehungsdirektion des Kantons Bern Moser Opitz/Berger/Ruesser	Bern 2007 www.erz.be.ch/besmath	Grundschule Klasse 1–3 Sichtungsverfahren zur Ausdifferenzierung im unteren Leistungsbereich	**Band 1:** Zahlzerlegen, Zählen, Addition/Subtraktion, Halbieren/Verdoppeln, Rechengeschichten (Geld, Einkaufen) **Band 2:** Zahlzerlegen bis 100, Halbieren/Verdoppeln, Addition/Subtraktion im ZR bis 100, Sachrechnen „Pizza", Multiplikation/Division, 10er-Bündelung, 100er-Tafel, Zahlenstrahl **Band 3:** Halbieren/Verdoppeln, Subtraktion, Ergänzen, Multiplikation, Zahlenstrahl, Sachrechnen „Fahrrad/Früchte"	Einzeltest 20–40 Minuten	Standardisierte Auswertung: Leistungen im • kritischen • knapp über kritischen • nicht im kritischen Bereich
Elementarmathematisches Basisinterview EMBI	Peter-Koop/Wollring/Spindeler/Grüßing	Offenburg 2007	Vor- und Grundschule (5–8 Jahre)	**Vorschule:** Zählaufgaben, Mengenkonstanz, -relationen, Lagebezeichnungen, Muster, Ordinalzahlen, Simultanerfassung, Menge-Zahl-Zuordnung, 1:1-Zuordnung **Grundschule:** Zählkompetenzen, Stellenwerte, Zahlen am Taschenrechner, Zahlen ordnen, Bündeln, Zahlenstrahl, Überschlag, Subtraktionsstrategien, Additions-, Subtraktions-, Multiplikations-, Divisionsstrategien	Einzel- und Gruppentest; 20–30 Min.	(Verhaltens-)Beobachtung und Interview; Individuelles Fähigkeitsprofil mit Hilfe fünf- bzw. sechsstufiger Ausprägungsgrade

Mathematische Vorläuferfertigkeiten

Titel	Verfasser	Verlag/Jahr	Altersstufe	Thematische Schwerpunkte	Durchführung	Auswertung
Kalkulie Diagnose- und Trainingsprogramm für rechenschwache Kinder	Gerlach, Fritz, Ricken, Schmidt	Berlin Cornelsen 2007	Vor- und Grundschule (bis Klasse 3)	**Baustein 1:** Reihenbilden, Zählen, Mengenaspekte, Kardinalität, Zahlen- und Mengenwissen integrieren **Baustein 2:** Strukturen erkennen und herstellen, Strukturen nutzen, Strukturen flexibilisieren (ZR bis 20) **Baustein 3:** Nicht-zählende Rechenstrategien, Strategie „Kraft der 5/10", Teil-Ganzes-Beziehungen, Rechenfakten erwerben	Einzel- und Gruppentest Teil 1 und 2 ca. 45 Min.; Teil 3 ca. 60 Min.	Parallelversion Normwerte für Klasse 1–3 Qualitative Auswertung: Strategieanalyse
Badys 1-4+ Bamberger Dyskalkulie Diagnostik	Merdian, G. Schardt, K.	Pae-Psy-Verlag Bamberg 2007	Regelschulen ab Ende der ersten bis zum Anfang der sechsten Jahrgangsstufe BADYS 1+: Ende der 1., Anfang der 2. Klasse BADYS 2+: Ende der 2., Anfang der 3. Klasse BADYS 3+: Ende der 3., Anfang der 4. Klasse BADYS 4+: Ende der 4. bis Anfang der 6. Klasse	Einzeltest **Langform** 80 bis 116 Aufgaben (variiert nach Klassenstufe), **7 Subtests:** • visuell-räumliche Grundfertigkeiten (VRG) • Gedächtnisleistungen (GED) • Mathematische Begriffe (MB) • Mengenerfassung (ME) • Zahlerfassung (ZE) • Addition und Subtraktion (ADSU) • Multiplikation und Division (MUDI) • Umgang mit Maßen (UMA) **Kurzform** (ohne VRG, GED, MB; ME bzw. UMA): 44–83 Aufgaben.	Langform 90 Minuten an zwei Terminen; Kurzform 45 Minuten	Normen liegen jeweils für die ersten sechs Wochen des Schuljahres vor, die ebenfalls für die letzten sechs Wochen des aktuellen Schuljahres gelten Für die erreichte Punktzahl des *Gesamttests* sowie für *alle Subtests* liegen Prozentrang und T-Wert-Normen zum Schuljahresanfang der Klassen 2 bis 6 vor. Zusätzlich sind Prozentränge für die *Kontrollvariable* (Bearbeitungsgeschwindigkeit) gegeben.

Exkurs II: Vom Wesen der Zahl, die Entwicklung des Zahlbegriffs und Diagnoseverfahren

Der Aufbau des Zahlbegriffs, der kompetente und sachgerechte Umgang mit Zahlen sowie die Orientierung und der Umgang auch mit großen Zahlräumen sind ein wesentlicher Bestandteil des Mathematikunterrichts, besonders in den ersten Schuljahren. Dazu bringen die Kinder vielfältige, unsystematische Vorerfahrungen mit. Dieser Exkurs greift zunächst die grundlegende Frage nach dem Wesen der Zahl, nach ihrem erkenntnistheoretischen und kognitionspsychologischen Charakter auf.

In den Ausführungen zur Entwicklung des Zahlbegriffs bei Vor- und Grundschulkindern wird der empirisch begründeten Auffassung, dass sich Schulleistungsversagen im Wesentlichen durch eine Entwicklungsverzögerung charakterisieren lässt, Rechnung getragen (Wember 1986; Mähler & Hasselhorn 1990; Wendeler 1990). Die Entwicklung des Zahlbegriffs, die Herausbildung mathematischer Einsichten und mathematischen Wissens folgt demnach bei rechen- und lernschwachen Kindern den gleichen Gesetzmäßigkeiten wie bei nicht behinderten Kindern.

Das Wesen der Zahl und die Theorie des Zahlbegriffs

Die Frage, was eine Zahl ist, beschäftigt die Menschheit seit Jahrtausenden. Zahlen begründen nicht nur das Wesen der Arithmetik, sondern Zahlen sind ebenso ein philosophisch wie naturwissenschaftlich interessanter Forschungs- und Erkenntnisgegenstand. In unserem Alltag operieren wir ständig mit Zahlen; Zahlwörter wie Million und Milliarde gehören zum allgemeinen Sprachgebrauch. Trotz möglicher schulischer Misserfolge in Mathematik haben wir „rechnen" gelernt und gehen kompetent mit Zahlen in unterschiedlichsten Alltagssituationen und verschiedenen Darstellungsformen um. Zahlen strukturieren unseren Alltag, geben Orientierung, stellen Ordnung her. Mit Hilfe von Zahlen können wir eindeutig Anzahlen, Mengen, Längen, Flächen und Volumina erfassen; gleichzeitig versuchen wir uns damit die unbegrenzte Unendlichkeit des Raums vorzustellen. Wir benutzen Zahlen als Kriterium für Wertigkeiten und Äquivalenzen. Letztlich stellt auch das Geld in unserer heutigen Form nichts anderes als einen numerischen Vergleich für den Waren-, Gebrauchs- und Tauschwert unterschiedlichster Güter und Dienstleistungen dar.

Obwohl Zahlen – im Gegensatz zu Worten – entpersonalisiert, emotionslos wirken, haben viele Menschen Lieblingszahlen. Zahlen verfügen über eine mystische Bedeutung, so sind beispielsweise in Märchen bedeutungstragende Ereignisse, Situationen und Handlungen häufig mit den Zahlen 3 oder 7 (Wünsche, Brüder, Zwerge, Rätsel usw.) verbunden. Nicht zuletzt sei die rätselhafte Zahl 13 erwähnt, die selbst im heutigen Alltag häufig zu Unbehagen und Unsicherheiten führt.

Der Umgang mit Zahlen, Zahlsymbolen und das Zählen als Alltagskultur lassen sich bereits 30 000 Jahre v. Chr. in der Altsteinzeit nachweisen. Das uns heute bekannte arabische Ziffernalphabet taucht im 8. Jahrhundert auf; es braucht ca. 700 Jahre, um sich in ganz Europa durchzusetzen (Paturi 1998). Ein kurzer historischer Rückblick gibt Aufschluss über die Entwicklung der Ziffern- bzw. Zahlsymbole in den verschiedenen Kulturen.

Die ersten Nachweise dieser Alltagskultur finden sich bereits 30 000 Jahre v. Chr. in Altsteinzeitgesellschaften. Kerbzeichen auf Knochen belegen den Gebrauch natürlicher Zahlen sowohl als Ordnungs- als auch als Kardinalzahlen. Diese Knochen waren mit Kerbmarken versehen, die teilweise in Fünfergruppen zusammenfasst sind. Die ersten Ziffernsymbole (Hieroglyphen) lassen sich bei den Sumerern bereits 3000 v. Chr. finden. Zusammen mit den Zeichen der Keilschrift entwickelten sie entsprechende Zahlzeichen. 2250 v. Chr. werden in Mesopotamien (heute Irak) diese Keilzahlzeichen einem dezimalen Zahlensystem angepasst. Im 18. Jahrhundert v. Chr. entwickeln babylonische Mathematiker das heute bekannte Positionssystem für mehrstellige Zahlen. In der pythagoreischen Schule (400 v. Chr.) galt die Geometrie als der wichtigste Zweig der Wissenschaft. Da jeder Raum aus unendlich vielen Punkten besteht, war die Notwendigkeit gegeben, mit dieser unendlichen Anzahl von Punkten umzugehen und eine Unterscheidung zwischen einer „aktualen" (d.h. die momentan existierenden) und einer „potenziellen" Anzahl zu treffen. Damit wurde es notwendig zu zählen. Zählen stellt sich in die Historie also ein brauchbares Werkzeug zur Unterscheid- und Vergleichbarkeit gleichartiger Größen dar. 250 v. Chr. verwenden die Babylonier erstmals ein eigenes Schriftzeichen für die Null als Leerstelle bei den Zahlen. Im 8. Jahrhundert kommt das heute bekannte arabische Ziffernalphabet nach Europa. Es braucht ca. 700 Jahre, um sich in ganz Europa durchzusetzen.

Diese Geschichte der Schriftzeichen selbst aber beantwortet die Frage nach der Herkunft, dem Ursprung der Zahl noch nicht.

Bei der Frage nach dem Ursprung bzw. dem Wesen von Zahlen werden zwei historische Entwicklungslinien unterschieden:

- Die ältere, idealistische Argumentation geht u. a. auf Pythagoras (ca. 600 v. Chr.) zurück und behauptet, Zahlen existierten schon immer, ihre Existenz sei unabhängig vom Menschen. Zahlen seien demnach von Menschen ebenso wie naturwissenschaftliche Phänomene durch besonders zielgerichtete Beobachtungen einfach nur zu entdecken (Wember 2003, 50). Kant, ebenfalls ein Protagonist dieser Auffassung, meinte, die Zahl sei ein vor- und naturgegebener, unveränderbarer Gegenstand unseres Denkens, und formulierte, „daß eigentliche mathematische Sätze jederzeit Urtheile a priori und nicht empirisch sind ... die reine Mathematik ..., deren Begriff es schon mit sich bringt, daß sie nicht empirische, sondern bloß reine Erkenntniß a priori enthalte" (Kant 1787, 59).
- Die zweite Auffassung, historisch viele Jahrhunderte später entstanden, erfasst die Zahl als eine kognitive Konstruktion. Zahlen sind demnach nicht unabhängig vom Menschen, sondern von ihm erfunden, konstruiert worden. Ganz im

Sinne eines kognitiven Werkzeuges dienen sie dazu, Probleme innerhalb der Alltagskultur zu lösen. Wittgenstein (1984) beschreibt dies im Zusammenhang mit der „Unerbittlichkeit" der Mathematik wie folgt: „Zählen (und das heißt: *so* zählen) ist eine Technik, die tagtäglich in den mannigfachen Verrichtungen unseres Lebens verwendet wird. ... Aber ist dieses Zählen nicht nur ein Gebrauch; entspricht dieser Folge nicht auch einer Wahrheit? Die Wahrheit ist, dass das Zählen sich bewährt hat" (Wittgenstein 1984, 37).

Zahlreiche Befunde (u. a. Damerow 1993; Piaget & Szeminska 1965; v. Glasersfeld 1997) und sicher auch unsere eigenen alltäglichen Erfahrungen sprechen für die konstruktivistische Position. Besonders Zahlen sind ein eindrucksvolles Beispiel dafür, dass es in unserem Denken Themen, Gegenstände gibt, deren Kenntnis nicht auf empirischen Erfahrungen beruht (Damerow 1993, 195). Zahlen haben sich als Werkzeug innerhalb der kulturellen menschlichen Entwicklung als notwendig und sinnvoll herausgestellt. Sie wurden von den Menschen für die Menschen erfunden/konstruiert; ihr Umgang und ihre Darstellung unterliegt einem ständigen Wandel, einer ständigen Weiterentwicklung. Zahlsysteme sind Symbolsysteme, d. h. mit Hilfe von abstrakten Zeichen, Begriffen und Symbolen werden auf abstrakter Ebene quantitative, räumliche und zeitliche Beziehungen beschrieben. Form und Gebrauch unserer Zahlsysteme entstanden unter und sind abhängig von den kulturellen Rahmenbedingungen und unterliegen gesellschaftlichen Konventionen.

Die Zahl ist nicht als Gegenstand an sich, sondern als gedankliches Konstrukt, als kognitive Konstruktion zu begreifen. Daher wird gerade in lern- und entwicklungspsychologischen, erkenntnistheoretischen, pädagogischen und didaktischen Kontexten vom Zahl*begriff* gesprochen (Moser Opitz 2001). Bei der Bildung des Zahlbegriffs abstrahieren wir von den typischen physikalischen Eigenschaften eines Gegenstandes wie z. B. seiner Farbe, Form und Größe. Dass wir fünf Eiskugeln, fünf Bücher oder fünf Flugzeuge mit ein und demselben Zahlwort beschreiben können, setzt eben diese Abstraktionen von den konkreten Gegenständen voraus. Die Zahl scheint zunächst das Ergebnis aus der Wahrnehmung von einzelnen Einheiten und deren Vielheit als Ganzheit zu sein. Die Vielheit wird zu einer Einheit zusammengefasst und als Einheit wahrgenommen.

Eine solche Zusammenfassung jedoch entspringt allein unserer kognitiven Tätigkeit. Diese Einheiten zu bilden ist das Ergebnis einer von einem wahrnehmenden Subjekt ausgeführten Operation und keine den Objekten innewohnende Eigenschaft. Um eine Vielheit zu konstruieren, muss der Wahrnehmende sich der Tatsache bewusst werden, dass er in diesem Zusammenhang Gegenstände als Angehörige ein und derselben Klasse kategorisiert hat (Klassifikation). Diese Kategorisierung stellt eine geistige Operation dar, die sich auf Erfahrungen mit dem Material bezieht. Mit dieser Kategorisierung bzw. Klassenbildung haben wir Gegenstände miteinander vereinigt. Wie aber können nun diese Vielheiten, diese Klassen von z. B. Eiskugeln, Büchern oder Flugzeugen voneinander abgegrenzt werden? Dazu sind wiederum geistige Operationen nötig. Um innerhalb der gebildeten Einheit die Zahl der einzelnen Elemente genau festzustellen, wiederholen wir ein und dieselbe Tätigkeit, wir bilden aus den Einzelelementen eine Reihe und zählen ab, d. h. wir ordnen eindeutig jedem Gegenstand genau ein Zahlwort zu. Mit dem letztgenannten Zahlwort markieren wir sowohl das Ende der erfassten Gesamtheit als auch die Anzahl der dieser Gesamtheit innewohnenden Einzelelemente.

Der Zahlbegriff selbst bildet sich heraus, wenn die beiden grundlegenden geistigen Operationen Seriation (Reihenbildung) und Kardination (Klassifikation auf numerischer Ebene) auf Mengen angewendet werden. Diese Mengen lassen sich als Klassen von Elementen mit mindestens einem gemeinsamen Merkmal, einer gemeinsamen Qualität (z. B. rot, klein, Bälle) charakterisieren. Eine Menge wird durch eine definierte Anzahl und die Qualität ihrer Elemente bestimmt. Erst in der Abstraktion von diesen Qualitäten der Elemente, d. h. von ihren physikalischen Eigenschaften wie Farbe, Form, Größe, Gewicht, Geruch und Geschmack und von ihrer räumlichen Lage zueinander, verwirklicht sich jedoch der Zahlbegriff als operatorische Synthese. In dieser operatorischen Synthese – als kognitive Leistung – werden die zuvor auf konkret-handelnder bzw. bildlicher Ebene durchgeführten Handlungen der Ordnung (Reihenbildung) und der Klassifikation (der Gruppen- bzw. Klassenbildung) gedanklich miteinander vereint. Die Mengen- und die Reihenbildung laufen koordiniert ausschließlich auf gedanklicher Ebene ab. Die Zahl resultiert letztlich aus der Koordination der Handlungen, nicht aus den speziellen Handlungen selbst. Während Abstraktionen von einem konkreten Gegenstand zu physikalischen Begriffen wie Farbe, Form, Gewicht, Größe führt (empirische Abstraktion), ist die Abstraktion von der Handlung, von dem, was man mit den Gegenständen macht, reflexiver Art. Die Zahl ist das Produkt reflexiver Abstraktionen. Das bedeutet, ein Kind kann nur über operative Leistungen zum Zahlbegriff kommen. In Anlehnung an Piaget und Szeminska (1965) lässt sich der Zahlbegriff deshalb als kognitive Abstraktionsleistung definieren, die sich aus den Operationen Klassifikation und Seriation ergibt und zu einem System vereinigt worden ist.

Die sachstrukturell entscheidende Koordination von Seriation und Kardination lässt sich mit Hilfe des Treppenmodells recht gut veranschaulichen. Dessen Grundprinzip ist der enge sachstrukturelle Zusammenhang zwischen der Anzahl der Steine der jeweiligen Stufe (Höhe) und ihrer Stellung innerhalb der Treppe: So hat beispielsweise die dritte Stufe die Höhe von drei Einheitsstufen und steht an dritter Stelle.

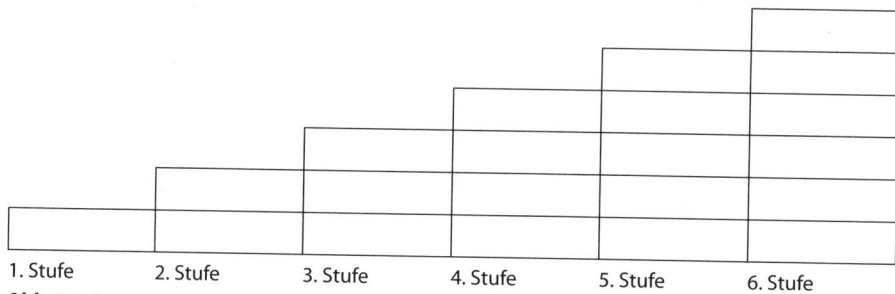

Abb. 26: Treppenmodell als anschauliche Koordination von Seriation und Klassifikation

Kardinal- und Ordinalzahl

Die *Klassifikation* beschreibt die Bildung von Klassen gleicher Mächtigkeit. Als Reihenbildung lässt die *Seriation* Relationsaussagen über eine Zahl in Bezug zu anderen Zahlen und im Vergleich mit anderen Einheiten/Zahlen zu. Über die Seriation kommen wir zu Aussagen wie: vier ist größer als drei; zwei ist kleiner als drei, vier ist um eins größer als drei. Diese beiden elementaren Operationen der Mengen- und der Reihenbildung prägen den jahrhundertelangen Streit von Vertretern der Mathematik und der Philosophie über das Wesen der Zahl. Nahezu alle bislang bekannten Versuche, die Zahl zu definieren, lassen sich in diese zwei große Gruppen einteilen: Einerseits die Zahldefinition im Sinne der Kardinalzahltheorie, andererseits die Zahldefinition als Ordinalzahltheorie (Wember 2003, 51).

- Neben Gottlob Frege (1848–1925) gelten Alfred Whitehead (1861–1947) und Bertrand Russell (1872–1970) als Vorläufer und bekannteste Vertreter der *Kardinalzahltheorie*. Russell definiert die natürlichen Zahlen als kardinale. Mittels der Stück-für-Stück-Zuordnung wird die Anzahl bestimmt, d.h. jedem Element einer Menge A wird genau ein Element der Menge A' zugeordnet. Die gleiche Anzahl entspricht somit der gleichen Zahl, hier im Sinne einer Mengenbezeichnung verstanden. Zahlbegriffe sind somit Klassenbegriffe, die beschreiben, wie viele Elemente eine Menge enthält. Eine Zahl dient der quantitativen Bezeichnung einer Menge. Nach der Russellschen Zahltheorie ist der Erwerb des Zahlbegriffs ein zweistufiger: Zunächst verbinden wir die Zahlwörter – z.B. eins, zwei, drei – mit der Vorstellung, dass es viele sind. Eine Zahl sagt uns, wie viele Elemente in einer Menge vorhanden sind. Erst später lernen wir, dass eine Zahl auch etwas über die Position der Elemente innerhalb der Menge aussagt. In einer späteren Entwicklungsstufe, meist im Grundschulalter, erreichen die Kinder die nächste Stufe und erkennen, dass eine Zahl beide Elemente enthält, die Angabe „wie viele" und „an welcher Stelle".

- Die *Ordinalzahltheorie* gewichtet stärker den Relationsaspekt der Zahlen. Peano (1858–1932) geht davon aus, dass Zahlen eben nicht bestimmte Dinge repräsentieren, sondern eine bestimmte Art von Beziehungen darstellen: Zahlen stellen eine Art Progression/Reihung dar. Um die natürlichen Zahlen festzulegen, bedarf es Peanos Meinung nach nur einer Reihe einfacher, aber eindeutiger Symbole wie 1, 2, 3 oder I, II, III und verlässlicher Ordnungsregeln (Wember 2003, 52). Diese Prämissen fasst Peano in folgenden fünf grundlegenden Axiomen zusammen:
  - 1 ist eine natürliche Zahl.
  - Der Nachfolger jeder natürlichen Zahl ist eine natürliche Zahl.
  - 1 ist nicht Nachfolger einer natürlichen Zahl.
  - Verschiedene natürliche Zahlen haben verschiedene Nachfolger.
  - Wenn eine Teilmenge von N die Zahl 1 enthält und mit jeder natürlichen Zahl auch deren Nachfolger, dann ist diese Teilmenge gleich N (in späteren Veröffentlichungen ersetzt Peano die Zahl 1 durch die Null, Schülerduden 1990, 337).

Die natürlichen Zahlen sind definiert als bestimmte arithmetische Fortschreibung, die mit Eins bzw. mit Null beginnt. Jede weitere Zahl wird dadurch gebildet, dass zu der vorherigen Zahl eine weitere hinzugefügt wird. Diese Theorie geht hinsichtlich der Entwicklung des Zahlbegriffs davon aus, dass Kinder bereits im Vorschulalter den Umgang mit nicht numerischen Reihen lernen, z. B. indem sie Gegenstände nach der Größe ordnen und Begriffe wie kleiner/größer oder mehr/weniger anwenden.

Diese beiden Auffassungen prägten auch über viele Jahrzehnte die Diskussion innerhalb der Mathematikdidaktik über den „richtigen" Weg zur Anbahnung und Vermittlung des Zahlbegriffs bei Kindern. Die jeweiligen Vertreter dieses Methodenstreits lassen sich aufgrund der beiden skizzierten Zahltheorien in die „Anschauungsmethodiker" und „Zählmethodiker" unterteilen (Radatz & Schipper 1983, 37). Die Anschauungsmethodiker gingen davon aus, dass die Zahlvorstellung sich durch die Abstraktion aus der Anschauung ergibt. Die Zahlen sind durch unmittelbare Anschauung zu erzeugen, entweder über eine simultane Erfassung der Gesamtmenge oder über geeignete, strukturierte Anschauungsbilder für die jeweiligen Mengen. Demgegenüber argumentierten die Zählmethodiker, dass die Zahl durch geistige Tätigkeit und nicht bloß durch sinnliche Wahrnehmung erzeugt wird.

Als psychologisch orientierter Zugang zur Mathematikdidaktik spielen die Untersuchungen von Piaget und Szeminska (1965) eine wichtige Rolle innerhalb der Diskussion um das Wesen der Zahl und um die Zahlbegriffsentwicklung beim Kind. Trotz aller Kritik an Piagets Theorie, seinen Untersuchungsmethoden und seiner Interpretation der Ergebnisse ist durch seine Forschung der Streit zwischen den gegensätzlichen Positionen von „Anschauern" und „Zählern" bzw. zwischen Vertretern der Kardinalzahltheorie und der Ordinalzahltheorie weitgehend aufgehoben. Ausgehend von der theoretisch nicht nachweisbaren Priorität des kardinalen bzw. des ordinalen Aspektes einer Zahl versucht Piaget, sich empirisch dieser Frage zu stellen. Ein wichtiges Ergebnis seiner Untersuchungen ist, dass der Zahlbegriff als abstrakter Begriff eben erst dann vollständig entwickelt ist, wenn die Synthese beider Zahlaspekte erfolgt. Erst die Abstraktionen von den Handlungen der Seriation und der Klassifikation zusammen charakterisieren, dass ein Kind über den Zahlbegriff verfügt. Mit dieser Auffassung koppelt Piaget den logischen mit dem psychologischen Zugang zum Zahlverständnis: „Die Hypothese, von der wir ausgegangen sind, ist selbstverständlich die, dass dieser Aufbau [der des Zahlbegriffs] mit der Entwicklung der Logik selbst in Korrelation steht und dass dem vorlogischen Niveau ein vornumerischer Zeitabschnitt entspricht. Und als Ergebnis zeigte sich, dass der Zahlbegriff sich tatsächlich Schritt für Schritt entwickelt, in enger Verbundenheit mit der stufenweisen Erarbeitung der Inklusions-Systeme (Hierarchie der logischen Klassen) und der asymmetrischen Relationen (Qualitative Serienbildung), wie die Zahlenfolge sich auf diese Weise als operatorische Synthese der Klassenbildung und der Reihenbildung entwickelt" (Piaget & Szeminska 1965, 10).

Entsprechend seiner Stufen- bzw. Stadientheorie sowie dem Modell der Äquilibration über die Teilprozesse Akkomodation und Assimilation beschreibt Piaget die Zahlbegriffentwicklung als hierarchische Entwicklung der beiden Operationen Seriation und Klassifikation (eine prägnante und gut verständliche Einführung zur Entwicklungstheorie von Piaget findet sich bei Moser Opitz 2001).

Folgende Entwicklungsstadien, die letztlich in ihrer operatorischen Synthese zum Zahlbegriff führen, lassen sich in der Entwicklung unterscheiden:

1. Globales Stadium: Einsichten sind abhängig von Wahrnehmung (äußere Merkmale wie Farbe, Form, Größe, räumliche Anordnung).
2. Erkenntnisse auf anschaulicher Ebene ohne dauerhaften Charakter, Übergangs-, Erarbeitungsphase: Entscheidungen sind gebunden an äußere Bedingungen, z. B. die Aufgabenstellung seitens des Lehrers; Vorerfahrungen der Kinder; dem Beliebtheits- und Bekanntheitsgrad der Gegenstände und Handlungen.
3. Operatorisches Stadium: Entscheidungen sind unabhängig von äußeren Formen/ Wahrnehmungen.

Wenngleich Kardinal- und Ordinalzahlaspekt das Wesen der Zahl charakterisieren, werden zudem die folgenden Bedeutungsaspekte der Zahl unterschieden, die die kulturelle Entwicklung unserer hochdifferenzierten und informationsbeladenen Gesellschaft widerspiegeln:

- *Codierungsaspekt*: Ohne numerische oder arithmetische Bedeutung werden bestimmte Informationen mittels Zahlwörtern und -symbolen verschlüsselt (Telefonnummern, TV-Kanäle, PIN-Nummer usw.).
- *Operatoraspekt*: Das Vielfache eines Vorgangs wird beschrieben („Ich muss noch viermal schlafen"; „Wir lesen den Text zweimal").
- *Maßzahlaspekt*: Zahl als Maßzahl für Größen, z. B. $\frac{1}{4}$ Liter, $\frac{1}{2}$ Stunde, 7 Tage, 5 Jahre.
- *Rechenaspekt*: Zahl als Ergebnis von Verknüpfungsoperationen, z. B. „fünf und fünf sind zehn".

Die Kenntnis dieser Zahlaspekte spielt als subjektive Lernvoraussetzung eine große Rolle. Die Kinder erfahren und benutzen die Zahlwörter kontextgebunden. Gerade für die Kinder in der Vor- und Grundschulzeit bedeutet der Umgang mit Zahlen einen Schritt in die Welt der Erwachsenen, in der Zahlwörter in unendlicher Vielzahl benutzt werden und häufig einen „objektiven" Eindruck vermitteln. Die Erfahrungen und Interessen der Kinder sind zu erfassen und zu nutzen, indem der situative Gebrauch im Hinblick auf den Kontext und die jeweiligen Zahlaspekte analysiert wird.

Zusammenfassend lässt sich der Charakter einer Zahl wie folgt beschreiben.
- Der Zahlbegriff wird nicht von den Objekten abstrahiert, sondern die Zahl wird den Objekten zugefügt. Die Zahlen sind keine Eigenschaften der Objekte.
- Die dem Zahlbegriff zugrunde liegenden Handlungen reduzieren sich auf Klassifizieren und Ordnen bzw. Reihenbilden.
- Die Zahl besteht aus einem System von Handlungen oder Operationen, die auf die Objekte ausgeübt werden, aber nicht von deren speziellen Eigenschaften abhängen. Ordnen und Sortieren als kognitive Operationen brauchen nicht bestimmte Objekte, sondern können an bzw. mit beliebigen, physikalisch völlig unterschiedlichen Objekten realisiert werden. Mit dem Konstrukt „Zahl" können auch die sprichwörtlichen „Äpfel und Birnen" zusammengerechnet werden.
- Die Zahl resultiert aus der Koordination der Handlung, nicht aus den speziellen Handlungen selbst, sondern als Produkt reflexiver Abstraktionen. Es wird bei der

Konstruktion der Zahl nicht von den Gegenständen, sondern von den Handlungen, die mit diesen Gegenständen ausgeführt werden, abstrahiert.
- Der Zahlbegriff kann weit über Grenzen des Objektes und über Grenzen unserer Wahrnehmung hinaus gebildet werden. Jede Form von Unendlichkeit, die der Mensch sinnlich nicht wahrnehmen kann, wird aus einer Addition von Endlichkeiten gebildet. Man weiß, dass – rein theoretisch – zu einer Endlichkeit immer noch mindestens eine weitere hinzukommen bzw. angeschlossen werden kann.

Entwicklungssequenzen und Lernverläufe

Mathematisches Wissen und auch Zahlbegriffe erwirbt das Kind im Laufe seiner kognitiven Entwicklung, beides sind demnach Ergebnisse eines Entwicklungsprozesses. Dieser Prozess umfasst die ersten Lebensjahre und gilt mit dem Ende der Kindheit und dem Beginn der Jugendphase im Wesentlichen als abgeschlossen.

Trotz allgemeingültiger Erklärungsprinzipien und Theorien zum Lernen sowie zur Entwicklung des mathematischen Wissens und des Zahlbegriffs lassen sich äußerst unterschiedliche Entwicklungs- und Lernverläufe bei Kindern aufzeigen (Petermann 2000; Schröder 1993; van de Rijt, van Luit & Hasemann 2001). Dies liegt daran, dass Kinder bezüglich des Zahlbegriffs von Geburt an vielfältige Erfahrungen sowohl numerischer als auch nicht numerischer Art sammeln, beispielsweise beim Aufräumen, Tischdecken oder bei verschiedenen Spielen (Klatsch-, Reim-, Sing-, Abzähl-, Hüpfspiele u. a.). In all diesen Alltagssituationen begegnen Kinder sowohl natürlichen als auch benannten Bruch- und ganzen Zahlen (z. B. zwei Stunden, $^1/_4$ Liter, 3,50 Euro, −8 °C). Bei diesen pränumerischen Erfahrungen werden dem Kind Teilaspekte des Zahlbegriffs bewusst. Diese stehen jedoch relativ zusammenhangslos nebeneinander und Beziehungen sowie Verknüpfungen untereinander werden (noch) nicht erkannt. All diese an soziale Situationen gekoppelten Erfahrungen enthalten in ihren Grundstrukturen grundlegende kognitive Operationen wie Seriation (eine Reihe, eine Ordnung herstellen), Klassifikation (Ordnungsmerkmale erkennen und anwenden) und Invarianz (Gleichmächtigkeit bzw. Erhalt der Gesamtmenge trotz unterschiedlicher räumlicher Anordnungen und/oder unterschiedlicher Qualitäten der Elemente erkennen).

Lernen erfolgt in „subjektiven Erfahrungsbereichen" (Begemann 1997). Für den Bereich der Mathematikdidaktik wurde dies bereits von Bauersfeld (1983) herausgestellt. Aufgrund zahlreicher Analysen von Mathematikunterricht kam er zu dem Ergebnis, dass unsere menschlichen Erfahrungen in voneinander getrennten „Inhaltsbereichen" im Sinne von bereichsspezifischen Gedächtniseinheiten gesammelt werden. Diese sind dann als „subjektiver Kontext für lokales Handeln aktivierbar" und umschließen „sowohl alle kognitiven als auch nicht-kognitiven Dimensionen des Handelns" (Bauersfeld 1983, 27). Daraus ergibt sich die Überlegung, welche kindlichen Alltagserfahrungen und -handlungen zum Zahlbegriff bzw. zu numerischen und arithmetischen Einsichten führen. Probst und Waniek (2003) werfen in diesem Zusammenhang die Frage auf, ob es für das numerische Vorwissen im vorschulisch-familiären Erfahrungsraum spezifisch ungünstige Bedingungen geben kann. Analog zu Lernbedingungen im sprachlichen Bereich, hier speziell analog zur phonologischen Bewusstheit, sprechen sie von einer „numerischen Bewusstheit": „Numerische Bewusstheit sei verstanden als Einstellung aus Aufmerksamkeit und Kompetenz für quantitative Sachverhalte im Alltag" wie Zuordnungen, Mengenvergleiche, Reihenbilden, Abzählen usw. (Probst & Waniek 2003, 71). Inwieweit die einzelnen Faktoren Einfluss auf die Zahlbegriffsentwicklung haben, lässt sich derzeit nicht genau sagen. Zumindest ist aber diesen individuellen Vorerfahrungen als Lernausgangslage bzw. als „Baustein des Rechnenlernens" genügend Raum im Mathematikunterricht einzuräumen (Ricken 2003, 347).

Piagets Theorie erklärt den Erwerb des Zahlbegriffs nicht vollständig. Die Operationen der Klassifikation und Seriation und schließlich das Erreichen von Invarianz sind in Piagets Theorie unabdingbare Voraussetzungen für den ausgebildeten Zahlbegriff. Vor allem die Bedeutung der Zahlinvarianz wird heute aber durch etliche Untersuchungen in Frage gestellt. Kinder zeigen schon sehr früh (bereits im Alter von 4–5 Jahren) ansatzweise ein Verständnis für die Invarianz. Zum anderen operieren sie mit Zahlen und Mengen, bevor Zahlinvarianz erreicht ist. In Piagets Theorie nimmt das Zählen einen untergeordneten Stellenwert ein. Zählen und Zahlenkenntnisse im Vorschulalter haben sich aber heute als herausragende Prädiktoren für die späteren Mathematikleistungen herausgestellt. Aktuelle entwicklungspsychologische Modelle zur Zahlbegriffsentwicklung betonen deshalb ausdrücklich die Bedeutung erster Zählfertigkeiten und des Zahlenwissens.

Fritz & Ricken (2005) beschreiben den Aufbau des Zahlbegriffs als Prozess, der sich im Zusammenspiel verschiedener Teilfertigkeiten vollzieht und folgende Bereiche umfasst: Die simultane Erfassung kleiner sowie strukturierter Mengen, den Erwerb von Zählkompetenzen und Mengenverständnis sowie das Verständnis von Teil-Ganzes-Beziehungen (d. h. die Einsicht, dass sich Zahlen aus anderen Zahlen zusammensetzen lassen, z. B. 8 ist gleich 3 + 5 oder auch 4 + 4 oder 2 + 6).

Im Rückgriff auf Fuson (1988) erläutert Hasemann (2003) die Entwicklung des Zahlgriffs vor dem Hintergrund der Beziehungen zwischen den einzelnen Zahlaspekten:

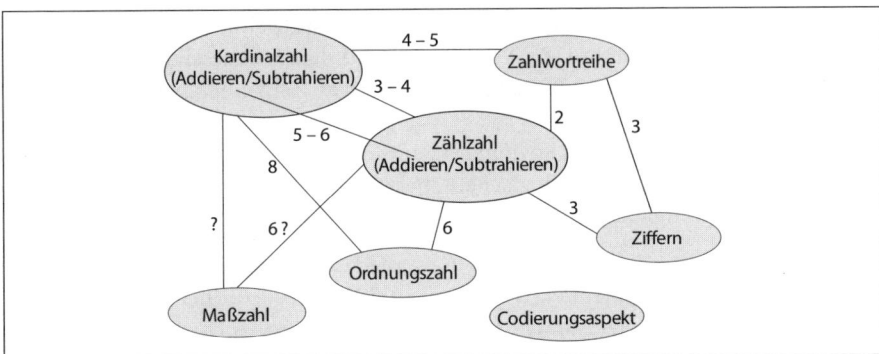

Abb. 27: Entwicklung der Beziehungen zwischen den einzelnen Zahlaspekten nach Lebensjahren (Hasemann 2003, 69)

Abbildung 27 ist u. a. zu entnehmen, dass Kinder die Beziehung zwischen der Zähl- und der Kardinalzahl schon recht früh, im dritten bzw. vierten Lebensjahr erfahren. Mit vier bis sechs Jahren wird das Vorwärts- und Rückwärtszählen als geeignete Lösungsstrategie für Additions- und Subtraktionsaufgaben erkannt. Der Zusammenhang zwischen der Zähl- und der Ordinalzahl wird mit ungefähr sechs Jahren erkannt, die Beziehungen zwischen Kardinal- und Ordnungszahlen entwickeln sich erst später, ca. mit dem achten Lebensjahr. Insgesamt macht auch diese Entwicklungsübersicht deutlich, dass das Zählen vermutlich fundamentale Bedeutung bei der Entwicklung des Zahlbegriffs hat (Hasemann 2003, 68 f.).

Zur Bedeutung des Zählens

Eng mit der Zahlbegriffsentwicklung verbunden ist die Handlung des Zählens. Dieser scheinbar so einfache Vollzug beinhaltet eine Vielzahl unterschiedlicher unterrichtsrelevanter Aspekte, die hier kurz diskutiert werden sollen.

Bei Piaget ist die Zahlwortreihe bzw. die Handlung des Zählens selbst eine vernachlässigte Größe. Die Handlung des Zählens besitzt seiner Meinung nach vor der Existenz des Zahlbegriffs noch keinen operativen Charakter, da sie nicht gegenstands- und situationsunabhängig, nicht universell und nicht reversibel ist. Kinder erwerben den Zahlbegriff erst, wenn ihr Denken die konkret-operationale Stufe erreicht hat. Das Zusammendenken von Klassifikation und Ordnungsrelationen gelingt auf früheren Entwicklungsstufen nicht. Damit überhaupt sinnvoll mit Zahlen gearbeitet werden kann, müssen alle notwendigen logischen Operationen auf der konkret-operationalen Stufe vollzogen werden können. In der präoperativen Phase haben die Kinder noch kein Bewusstsein dafür, dass beim Zählen immer die gleiche Zahl heraus kommen soll. Das Zählen hat in dieser Phase noch keinen arithmetischen Sinn, sondern ist lediglich eine Abzählhandlung.

Neuere Untersuchungen relativieren diese Aussagen und messen dem Zählen grundlegende Bedeutung beim Erwerb des Zahlbegriffs sowie beim Erlernen einfacher Additions- und Subtraktionsaufgaben bei.

Bei der Konstruktion der Zahlen spielt neben den geistigen Operationen die Tätigkeit des Zählens eine entscheidende Rolle. Unterstützt durch die Tätigkeit des Zählens gelangt das Kind zur Zahl. Die Zahl wird dann sukzessiv erfasst und allmählich verinnerlicht das Kind die Einsicht, dass jede Zahl einen bestimmten Platz in einer Reihe hat.

Die *Zählprinzipien* spiegeln sowohl erkenntnistheoretische als auch kulturhistorische und entwicklungspsychologische Aspekte wider. Nach Stern (1998a) gründet sich unsere Zählfertigkeit auf fünf funktionalen Prinzipien:

- *Prinzip der Eindeutigkeit*: Eins-zu-eins-Zuordnung zwischen Objekt und Zahlsymbol, d. h. jedem Objekt wird genau ein Zahlwort zugeordnet.
- *Kardinalzahlprinzip*: Die Mächtigkeit der Menge wird durch Zählen ermittelt und die zuletzt genannte Zahl des Zählvorgangs determiniert die Anzahl der Elemente.

- *Prinzip der stabilen Ordnung:* Stabile Reihenfolge der Zahlsymbole und Zahlenwörter.
- *Prinzip der Irrelevanz der Anordnung:* Irrelevanz der Reihenfolge, in der die Objekte gezählt werden, d.h. man kann an jeder beliebigen Stelle in der Reihe zu zählen beginnen.
- *Prinzip der Abstraktion:* Abstraktion des Zählvorgangs, d. h. Generalisierung des Zählens auf alle Bereiche, auf beliebige Objekte (Stern 1998a, 55).

Die ersten drei Prinzipien beziehen sich darauf, wie gezählt wird, während die beiden letzten Prinzipien beschreiben, was gezählt werden kann (Hasemann 2003, 5).

Die Zahlwortsequenz dient als „Werkzeug zur Repräsentation" (Fuson 1988). Das Verständnis des Kindes für die inneren Ordnungsbeziehungen in der *Zahlwortreihe* (der natürlichen Zahlen) lässt sich durch folgende, aufeinanderfolgende Niveaus abbilden:

1. *Ganzheitsauffassung der Zahlwortreihe:* Die Zahlwortreihe wird als undirektionale Ganzheit aufgefasst, ist unstrukturiert und wird wie ein Lied, ein Gedicht rezitiert. Die Zahlwörter werden dabei z. T. noch nicht voneinander unterschieden. Die Elemente werden nicht gezählt und die Zahlwörter haben keine kardinale Bedeutung.
2. *Unflexible Zahlwortreihe:* Die Zahlwörter werden jeweils als eine Einheit aufgefasst. Die Kinder können die Zahlwortreihe aufsagen, müssen aber immer wieder bei Eins anfangen, eine beliebige Zahl kann nicht als Ausgangspunkt genutzt werden. Vorgänger und Nachfolger können nur benannt werden, indem das Kind sie innerhalb der Zahlreihe zu bestimmen versucht. Eine Eins-zu-Eins-Korrespondenz zwischen Zahlwort und Element kann hergestellt werden. Die Kinder können durch Zählen eine bestimmte Anzahl Elemente bestimmen, z. B. „gib mir drei".
3. *Teilweise flexible Zahlwortreihe:* Die Zahlwortreihe kann von einem beliebigen Zahlwort aus aufgesagt, Vorgänger und Nachfolger unverzüglich benannt werden. Das Rückwärtszählen gelingt nur zum Teil.
4. *Flexible Zahlwortreihe:* Jedes Zahlwort wird als Einheit betrachtet. Von jeder Zahl aus kann eine bestimmte Anzahl von Schritten weiter gezählt werden: „Zähle von 14 aus drei Schritte weiter".
5. *Vollständig reversible Zahlwortreihe:* Es kann von jeder Zahl aus vorwärts und rückwärts gezählt werden. Richtungswechsel erfolgen schnell und ohne Schwierigkeiten, Vorgänger und Nachfolger einer Zahl können unverzüglich benannt werden (Fuson 1988).

Diese Entwicklung der Zahlwortsequenz markiert gleichzeitig die Entwicklung der Zählfertigkeit im Sinne einer prozeduralen Fertigkeit bzw. Sicherheit und stellt einen phasenähnlichen Verlauf dar (Hasemann 2003, 8). Hasemann charakterisiert diese Zählfertigkeit in folgenden Stufen:

1. Phase 1 (verbales Zählen): Die Zahlwortreihe ist noch nicht strukturiert.
2. Phase 2 (asynchrones Zählen): Im Alter von $3\frac{1}{2}$ bis 4 Jahren benutzen die Kinder die Zahlwortreihe zum Zählen in der richtigen Reihenfolge, jedoch werden

oft beim Abzählen Objekte übersehen bzw. gleiche Objekte werden zweimal gezählt. Wenn die Kinder zählen und gleichzeitig auf (genau) ein Objekt zeigen, spricht man vom synchronen Zählen.
3. Phase 3 (Ordnen der Objekte während des Zählens): Wenn ungeordnete Objekte gezählt werden sollen, fangen die Kinder mit ca. 4 $^1/_2$ Jahren an, die Objekte während des Zählens zu ordnen, z. B. indem sie die gezählten zur Seite schieben.
4. Phase 4 (resultatives Zählen): Im Alter von etwa 5 Jahren wissen die Kinder, dass sie beim Zählen mit der Eins anfangen müssen, dass jedes Objekt nur einmal gezählt wird und dass die zuletzt genannte Zahl die Anzahl der Objekte angibt. Sie verfügen damit über drei der fünf Zählprinzipien (Prinzip der stabilen Reihenfolge, Kardinalzahlprinzip, Prinzip der Eindeutigkeit). Wichtig ist in dieser Phase die Einsicht in das Prinzip der Eindeutigkeit, d. h. die „Zählvorschrift" zu erkennen, dass jedem gezählten Objekt genau ein und nur ein Zahlwort zugeordnet wird.
5. Phase 5 (abkürzendes Zählen): Die Kinder im Alter von 5 $^1/_2$ bis 6 Jahren erkennen oder bilden in mehr oder weniger geordneten Mengen von Objekten Strukturen, z. B. das Zahlenbild als Abbildung auf einem Würfel. Sie können von einer Zahl an aufwärts zählen und meist schon einfache Rechnungen ausführen (Hasemann 2003, 9).

Bezüglich der Zählkompetenzen lassen sich für Schulanfänger folgende Fähigkeiten benennen (Schmidt 2003, 32):

1. Mindestens bis 10 (15 bzw. 20) können 96,8 % (84,3 % bzw. 70 %) der Schüler die Zahlwortreihe aufsagen.
2. 78 % der Kinder können alle 10 Ziffern lesen; 89,2 % noch 8 Ziffern. Ca. $^1/_3$ der Kinder kann auch zweistellige Zahlen korrekt lesen.
3. Beim Ziffernschreiben treten häufig Spiegelverkehrungen auf; bei zweistelligen Zahlen werden häufig Einer und Zehner verwechselt.

Stern (1998b) ermittelte folgende themenrelevanten Fähigkeiten der Kinder:

1. Bezüglich der Zahlinvarianz beantworteten 10 % der Kinder im Alter von 3–4 Jahren die Fragen korrekt; im Alter von 5–6 Jahren bereits die Hälfte.
2. Mit der Quantifizierungsaufgabe (für acht zufällig angeordnete Holzklötze sollte die Anzahl angegeben werden, ohne zu zählen) konnten in der Gruppe der 5–6 Jährigen 30 % der Kinder die Anzahl richtig ermitteln.
3. Bereits im Vorschulalter (zwischen dem 3. und 4. Lebensjahr) können Kinder kleinere Mengen korrekt zählen. Die Quantifizierung spielt bei der Verarbeitung von Informationen noch eine untergeordnete Rolle, andere Dimensionen wie die Qualität der Gegenstände und deren räumliche Anordnung haben eine größere Priorität (Stern 1998b, 100 f.).
4. Die benannten Zählprinzipien berücksichtigen Kinder etwa ab dem 4. Lebensjahr (ebd., 55).

Mit diesen Ergebnissen bekommt das Zählen im Mathematikunterricht eine andere Bedeutung. Der Zählfähigkeit der Schüler ist im Sinne individueller Fähigkeiten und Fertigkeiten größere Aufmerksamkeit zu schenken und Zählübungen sind verstärkt in den Unterricht einzubinden. Es ist aber zu beachten, dass diese Zählfähigkeiten nicht den operatorischen Charakter der Zahl ersetzen, sondern vor allem den Zusammenhang zwischen der elementaren Stück-für-Stück-Zuordnung und den entsprechenden Begriffen (Zahlennamen) und Zeichen/Ziffernsymbolen thematisieren (Wember 1989, 439). Dieser scheinbare Widerspruch lässt sich vermutlich durch den synonymen Gebrauch von Kompetenz und Performanz der Zahl erklären: Durch das Erlernen rechnerischer Fähigkeiten entwickeln sich zahlrelevante kognitive Strukturen. Das heißt es wird immer Kinder geben, die auch ohne Zahlinvarianz das Rechnen erlernen, es bleibt jedoch offen, inwieweit dieses Rechnen operativ abgesichert, beweglich und ausbaufähig ist.

Eine der wenigen Untersuchungen zur Zahlbegriffsentwicklung bei Schülern an Förderschulen (Lernbehindertenschulen) legten Schulz, van Bebber und Moog (1998) vor. Sie stellten bei Schülern der zweiten und dritten Klasse einer Förderschule (n = 41) folgende Fähigkeiten und Fertigkeiten heraus:

- Das Vorwärtszählen (bis 15) wurde von allen Schülern fehlerfrei beherrscht.
- Beim Rückwärtszählen (ab 10) blieben 76 % aller Probanden fehlerlos, alle anderen ließen Zahlen aus oder wechselten die Zählrichtung.
- Rückwärtszählen von verschiedenen Startzahlen aus wurde von 73 % aller Schüler ohne Fehler bewältigt.
- Die Mächtigkeitsbestimmung beim Elemente-Zählen wurde von keinem Probanden fehlerfrei bearbeitet.
- Die Menge-Zahl-Zuordnung beherrschten 66 % aller Schüler fehlerfrei.
- Die Benennung der Vorläufer- und Nachfolgerzahlen wurde von 61 % aller Schüler fehlerfrei bewältigt.
- Die Bestimmung der Zahllücken erwies sich für 59 % aller Schüler als problemlos.
- Der Mächtigkeitsvergleich zweier Mengen wurde nur von ca. 27 % aller Schüler fehlerfrei bewältigt.
- Die Seriation der Mengenkarten wurde von 54 % aller Schüler ohne Fehler bewältigt.
- Das Bestimmen der größeren bzw. kleineren zweier verbal vorgegebener Zahlen bereitete 63 % keine Probleme (Schulz et al. 1998).

Das Zählen als kompetente Strategie hat somit große Bedeutung für den Aufbau des Zahlbegriffs und den Erwerb arithmetischer Strukturen. Es sollte mit vielfältigen Übungen zum Ordnen, Vergleichen und Gliedern von Anzahlen/Mengen verknüpft werden, um ein ausschließlich abzählendes Rechnen zu vermeiden, denn die Zählmethode zeigt nur Anfangserfolge und kurzzeitige Lernvorsprünge. Für ein weiterführendes, flexibles Rechnen (z. B. bei Platzhalteraufgaben, beim Ableiten der Zahloperationen aus Textaufgaben und beim Aufbau des dekadischen Positionssystems mit Bündelungsstrukturen) birgt das rein zählende Rechnen Probleme (Lorenz & Radatz 1993), weil darüber hinaus simultane, kardinale Vorstellungen sowie Zerlegungen in Teilmengen notwendig sind (Probst & Waniek 2003, 74). Der rechnerische Umgang mit Zahlen kann die Zahlbegriffsbildung fördern und unterstützen, d. h. im Unterricht ist das Zahlenrechnen auch ohne abgeschlossene Zahlbegriffsentwicklung sinnvoll (Wember 2003, 62). Das Zählen selbst jedoch führt nicht zu Mengen- und Mächtigkeitsvorstellungen und begünstigt daher die für große Zahlenräume uneffektive Strategie des zählenden Rechnens bzw. Fingerrechens.

Neben den verschiedenen diagnostischen Verfahren zur Erfassung der Zahlbegriffsentwicklung bietet sich für eine spontane Diagnostik die Beobachtung des Kindes beim Zählvorgang sowie im Umgang mit den Zahlwörtern an. Für die Interpretation beider Tätigkeiten sind die Zählprinzipien sowie die Niveaustufen innerhalb des Erwerbs der Zahlwortreihe (Fuson 1988) sinnvoll. Da insgesamt nicht mehr von einer generell-gleichartigen Entwicklung des Zahlbegriffs bei allen Kindern auszugehen ist, bleibt als prinzipieller diagnostischer Zugang eine Analyse der Situation, in der der Schüler mit dem jeweiligen Sachverhalt konfrontiert wird (Fritz 2003; Kornmann 2003; Werner 2003; Werning et al. 2002; Wittoch 2003). Dieser konstruktivistisch bzw. systemtheoretisch orientierte Zugang geht davon aus, dass Lernprozesse nur in einer inneren Passung zwischen den Lernanforderungen des Gegenstandes, den angemessenen „Lernarrangements" (Wittoch 2003, 310) und den individuellen Lernvoraussetzungen des Schülers erfolgreich verlaufen. Diagnostische Fragen berücksichtigen demnach alle drei Bereiche als Bestimmungsmerkmale der Lernsituation (vgl. Kapitel 2.3). Ausgehend von den individuellen Lern- und Entwicklungsvoraussetzungen werden die mathematischen Sachverhalte so ausgewählt und didaktisch aufbereitet, dass deren Anforderungs- bzw. Sachstruktur beim Kind entsprechende Lösungs- und Entwicklungsmöglichkeiten provozieren.

Die hier zugrunde gelegte Theorie sowie die referierten Entwicklungsprinzipien können dabei als Interpretationsmuster oder -folie für die Analyse des Schülerverhaltens und eine konkrete Förderplanung genutzt werden.

5 Didaktische Konzeptionen eines Mathematikunterrichts für lern- und rechenschwache Kinder

"Der herkömmliche Mathematikunterricht an allgemeinbildenden Schulen wird weder absehbaren gesellschaftlichen Anforderungen noch den individuellen Bedürfnissen und Qualifikationsinteressen einer Mehrzahl der Heranwachsenden gerecht" (Heymann 1996, 8).

Diese bereits 1996 von Heymann im Rahmen eines Allgemeinbildungskonzepts formulierte These leitet die nachfolgenden Überlegungen zu den wichtigsten didaktischen Konzeptionen ein: Lässt sich die Qualität des Mathematikunterrichts durch Didaktik bestimmen und gar verändern? Diese Frage ist in diesem Rahmen sicher nicht umfassend zu beantworten, sie soll lediglich einen Einstieg in die nachfolgenden Überlegungen der didaktisch-methodischen Gestaltung geben.

Didaktisch-methodische Überlegungen zielen auf die qualitative Verbesserung des Unterrichts ab. Die Qualität des Unterrichts ist nicht in erster Linie abhängig vom Stoff, der unterrichtet wird, sondern – wie bereits in Kapitel 2 beschrieben – vom Gelingen der Kommunikationssituation, von der Art und Weise, wie es Schülern gelingt, sich mit mathematischen Sachverhalten auseinanderzusetzen, diese für sich als bedeutsam und anwendbar zu erfahren.

Vor dem Hintergrund bildungspolitischer Diskussionen ist zu beobachten, dass die Analysen von TIMSS- und anderen Bildungsstudien sowohl die Schwachstellen des Mathematikunterrichts an deutschen Schulen detailliert herausarbeiteten, im gleichen Zuge aber auch alternative Lösungsvorschläge unterbreiten konnten. Die Spanne der Kritikpunkte ist weitreichend: Von „sozial unverträglicher Situation für die Schüler, der Vermittlung insularen und momentanen Wissens statt Verbindungen, von manipulativ-bedeutungsarmen und unkontrollierbaren Techniken bis zu Standardisierung des Denkens" (Henning & Schuster 2000, 79). Das Fazit dieser Analysen lautete, dass es in Deutschland nicht an geeigneten Mathematikkonzeptionen mangelt (u. a. wird das Konzept „mathe 2000" von Wittmann & Müller hervorgehoben), sondern viel mehr an deren Einführung, Verbreitung und Umsetzung in der Praxis.

Die Maßnahmen zur Verbesserung der Unterrichtsqualität dürfen sich nicht darauf beschränken, organisatorische Fragen wie eine Ausweitung der Gesamtschulen, die Aufstockung der Lehrerzahlen oder einen möglichen Pflichtbesuch im Kindergarten zu diskutieren. Diese Diskussionen bleiben auf der strukturellen Ebene eines Systems verhaftet. Veränderungen innerhalb eines Systems sind aber nur über Veränderungen innerhalb der Kommunikationsstrukturen d. h. auf der Ebene ihrer Funktionen zu suchen.

Im Mathematikunterricht sind grundlegende Methoden der Mathematik begreifbar zu vermitteln. Die Schüler müssen Freiräume zum selbstständigen Problemlösen bekommen. Die Lebenswelt der Schüler soll als Kontext genutzt sowie die sozialen Bedürfnisse der Kinder stärker berücksichtigt werden (Henning & Schuster 2000).

Dabei geht es bei einer Veränderung des Unterrichts nicht um radikale Reformen, sondern um sensible Veränderungen, um Veränderungen in der Unterrichtskultur, Veränderungen im konkreten Unterrichtsgeschehen (Baptist 2000, 9). Es sei der Hoffnung Ausdruck gegeben, dass all diese Vorschläge schnell Eingang in die Praxis finden, allein im Interesse der Jungen und Mädchen, die Mathematik lernen und dies sicher auch gern tun, wenn sich die Gesamtsituation Mathematikunterricht ändert.

5.1 Didaktische Konzepte für den Mathematikunterricht in der Lernbehindertenpädagogik

In den letzten ca. 20 Jahren zeichnet sich eine bemerkenswerte Entwicklung in den Konzepten (sonder-)schulischer Betreuung lernbehinderter Schüler ab. Seit den Schulgründungen Ende des 18. Jahrhunderts wurde die Vielfalt der Schüler mit ihren unterschiedlichen Lern- und Leistungsvoraussetzungen und ihrem Lernvermögen ausschließlich als Problem und didaktische Schwierigkeit gesehen, die die vielfältigsten Homogenisierungsmaßnahmen wie Formen der äußeren Differenzierung z. B. das dreigliedrige Schulsystem und auch innerschulische Maßnahmen wie Klassenwiederholungen, Jahrgangsklassen, altersnormierte Curricula nach sich zogen.

Eine Pädagogik für Schüler, deren Schulleistungsversagen lange Zeit in der Andersartigkeit bzw. Anormalität ihrer Lern- und Entwicklungsprozesse ihre Begründung fand, brachte eine Vielzahl spezieller Interventions- und Förderprogramme hervor. So resultierten aus der Annahme der Wesensverschiedenheit von Hilfs- bzw. behinderten Schülern didaktische Konzepte, die auf Prinzipien wie Reduktion der Stoffumfänge, Kleinschrittigkeit, Isolierung der Schwierigkeiten, Vorgabe fester Lösungswege, fehlende Flexibilität im Umgang mit Anschauungs- und Arbeitsmitteln sowie einem hohen Anteil mechanischen Übens basierten.

Ansätze vor allem aus den 1970er und 1980er Jahren orientieren sich nicht mehr ausschließlich an den individuellen Defekten, sondern rücken die besonderen, mehrheitlich benachteiligenden Faktoren für die Bildung der Schüler in den Mittelpunkt. Beginnend mit Roth (1970) und seinen Untersuchungen zur Rolle der Begabung (Wandel vom statischen zum dynamischen Begabungsbegriff) über Begemann (1970), Gehrecke und Mohr (1973), Hiller (1989; 2007), Klein (1971; 2001) wird der Schüler im Kontext seiner Lebenswelt, seiner Lebenswirklichkeit, der Vermittlung der Lebensbefähigung und Lebensbewältigung trotz beeinträchtigender Lebensumstände zum zentralen Kriterium inhaltlicher und didaktisch-methodischer Entscheidungen. Ergänzt und erweitert werden diese durch lernbehindertenspezifische Unterrichts- und Trainingsmethoden. Deren Palette reicht dabei von unspezifischen Trainingsprogrammen, wie beispielsweise das Konzept der sensorischen Integration

(Ayres 1984), Interventionsprogrammen zu bereichsspezifischen Faktoren (Klauer 1993) bis hin zur Förderung der Aufmerksamkeits- und Konzentrationsleistungen (Lauth & Schlottke 1993) und Verhaltenstrainings (Petermann & Petermann 1993). Die Wirksamkeit dieser Trainingsprogramme bezüglich der Steigerung schulischer Leistungen ist vorsichtig und kritisch zu bewerten. Gerade die in den 1980er Jahren weit verbreiteten psychomotorischen Konzepte zeigten nicht den erwarteten Transfer auf schulische Fertigkeiten, zeigten keine Verbesserung der schulischen Leistungsfähigkeit. Je unspezifischer diese Programme sind, desto geringer ist deren Wirksamkeit bezüglich spezifischer schulischer Inhalte (Schriftspracherwerb, Lesen und Schreiben, Mathematikunterricht; Walter 2002). Unterrichtsbezogene Programme jedoch, wie z. B. Leseförderung mit dem Programm „Besser lesen mit System" (Wember 1999), Formen des aktiv-entdeckenden Lernens im Mathematikunterricht (Walter, Suhr & Werner 2001; Scherer 1995) oder auch das Training der phonologischen Bewusstheit gerade für Vorschul- und so genannte Risikokinder hingegen, erweisen sich als Trainingsprogramme sehr wirkungsvoll (Walter 2002, 445). Daneben spielen Trainings- und Interventionsprogramme für spezifische Fragestellungen mehrheitlich aus der Persönlichkeitspsychologie wie beispielsweise die Diagnose und Förderung von Aufmerksamkeits-, Konzentrations-, Gedächtnisleistungen, metakognitiven Fähigkeiten, Fragen motivationaler und emotionaler Befindlichkeiten gerade in dieser Schulform eine wichtige Rolle (Lauth, Grünke & Brunstieg 2004).

Probst & Dippon (2005, 165) bringen diesen Anspruch wie folgt zum Ausdruck: „Schlechte Lerner verzeihen keine didaktische Schwächen."

Nachfolgend werden die wichtigsten mathematikdidaktischen Konzeptionen skizziert. Zentrale Bewertungs- und Systematisierungselemente sind dabei der Umgang mit Heterogenität, das zugrunde gelegte Verständnis von Mathematik und Lernen sowie die Alltagsbezüge einschließlich der Aspekte einer beruflichen Vorbereitung.

5.1.1 Das Konzept des Mathematikunterrichts in der (traditionellen) Hilfsschulpädagogik

Die Hilfsschulpädagogik orientierte sich bei didaktischen Entscheidungen seit ihrer Gründung Ende des 19. Jahrhunderts an grundlegenden Annahmen wie:

- Defizitäres Schülerbild, das auf den medizinisch-psychologischen Annahmen zu Schwachsinn und Intelligenz und dessen Störungen, Abweichungen beruht
- Bildung als „sittlich-religiöse, intellektuelle und wirtschaftliche Rettung" (Fuchs 1922)
- Kleinschrittigkeit als wichtiges methodisches Prinzip
- Isolierung von Schwierigkeiten als grundlegende didaktische Entscheidung, die mit einer Reduktion der Lerninhalte verbunden war

- Anschauung durch Anschauen, d. h. durch ein Anschauen von Gegenständen sollten Abstraktionsprozesse möglich werden
- Gleichschrittigkeit und -förmigkeit, häufige schematische Wiederholungen und Übungen als wichtige methodische Schritte
- Lebens- und Alltagsfremdheit
- Lehrerzentrierung

Prototypisch dafür waren u. a. die konzeptionellen Überlegungen zum Mathematikunterricht von Bleidick (1975, 1). Die Themenbereiche für den Primarbereich umfasste beispielsweise „die Erarbeitung des Zahlbegriffs, das Begreifen des Zehnerübergangs und das Behalten der Einmaleinssätzchen" (Bleidick 1975, 1). Die spezifische sonderschulmäßige Ausprägung erhielten die Themen durch „die handelnde Veranschaulichung, die triebgemäße Motivation und die Isolierung von Schwierigkeiten" (Bleidick 1975, 1).

In der Sekundarstufe stand die Vermittlung eines notwendigen Mindestwissens im Vordergrund. Der Schüler sollte das Wissen erlernen, das der spätere Erwachsene für sein Leben braucht. Der Wissenstand in einer 9. Klasse der Hilfsschule entsprach demnach ungefähr dem der 4./5. Klasse einer Volksschule. Diese didaktische Elementarisierung wurde durch die Prinzipien der Stoffbeschränkung, des Lebensbedeutsamen, der übenden Wiederholung und Festigung untermauert. Unerlässlich ist neben einer Differenzierung nach Leistungsgruppen die praktische Anwendung der Mathematik auf Sachverhalte. Die intensivere Festigung der Elementarkenntnisse – meist verbunden mit mechanischen Übungsvarianten – standen im Vordergrund. Die Rechengenauigkeit war als Erziehungsziel ebenso wichtig wie als Bestandteil mathematischen Wissens.

Bemerkenswert ist, dass explizit Themen genannt wurden, die nicht im Mathematikunterricht zu behandeln sind. Als nicht notwendige Themen in der Schule für Lernbehinderte werden u. a. die Flächenberechnung von Dreiecken mit Formeln, Viertelkreis und Säulen, Maßstabrechnen sowie die Erarbeitung des Zahlenraums bis 1 Million genannt (Bleidick 1975, 22).

Der „Rechenlehrplan für Hilfsschulen" gab folgende Schwerpunkte vor:

1. Analyse der späteren Berufs- und Tätigkeitsfelder ehemaliger Lernbehinderter auf ihre spätere rechnerische „Lebensnotwendigkeit"
2. Die Überprüfung des rechnerischen Besitzstandes der Lernbehinderten am Ende der Berufsschulzeit
3. Die Ermittlung des Leistungsstandes, der in den Abschlussklassen der Schule für Lernbehinderte tatsächlich erreicht wird (Bleidick 1975, 22)

Die gegenwärtigen Forschungsbefunde zum Lernen widersprechen diesen Auffassungen grundlegend. Ebenso kritisch ist das zugrunde gelegte Verständnis von Mathematik einzuschätzen. Mathematik reduziert sich hier auf mehr oder weniger technisch und mechanisch ablaufende Fertigkeiten und vernachlässigt soziale, kommunikative, konventionelle und kulturhistorische Aspekte der Mathematik. Für heutige Konzeptionen bietet lediglich der Anspruch, ständig die „Lebensnotwendigkeit" zu berücksichtigen, interessante Anknüpfungspunkte.

5.1.2 Der Einfluss der „Neuen Mathematik"

Die „Neue Mathematik" ist eine summarische Bezeichnung für diejenige Auffassung von Mathematik, deren Grundlagen auf den ungarischen Mathematik-Pädagogen Zoltan P. Dienes (geb. 1916) zurückgehen. Bekannt wurde diese Konzeption u. a. durch ihre Materialien wie die logischen Blöcke (einem Materialkasten mit verschiedenfarbigen unterschiedlichen geometrischen Formen) sowie die Mehrsystemblöcke (Würfel und Platten zur Illustration von Einern, Zehnern, Hundertern und Tausendern).

Abb. 28: Logische Blöcke   **Abb. 29:** Mehrsystemblöcke

Dieses Konzept der „Neuen Mathematik", häufig auch als „Strukturmathematik" bezeichnet, ist eine stark fachwissenschaftlich orientierte Konzeption. Im Mittelpunkt steht die Mengenlehre mit ihren abstrakten Darstellungen von Mengen, meist durch geometrische Formen wie Kreise, Dreiecke, Quadrate usw. Bei der Behandlung der Grundrechenarten wird weniger auf die konkreten Rechnungen als auf die Eigenschaften der Operationen (Kommutativität, Assoziativität u. a.) Wert gelegt. Entsprechend nehmen streng formale Ausdrucksweisen – oft in Form von Axiomen – einen breiten Raum ein.

Durch einen Beschluss der KMK im Jahr 1968 wurde dieses Konzept verbindlich in der Grundschule eingeführt. Der Mathematikunterricht begann nun nicht mehr mit Zahlen, Zählen und Rechnen, sondern mit Aspekten der Mengenlehre wie z. B. der Vereinigung von Mengen oder das Bilden von Schnitt- und Teilmengen. Ziel war es vor allem, das logische Denken und das Abstraktionsvermögen zu fördern.

Ebenso wie das konkrete Rechnen kamen im Unterricht auch die Übungsvarianten zu kurz. Der fehlende Alltagsbezug sowie viele Schwierigkeiten der Eltern im Umgang mit dieser Konzeption ließen schnell Widerstände aufkommen. Kritisiert wurde vor allem die Überbewertung des Abstrakten und Formalen, unter der die konkreten (Rechen-)Fertigkeiten zu wenig berücksichtigt werden. Kritisiert wurde auch die diesem Konzept zugrunde liegenden Vorstellungen über das Wesen der Mathematik, das zu isoliert und als historisch und philosophisch inadäquat empfunden wurde. Vermutlich trug auch die rasche Ausbreitung des Computers, der eine Rückbesinnung auf konkrete Rechenverfahren förderte, dazu bei, dass dieses Konzept schnell an Bedeutung verlor.

Die Kernidee der „Neuen Mathematik" fand auch Eingang in zwei mathematikdidaktische Konzeptionen in der Lernbehindertenpädagogik: Einmal in den Überlegungen von Wilms zur Mathematik als Denkerziehung („Neue Mathematik für lernschwache Schüler", 1973) sowie in dem Lehrwerk „Operatives Rechnen in der Sonderschule" von Kurrel, Prändl & Wenz (1970).

Wilms legt seinen didaktischen Überlegungen ein soziologisch orientiertes Verständnis von Lernbehinderung zugrunde und sieht die Hauptursache für dieses Schulleistungsversagen in den sozio-ökonomischen und soziokulturellen Defiziten (Wilms 1975, 28).

Das primäre Ziel des Mathematikunterrichts liegt auch in der Lernbehindertenschule in der Entwicklung des Denkens: „Die Neue Mathematik legt mehr Wert auf geistige Operationen als auf schematisierte Fertigkeiten, weil die mathematischen Strukturen aus solchen Operationen bestehen" (Wilms 1975, 30). Im Rückgriff auf die „konstruktiven Züge" der Intelligenz-Theorie von Piaget fordert er die verstärkte Berücksichtigung einer Denkerziehung in der Lernbehindertenschule. Mit Hilfe der soziologischen Perspektive, hier vor allem das Moment der Sprache und damit verbunden eine schichtenspezifische Ausprägung von Intelligenz- und Denkfaktoren, findet er das didaktisch verbindende Element in der Theorie der Abstraktionsstufen nach Bruner. Die Verwendung verbaler Kodierungen auf der symbolischen Darstellungsebene ist von zentraler Bedeutung für das Denken. Dieser enge Zusammenhang zwischen Denken und Sprechen sowie verschiedene Forschungsergebnisse zur Förderung der Intelligenz gerade bei lernbehinderten Kindern z. B. durch das „alef-Programm" (ein mathematikdidaktischer Lehrgang, der im Wesentlichen auf den Grundpositionen der Mengenlehre beruht) lassen ihn die Einführung der Mengenlehre als denkförderliches Mathematikkonzept in der Lernbehindertenschule empfehlen.

Letztlich begründet Wilms die Förderung des operationalen Denkens mit der übergeordneten Zielsetzungen der Schule, d. h. die „die Fähigkeit zur Bewältigung von Lebenssituationen" und auch die „Emanzipation" (Wilms 1975, 57).

Die „Neue Mathematik" beansprucht eher Denkoperationen und versteht sich weniger als Gedächtnistraining, gerade daher kam ihr für lernbehinderte Schüler unter dem Aspekt der kognitiven Aktivierung große Bedeutung zu: „Es geht weniger darum, Zahlenfolgen (z. B. Vielfachmengen) auswendig zu lernen, die u. U. noch als Transfersperre wirksam werden, als vielmehr darum, bewegliches, produktives, kreatives Denken im Bereich des Zahlenrechnens zu induzieren" (Wilms 1975, 55). Die Mengenlehre hat durchaus positive Aspekte für lernbehinderte Schüler, indem sie das Problemlösen als zentrale Aufgabe einer Denkerziehung sieht und damit die Voraussetzung zur Bereitschaft für die Bewältigung von Lebenssituationen und die Entwicklung von Strategien „durch Logik" fördert: „Das kreative Denken nimmt unter den in besonderer Weise bei lernschwache Schülern zu fördernden intellektuellen Grundfähigkeiten eine Sonderstellung ein" (Wilms 1975, 58).

Entgegen der damaligen gängigen Praxis empfiehlt Wilms jedoch, den induktiven Weg zu beschreiten, d. h. dass die Schüler zunächst die verschiedenen Merkmale und Eigenschaften eines Begriffs erarbeiten, bevor es namentlich benannt wird (Wilms 1975, 38). Damit distanziert sich Wilms von der damaligen Umsetzungspraxis der Mengenlehre, räumt aber ihrer Grundidee als Form der Logik große Chancen ein.

Spielvarianten wie die nachfolgende werden z. B. für die Bildung von Eigenschaftsbegriffen empfohlen:

1. „Ich sehe was, was du nicht siehst, und das ist rot" (aus Holz, dreieckig…)
2. „Wer hat zuerst etwas Rundes in der rechten Hand?"
3. „Wer kann drei rechteckige Gegenstände auf seinen Tisch legen?"
4. „Derjenige darf in die Mitte treten, der nur Kleidungsstücke trägt, die nicht rot sind!"
5. „Wir heben die rechte Hand, stehen nur auf dem linken Bein, halten mit der linken Hand das rechte Auge zu …" (kann nach Schwierigkeit und Tempo variiert werden).
6. „Der Spielleiter zieht 5 Karten aus seinem Satz Merkmalkarten und heftet sie an die Flanelltafel. ‚Wer findet zu jeder Karte einen Gegenstand mit der vorgegebenen Eigenschaft?'"
7. „Auf dem Tisch steht eine Kiste voller Gegenstände (jeder durfte etwas hineinwerfen). Es wird vereinbart, dass z. B. nur rechteckige Dinge herausgeholt werden dürfen. Sobald ein Schüler oder Lehrer, der die anderen aufs Glatteis führen will, einen nicht-rechteckigen Gegenstand hervorholt, muss jeder ‚falsch!' rufen. Wer zuerst ruft, erhält eine Belohnung (darf als nächster etwas aus der Kiste holen), wer im falschen Moment ‚falsch!' ruft, muss ein Pfand abliefern (für kleinere Gruppen geeignet)" (Wilms 1975, 41).

Ein zweites Lehrwerk zur „Neuen Mathematik", basierend auf dem Grundlagewerk von Fricke & Besuden (1968) „Der Unterricht in der Grundschule (Mathematik)", konzipierten Kurrel, Prändl & Wenz mit dem Titel „Operatives Rechnen in der Sonderschule" (1970). Das Heft 1 greift vor allem pränumerische, Heft 2 arithmetische Themen auf.

Abb. 30: Cuisinaire-Stäbe

Diese Materialien galten in ihrer Beschaffenheit als prototypisch und charakteristisch für mathematische Sachverhalte. Aus dem handelnden Umgang mit den Gegenständen sollte sich allmählich ein „bewegliches" Denken entwickeln. Im Gegensatz zu den bis dato verbreiteten didaktischen Ansichten, die auf eine Isolierung der mathematischen Schwerpunkte setzte, sollten alle mathematische Operationen, die miteinander verwandt sind, im Zusammenhang behandelt werden. Addition und Subtraktion sollten ebenso wie Multiplikation und Division gemeinsam eingeführt werden. Bei der Aufgabe 9 – 6 geht es nicht primär darum, das Ergebnis zu ermitteln, sondern zunächst auch den Zusammenhang mit den verwandten Aufgaben wie 9 – 3 = 6 oder auch 3 + 6 = 9 bzw. 6 + 3 = 9 mit ihren funktionalen Abhängigkeiten zu erfassen.

Dieses Vorgehen wird exemplarisch an einer Schulbuchseite verdeutlicht:

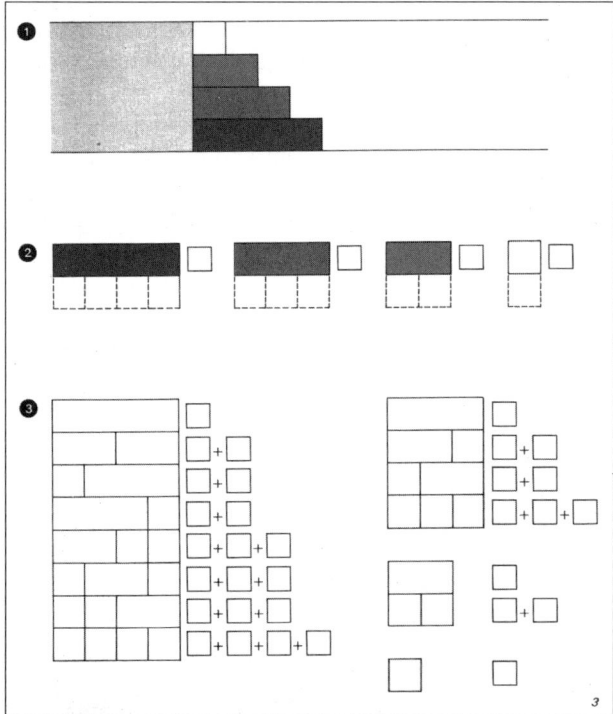

Abb. 31: Operatives Rechnen (Schülerbuch 1970, 3)

Bei dieser Seite wird der Aufbau der Menge bis 4 und ihre Benennung thematisiert. Die Abbildung 1 (in Abb. 31) soll ein Schwimmbad darstellen: „Das Kinderschwimmbecken ist im Winter leergepumpt. Man sieht die Treppe, die ins Becken führt. Sie hat verschieden lange Stufen. Welche Stufe ist die längste, welche ist die kürzeste? Wir vergleichen jede Stufe mit den übrigen. Wir sprechen z.B. die rote Stufe ist größer als die weiße Stufe, aber kleiner als die hellgrüne und die lila Stufe usw. Wir vergleichen dann auch genau und sprechen z.B. die rote Stufe ist um ein weißes Klötzchen größer als die weiße Stufe. Die rote Stufe ist um ein weißes Klötzchen kleiner als die hellgrüne Stufe" (Kurrel, Prändl & Wenz 1970, L 3).

In der Aufgabe 2 wird dann entsprechend der Farben das entsprechende Cuisinaire-Stäbchen gelegt. Damit wird der Name der jeweiligen Stäbchen festgelegt und wie folgt begründet: „Weil der hellgrüne Stab ebenso lang ist wie drei weiße Klötzchen, nennen wir den hellgrünen Stab von jetzt an den Dreierstab, kurz: Dreier. Wir schreiben seinen Namen (als Ziffer) in das Kästchen neben den Stab: 3" (ebd.).

In Aufgabe 3 wird anschließend ein Muster mit den Stäbchen gelegt: „Für jeden dieser Stäbe können wir ein Muster legen. Wir beschreiben dieses Muster jeweils mit den neuen Namen, kurzen Namen. Wir sprechen z. B.: Zwei Zweierstäbe sind genau so lang wie der Viererstab; der Dreierstab und das Einerklötzchen sind zusammen so lang wie der Viererstab; vier weiße Klötzchen sind genau so lang wie der Viererstab usw. Wir schreiben diese Rechensätze außerdem mit den uns bekannten Ziffern in die vorgegebenen Kästchen" (ebd.).

Trotz des Anspruchs dieses Konzepts, eine kognitive Aktivierung zu provozieren und sich der didaktischen Konzeption der Regelschule anzunähern, bleibt diese Konzeption primär stark lehrerzentriert. Darüber hinaus macht die strenge Vorgabe der Sprech- und Schreibweisen jegliche individuelle Form der Auseinandersetzung mit den mathematischen Grundideen zunichte. Ein individuell entdeckendes Lernen war mit dieser Vorgehensweise nicht mehr möglich. Darüber hinaus lässt sich – selbst für die unterrichtende Lehrkraft – nur schwer der Bezug zu lebenspraktischen und alltagsbezogenen Themen erkennen.

Vermutlich aus ähnlichen Gründen wie in der Grundschule fand das Konzept der Mengenlehre keinen durchgreifenden Einzug in die Lernbehindertenschule.

5.1.3 Problemorientierter Mathematikunterricht

Problemorientiertes handelndes Lernen forderten bereits in den 1970er Jahren verschiedene Vertreter der Lernbehindertendidaktik wie Mann (1977), Rohr (1980), Kornmann & Ramisch (1984) und Wittoch (1978). Eine Konzeption unter Mitwirkung von Psychologen, Mathematikdidaktikern und Sonderpädagogen legten Begemann et al. mit dem Werk „Denken, Rechnen, Handeln" 1976 vor.

Grundlage dieser Überlegungen ist das Grundverständnis von Lernbehinderung als eine überwiegend soziokulturell bedingte Lernbeeinträchtigung, die sich nicht als manifeste Persönlichkeitseigenschaft versteht, sondern durch geeignete kognitive Aktivierung und die Berücksichtigung lebensnaher Themen positiv beeinflussen lässt. Als „Erschwerungen des Lernens" müssen „in erster Linie jene Unangepasstheit in Bezug auf schulische Anforderungen" gesehen werden (Begemann et al. 1976, 8).

Ein prinzipiell gleichartiger Charakter des Lern- und Sozialverhaltens sowie die Gleichartigkeit der Denkprozesse bei Schülern der Regelschulen und nicht behinderten Kindern begründen die Komplexität des Themenspektrums und die didaktische Herangehensweise. Angemessene didaktische Angebote, die aktiv handelndes

Lernen selbst herausfordern, sollen letztlich therapeutische Effekte bezüglich der Behinderungsursachen zeigen.

Trotz der Gleichartigkeit in den Lern- und Entwicklungsabläufen sind lernbehinderte Kinder in folgenden Verhaltensbereichen auffällig: visuelle und auditive Wahrnehmung, Leistungsmotivation und Bildungsinteresse, physische Leistungsschwäche, Konzentrationsmängel, Beeinträchtigungen des Arbeits- und Sozialverhaltens. Dieses sind Faktoren, die in ihrer Kumulation zu einem schulisch ineffektiven Lern- und Verhaltensniveau führen (ebd., 9).

Das Werk „Denken, Rechnen, Handeln" erarbeitet mathematische Themen zwar nach ihrer fachwissenschaftlich festgelegten Reihenfolge, legt aber die didaktische Regel zugrunde, dass „einzelne mathematische Lernbereiche nicht in langen isolierten Lernhierarchien zu bearbeiten sind und als abgeschlossen gelten" (ebd.). Vielmehr wird eine Abfolge vorgeschlagen, die eine Integration verschiedener Aktivitätsfelder und Lernbereiche erlaubt. Dieses Spiral- und Integrationsprinzip bildet auch aus heutiger Perspektive einen wichtigen Grundzug für didaktisch-methodische Entscheidungen. Angefangen von der Erarbeitung des Zahlbegriffs in Klasse 1 bis hin zu Themen wie Topologie, Kombinatorik, Wahrscheinlichkeitsrechnung und dem Gebrauch mathematischer Hilfsinstrumente wird ein vielfältiges und stark verknüpftes Themenspektrum angeboten.

Die folgende Übersicht gibt einen Überblick über die Themenverteilung in den einzelnen Klassenstufen.

Tab. 2: Themenverteilung im Lehrwerk „Denken, Rechnen, Handeln" (1975)

Klasse/Thema	1	2	3	4	5	6	7	8	9
Zahlbegriff	x	x	x	x	x				
Zahlsysteme		x	x	x	x				
Grundrechenarten		x	x						
Schriftliche Rechenfertigkeiten	x	x	x	x	x	x	x		
Mengen Mengenoperationen	x	x	x	x					
Relationen	x	x	x	x	x				
Verknüpfen und Strukturen			x	x	x	x			
Größen	x	x	x	x	x				
Sachrechnen		x	x	x	x	x	x	x	x
Kombinatorik Wahrscheinlichkeit Statistik			x	x	x	x	x	x	
Topologie Informationstheorie	x	x	x	x	x	x	x	x	x
Gebrauch mathematischer Hilfsmittel			x	x	x	x	x	x	x

Interessant ist die von Beginn an geforderte Komplexität mathematischer Themen, das immer wiederkehrende Aufgreifen und Weiterentwickeln der jeweiligen Themen auf einem höheren Niveau. Neben diesem Spiralprinzip spielt die Lebensbedeutsamkeit und die Alltagnähe eine besondere Rolle in diesem Konzept. Sachrechnen wird genauer bestimmt als das „Lösen mathematischer Probleme der gesellschaftlichen Realität" (Begemann et al. 1976, 6). So geht es beispielsweise in dem Themenbereich Informationstheorie vor allem um das Codieren und Decodieren als Grundprozesse unserer Kulturtechniken. Lesen und Schreiben basieren mit ihren konventionellen Zeichen- und Begriffssystemen auf diesen beiden Teilprozessen Codieren und Decodieren.

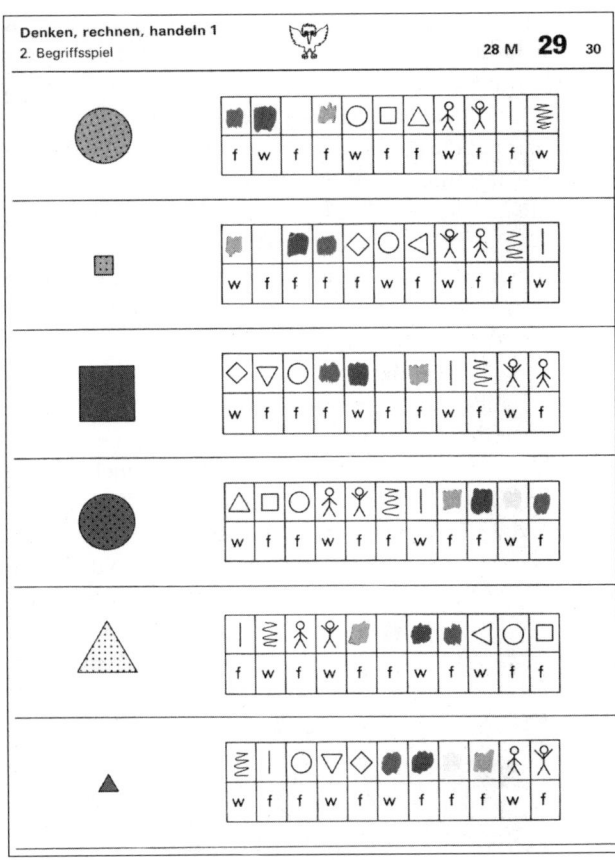

Abb. 32: Denken, Rechnen, Handeln 1975 (Begemann et al. 1976, 29)

Zunächst zielt dieses Werk darauf ab, „Rechenfertigkeiten zu vermitteln und eine gewisse Geläufigkeit zu erreichen, für Lebenssituationen befähigen" (ebd., 2). Darüber hinaus jedoch „sollen Rechenfertigkeiten nicht unabhängig von einsichtigem Verhalten gewonnen und nur im Kontext einer breiteren kognitiven Schulung aufgebaut werden" (Begemann et al. 1976, 2). Ziel ist eine „umfassende und grundlegende Denkerziehung im Vorfeld der Mathematik". Die Entwicklung und Förderung kognitiver Verhaltensweisen wie Vergleichen, Ordnen, Klassifizieren, Generalisieren, Formalisieren, kognitive Schemata und Methoden nutzen, Argumentieren, Mathematisieren, neue Möglichkeiten suchen usw. sind auf die Überwindung behinderungsspezifischer Phänomene orientiert.

Wichtig ist den Autoren die Erarbeitung eines mathematischen „Fundamentums", das das mathematische Grundwissen in Form von Begriffen und Algorithmen sichert. Dieses Ziel ist für alle Schüler verbindlich, stellt eine Art Mindeststandard dar. Nach dieser Erarbeitung soll der Transfer des Wissens angebahnt werden. Mathematische Begriffe und Algorithmen dienen dazu, die Kognition der Schüler zu entfalten, kognitive Stile aufzubauen und die Problemlösefähigkeit zu fördern (ebd., 3).

Wie stark dennoch die Affinität zu der in dieser Zeit favorisierten Mengenlehre ist, macht die Übungsseite (Abbildung 32 auf Seite 169) deutlich.

Die 11 möglichen Merkmale aller Plättchen werden in vier Gruppen aufgeteilt und mit den Begriffen: Farbe, Form, Größe und Griff zusammengefasst. Trifft eines dieser Merkmale auf die abgebildete Form zu, muss in die Merkmalstabelle ein „w" für wahr eingetragen werden, trifft dies nicht zu, ist ein „f" für falsch einzutragen. Bei diesem Arbeitsblatt sollen die Schüler die Fehler in den Tabellen herausfinden, d. h. erkennen, welche der in der Tabelle dargestellten Aussagen wahr oder falsch sind.

Gerade dieser hohe Abstraktionsgrad, gekoppelt mit einer Lebensfremdheit, wie sie typisch gerade für diese kognitiv orientierte Konzeption war, wurde schon im Lehrerhandbuch kritisch angemerkt und modifiziert. Um die abstrakten Zeichen „w" und „f" für wahr und falsch gerade Schülern in der Primarstufe deutlich zu machen, sollten diese personifiziert und als „f-Männchen" bzw. „w-Männchen" eingeführt werden (Begemann et al. 1976, 74).

Neben dieser kognitiven Aktivierung, die auch eine „leichte Überforderung" den Kindern zumutet (ebd.), thematisiert dieses Konzept aber auch Bereiche, die heute unter dem Begriff „Operationsverständnis" fallen. Die folgende Arbeitsbuchseite bietet Geschichten in Form von Bildern, die von den Schülern ausgeschnitten und in einen sinnvollen Zusammenhang gebracht werden sollen. Die Schüler sollen dazu

Abb. 33: Denken, Rechnen, Handeln 1975 (Begemann et al. 1976, 61)

erzählen und ihren Ablauf der Geschichte begründen. Diese individuelle Interpretation der Bilder wird von den Autoren begrüßt und wie folgt begründet: „Die Schüler sollen unbedingt ihre jeweilige Meinung artikulieren, denn die von den Autoren intendierte Reihenfolge der Bilder ist ja nur eine Möglichkeit und im Sinne von Kreativitätsförderung wäre nach anderen Überlegungen zu fragen" (ebd., 105).

Das zweite Grundanliegen dieser Konzeption, die Vorbereitung auf die Mathematik im Alltag, kommt in der nachfolgenden Seite aus dem Arbeitsbuch 2 (1978) zum Ausdruck.

Abb. 34: Denken, Rechnen, Handeln 1975 (Begemann et al. 1976, 17)

Ganz im Sinne einer Alltagsorientierung und Problemlösung werden hier konkrete Alltagsfragen formuliert, als mathematische Kontexte verstanden und zur Problemlösung aufgefordert. Interessant aus heutiger Perspektive ist, dass keine Lösungsstrategien, keine detaillierten Rechenwege vorgegeben werden. Die Schüler haben die Möglichkeit, ihre individuellen Vorerfahrungen und Rechenkenntnisse anzuwenden. Zudem soll auch diese Situation genutzt werden, die Überlegungen, Lösungswege und Gedanken zu verbalisieren.

171

Diese Konzeptionen zeigen interessante Parallelen zu den aktuellen Anforderungen an den Mathematikunterricht gerade für lernschwache Schüler. Hervorzuheben ist hier der Versuch, Alltagssituationen aufzugreifen und diese Situationen so offen wie möglich zu bearbeiten. Ebenso ist die Berücksichtigung des Spiralprinzips genauso aktuell wie das Aufgreifen individueller Vorerfahrungen.

5.1.4 Der struktur- und niveauorientierte Mathematikunterricht nach Kutzer

Eine umfassende Konzeption des Mathematikunterrichts für Lernbehindertenschulen entwickelte Kutzer (1937–2001) in den 1980er Jahren. Seine Lehrwerke wurden unter dem Namen „Mathematik entdecken und verstehen" veröffentlicht und gehören heute noch zu weit verbreiteten Schulbüchern in den Lernbehindertenschulen.

In seinen didaktischen Überlegungen setzt er sich kritisch mit den bis dahin geltenden Grundannahmen über die Lernmöglichkeiten und -fähigkeiten lernbehinderter Schüler auseinander. Anders als in den traditionellen Konzeptionen zuvor, sieht er die Ursachen für die mangelhaften Schulleistungen nicht ausschließlich im Schüler, sondern vor allem in einer unzureichenden Unterrichtsgestaltung. Gerade in der Reduktion der Unterrichtsinhalte sieht er eine wesentliche Ursache für das Phänomen Lernbehinderung bzw. Schulleistungsversagen: „Vom Standpunkt des didaktischen Modells der Strukturaufbauten aus muß eine vielen bisherigen didaktischen Ansätzen der Schule für Lernbehinderte konträre Auffassung vertreten werden" (Kutzer 1975, 108). Als wesentliche Momente nennt er dabei:

1. Auch Sonderschüler haben nicht nur ein Recht auf Anpassung, sondern ebenso auf die Entwicklung der Fähigkeiten, die emanzipatorisches Verhalten erst ermöglichen. Gerade jene Fähigkeiten werden aber aufgrund des besonderen Defizits, den die Sonderschüler hierin aufzuweisen haben, im Interesse der Vermeidung von Frustration in der Schule nicht oder nur vermindert angesprochen.
2. Viele Sonderschüler können mathematische Strukturen erfassen, logische Zusammenhänge entdecken und konstruieren und sich somit als kritikfähig erweisen, wenn ihnen die Möglichkeit gegeben wird, die Fähigkeiten zu entwickeln (Kutzer 1975, 108).

Damit setzt er in der didaktischen Diskussion innerhalb der Lernbehindertenpädagogik deutlich neue Maßstäbe, indem er einerseits ein zwar vermindertes, aber grundsätzlich vorhandenes Lernpotenzial auch lernbehinderten Schülern zuerkennt. Andererseits begründet er gerade mit diesem potenziellen Lernvermögen die Notwendigkeit, den Schülern die Möglichkeit zu geben, sich mit komplexen Themen auseinanderzusetzen und ein Nicht-Lernen durch ein Nicht-Angebot zu vermeiden.

Diese Konzeption brachte die veränderte Auffassung von Lernbehinderung (hier verstanden als Entwicklungsverzögerung) in die didaktischen Diskussionen. Anstelle einer reduktiven Didaktik wurde ein didaktisches Denken propagiert, das sich an der normalen kognitiven Entwicklung orientierte und dieses Denken auch für lernbehinderte Kinder für gültig erklärt.

Nach seiner Analyse fußen die bisherigen didaktischen Ansätze der Schule für Lernbehinderte weitgehend auf einem relativ einseitigen und statischen Bild von Sonderschülern. Durch die daraus abgeleiteten didaktischen und methodischen Folgerungen wird eine mögliche Emanzipation dieser Schüler nicht nur nicht gefördert, sondern sogar verhindert. Der Besuch einer Lernbehindertenschule muss die Chancengleichheit garantieren und darf schichtenspezifische Unterschiede nicht noch weiter manifestieren.

Seine Kritik an herkömmlichen mathematikdidaktischen Ansätzen bezieht sich in erster Linie auf die Nichtberücksichtigung entwicklungspsychologischer Voraussetzungen zum Zahlbegriff. Eng in Anlehnung an die Theorie der Zahlbegriffsentwicklung von Piaget orientiert er sich an der Einsicht in die Invarianz als wesentliches Element. Seinen Untersuchungen zufolge verfügen aber 50 % der 9-jährigen Sonderschüler noch nicht über die für den Zahlbegriff wesentliche Einsicht (Kutzer 1983, 8). Darüber hinaus kritisiert er die lerntheoretischen Grundannahmen der Lernbehindertendidaktik: „Es muss endlich mit der Meinung aufgeräumt werden, dass Reiz-Reaktions-Ketten auch dort eingesetzt werden können, wo nur das Erkennen der Zusammenhänge die Bewältigung entsprechender Lebenssituationen zulässt. Der Mathematikunterricht der Sonderschule f. L. kann als ein hervorragendes Beispiel dafür gelten, dass dieser Tatbestand noch nicht ausreichend erkannt worden ist" (ebd., 16).

Eine exakte Abstimmung der Inhalte und Ziele auf das Kenntnis- und Erkenntnisplateau der Kinder mittels der Strukturanalyse und Strukturaufbauten vermeiden eine ständige Über- und Unterforderung und ermöglichen damit eine optimale Organisation der Lernprozesse.

Gleichzeitig ermöglichte diese Herangehensweise eine lernprozessbegleitende Diagnostik.

Entgegen herkömmlicher didaktischer Entscheidungen plädiert er dafür, die Lehrpläne der Lernbehindertenschule nicht zu reduzieren und auch nicht qualitativ zu entlasten. Lernstrukturorientierte Lehrpläne und Lehrwerke dienen dem Lehrer als Differenzierungs- und Diagnosehilfe und sollen Über- bzw. Unterforderungen vermeiden sowie die Interessen und Lernbedürfnisse der Kinder wecken. Die Bedingungen eines guten Unterrichts münden in den Beziehungen zwischen der Kind-, Sach- und Strukturgemäßheit; guter Unterricht ist kind- und sachgemäßer sowie lernstrukturgerechter Unterricht.

Die unter „Groblernschritte" angeführten Themenbereiche des Lehrwerkes „Mathematik entdecken und verstehen" werden unter Berücksichtigung neuester Forschungsergebnisse zum Verlauf von mathematischen Lernprozessen erarbeitet. Zu diesen Forschungsergebnissen gehört vor allem die zentrale Erkenntnis, dass Lernprozesse mehrdimensional verlaufen und nur unter Berücksichtigung der Lerndimensionen Niveau, Komplexität und Lernart kind-, sach- und lernstrukturgemäß organisiert werden können (vgl. Kutzer 1998; 1999; 2000). Für die Organisation solcher Lernprozesse sind Sachstrukturanalysen und Beispiele für die methodische und didaktische Umsetzung in den Kommentarbänden vorgegeben.

Da eine struktur- und niveauorientierte Lernorganisation die Einheit von didaktischen Entscheidungen und diagnostischen Lernstandsanalysen voraussetzt, werden entsprechende diagnostische Hilfen vorgegeben. Somit ist das „Abholen der Kinder an der Stelle des Lernprozesses möglich, an der sie in Richtung auf ein vorgegebenes Lernziel stehen" (Kutzer 1973). Die angebotenen Arbeitsmittel haben die Funktion, den Lernprozess kind-, sach- und lernstrukturgemäß zu stützen und die erforderlichen generalisierenden Einsichten zu ermöglichen. Sie werden daher so eingesetzt, dass sowohl die Niveaustufen als auch die entsprechenden Komplexitätsstufen nach den Fähigkeiten des Kindes durchlaufen werden können.

Kutzer entwickelte eine struktur- und niveauorientierte Konzeption, die sachstrukturelle und entwicklungspsychologische Determinanten zu vereinen versucht. Mit Hilfe eines Lernstrukturgitters mit den Koordinaten Niveau und Komplexität lassen sich sowohl Unterrichtsabläufe planen als auch individuelle Lernverläufe dokumentieren.

Das Lernstrukturgitter ermöglicht jederzeit eine Einordnung des aktuellen Lernstandes eines Kindes. Dieses Unterrichtswerk stellt den Anspruch, „dass jeder Schüler die Chance erhalten muss,

1. dort abgeholt zu werden, wo er in Richtung auf das Ziel Zahlbegriff steht;
2. alle Lernprozesse nachvollziehen zu können, die eine Voraussetzung für die Entwicklung des Zahlbegriffs darstellen" (Kutzer 1983, 25).

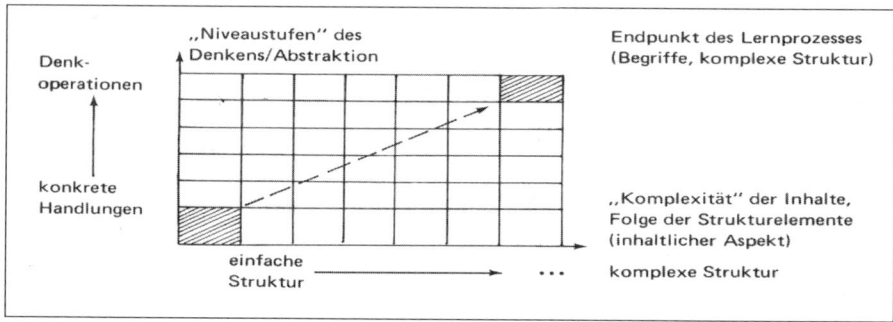

Abb. 35: Lernstrukturgitter (Kutzer 1983)

Die Mehrdimensionalität des Lernprozesses erfasst Kutzer mit den drei Dimensionen Komplexität, Niveau und Lernart.

Die Dimension *Komplexität* erfasst die sachstrukturellen Merkmale, die Gegebenheiten, die der Gegenstand mit sich bringt. Hier werden die fachwissenschaftlichen Inhalte und Ziele thematisiert. Mit der Dimension *Niveau* soll die stufenweise subjektive Verinnerlichung der Sachverhalte, die Konstruktion von Zusammenhängen, die Ableitung von Abstraktionen gewährleistet werden. Aus diesen beiden Komponenten ergibt sich die *Lernart*: „Wir sprechen von Lernen sowohl dann, wenn der Schüler z. B. eine Zuordnung von Bezeichnungen für bereits erkannte Zusammenhänge treffen kann, als auch wenn es um das Erkennen eben dieser Zusammenhänge selbst geht" (Kutzer 1983, 15 f.).

Inhaltlich erfährt diese Konzeption eine wichtige Erweiterung. Während alle vergleichbaren Lehrwerke den Zahlbegriff bei den Schülern von Beginn an voraussetzen, räumt er der Entwicklung des Zahlbegriffs mit seinen Komponenten Invarianz, Seriation, Klassifikation im Band 1 breiten Raum ein. Im Einstiegsbereich werden das Unterscheiden, Erkennen und Benennen von Farben, Größen und Formen thematisiert.

Band 1 bietet schwerpunktmäßig pränumerische Themen an. Angelehnt am Piagetschen Strukturbegriff zur Zahl werden in der festgelegten Reihenfolge folgende Themen behandelt:

1. Gegenstände und ihre Eigenschaften
2. Mengen als Zusammenfassungen von Gegenständen
3. Voraussetzungen der Beurteilung der Mächtigkeit und Mächtigkeitsrelationen von Mengen (Stück-für-Stück-Zuordnung, Invarianz, Repräsentanz, Klassifikation, Seriation)
4. Mengen und Zahlen
5. Mengen und Zahloperationen

Exemplarisch sei hier die Seite 57 zum Thema Matrix zur Klassifikation und Seriation gezeigt:

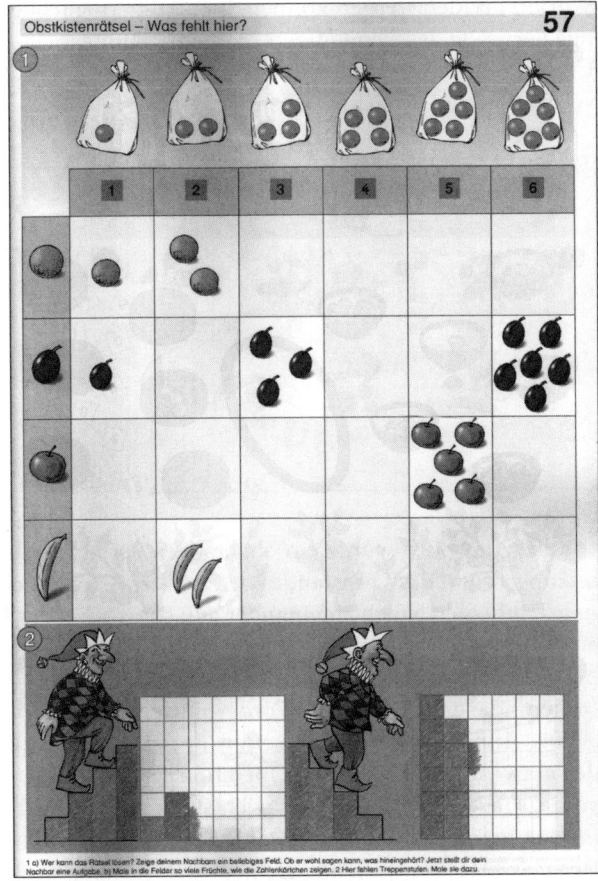

Abb. 36: Beispiele aus „Mathematik entdecken und verstehen" (Kutzer 2001, 57)

Entsprechend der Entwicklungsabfolge wird hier nach dem Erlernen der Klassifikation, Seriation sowie der Zuordnung von Mengen zu Ziffern die Synthese der beiden strukturbildenden Elemente des Zahlbegriffs thematisiert: Mit Hilfe der Kombination beider Merkmale (Menge, Anzahl und Reihenfolge) sollen die Schüler eintragen, welche Apfelsinentüten an welche Stelle innerhalb der Tabelle (Obstkiste) gehören.

Die eigenen empirischen Untersuchungen belegen die Wirksamkeit dieses Konzepts: „Entsprechende Wirkungen sind empirisch nachgewiesen. So wurden von August 1999 bis Juli 2000 einundzwanzig Kinder, die von mindestens zwei unabhängigen Instituten mit dem Ergebnis ‚Teilleistungsschwäche Dyskalkulie' getestet wurden, unter Anleitung von D. Waniek und R. Kutzer wöchentlich 1–2 Stunden gefördert. Bei 13 Kindern waren Lernerfolge zu verzeichnen, die denen von zwei Schuljahren entsprechen. Auch die übrigen Kinder hatten Lernerfolge aufzuweisen, die eine Einstufung ‚Dyskalkulie-Kind' keinesfalls rechtfertigen" (Kutzer-Verlag, Internet).

Das wohl bekannteste Arbeitsmittel ist der Rechenzug. Diese Holzeisenbahn mit 10 Waggons, wobei auf jedem Waggon genau 10 Kisten (in Form kleiner grüner Würfel) geladen werden können, bietet die Möglichkeit, spielend zu lernen. Wichtige Lernziele des elementaren Mathematikunterrichts – vor allem der verstehende Umgang mit zwei- und mehrstelligen Zahlen – soll damit kind- und sachgemäß vorbereitet und erreicht werden.

Abb. 37: Rechenzug

Parallel zum Buch wurde ein qualitatives Verfahren zur „Prüfung der Lernvoraussetzungen und des Lernstandes des Schülers" konzipiert (Kutzer 1983). Die einzelnen Teilthemen bauen aufeinander auf, so dass bei der Diagnose die Nichterfüllung eines Items als Abbruchkriterium gewertet wird. Diagnostische und didaktische Aspekte werden soweit miteinander verknüpft, dass bei Nichterreichen eines Lernziels (= Item) die entsprechenden Förderhinweise im Buch vorgegeben werden.

Die Annahme der stufenweisen Entwicklung mathematischer Einsichten bzw. der notwendigen kognitiven Operationen ziehen eine recht kleinschrittige und fest vorgegebene Abfolge der Unterrichtsthemen nach sich. Es wird mit klaren Lehrerinstruktionen gearbeitet, die wenig Spielraum für das Entdecken eigener Lösungswege, das Ausprobieren unterschiedlicher Lösungsansätze zulassen. Ebenso sind die

Sachsituationen stark vorgegeben, so dass Interessen bzw. lebensweltliche Bezüge nur schwer herstellbar sind.

Die Bedeutung dieser Konzeption aus heutiger Sicht liegt zum einen in den veränderten Auffassungen zu Lernprozessen bei lernschwachen Schülern. Zum anderen stellt diese Konzeption als eine der ersten die pränumerischen Inhalte bzw. den Aufbau des Zahlbegriffs in den Mittelpunkt der schulischen Mathematik.

5.1.5 Die entwicklungspsychologisch orientierte Konzeption (Wember 1986)

Ausgehend von der Frage, ob und wieweit Piagets Theorie der kognitiven Entwicklung auch für lernbehinderte Schüler ihre Gültigkeit hat, kam Wember nach eigenen empirischen Untersuchungen zu folgenden Einsichten:

- Lernbehinderte Schüler erwerben konkrete Operationen, wie sie für das Verstehen von Invarianzbegriffen, Klassifikationen, Zuordnungen, Seriationen, Positionsfolgen, Transitivitätsschlüssen erforderlich sind, durchschnittlich ein bis zwei Jahre später als gleichaltrige Vor- und Grundschüler.
- Die kognitive Entwicklung lernbehinderter Sonderschüler ist im Vergleich zur Entwicklung von Vor- und Grundschülern um ein bis zwei Jahre retardiert.
- Es muss gerade für lernbehinderte Schüler ein entwicklungsangemessener, entwicklungsadaptierter Unterricht gestaltet werden (Wember 1986).

„Da mathematisches Wissen relationales Wissen ist, dass von Kindern als geistiges Ergebnis erfunden wird", sind folgende Prinzipien für die Unterrichtsgestaltung handlungsleitend (Wember 1996, 22 f.):

Tab. 3: Prinzipien zur Unterrichtsgestaltung (Wember 1996)

Pädagogische Prinzipien	Didaktische Prinzipien	Methodische Prinzipien
Aktivierender Unterricht	Pragmatischer Problembezug	Aktives und handelndes Lernen
Ganzheitlicher Unterricht	Sprache der Schüler	Sukzessive Verinnerlichung
Handlungsgeneralisierender Unterricht	Entwicklungsgemäße Sequenzierung der Unterrichtsinhalte und -ziele	Operatorisches Üben
		Sozialkooperative Erarbeitung

In knapper Form seien hier diese Prinzipien erläutert:

Aktivierend ist Unterricht, wenn er die Schüler zu eigenen Anstrengungen reizt, zum eigenen Nachdenken, Ausprobieren anregt. Nicht die Lehrkraft, sondern der Schüler selbst entscheidet über den jeweiligen Weg zur Lösung der Aufgabe.

Ganzheitlichkeit soll der Zerstückelung eines Themas vorbeugen, d.h. die Themen werden in ihrer Komplexität belassen. Die vielfältigen Kombinationen sozialer, physikalischer und mathematischer Aktivitäten auf den unterschiedlichsten Abstraktionsniveaus unterstützen das Lernen.

Handlungsgeneralisierender Unterricht sucht die enge Verbindung zwischen Lösungswegen auf der konkret-handelnden, der bildlichen sowie der abstrakten Ebene. Die Schüler erkennen, dass mathematische Operationen als Repräsentanten für reale Handlungen stehen und alltägliche Handlungsabläufe mit Hilfe mathematischer Zeichen und Begriffe beschrieben werden können.

Die *didaktischen und methodischen Prinzipien* unterstreichen und unterstützen diese pädagogischen Prinzipien. Der Unterricht soll ausgehend von alltäglichen und für die Schüler subjektiv bedeutsamen Problemstellungen Gelegenheit geben, in diesem Problem mathematische Strukturen zu erkennen und sie mit Hilfe mathematischer Strategien auf allen Abstraktionsebenen zu lösen. Die Berücksichtigung des jeweiligen Entwicklungsniveaus ist dabei ebenso wichtig wie die Berücksichtigung der Sprache des Schülers. Favorisiert werden solche Vorgehensweisen, bei denen die Schüler sich kooperativ Lösungswege erarbeiten, dabei ausgehend von ihren Sprachgewohnheiten zunehmend mathematische Begrifflichkeiten und Symbole nutzen.

Mit alltagsnahen Aufgabestellungen, z. B. aus der gemeinsamen Situation Schulfrühstück, bei der jeder Schüler seine eigene Tasse mitbringt, um in der Pause Kakao trinken zu können, initiiert die Lehrkraft mathematische Diskussionen: „Wir wollen uns die Tassen mal genau ansehen und herausfinden: wer bekommt heute den meisten Kakao, wer hat die größte Tasse?" (Wember 1996, 35). Im Sinne des Piagetschen Äquilibrationsmodells werden die Schüler angeregt, in der spontanen Auseinandersetzung Probleme ihres Alltags zu lösen. Unter Rückgriff auf die ihnen schon bekannten Lösungswege wird die neue, unbekannte Situation analysiert und durch Anwendung und Erweiterung der Lösungswege gelöst. Für die Auswahl der Problemsituationen ist es daher wichtig, sich zu versichern, dass diese bei den Schülern einen kognitiven Konflikt auslösen. In diesem Lösungsprozess sind Umwege, Irrwege im Sinne einer Hypothesenbildung und -verwerfung erwartet und erwünscht. Ebenfalls abgeleitet aus der Stadientheorie nach Piaget werden die curricularen Inhalte ebenso wie die Lernziele „gemäß dem fortschreitenden Gang der kognitiven Entwicklung angeboten" (Wember 1996, 28). Damit wird die Notwendigkeit und Machbarkeit einer zieldifferenten Unterrichtung bei einem gemeinsamen Unterrichtsgegenstand deutlich. Diese entwicklungspsychologische Orientierung lässt es beispielsweise zu, dass die Aufgabe 2 + 3 auf allen drei Abstraktionsebenen gelöst werden kann. Während ein Kind diese Aufgabe mit Hilfe konkreter Gegenstände löst und die Gesamtsumme an den Fingern oder Materialien abzählt, vermag ein anderes Kind sich mittels einer Zeichnung einen Lösungsweg schaffen, während ein weiteres Kind diese Lösung rein gedächtnismäßig löst.

Gerade in diesem Vorgehen spielt das Moment der Übung, Festigung und Anwendung eine weitaus größere Rolle als es die bisherigen Ausführungen zunächst vermuten lassen. Um bewegliche, generalisierbare und systematisch kognitive Strukturen aufbauen zu können, sind vielfältige Übungen in variierenden Kontexten notwendig. Diese Übungsformen, die sich in der Fachliteratur mit dem Begriff des „operativen Übens" verbinden, versuchen die erlernten Strategien in immer wieder leicht veränderten Aufgabenstellungen und/oder auch mit verwandten oder auch gegensätzlichen Operationen in Beziehung zu setzen. Vor allem die Reversibilität kognitiver Operationen, die als wichtigstes Merkmal kognitiver Operationen in der Piagetschen Theorie gilt, soll damit gefordert und gefördert werden. Starre und schematische Übungen führen zwar oberflächlich gesehen zu schnellen Lernerfolgen. Jedoch bei der Anwendung und Übertragung des Gelernten auf leicht veränderte Sachverhalte versagen die so erworbenen Kenntnisse. Diese Formen mechanischen Übens lassen innerhalb einer Stunde eine hohe Zahl geübter Aufgaben zu, jedoch ist hier sicher nicht die Quantität mit der Qualität gleichzusetzen. Als höherwertige Übungsformen im Sinne eines generalisierbaren, transferierbaren Wissens haben sich Übungsformen herausgestellt, die neben dem rein arithmetischen Sachverhalt immer noch Kontextvariablen als Problemlösekriterium enthalten. Dieser Sichtweise steht auch nicht entgegen, dass es sinnvoll ist, einen Grundbestand automatisiert abrufbarer Basiselemente zu sichern. Gerade die Automatisierung der Grundaufgaben der vier Grundrechenarten erleichtert die Lösung weiterführender Aufgaben. Dabei muss aber gewährleistet sein, dass das Ergebnis einer Grundaufgabe durch das Grundverständnis der Rechenoperation wieder abgeleitet werden kann, d. h. selbst wenn einem Schüler das gedächtnismäßige Abrufen einer Grundaufgabe wie 5×7 nicht möglich ist, sollte er über Rückgriff auf andere Lösungsstrategien, z. B. Additions-, Verdopplungs- oder Umkehrstrategien, die Aufgabe lösen können.

Der Aspekt der sozial-kooperativen Erarbeitung mathematischer Sachverhalte bildet den kommunikativen Rahmen dieses Vorgehens. Weitgehend ohne Unterstützung der Lehrkraft sollen die Schüler in Partner- bzw. Kleingruppenarbeit sich selbstständig mit den Sachverhalten auseinandersetzen, Lösungswege probieren, Irrwege erfahren und im Austausch darüber unterschiedliche Sichtweisen akzeptieren und koordinieren. Damit kann vor allem der Gefahr vorgebeugt werden, dass Schüler die verbal oder medial vom Lehrer angebotenen Lösungswege unreflektiert übernehmen. Der Austausch erfolgt in der Sprache der Schüler. Um die gewonnen Einsichten und Erkenntnisse transparent zu machen, ist es dann notwendig, sich der konventionellen mathematischen Zeichen und Begriffe zu bedienen. Die Schüler werden „gezwungen", ihre eigenen Gedanken und Lösungswege zu verbalisieren und diese dann in die mathematischen Konventionen zu übersetzen.

Dieser didaktische Ansatz stellt letztlich einen wichtigen, hier entwicklungspsychologischen Begründungszusammenhang zu dem weiter unten dargestellten Literacy-Modell dar.

5.1.6 Das Entdeckende Lernen im Mathematikunterricht der Förderschule

Entdeckendes Lernen, auch „exploratives Lernen" genannt, ist eine pädagogisch-didaktische Variante, in dessen Fokus die Aktivität der Schüler, sich Wissen anzueignen, liegt. Die Vermittlung von Wissen durch die Lehrkraft tritt dabei in den Hintergrund. Gerade die Publikationen von Piaget und Bruner befruchteten die didaktische Diskussion um das Entdeckende Lernen und finden seit den 1970er Jahren breite Anwendung in allen Klassenstufen und Unterrichtsfächern. Beim Entdeckenden Lernen stehen Lernanregungen oder Lernarrangements, die das eigenaktive Lernen motivieren sollen, im Vordergrund. Diese Aktivität kann u. a. daran beobachtet werden, ob die Schüler von sich aus auf Materialen zurückgreifen, selbst Lösungswege entwickeln und diese ausprobieren. Sie sammeln selbstständig Erfahrungen und erlangen dadurch Einsichten in komplexe Sachverhalte und Prinzipien. Entdeckendes Lernen basiert auf konstruktivistischen Lernprinzipien. Ein wichtiges Merkmal konstruktivistischer Positionen zum Lernen ist, dass es keine objektive, d. h. vom Menschen unabhängige Wahrheit gibt, sondern sich jeder Mensch seine eigene Wirklichkeit konstruiert. Entdeckendes Lernen kann daher im Grunde weniger als didaktisches Modell, sondern vielmehr als pädagogische Grundhaltung aufgefasst werden.

Entdeckendes Lernen ist Ausdruck des Paradigmenwechsels in der didaktischen Diskussion. Im Gegensatz zu traditionellen Lerntheorien, die Lernen durch Belehrung, Kleinschrittigkeit, systematischem Aufbau der Lerninhalte verbunden mit extensiver Übungspraxis favorisieren, steht in diesem Lehr- und Lernverständnis das Kind mit seinen subjektiven Lern- und Leistungsmöglichkeiten sowie seiner potenziellen Lernfähigkeit und Eigenaktivität im Mittelpunkt. Lernprozesse lassen sich nicht mehr eindeutig vorhersagen.

Diese Konzeption will die prinzipielle Lernbereitschaft und -neugier der Kinder nutzen. Die Motivation zum Lernen soll daher aus der „Struktur und den Wirklichkeitsbezügen der Mathematik selbst, weniger aus Sekundärmotivation erwachsen" (Müller, Steinbring & Wittmann 1997, 10).

Das Konzept „mathe 2000", gegründet 1987 an der Universität Dortmund als Kooperationsprojekt, begründet ein theoretisches Konzept zum aktiv-entdeckenden Lernen und zu produktiven Lernumgebungen für den Mathematikunterricht. Inhaltlich konzentriert es sich auf die Elementarmathematik, so wie sie sich in den Bildungsplänen der Grundschule aller Bundesländer niederschlägt. Dieses Wissen aber soll sich eben nicht nur im schulischen Kontext bewähren, sondern sieht seinen wesentlichen Beitrag darin, bei der Umwelterschließung angewendet zu werden.

In der sonderpädagogischen mathematikdidaktischen Diskussion haben vor allem die Arbeiten von Scherer (1995), deren Untersuchungen auf dem Projekt „mathe 2000" fußen, die Diskussion nachhaltig beeinflusst. Der Ausgangspunkt ihrer Argumentation ist die Kritik an der herkömmlichen Mathematikdidaktik in Lernbehindertenschulen, die sich durch folgende Merkmale charakterisieren lässt:

1. Kleinschrittigkeit
2. Isolierung der Schwierigkeiten
3. Sonderpädagogische Reduktion
4. Vorgabe fester Lösungswege
5. Fehlende Flexibilität im Umgang mit Anschauungs- und Arbeitsmitteln (kaum Wechsel zwischen Abstraktionsebenen, häufiges Verharren auf symbolischer Ebene)

6. Fehlender lebenspraktischer Bezug, da Sachaufgaben meist nichts mit der komplexen Realsituation zu tun haben
7. Mechanisches Üben (Scherer 1995)

Diese traditionelle Didaktik bleibt ihren Nachweis über die Effektivität ebenso schuldig wie die der Lernbehindertenschule generell. Basierend auf den neueren Erkenntnissen zu Lehr- und Lernprozessen sowie auf einem veränderten Verständnis von Behinderung geht sie von folgenden lern- und erkenntnistheoretischen Grundannahmen für den Mathematikunterricht an Lernbehindertenschulen aus:

- In Anlehnung an den Konstruktivismus vollzieht sich der Erwerb von Wissen als konstruktive Aufbauleistung des Individuums. Lernen ist nicht eine passive Aufnahme und Reproduktion, sondern eine aktive Aufbauleistung und Rekonstruktion des Schülers selbst.
- Jede Erkenntnis ist eine (gedankliche) Konstruktion des Individuums, die sowohl durch die schon vorhandenen Erkenntnisse als auch durch die Umwelt bedingt ist.
- Etwas zu erkennen heißt, dies zu erfinden und nicht zu entdecken. Gerade mathematische Phänomene spiegeln keine naturwissenschaftlichen Prozesse, Ereignisse oder Gesetzmäßigkeiten wider, sondern wurden erfunden, um diese Phänomene beschreiben, quantifizieren, ordnen und einordnen zu können. In der Umwelt lässt sich wörtlich genommen keine Mathematik entdecken, sondern nur erfinden. Im mathematikdidaktischen Sprachgebrauch hat sich jedoch der Begriff des „Entdeckens" durchgesetzt, ohne dass dieser den Sachverhalt selbst exakt widerspiegelt.
- Die Grundlage für unseren Wissenserwerb ist das Finden von Anknüpfungspunkten aus dem eigenen Wissen, die Erweiterung unseres Wissensnetzes um neue Aspekte. Gerade diese Position stellt einen krassen Gegensatz zur traditionellen Hilfsschulpädagogik dar, die dem Schüler aufgrund seiner Schwäche eigenständige geistige Leistungen absprach. Im Unterricht ist den Schülern Gelegenheit zu geben, eigene Strategien zu entwickeln, eigene Lösungen zu finden, ihre kreativen Fähigkeiten und nicht imitierende bzw. reproduzierende Fähigkeiten zu fördern.
- Das traditionelle Hilfsschulprinzip der Isolierung von Schwierigkeiten steht im deutlichen Gegensatz zu diesem Ansatz. Lernen ist nicht eine Anhäufung isolierter Einzelfakten, sondern die Schaffung von Verbindung zwischen neuen und bereits gelernten Wissenselementen.
- Erworbene Einsichten sind nicht global und allgemein- bzw. endgültig, sondern sind ein lokales, auf subjektive Erfahrungsbereiche eingeschränktes und instabiles Ereignis. Man kann und muss ein Wissen durch ständiges Reaktivieren, Umwälzen, Neuordnen im Wege des entdeckenden Lernens ausbauen, festigen, vertiefen, verallgemeinern.
- Rechnen versteht sich als der Aufbau und die Erweiterung, das Abrufen und Anwenden numerischer Netzwerke. Das Verstehen mathematischer Sachverhalte ist ein langsamer, nicht immer stetiger Prozess, der u. U. viel Zeit kostet (Scherer 1995).

Wesentliche Elemente des Entdeckenden Lernens sind:

- Produktives Üben
- Lernen in komplexen Situationen
- Lehren als Organisation von Lernprozessen

Diese Elemente werden im Folgenden näher charakterisiert:

Das *produktive Üben* basiert auf einer Theorie des Übens, die Übung als einen integralen Bestandteil des aktiven Lernens versteht. Hierbei entfällt die scharfe Trennung zwischen den einzelnen Unterrichtsphasen. In jeder Phase einer Unterrichtseinheit finden sich bei den Lernaktivitäten der Schüler mit je unterschiedlichen Schwerpunkten Momente der Erarbeitung, des Übens oder der Anwendung (Wittmann 1992).

Die Kritik an herkömmlichen Übungsformaten lässt sich zusammenfassen (Krauthausen & Scherer 2003, 111 ff.):

- Es besteht die Gefahr des nur gedankenlosen Einübens von nur oberflächlich gelernten Rezepten, was letztlich wenig erfolgreich ist.
- Die Schüler werden zu einer eher passiven Lerneinstellung verleitet.
- Die Zersplitterung des Unterrichts in „Schubladen" führt zu einer entsprechend kurzfristigen Lernperspektive und Behaltensleistung.
- Die allgemeinen Lernziele werden vernachlässigt: Das kleinschrittige Üben bietet keine nennenswerten Möglichkeiten zum Erkennen, Beschreiben und Begründen von „Mustern", zur rechnerischen Durchdringung von Sachsituation und zur Pflege der mündlichen und schriftlichen Ausdrucksfähigkeit der Schüler.

Das Üben ist dem Entdeckenden Lernen inhärent, denn Entdeckungen sind nur möglich, wenn auf verfügbare Fertigkeiten und abrufbare Wissenselemente aufgebaut werden kann. Lernen ist immer ein Weiterlernen, ein Fortweben von schon bestehendem und das Einfügen neuer Maschen in das Netz des Langzeitgedächtnisses (Müller, Steinbring & Wittmann 2007, 22).

Produktives Üben ist Lernen und Üben in Sinnzusammenhängen. Die Kinder sind herausgefordert, eigene Denkleistungen zu erbringen. Die Lehrkraft räumt nicht wie beim kleinschrittig gestuften Üben alle Schwierigkeiten aus dem Wege, sondern schafft ganzheitliche, komplexe Lernsituationen, in denen Aufgaben unterschiedlichsten Schwierigkeitsniveaus anfallen und deshalb alle Kinder zu Erfolgserlebnissen kommen können. Dieser Effekt wird von Wittmann als „natürliche Differenzierung" bezeichnet. Alle Kinder, von den „lernschwachen" bis zu den „lernstarken", können sich nach ihren Möglichkeiten an der Lösung von Problemen beteiligen. Nicht alle Kinder müssen Entdeckungen machen, aber alle haben die Gelegenheit dazu.

Produktive Rechenübungen fordern von den Schülern, den sachstrukturellen mathematischen Zusammenhang zu erkennen und gleichzeitig verschiedene mathematische Aktivitäten durchzuführen.

Die nachfolgende Seite aus dem „Handbuch produktiver Rechenübungen" (Wittmann & Müller 1993) zeigt die Möglichkeiten, unterschiedliche Zählstrategien in unterschiedlichen Situationen sinnvoll einzusetzen und zu trainieren. Alle Aufgaben konzentrieren sich auf effektive Strategien zur Erfassung von Mengen. Die unterschiedlichen Darstellungen machen zudem den alltagspraktischen Bezug deutlich. Um die jeweilige Gesamtmenge zu ermitteln, können unterschiedliche Strategien genutzt werden: Die Elemente lassen sich einzeln oder auch in unterschiedlichen Bündelungsvarianten wie der 2er-, 3er- oder 4er-Bündelung zählen. Welche der Varianten gewählt wird, hängt von den Vorerfahrungen der Kinder, aber auch von der Zählsituation selbst ab. Während bei Nr. 2 sich eher ein paarweises Abzählen anbietet, kann bei Nr. 4 eher die 2er- und auch 4er-Bündelung genutzt werden.

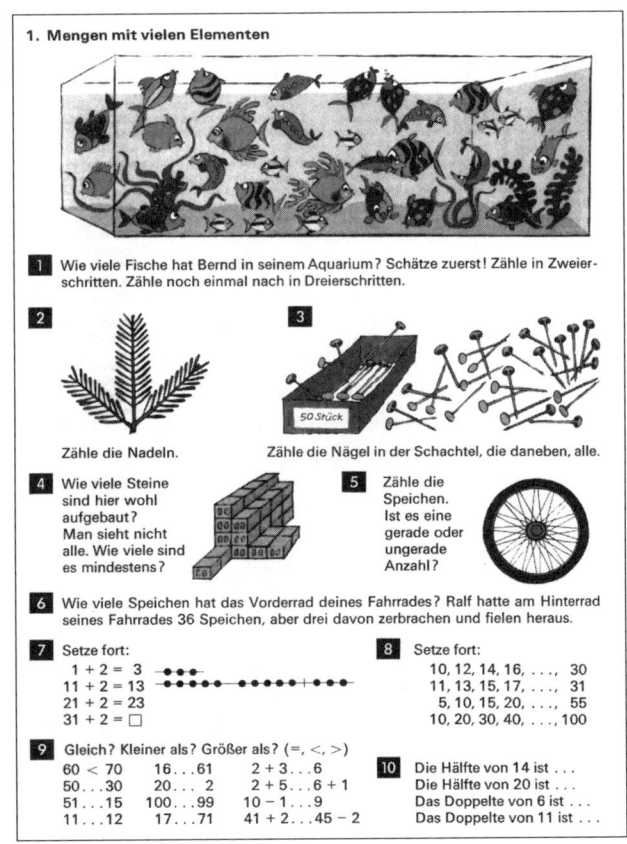

Abb. 38: Übungen zu Zählstrategien (Wittmann & Müller 1993, 163)

Weitere Übungsformate finden sich u.a. bei Müller & Wittmann (1996), Scherer (1995; 1999), Selter (1997), Steinweg (2000; 2003; 2008) und Quak, Sterkenburg & Verboom (2006). Bekannte methodische Varianten sind:

- Zahlenmauern
- Rechendreiecke
- Zahlenketten

Didaktische Konzeptionen eines Mathematikunterrichts für lern- und rechenschwache Kinder

- Partnerzahlen
- Aufgabe wie „Finde Plus- und Minusaufgabe mit dem Ergebnis 28" oder „Finde Minusaufgaben mit den Zahlen 20, 10, 8 und 3" usw.

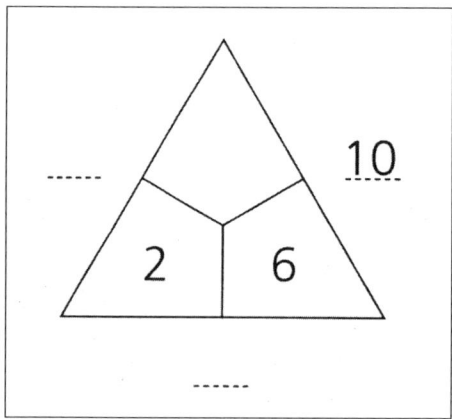

Abb. 39: Rechendreiecke (Scherer 1997)

Bei diesen Aufgaben beschränkt sich die Aktivität der Schüler nicht auf das reine Rechnen, sondern es werden auch allgemeine Kompetenzen, wie beispielsweise das Erkennen und Beschreiben von Mustern, das allgemeine Problemlösen oder das Beschreiben und Begründen von Zusammenhängen (vgl. Scherer 1997), gefördert.

Die Grundprinzipien des produktiven Übens lassen sich am Beispiel der „Zahlenmauern" anschaulich erläutern.

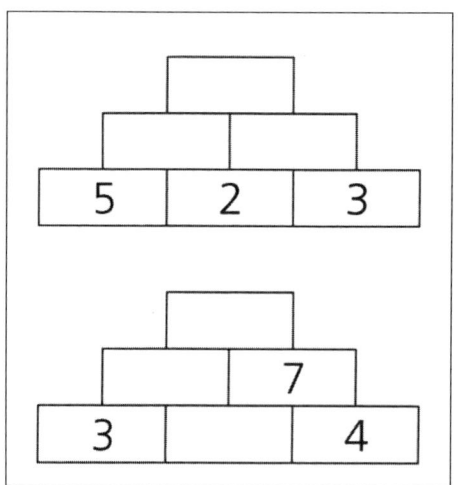

Abb. 40: Zahlenmauern

Die Schüler können damit Additions- und Subtraktionsaufgaben üben und ihr Wissen über operative Zusammenhänge vertiefen. Sie erfahren unterschiedliche

Lösungswege und können sich darüber austauschen sowie über die Vor- und Nachteile ihrer eigenen Lösungswege diskutieren. Bei den Zahlenmauern können Additions- und Subtraktionsaufgaben in gemischter Form vorkommen. Die Kinder sind gefordert zu entscheiden, ob der nächste Mauerstein mit Hilfe einer Addition, Subtraktion oder Ergänzung zu bestimmen ist.

Zur Einführung dieses Übungsformates empfiehlt es sich, eine fertige Zahlenmauer (mit 3 oder 6 Steinen) aus großen Pappkartons o. Ä. und angehefteten Zahlenkärtchen anzubieten. Zunächst werden Rechenmauern, bei denen nur die Basissteine (die unterste Reihe einer Zahlenmauer) vorgegeben sind, gelöst. Durch den Einsatz von „Prüfsteinen" (der oberste Mauerstein mit dem Ergebnis) ist eine Selbstkontrolle möglich. Zur Differenzierung bietet es sich an, mit Hilfe von Blankovorlagen eigene Zahlenmauern entwerfen zu lassen.

Eine besondere Herausforderung stellt die Vorgabe eines bestimmten Zielsteins dar. Dies fördert bei den Kindern den flexiblen Umgang mit Zahlen, da nur über variantenreiches, geschicktes Konstruieren und Kombinieren von Zahlzerlegungen der oberste Stein der Mauer erreicht werden kann.

Auch die Hundertertafel bietet vielfältige Übungsformen im Sinne des produktiven Übens. Die Übungen dienen dazu, den systematischen Aufbau des Hunderters, insbesondere die dekadische Gliederung, zu verdeutlichen. Die Schüler sollen lernen, sich auf der Hundertertafel flexibel und strategisch zu bewegen, sie sollen dabei auch arithmetische Gesetzmäßigkeiten erkennen und verbalisieren. Es wird sowohl an der gefüllten als auch an der ungefüllten Hundertertafel gearbeitet.

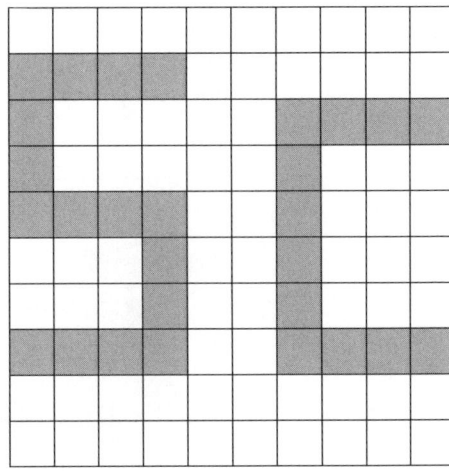

Abb. 41: Übung zur Orientierung in der Hundertertafel. Welche Zahlen verstecken sich unter den Buchstaben? (Wittmann & Müller 2004)

Die Automatisierung basaler Fertigkeiten ist ein integraler Faktor innerhalb des Entdeckenden Lernens und berücksichtigt das Prinzip der natürlichen Differenzierung. Die Lernangebote sind so reichhaltig angelegt, dass sie jedes Kind quer über das gesamte Leistungsspektrum für seine Fortschritte nutzen kann. Dadurch wird die individuelle Förderung von Kindern im gemeinsamen Unterricht ermöglicht.

Lernen in komplexen Situationen

Aktiv-entdeckendes Lernen kann nicht in isolierten Lernatomen stattfinden, sondern bedarf komplexer Situationen. Die Themen werden nicht in Einzelkomponenten zerlegt und anschließend als isolierte, voneinander unabhängige Elemente erarbeitet.

Lernen als natürlicher Prozess lässt sich nicht als lineare Abfolge des Aufbaus fachsystematischer Bausteine verstehen, das nach einem genau vorhersagbaren Plan abläuft. Lernen wird im Konzept des „Entdeckendes Lernens" aufgefasst als ein „fortlaufendes Knüpfen und Umstrukturieren eines flexiblen Systems aus Wissenselementen und Fertigkeiten, wobei es die Lernenden selbst sind, die – unterstützt durch geeignete Lernumgebungen – ihre Wissensnetze von verschiedenen Stellen aus aktiv-entdeckend weiterknüpfen" (Müller, Steinbring & Wittmann 2007, 22).

In dieser Vorstellung von individuellen Lernwegen sind „Lern-Um-Wege" ebenso normal wie unproblematisch. Lernumwege dokumentieren häufig kreative unkonventionelle Gedankengänge und Lösungsansätze, die anregend für andere Schüler, für den Unterrichtsverlauf sind. Auch Lücken in diesem Wissensnetz bzw. Fehler werden in diesem Kontext nicht als Defizit, sondern als ein „Noch-nicht-Können", als die Chance weiterzulernen, gesehen.

Dieses individuelle Lernen verbietet auch ein gleichzeitiges und gleichschrittiges Lernen, d.h. auch die Vorgabe einheitlicher Lösungswege, die von allen Kindern gleichzeitig und gleichmäßig nachvollzogen werden müssen. Das vielzitierte Sprichwort „Viele Wege führen nach Rom" findet hier eine andere, eine didaktische Prämisse. Die Verschiedenheit der Kinder, ihre unterschiedlichen Lern- und Lösungswege zu akzeptieren, sie zu nutzen und zu thematisieren, führt dazu, dass letztlich alle Kinder über ein gemeinsames Fundament mathematischen Wissens verfügen.

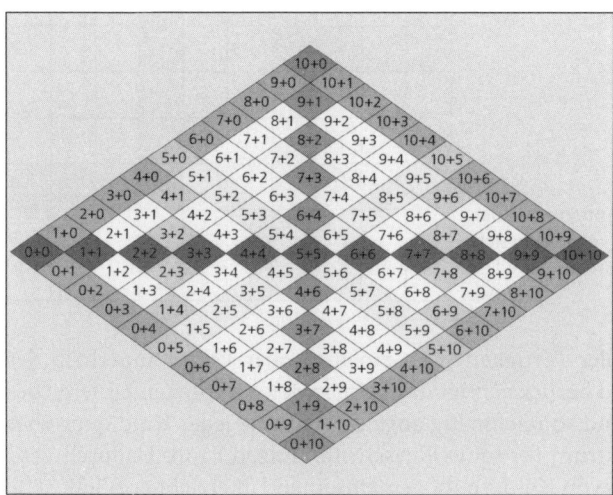

Abb. 42: 1 + 1-Tafel
(Wittmann & Müller 2004)

Ein Beispiel für die Nutzung des Gedankens der Wissensnetze stellen die 1 + 1-Tafel bzw. die 1 × 1-Tafel dar.

Die 1 + 1-Tafel verdeutlicht den operativen Zusammenhang der gesamten 1 + 1-Aufgaben und kann als ein ständiger Begleiter für den Unterricht angesehen werden. So können die Schüler systematisch die Zusammenhänge entdecken und die Ergebnisse der 1 + 1-Aufgaben automatisieren (z. B. beim Kopfrechentraining). Darüber hinaus bietet die 1 + 1-Tafel durch die Anordnung der Aufgaben viele Differenzierungsmöglichkeit der Aufgaben.

Bereits ab dem 1. Schuljahr soll die 1 + 1-Tafel, die eine systematische Aufstellung aller 121 Plusaufgaben von 0 + 0 bis 10 + 10 abbildet, eingesetzt werden. Verdopplungsaufgaben, Zehnerergänzungsaufgaben und andere Kernaufgaben sind farbig unterlegt. Damit sind diejenigen Aufgaben hervorgehoben, die besonders einfach und für die Erschließung von Nachbaraufgaben hilfreich sind.

Nach der Erarbeitung z. B. mit offen formulierten Aufgaben wie: „Was siehst du, was fällt dir auf?", können Kinder allmählich die einzelnen Gesetzmäßigkeiten erkennen. Beim Einsatz dieser Tafeln geht es nicht vorrangig darum, die Grundaufgaben automatisiert lösen zu lernen und rein schematisch gedächtnismäßig Aufgaben zu erkennen. Im Vordergrund steht das Entdecken der Systematik der Aufgaben zueinander, das Rekonstruieren der Zusammenhänge zwischen den Grundaufgaben. Diese sollen dann eine Basis für die individuellen Konstruktionen der Grundaufgaben bilden, so dass die Kinder sich die Ergebnisse der Grundaufgaben auch über andere Ableitungen herleiten können als beispielsweise über das Aufsagen der Multiplikationsaufgaben in ihrer numerischen Reihenfolge z. B. 1 × 7; 2 × 7; 3 × 7 usw.

Lernen in komplexen Zusammenhängen beschränkt sich aber nicht auf rein arithmetische Aufgaben, sondern eignet sich besonders für die Lösung mathematischer Probleme aus dem schulischen und außerschulischen Alltag. Folgende Themen bieten sich an:

- Organisation eines Schulfrühstücks
- Planung einer Klassenfahrt
- Zeitstrukturen und Kosten für die Freizeitgestaltung
- Preisvergleiche über Internet-, Werbeangebote etc.
- Organisation von Spielturnieren u. a.
- Analyse von Ergebnissen auf Fußballturnieren
- Planung eines Flohmarktes
- Backen und Verkaufen von Weihnachtsgebäck
- Fragen zu Geburtstagen und Lebensalter
- Erstellen eigener Wochen- und Jahresplaner
- Die Struktur des jahreszeitlichen Ablaufs

Bei diesen Aufgabenstellungen sind Aspekte des fächerübergreifenden Lernens ebenso zu berücksichtigen wie die des Sachrechnens bzw. des Rechnens in Kontexten.

Lehren als Organisation von Lernprozessen

Aktiv-entdeckendes Lernen setzt ein verändertes Rollenverständnis von Lehre und Lernen sowie die Akzeptanz der prinzipiell selbstbestimmten, hohen Eigenaktivität eines Schülers voraus. Eine Lehrkraft kann nur das Lernfeld abstecken und günstige Rahmenbedingungen schaffen. Sie ist Organisator für Lernprozesse, vermittelt Anregungen und initiiert die Aktivitäten der Schüler. Die Lehrkraft ist nicht mehr Vermittler von oder Darbieter des Stoffes, sondern Vermittler zwischen individuellen Strategien der Kinder und mathematischen Konventionen. Ihre Hauptaufgabe besteht darin, herausfordernde Lernsituationen anzubieten, ergiebige Arbeitsmittel bereitzustellen, kreative Übungsformen vorzuschlagen und die Kommunikation aufzubauen und aufrecht zu erhalten.

Die Lehrkraft soll die traditionelle Erwartungshaltung, dass der Lehrer ausschließlich richtige Antworten hören will, zurückstellen und Schüler dazu anregen, ihre Antworten selbst zu überprüfen und zu verbessern.

Die Lehrkraft bietet herausfordernde, lebensnahe und nachvollziehbar strukturierte Situationen an. Sie ermuntert die Schüler zum Beobachten, Erkunden, Probieren, Vermuten, Fragen und gibt den Schülern Hilfe im Sinne einer Selbsthilfe. Schüler werden in diesem Verständnis als eigen- und mitverantwortlich gesehen, d. h. über den Unterrichtsverlauf entscheiden Lehrer und Schüler gemeinsam. Die Schüler sind nicht mehr Objekte pädagogisch-didaktischen Bemühens einzelner Lehrkräfte, sondern werden als Subjekte ihres eigenen Lernens aufgefasst. In dem Maße, wie der Lehrer den Schülern mehr Raum für eigene Lernprozesse lässt, wird er besser verstehen, welche Schwierigkeiten für die Kinder damit verbunden sind, und umso eher wird er in der Lage sein, den Kindern zu helfen.

Wirksamkeit des entdeckenden und alltags- und lebensweltlich orientierten Lernens bei lernschwachen Schülern

Dass gerade schulleistungsschwache Schüler, und damit auch Förderschüler, nicht von einem kleinschrittigen, starren Unterricht profitieren, zeigen zahlreiche Untersuchungen. Die Untersuchungen von Scherer (1995) und Walter, Suhr & Werner (2001) belegen, dass gerade Formen des entdeckenden, alltags- und lebensweltlich orientierten Unterrichts an Förderschulen nicht nur möglich, sondern auch erfolgreich sind.

Entdeckendes Lernen, hier besonders das Projekt „mathe 2000", eignet sich besonders für heterogene Lerngruppen. Gerade bei lernschwachen Kindern zeigte sich, dass sie durchaus in der Lage sind, Aufgaben auch in Zahlenräumen und mit Rechenstrategien zu lösen, die zu diesem Zeitpunkt noch nicht erarbeitet waren (Scherer 1995, 196). Durch das Ausnutzen der Strukturzusammenhänge (wie z. B. durch die 1×1- und die $1 + 1$-Tafel) konnte in vielen Fällen die Fehlerrate reduziert und ein größerer Lernerfolg erzielt werden (Scherer 1995, 198).

Die Ergebnisse zeigen, dass schulleistungsschwache Schüler von einem ganzheitlichen, aktiv-entdeckenden Mathematikunterricht durchaus profitieren.

Das Beispiel des Aufgabenformats „Partnerzahlen" als eine Form der natürlichen Differenzierung (eingesetzt in der Mittelstufe der Klasse 5 einer Förderschule) zeigte, dass die Schüler durch diese offenen Aufgabenstellungen weit über ihre bisher gezeigten Fähigkeiten hinausgingen (Peters & Werner 2007).

Auch die Studie von Kiene (2005) weist die Sinnhaftigkeit fordernder Unterrichtsformen gerade im Mathematikunterricht der Förderschule nach.

Konkrete didaktisch-methodische Anregungen zur Umsetzung des Konzepts bei lernschwachen Schülern finden sich u. a. bei Schmassmann (2003), die gerade für lernschwache Schüler Formen des aktiv-entdeckenden Lernens empfiehlt. Dabei unterliegt sie nicht dem didaktischen Fehlschluss, dass alle Schüler nun völlig eigenständig alle mathematischen Strukturen und Sachverhalte entdecken können. Sie mahnt an, dass Entdeckendes Lernen – besonders für lernschwache Schüler – ein gut strukturierter, mathematikdidaktisch fundierter Unterricht ist. Sie überlässt das Ergebnis dieses gemeinsamen Lern- und Lehrprozesses nicht einer Zufälligkeit bzw. einer Beliebigkeit, wie es der Begriff „Entdeckung" scheinbar vorgibt, sondern sieht seine Bedeutung vor allem darin, allen Schülern mit den unterschiedlichen Begabungen und Lernvoraussetzungen die Gelegenheit zu geben, sich Mathematik anzueignen (Schmassmann 2003, 216). Dabei sieht sie diese didaktisch-methodische Variante nicht als Generalmethode zur Vermeidung und Überwindung von Rechenschwäche, sondern vorsichtig als eine (erfolgversprechende) Variante, möglichen Lernschwierigkeiten vorzubeugen und bestehende Lernschwierigkeiten zu mindern. Grundsätzlich jedoch gehören Schwierigkeiten zum Lernprozess dazu, sind produktiv zu nutzen und im Sinne von subjektiven Eigenkonstruktionen als individuelle Lernvoraussetzungen zu interpretieren.

Ähnliche Begründungen finden sich auch in den didaktischen Überlegungen von Möller & Pilz-Laukhuf (1997) zum *fächerverbindenden Mathematikunterricht* in der Grundschule. Kindliche Umfelder und Sachrechnen bilden eine eng verzahnte pädagogische Einheit, konkret erfahrbare Lebensbereiche (kindliche Umfelder) in der Schule zu thematisieren (Möller & Pilz-Laukhuf 1997, 71). Dazu gehören beispielsweise die persönliche und familiäre Situation der Kinder, ihre außerschulischen Aktivitäten, die situativen örtlichen Bedingungen der geografischen Lernumgebung sowie der jahreszeitliche Ablauf (Möller & Pilz-Laukhuf 1997, 71). Angelehnt an Winters Konzept des Sachrechnens (1994) liegen die Vorteile u. a. darin, dass sich die Kinder in ihrem individuellen Lernkonzept nicht von traditionellen Sachgrenzen leiten lassen (müssen), der Sachverhalt selbst erhalten bleibt und primär unabhängig von fachspezifischen Verfahren und Methoden ist. Durch ein höheres Maß an Identifikation und Motivation verlieren sich die Tendenzen einer lehrerzentrierten und damit weitgehend fremdgesteuerten Auseinandersetzung mit dem Gegenstand. Wichtig bei dieser Herangehensweise ist es, alltägliche Themen auf ihre mathematischen Inhalte zu untersuchen, anstatt diese auf Themen (nachträglich) zu projizieren.

Unter dem Aspekt einer *interkulturellen Bildung* empfiehlt Schröder (1998; 2000; 2003) ähnliche Zugangsweisen zu mathematischen Grundideen. Im Fokus einer Allgemeinbildung sowie der Berücksichtigung der hohen Anteile von Kindern mit Migrationshintergrund in den Schulen fordert er einen „kultursensiblen Mathematikunterricht" (2000, 453). In diese Konzeption fließen Aspekte des Konstruktivismus ebenso ein wie Fragen der Ethnomathematik, des Genetischen Prinzips und des Methodischen Kulturalismus. Die didaktische Grundfrage eines solchen kultursensiblen, interkulturellen Mathematikunterrichts lautet: „Wie kann Wirklichkeit, die vielfach kulturell, regional und ethnisch gebrochen und ausdifferenziert ist, im Unterricht rekonstruiert, gespiegelt und repräsentiert werden?" (Schröder 2000, 460). Ebenso wie die Geschichte der Mathematik als eine Geschichte der Migration mathematischer Ideen verstanden werden kann, lässt sich auch interkultureller Mathematikunterricht durch den Bezug auf die Lebenspraxis der Schüler erschließen. Diese Lebenspraxis durchzurechnen, zu präsentieren und zu diskutieren kann der Pluralisierung der unterschiedlichen Lebenswelten und der Vielzahl der Lebenspraxen gerecht werden (Schröder 2000, 461). Beispiele solcher lebensbezogener Aufgaben sind: die Länge der einzelnen Text- bzw. Videobeiträge von Nachrichtensendungen zu erfassen, die Beiträge nach ihrem zeitlichen Umfang zu sortieren und in reine Wort-, Wortbildbeiträge und Kommentarsequenzen zu unterscheiden. Diese zunächst rein mathematische Analyse lässt sich verbinden mit medienpädagogischen Fragestellungen, die die Schüler dazu befähigen können, mit medialen Angeboten kritisch und distanziert umzugehen und sie für eigene Ziele und Interessen bewusst zu nutzen. Ein solcher Unterricht trägt projektähnlichen Charakter, löst die thematische Enge eines ausschließlich mathematisch orientierten Unterrichts auf und wird zum fächerverbindenden bzw. -übergreifenden Unterricht.

Auch in der englischsprachigen Literatur lassen sich Ansätze des Entdeckenden Lernens im Mathematikunterricht finden:

Die Publikation von Les Staves (2001) propagiert eine alltagsnahe und entwicklungsorientierte Herangehensweise gerade für lernschwache Schüler. Neben den fachwissenschaftlichen und psychologischen Grundlagen der Mathematik (wie die Entwicklung des mathematischen Denkens selbst, die Erarbeitung des Zahlbegriffs sowie der elementaren Rechenfertigkeiten) zeigt sie darüber hinaus noch den Beitrag einer mathematischen Bildung für die Herausbildung sozialer, kommunikativer Kompetenzen sowie die Erziehung der Denktätigkeit. Mathematik als individuell und sozial geprägter Prozess umfasst sowohl den Aspekt der „personal math" als auch den der „social math" (Les Staves 2001, 5). Im Bereich der personalen Mathematik beschreibt der Autor all jene mathematischen Erfahrungen zu Mengen, Raum und Zeit, die die Kinder anhand ihres Körpers mit sich selbst erleben. In der konkreten Auseinandersetzung mit anderen lernen die Kinder, dass es neben sich selbst auch noch andere, „others" (mathematische Konzepte) gibt.

Les Staves entwickelt ein Spiralcurriculum mit sich überlappenden Niveaustufen. Es setzt an sehr frühen (mathematischen) Kompetenzen wie der basalen Begegnung der interaktiven Auseinandersetzung mit realen Gegenständen sowie deren mengentheoretischen Einschätzung (es ist ein Gegenstand und es kann mehrere geben) bis hin zu den exakten (Ab-)Zählkompetenzen und simultanen Mengenerfassungen an (Staves 2001, 89).

Grenzen des Entdeckenden Lernens

Der Gedanke des Entdeckens ist nicht als Universalmethode vor allem zur Überwindung von Lernschwierigkeiten in Mathematik zu verstehen.

Nicht jedes Thema eignet sich bei der Vermittlung der Kulturtechniken zum Entdecken. Ebenso wie die Rechtschreibung unterliegt auch unsere mathematische Schreibweise gewissen gesellschaftlichen Konventionen, die sich nicht aus dem Sachverhalt selbst ableiten lassen. Allein der Bedeutungsgehalt der mathematischen Symbole lässt sich nicht entdecken bzw. erfinden. In unserer Informationsgesellschaft kommt der Fähigkeit, Symbole lesen zu können, eine grundlegende Bedeutung zu. Allein das Symbol „+" ist – je nach Kontext – mit den unterschiedlichsten Bedeutungen verbunden: Auf der Fernbedienung des TV-Geräts hat es eine andere Bedeutung als innerhalb einer Rechenaufgabe und wiederum eine andere Bedeutung, wenn es als rot markiertes Kreuz auf einem weiß lackierten Fahrzeug erscheint, das uns einen Rettungswagen erkennen lässt. Auf der Turmspitze eines Gebäudes erkennen wir an einem Kreuz, dass es sich um eine Kirche handelt.

Entdeckendes Lernen benötigt daher (neben dem Freiraum der Entdeckungen als Spielraum für Versuch und Irrtum) auch die strukturierte Anleitung, z. B. zum Erlernen der Schreibbewegungen von Ziffern oder auch zum Erlernen bestimmter Übungsformate. Jansen (2006) analysiert den Prototyp entdeckender Übungen – die „Zahlenmauern" – für lernschwache Kinder und kommt zu dem Schluss, dass nicht das Übungsformat selbst Entdeckungen bei jedem Schüler garantiert. Sinnvoll ist diese Übungsvariante erst, wenn sie in den Lern- und Entwicklungsverlauf des Kindes hineinpasst (Jansen 2006). So muss das Kind z. B. über die Einsichten in die Zerlegbarkeit von Zahlen verfügen, d. h. verstehen, dass sich eine Menge über verschiedene Teilmengen bilden lässt und diese mittels Additions-, Ergänzungs-, Umkehr- und Subtraktionsaufgaben darstellen lassen.

Die Forderung, alles zu entdecken, hat innerhalb des schulischen, d. h. institutionell und zeitlich gebundenen Rahmens durchaus ihre Grenzen. Diese zeitliche und institutionelle Einschränkung kann jedoch durch fachlich strukturierte Lernumgebungen überwunden werden.

5.2 Didaktisch-methodische Prinzipien eines Mathematikunterrichts für lernschwache Schüler

Die Auseinandersetzung mit den didaktischen Konzeptionen eines Mathematikunterrichts für lernschwache Schüler führt zu folgenden didaktisch-methodischen Basisprinzipien:

- *Alltagsorientierung, lebensweltlicher Bezug:* Jeder mathematische Sachverhalt wird anhand einer alltagsrelevanten, für den Schüler subjektiv bedeutsamen Situation eingeführt, erarbeitet und gefestigt.
- *Entwicklungsorientierung:* Didaktisch-methodische Entscheidungen orientieren sich am individuellen Lern- und Entwicklungsstand des Kindes und bieten individuelle lern- und entwicklungsfördernde Lernanreize.
- *Operatives Üben:* Üben als zentraler und integraler Bestandteil des Mathematikunterrichts provoziert die sinnhafte und flexible Anwendung und Automatisierung notwendiger Grundfertigkeiten in vielfältigen, jeweils leicht veränderten Kontexten, in unterschiedlichsten Alltagssituationen.
- *Offenheit in der Aufgabenstellung:*
  - Selbstständiges Finden mathematisch relevanter Aufgabestellungen in Alltagssituationen.
  - Aufgaben lassen sich auf unterschiedlichen Wegen lösen.
  - Die Beurteilung, Bewertung und kritische Auswahl geeigneter Lösungswege ist zentraler Bestandteil des Unterrichts.

Die Arbeit gerade mit lernschwachen Schülern bewegt sich im ständigen Spannungsfeld zwischen Offenheit und Strukturierung. Einerseits ist es notwendig, die Unterrichtsangebote so offen zu gestalten, dass sich jedes Kind mit seinen individuellen Lernvoraussetzungen, mit seinen subjektiven Wirklichkeitskonstruktionen einbringen und diese wiedererkennen kann. Andererseits sind Möglichkeiten aufzuzeigen, diese individuellen Lösungswege an die konventionellen Normen und Erwartungen anzupassen. Offenheit ist nur dann sinnvoll, wenn Kinder in dieser Offenheit ihre Strukturen wiedererkennen und diese weiterentwickeln können. Vorgegebene Strukturen dürfen individuelle Lernprozesse nicht einengen, sondern sollen Lernenden die Möglichkeit geben, sich weiterzuentwickeln, vorhandene Einsichten anzupassen, zu modifizieren, umzustrukturieren. Neue Erkenntnisse und Fähigkeiten entwickeln sich nur dann, wenn sie in bereits vorhandene Strukturen, Wissensnetze und Denkstrategien integriert werden.

Kern didaktischer Überlegungen sind Fragen, die sich auf die Gestaltungen gemeinsamer Lehr- und Lernsituationen beziehen. Da trotz differenzierter und umfangreicher Diagnostik unser Wissen über das Vorwissen der Schüler, ihre Lernstrategien und die Wirkungen schulischer Instruktionen immer einen gewissen hypothetischen Charakter hat, sind solche Lernsituationen bereitzustellen, in denen jedes Kind mit seinen Vorerfahrungen und seinem individuellen Lern- und Leistungsstand die Chance hat, eine Lösung zu finden. Gerade aus den negativen Erfahrungen einer sonderpädagogischen Didaktik mit ihren Kernelementen wie Kleinschrittigkeit, Isolierung der Schwierigkeiten, mechanisches Üben, Reduktion der Lerninhalte, sind eher offene Aufgabenformen, die sich den Begriffen „natürliche Differenzierung" und „aktiv-entdeckendes Lernen" zuordnen lassen, zu empfehlen (vgl. Wittmann 2001). Beide Konzepte setzen bei den Kompetenzen der einzelnen Schüler an. Alle Schüler arbeiten an der gleichen Aufgabe. Jede dieser Aufgaben ist so konzipiert, dass auch der schulleistungsschwächste Lerner in die Aufgabe einsteigen kann. Die jeweiligen Problemsituationen bleiben in ihren komplexen, ganzheitlichen und situationsspezifischen Kontexten erhalten. Unterschiedliche Herangehensweisen und Lösungswege sind zu diskutieren, das eigene Vorwissen im Gespräch mit anderen zu skizzieren, verschiedene Rechenwege auszuprobieren und gemeinsam neue Einsichten zu erarbeiten. Die Lösungswege werden nicht nach den Kategorien „richtig/falsch", sondern eher nach den Kriterien „geeignet/ungeeignet", „effektiv/weniger effektiv" bewertet. Die Aktivitäten der Schüler beschränken sich nicht auf das reine Rechnen. Allgemeine Kompetenzen, wie das Erkennen und Beschreiben von Mustern, das allgemeine Problemlösen oder das Beschreiben und Begründen von Zusammenhängen, werden ebenso gefördert. Auch wenn die Forschungslage bezüglich der Effekte noch sehr schmal ist, lassen sich Tendenzen erkennen, die Förderansätze nach diesen Prinzipien favorisieren (Walter, Suhr & Werner 2001; Werner & Peters 2007; Kiene 2005; Scherer 1995).

Ein Beispiel aus dem Mathematikunterricht einer Klasse 6/7 einer Förderschule mag dieses Vorgehen illustrieren und bestätigen.

Ohne dass den zwölf Schülern offene Aufgabenstellungen bekannt waren bzw. eine entdeckende Herangehensweise an die Lösung mathematischer Aufgaben zu den regulären methodischen Arbeitsweisen gehörte, wurden sie im Rahmen eines Tagespraktikums mit folgender Aufgabe konfrontiert: „An wie vielen Tagen im Schuljahr hast du schulfrei?" Ohne genauere Instruktionen entwickelten sich die ersten sachbezogenen Überlegungen:

- „Ich weiß doch gar nicht, wie lange die ganzen Ferien sind."
- „Wir haben sechs Wochen Sommerferien."
- „Das sind, glaub' ich, 42 Tage."
- „Wie kommst du denn darauf?"
- „Ja, weil ... eine Woche hat sieben Tage und das sind dann sechs Wochen."
- „Und die Winterferien."
- „In der Türkei sind andere Ferien" (es erfolgt eine Aufzählung einiger türkischer Feiertage).
- „Und was ist mit den Faschingsferien? Nein, heißen die nicht was mit Karneval? Egal, die an Fastnacht eben."

Nachdem alle Ferien aufgezählt und an der Tafel notiert wurden, suchten die Schüler in Partnerarbeit nach schriftlichen Lösungswegen. Auf Wunsch bekamen die Schüler Hilfsmittel wie Kalender, Wochen- und Ferienübersichten usw. zur Verfügung gestellt. Zwei Schüler nutzten den Wandkalender. Ein Großteil der Schüler beriet sich in Kleingruppen und schätzte zunächst. Drei Schüler berücksichtigten, dass auch an den Wochenenden schulfrei ist. R. entdeckte in seinem Schulkalender Feiertage und zählte diese noch zu seinem Ergebnis dazu.

Alle Schüler rechneten die Ferienwochen in Tage um (Multiplikation mit 7, meist im Gedächtnis) und addierten dann (meist schriftlich). Die Ergebnisse differierten erheblich.

Exemplarisch seien hier zwei Notationen von Schülern abgebildet:

Didaktische Konzeptionen eines Mathematikunterrichts für lern- und rechenschwache Kinder

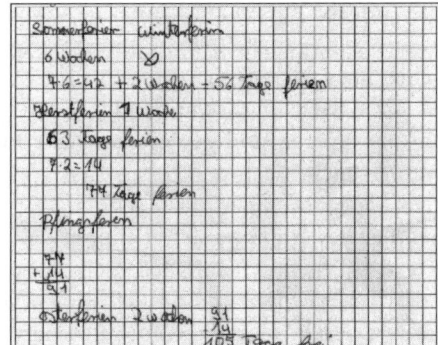

Abb. 43: Schülerlösungen

Die unterschiedlichen Ergebnisse kommentierten die Schüler wie folgt:

- „Ich hab' halt alle Ferien überlegt und dann mal 7 genommen, weil 7 Tage sind eine Woche und dann hab' ich eben 106 rausgekriegt!"
- „Ja, so hab' ich's auch!"
- „Ich hab' aber noch die Wochenenden!"
- „Hä, versteh' ich nicht, die Wochenenden sind doch schon bei den Ferien dabei?"
- „Nein, aber es hat mehr Wochenenden als Ferien!"
- „Aber dann hast du jetzt zu viel, weil die in den Ferien schon dabei sind!"

Es wurde bemerkt, dass sich wohl wirklich einige verzählt hatten, da es verschiedene Ergebnisse gab, obwohl nur eines richtig sein konnte. Danach korrigierten die Schüler ihre Rechnungen. Abschließend wurde die Frage diskutiert, ob mehr oder weniger als ein halbes Jahr schulfrei ist.

Dieses Beispiel illustriert, dass gerade Schüler mit sonderpädagogischem Förderbedarf bzw. mit Schwierigkeiten im Rechnenlernen durchaus in der Lage sind, selbstständig alltagsrelevante mathematische Probleme zu lösen und von offenen Aufgabenstellungen, die unterschiedliche Lösungswege ermöglichen, profitieren. Die bewusste Nutzung individuell unterschiedlicher Vorerfahrungen unterstützen diese Formen der Förderung.

Eine Unterscheidung zwischen lernbehinderten Schülern und Schülern mit einer Dyskalkulie ist aus pädagogisch-didaktischer Sicht nicht notwendig und sinnvoll. Grundlegend ist die Verbesserung der Qualität des Unterrichts, also vorrangig die Erhöhung didaktisch-methodischer und diagnostischer Kompetenzen der Lehrkräfte aller Schulformen. Für die sonderpädagogische Förderung bzw. die angemessene schulische Unterstützung sind diese willkürlichen Abgrenzungen zwischen unterschiedlichen Störungsbildern bzw. Lerndefiziten eher kontraproduktiv.

Diese Erfahrungen dokumentieren auch, dass ein rein fachwissenschaftlich-, lehrgangsorientierter Aufbau der Mathematik nicht nur in Grundschulen, sondern ebenso in Förderschulen kontraproduktiv ist. Der (eigen-)aktive Erwerb mathematischer Kompetenzen verläuft nicht in fachsystematischer Strenge und klammert die

Lösung lebensnaher, subjektiv bedeutsamer Lösungswege aus. Die fachsystematische Struktur steht häufig im Gegensatz zu den individuellen Herangehensweisen der Schüler.

Eine fachsystematisch orientierte Didaktik beruht auf einem klaren, deduktiv aufgebauten System von Fakten und Fertigkeiten und setzt sich aus einer Fülle von Einzelheiten zusammen. Ein Bezug zu außermathematischen Themen, zu alltäglichen Problemen fehlt. Gerade die so notwendige Transferleistung mathematischer Fertigkeiten und Einsichten auf kontextbezogene Probleme ist kaum zu leisten.

6 Kompetenz- und Alltagsorientierung als didaktisch-methodische Kernideen

"Was ein Lehrer lernen kann, ist demnach nicht als rezeptgenaues, richtiges Handeln aufzufassen. Eher dürfte es darum gehen, mit einem bestimmten, unterrichtstypischen Verhältnis von Redundanz und Varietät zurechtzukommen. Er müsste dann von einem bestimmten Schema ausgehen, seinen Situationseindruck danach formen und dann sehen, ob er sein Skript durchziehen oder es der Situation anpassen oder modifizieren soll. Dafür gibt es dann keine weiteren Richtlinien – es sei denn die Reichhaltigkeit der verfügbaren Schemata" (Luhmann 2002, 45 f.)

6.1 Mathematische Kompetenzen und ihre Standards als didaktische Orientierung

In der mathematikdidaktischen Diskussion ist spätestens seit der Veröffentlichung der vergleichenden Bildungsstudien wie TIMSS, PISA und IGLU eine deutliche Orientierung an Kompetenzen zu beobachten. Diese ersetzen, erweitern und modifizieren den traditionellen Lernzielbegriff.

Kompetenzen erfassen sowohl aktuale als auch potenzielle Fähigkeiten und Fertigkeiten der Schüler, die jeweils situations- bzw. anforderungsabhängig sind. Weinert definiert Kompetenzen als „die bei dem Individuum verfügbaren oder durch sie erlernbaren kognitiven Fähigkeiten und Fertigkeiten, um bestimmte Probleme zu lösen, sowie die damit verbundenen motivationalen, volitionalen (d. h. absichts- und willensbezogenen) und sozialen Bereitschaften und Fähigkeiten, um die Problemlösungen in variablen Situationen erfolgreich und verantwortungsvoll nutzen zu können" (Weinert 2001, in: Klieme 2004). Sie verstehen sich als Verhaltensdisposition, stellen die Verbindung zwischen Wissen und Können her und sind als Befähigung zur Bewältigung unterschiedlicher Situationen zu sehen (Klieme 2004, 13). Kompetenzen gehen weit über die Festschreibung traditioneller Wissensziele als reproduzierbares Faktenwissen hinaus. Sie verbinden intellektuelle Fähigkeiten mit bereichsspezifischem Vorwissen, Fertigkeiten und Routinen, motivationalen Orientierungen, metakognitiven und volitionalen Kontrollsystemen sowie persönlichen Wertorientierungen in einem komplexen System (Weinert 2001; Klieme 2004).

Zentral ist der Begriff der Kompetenzen auch in der Argumentation der Ständigen Konferenz der Kultusminister der Länder (KMK). Dieser wird folgendermaßen konkretisiert: „Im Mathematikunterricht erwerben die Schülerinnen und Schüler mathematisches Grundwissen, mathematische und übergreifende Kompetenzen. Mathematisches Grundwissen beinhaltet unabdingbare Kenntnisse und Fertigkeiten. Dazu gehören solides Zahlverständnis, das Beherrschen der Grundrechenarten, Orientierungsvermögen in Raum und Ebene, Vorstellungen über Größen und

Mathematische Kompetenzen und ihre Standards als didaktische Orientierung

deren Anwendung und Bedeutung im täglichen Leben, das Lesen und Anwenden unterschiedlicher Darstellungsformen sowie sachgerechtes Handhaben einfacher Zeichengeräte. Durch den zielgerichteten Umgang und durch die Anwendung des Grundwissens werden inhaltsbezogene Kenntnisse und Fertigkeiten zu mathematischen Kompetenzen weiterentwickelt" (KMK 1994).

Es wird unterstrichen, dass der Mathematikunterricht weit über die Aneignung von Kenntnissen und Fertigkeiten hinausgehen muss. Ziel des Unterrichts ist das gesicherte Verständnis über Mathematik (KMK 2004, 6). Entscheidend für den Erfolg des Unterrichts ist einerseits die Auswahl der Inhalte, aber „mindestens im gleichen Maße ... wie sie [die Kinder] unterrichtet wurden, d. h. in welchem Maße den Kindern die Gelegenheit gegeben wurde, selbst Probleme zu lösen, über Mathematik zu kommunizieren usw." (KMK 2004, 6).

Diese Forderung deckt sich mit den kommunikations- bzw. systemtheoretischen Grundlagen zum Mathematikunterricht, wie sie in Kapitel 2 und 3 dargelegt wurden.

Eine grundlegende Orientierung zur Charakterisierung mathematischer Kompetenzen bieten die Bildungsstandards im Fach Mathematik für den Primarbereich (KMK 2004). Die KMK-Standards stellen in der Klassifikation zu Kompetenzmodellen von Schecker & Parchmann (2006) ein normatives Kompetenzstrukturmodell dar. Das im Kapitel 5 skizzierte Modell zur Entwicklung mathematischer Kompetenzen von Ricken, Fritz & Gerlach (2007) versteht sich dagegen als Kompetenzentwicklungsmodell.

Die KMK umreißt mathematische Kompetenzen sowohl für den Primar- als auch für den Sekundarbereich I mit zwei zentralen Inhaltsbereichen: den allgemeinen und den inhaltsbezogenen mathematische Kompetenzen.

Hier werden zunächst nur die *mathematischen Kompetenzen für den Primarbereich* aufgelistet:

Allgemeine mathematische Kompetenzen werden in folgenden Bereichen gesehen:

- Problemlösen
- Kommunizieren
- Argumentieren
- Modellieren
- Darstellen von Mathematik (KMK 2004, 6)

Für Schülerinnen und Schüler am Ende der 4. Jahrgangsstufe werden diese Kompetenzen wie folgt charakterisiert:

Problemlösen:
- Mathematische Kenntnisse, Fertigkeiten und Fähigkeiten bei der Bearbeitung problemhaltiger Aufgaben anwenden,
- Lösungsstrategien entwickeln und nutzen (z. B. systematisch probieren),
- Zusammenhänge erkennen, nutzen und auf ähnliche Sachverhalte übertragen.

Kommunizieren:
- Eigene Vorgehensweisen beschreiben, Lösungswege anderer verstehen und gemeinsam darüber reflektieren,
- mathematische Fachbegriffe und Zeichen sachgerecht verwenden,
- Aufgaben gemeinsam bearbeiten, dabei Verabredungen treffen und einhalten.

Argumentieren:
- Mathematische Aussagen hinterfragen und auf Korrektheit prüfen,
- mathematische Zusammenhänge erkennen und Vermutungen entwickeln,
- Begründungen suchen und nachvollziehen.

Modellieren:
- Sachtexten und anderen Darstellungen der Lebenswirklichkeit die relevanten Informationen entnehmen,
- Sachprobleme in die Sprache der Mathematik übersetzen, innermathematisch lösen und diese Lösungen auf die Ausgangssituation beziehen,
- zu Termen, Gleichungen und bildlichen Darstellungen Sachaufgaben formulieren.

Darstellen:
- Für das Bearbeiten mathematischer Probleme geeignete Darstellungen entwickeln, auswählen und nutzen,
- eine Darstellung in eine andere übertragen,
- Darstellungen miteinander vergleichen und bewerten.

Inhaltsbezogene mathematische Kompetenzen liegen in den Bereichen:
- Zahlen und Operationen
- Raum und Form
- Muster und Strukturen
- Größen und Messen
- Daten, Häufigkeiten und Wahrscheinlichkeiten (KMK 2004, 8)

Sie werden wie folgt ausdifferenziert:

Zahlen und Zahloperationen

Zahldarstellungen und Zahlbeziehungen verstehen:
- Den Aufbau des dezimalen Stellenwertsystems verstehen,
- Zahlen bis 1 000 000 auf verschiedene Weise darstellen und zueinander in Beziehung setzen,
- sich im Zahlenraum bis 1 000 000 orientieren (z. B. Zahlen der Größe nach ordnen, runden).

Rechenoperationen verstehen und beherrschen:
- Die vier Grundrechenarten und ihre Zusammenhänge verstehen,
- die Grundaufgaben des Kopfrechnens (Einspluseins, Einmaleins, Zahlzerlegungen) gedächtnismäßig beherrschen, deren Umkehrungen sicher ableiten und diese Grundkenntnisse auf analoge Aufgaben in größere Zahlenräume übertragen,
- mündliche und halbschriftliche Rechenstrategien verstehen und bei geeigneten Aufgaben anwenden,
- verschiedene Rechenwege vergleichen und bewerten,
- Rechenfehler finden, erklären und korrigieren,
- Rechengesetze erkennen, erklären und benutzen,
- schriftliche Verfahren der Addition, Subtraktion und Multiplikation verstehen, geläufig ausführen und bei geeigneten Aufgaben anwenden,
- Lösungen durch Überschlagsrechnungen und durch Anwenden der Umkehroperation kontrollieren.

In Kontexten rechnen:
- Sachaufgaben lösen und dabei die Beziehungen zwischen der Sache und den einzelnen Lösungsschritten beschreiben,
- das Ergebnis auf Plausibilität prüfen,
- bei Sachaufgaben entscheiden, ob eine Überschlagsrechnung ausreicht oder ein genaues Ergebnis nötig ist,
- Sachaufgaben systematisch variieren,
- einfache kombinatorische Aufgaben (z. B. Knobelaufgaben) durch Probieren bzw. systematisches Vorgehen lösen.

Raum und Form

Sich im Raum orientieren:
- Über räumliches Vorstellungsvermögen verfügen,
- räumliche Beziehungen erkennen, beschreiben und nutzen (Anordnungen, Wege, Pläne, Ansichten),
- zwei- und dreidimensionale Darstellungen von Bauwerken (z. B. Würfelgebäuden) zueinander in Beziehung setzen (nach Vorlage bauen, zu Bauten Baupläne erstellen, Kantenmodelle und Netze untersuchen).

Geometrische Figuren erkennen, benennen und darstellen:
- Körper und ebene Figuren nach Eigenschaften sortieren und Fachbegriffe zuordnen,
- Körper und ebene Figuren in der Umwelt wiedererkennen,
- Modelle von Körpern und ebenen Figuren herstellen und untersuchen (Bauen, Legen, Zerlegen, Zusammenfügen, Ausschneiden, Falten etc.),
- Zeichnungen mit Hilfsmitteln sowie Freihandzeichnungen anfertigen.

Einfache geometrische Abbildungen erkennen, benennen und darstellen:
- Ebene Figuren in Gitternetzen abbilden (verkleinern und vergrößern),
- Eigenschaften der Achsensymmetrie erkennen, beschreiben und nutzen,
- symmetrische Muster fortsetzen und selbst entwickeln.

Flächen- und Rauminhalte vergleichen und messen:
- Die Flächeninhalte ebener Figuren durch Zerlegen vergleichen und durch Auslegen mit Einheitsflächen messen,
- Umfang und Flächeninhalt von ebenen Figuren untersuchen,
- Rauminhalte vergleichen und durch die enthaltene Anzahl von Einheitswürfeln bestimmen.

Muster und Strukturen

Gesetzmäßigkeiten erkennen, beschreiben und darstellen:
- Strukturierte Zahldarstellungen (z. B. Hundertertafel) verstehen und nutzen,
- Gesetzmäßigkeiten in geometrischen und arithmetischen Mustern (z. B. in Zahlenfolgen oder strukturierten Aufgabenfolgen) erkennen, beschreiben und fortsetzen,
- arithmetische und geometrische Muster selbst entwickeln, systematisch verändern und beschreiben.

Funktionale Beziehungen erkennen, beschreiben und darstellen:
- Funktionale Beziehungen in Sachsituationen erkennen,
- sprachlich beschreiben (z. B. Menge – Preis) und entsprechende Aufgaben lösen,
- funktionale Beziehungen in Tabellen darstellen und untersuchen,
- einfache Sachaufgaben zur Proportionalität lösen.

Größen und Messen

Größenvorstellungen besitzen:
- Standardeinheiten aus den Bereichen Geldwerte, Längen, Zeitspannen, Gewichte und Rauminhalte kennen,
- Größen vergleichen, messen und schätzen,
- Repräsentanten für Standardeinheiten kennen, die im Alltag wichtig sind,
- Größenangaben in unterschiedlichen Schreibweisen darstellen (umwandeln),
- im Alltag gebräuchliche einfache Bruchzahlen im Zusammenhang mit Größen kennen und verstehen.

Mit Größen in Sachsituationen umgehen:
- Mit geeigneten Einheiten und unterschiedlichen Messgeräten sachgerecht messen,
- wichtige Bezugsgrößen aus der Erfahrungswelt zum Lösen von Sachproblemen heranziehen,

- in Sachsituationen angemessen mit Näherungswerten rechnen, dabei Größen begründet schätzen,
- Sachaufgaben mit Größen lösen.

Daten, Häufigkeit und Wahrscheinlichkeit

Daten erfassen und darstellen:
- In Beobachtungen, Untersuchungen und einfachen Experimenten Daten sammeln, strukturieren und in Tabellen, Schaubildern und Diagrammen darstellen,
- aus Tabellen, Schaubildern und Diagrammen Informationen entnehmen.

Wahrscheinlichkeiten von Ereignissen in Zufallsexperimenten vergleichen:
- Grundbegriffe kennen (z. B. sicher, unmöglich, wahrscheinlich),
- Gewinnchancen bei einfachen Zufallsexperimenten (z. B. bei Würfelspielen) einschätzen.

Beide Kompetenzbereiche (allgemeine und inhaltsbezogene mathematische Kompetenzen) sind untrennbar miteinander verbunden und in der Planung, Durchführung und Reflexion des Unterrichts gleichermaßen und gleichberechtigt zu berücksichtigen.

In den „Leitgedanken zum Kompetenzerwerb" heißt es weiter: „Aufgabe des Mathematikunterrichts aller Schuljahre ist es, Schülerinnen und Schüler für den mathematischen Gehalt alltäglicher Situationen und alltäglicher Phänomene sensibel zu machen und sie zum Problemlösen mit mathematischen Mitteln anzuleiten. Durch schulisches Lernen und Arbeiten erwerben die Kinder mathematisches Wissen und Können und lernen, dieses zu nutzen. Es gelingt ihnen immer besser, allein und mit anderen, individuelle und gemeinsame Lösungswege und Antworten für Fragen und Probleme zu finden. Der Mathematikunterricht knüpft an die unterschiedlichen Vorerfahrungen und Denkstrukturen der Kinder an. ... Im Laufe der Grundschulzeit befähigt der Mathematikunterricht die Kinder zum ‚Mathematisieren'. Sie setzen sich mit Situationen ihrer Lebenswelt auseinander und finden darin authentische Fragen und Probleme, die mathematisch gelöst werden können. Mit Hilfe ihres Wissens und Könnens werden Lösungswege dargestellt, analysiert und bearbeitet. Die so erworbenen Kompetenzen werden als neues Können und Wissen in neuen Situationen angewandt. Eine mathematische Einstellung zeigt sich auch in einer kritisch konstruktiven Fragehaltung zu realen und konstruierten Sachsituationen. Neben dieser Anwendungsorientierung ist es Aufgabe des Mathematikunterrichts in der Grundschule, den Kindern Chancen zu geben, auf ihrem Niveau mathematische Strukturen und Zusammenhänge auch kontextfrei zu entdecken, diese zu untersuchen und zu nutzen. Diese Strukturorientierung soll den Kindern den Zugang zum ‚Geist der Mathematik' öffnen, indem sie Zahlbeziehungen und Regelhaftes erkennen, formulieren und für flexibles Rechnen nutzen. Schließlich ist es Aufgabe des Mathematikunterrichts der Grundschule, den Kindern Freude an mathematischem Lernen und Arbeiten durch eine motivierende, fordernde und fördernde Unterrichtskultur zu vermitteln" (Internet: Leitgedanken zum Kompetenzerwerb).

Nachfolgend werden zu drei zentralen Inhaltsbereichen der Grundschule (*Zahlen und Operationen, Raum und Form, Größen und Messen*) exemplarisch Unterrichtssequenzen skizziert, die dieser Kompetenzorientierung gerecht werden. Dabei werden besonders die Aspekte zur Förderung lernschwacher Kinder berücksichtigt.

6.1.1 Zahlen und Operationen

Im Mathematikunterricht der Primarstufe liegen die Schwerpunkte auf der Anbahnung, Förderung und Sicherung eines elementaren Rechnens. Dazu müssen der Zahlenraum gesichert bzw. durch die Orientierung mit Zahlen sichere Vorstellungen über die jeweiligen Zahlenräume entwickelt werden. In den ersten beiden Schuljahren liegt der Schwerpunkt auf der Erarbeitung des Zahlenraums bis 100 und der Erarbeitung der Grundaufgaben zur Addition/Subtraktion und zur Multiplikation/Division. Zahlen und Operationen bilden die curricularen Schwerpunkte im mathematischen Erstunterricht.

Neben der Erarbeitung des Zahlbegriffs selbst (vgl. Exkurs II „Zum Wesen der Zahl" sowie Kapitel 4 „Vorläuferfertigkeiten") kommt dem *Aufbau des Zahlenraums bis 20* grundlegende Bedeutung zu. Um nicht Gefahr zu laufen, dass die Kinder die Additions- und Subtraktionsaufgaben rein schematisch oder ausschließlich abzählend lösen, ist es wichtig, diesen elementaren Zahlenraum bis 20 als zusammengehörigen Zahlenraum einzuführen. Die Zahlen werden nicht Schritt für Schritt erarbeitet, sondern von Beginn an werden die Kinder mit diesen Zahlen und den entsprechenden Mengen konfrontiert. Bei einer ausschließlich schrittweisen Erarbeitung können die Kinder die Zahlen nicht zueinander in Beziehung setzen.

Neben vielen Alltagssituationen, in denen Zahlen und Mengen bis 20 auftauchen (z. B. Eierpackungen, Getränkekisten, das Lebensalter der Kinder, einfache Geldbeträge und Preise), bietet sich für den abstrakten Aufbau dieses Zahlenraums das *Zwanzigerfeld* an. Diese zweidimensionale Darstellung nutzt die 2er-, 5er- und 10er-Bündelung, um eine Struktur des Zahlenraums anzubieten.

Der Zahlenraum wird hier als „Ganzheit" dargestellt. Die Kinder haben die Möglichkeit, diese Gesamtmenge als Einheit wahrzunehmen, damit handelnd umzugehen und auch die unterschiedlichen Teilmengen (z. B. durch die Nutzung von Wendeplättchen oder auch Geldmünzen) wahrzunehmen. Dieses Vorgehen bedeutet nicht, dass alle Kinder von Beginn an alle Details durchdringen und beherrschen müssen. Erst die wiederholte und vielfältige Auseinandersetzung mit diesem Material sichert das allmähliche Verstehen. Die 2er-, 5er- und 10er-Strukturen des Zwanzigerfelds ermöglichen es den Kindern, Anzahlen quasi-simultan zu erfassen, kleine Mengen nicht mehr einzeln abzählen zu müssen und durch Addition größerer Mengen zusammenzusetzen. Welche der möglichen Strukturierungen von den Kindern genutzt werden, ist abhängig von den Vorerfahrungen der Schüler sowie der jeweiligen Situation bzw. Thematik. Darüber hinaus kann anhand dieser Darstellungen noch einmal deutlich gemacht werden, dass unabhängig von der Zählstrategie und -richtung bzw. -reihenfolge die Gesamtmenge von 20 immer gleich bleibt.

Ziel der vielfältigen Beschäftigung der Kinder mit diesem Material ist es, den Kindern ein Angebot für den Aufbau eigener innerer Vorstellungsbilder über den Zahlenraum zu geben. Unterstützen können z. B. Aufgaben wie: „Schließe die Augen und stelle dir die 14 vor. Nun öffne die Augen und lege die Plättchen so, wie du sie in Gedanken gesehen hast". Diese Variante bietet darüber hinaus die Möglichkeit, die unterschiedlichen Legevarianten der Kinder miteinander zu vergleichen, Ähnlichkeiten festzustellen und Unterschiede herauszuarbeiten. Mit diesen Übungs- und Erarbeitungsformen wird auch die Einsicht in die Zahl- bzw. Mengenerhaltung als wichtige Vorform für die Zahlzerlegung und nachfolgend für die Einsicht in die Addition und Subtraktion erarbeitet. Moser Opitz zeigte in ihren Untersuchungen, dass gerade auch lernschwache Kinder von diesem strukturiert-ganzheitlichen Vorgehen mehr profitieren als von dem traditionell kleinschrittigen Konzept (Moser Opitz 2007).

Gerade der Erarbeitung des Zahlenraums bis 20 kommt fundamentale Bedeutung zu, da die hier erarbeiteten Aspekte in den größeren Zahlenräumen immer wieder auftauchen. Ein automatisiertes Abrufen dieses Wissens erleichtert die Arbeit in den größeren Zahlenräumen. Dennoch wird nachdrücklich davor gewarnt, zu schnell zu Formen der Automatisierung im Unterricht überzugehen, bevor sich die Kinder nicht die notwendigen Kenntnisse erarbeitet haben.

Für die Erarbeitung des Zahlenraums bis 20 ist das Entdecken von Strukturen innerhalb dieser Mengen eine notwendige Basisfertigkeit (Scherer 1997; 2007).

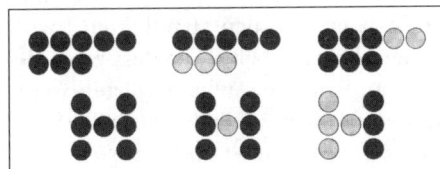

Abb. 44: Punktmuster (Scherer 2007, 593)

Punktmuster wie diese dienen dazu, sich ein inneres strukturiertes Bild der Gesamtmenge zu machen. Diese gedankliche Zergliederung der Gesamtmenge ist eine wichtige Voraussetzung dafür, eine Menge nicht immer nur einzeln abzuzählen, sondern durch geschicktes Zerlegen in kleinere Teilmengen den Vorgang des Gesamtauszählens zu vereinfachen. Diese Fähigkeit der gedanklichen Zerlegung ist Voraussetzung dafür, Additions- und Subtraktionsaufgaben nicht mehr (ab-)zählend zu rechnen, sondern Rechenvorteile (wie die Zehnerzerlegung, die Zahlenpaare im Mathematikunterricht auch häufig „Liebespärchen" genannt, die Verdopplung oder die Ergänzung zum vollen Zehner usw.) zu nutzen.

Ein geeignetes und wichtiges Hilfsmittel dabei stellen *unsere Hände* dar. Dank ihrer anatomischen Beschaffenheit bilden sie adäquat die Grundstruktur unseres dekadischen Systems ab. Zusammen haben wir 10 Finger und diese Gesamtmenge wird genau geteilt durch jeweils 5 Finger an einer Hand. Zugleich stellt eine Hand (als ein Ganzes) wiederum eine Form der Bündelung, d. h. der Zusammenfassung mehrerer Einzelmengen in eine größere Einheit dar: 5 Finger sind das Gleiche wie eine Hand. Bei dem Übergang vom (ab-)zählenden Rechnen zum teilweise gebündelten Rechnen sollten gerade rechenschwache Kinder ermutigt werden, die Finger zu nutzen. Dabei sollen sie immer wieder darauf aufmerksam gemacht werden, dass eben die Finger an einer Hand nicht immer wieder von Beginn an gezählt werden müssen, sondern stets die Menge 5 repräsentieren.

Mit Hilfe der eigenen Hände können die Kinder mögliche Aufgaben der 5er- und 10er-Zerlegung bearbeiten. Sie lernen Tauschaufgaben und damit auch das Kommutativgesetz bei der Addition kennen, erfahren die Teil-Ganzes-Beziehung.

Eine mögliche methodische Variante stellt der Einsatz der „Handkarten" dar.

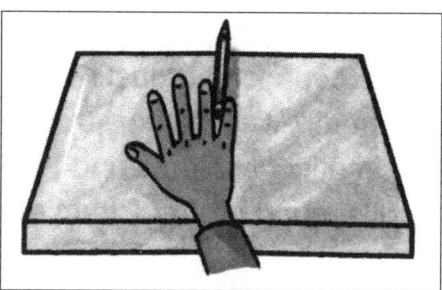

Abb. 45: Handkarten I (Navi 2 Arbeitsheft 2008, 6)

Zunächst sollen die Kinder versuchen, alle Additionsaufgaben zu finden, die 5 bzw. 10 ergeben. Danach sollen sie selbst Fingerspiele mit den Hand- und Aufgabenkarten machen. Auf den Handkarten I wird ein Stift zwischen die Finger einer bzw. zweier Hände gehalten, so dass zwei Mengen entstehen, die zusammen 5 bzw. 10 ergeben. Auf den Aufgabenkarten werden auch die Tauschaufgaben notiert. Die Kinder erfahren im Spiel, dass es „Ansichtssache" ist, ob die Aufgabe im Beispiel 4 + 1 oder 1 + 4 heißt und dass sich dabei nichts am Ergebnis ändert (Kommutativgesetz).

Anspruchsvoller wird es für die Kinder, wenn Finger teilweise verdeckt werden. Aufgaben dieser Art können zur Differenzierung eingesetzt werden, da sie höhere Anforderungen an die Kinder stellen als die Aufgaben, bei der alle Finger zu sehen sind. Hier haben die Kinder nicht mehr die Möglichkeit, die Finger direkt abzuzählen oder die Anzahl durch ihre 5er-Struktur zu erkennen. Die Kinder müssen aus der Vorstellung heraus die richtige Anzahl der Finger benennen.

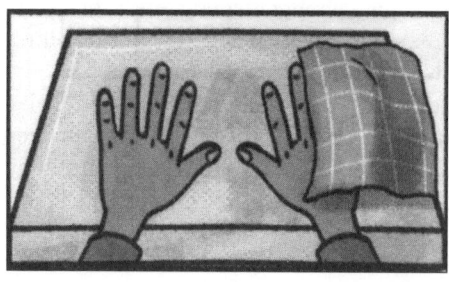

Abb. 46: Handkarten II (Navi 2 Arbeitsheft 2008, 7)

Vielfältige Übungsformen zur Mengendarstellung und -zerlegung bietet auch der Band „Das kleinen Zahlenbuch" Band 2 („Schauen und Zählen"; Müller & Wittmann 2003).

Exemplarisch werden hier die verschiedenen Darstellungsformen der Zahlen bzw. der Menge 7 abgebildet:

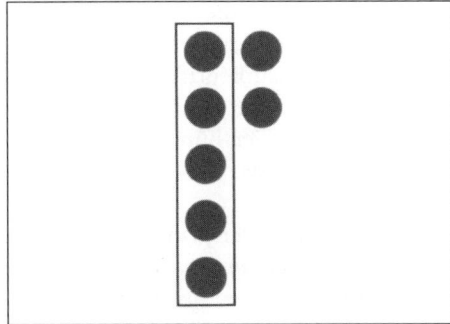

Abb. 47: Menge 7 mit Hilfe der 5er-Bündelung (Müller & Wittmann 2003)

Neben der Möglichkeit, die jeweils dargestellte Menge unterschiedlich zu strukturieren und deren Gesamtmenge zu erfassen, wird den Kindern hier deutlich, dass sich gleiche Mengen im Sinne der Invarianz auch im Alltag ganz unterschiedlich präsentieren können. Gerade in Vorbereitung auf schulische Kontexte sind die Variationen der Abstraktion in den Darstellungen ein wesentlicher Vorzug dieser Spielkarten. Während auf den Tierkarten noch weitgehend die reale Lebenswelt in Form von Tieren abgebildet ist, stellen sowohl die punkt- als auch die kreis- bzw. tortenförmige Darstellung sowie die Dominokarten (in Anlehnung an das Würfelbild) schon eine abstrakte Darstellung dar. Gleichzeitig wird noch die Zuordnung Menge – Ziffernsymbol – Zahlwort gefestigt. Diese sichere Verbindung zwischen den verschiedenen Abstraktionsebenen ist eine wichtige Voraussetzung für das Grundverständnis der formalen Mathematik.

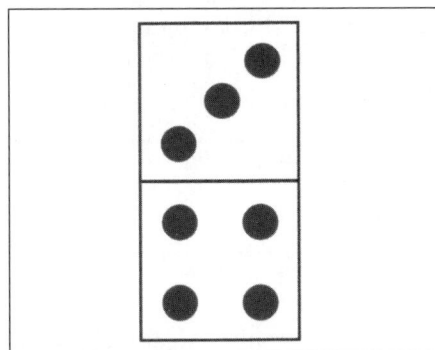

Abb. 48a: Menge 7 mit Hilfe der Würfeldarstellung (Müller & Wittmann 2003)

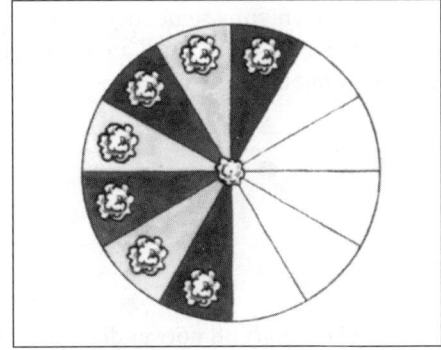

Abb. 48b: Menge 7 mit Hilfe der Tortenform (Müller & Wittmann 2003)

Mit diesen unterschiedlichen Darstellungen wird den Kindern deutlich, dass der Zahlbegriff eben keine Eigenschaft der Gegenstände bzw. Abbildung selbst ist, sondern den Objekten bzw. den Abbildungen hinzugefügt wird (vgl. auch Exkurs II Wesen der Zahl).

Wichtig ist in diesem Zusammenhang auch, dass den Kindern immer wieder Gelegenheit gegeben wird, ihre Art des Zählens, des Strukturierens, des Bündelns zu verbalisieren. Über die Frage „Wie hast du gezählt?" wird das Kind aufgefordert, seine Lösungswege gedanklich zu rekonstruieren, sich dessen bewusst zu werden und die adäquaten Begriffe zu nutzen. Darüber hinaus ergeben sich daraus für die Lehrkraft zahlreiche diagnostische Hinweise, z. B. darüber, ob ein Kind von sich aus die 2er- oder 5er-Bündelung nutzt, ob es erkennt, dass zweimal ein 5er-Bündel eine 10 ergeben usw.

Diese Einsichten legen grundlegende Voraussetzungen für die *Erarbeitung der Additions- und Subtraktionsaufgaben*. Beide Rechenstrategien basieren auf der Zerlegung einer Gesamtmenge in unterschiedliche Teilmengen. Dazu müssen die Kinder über die Einsicht in die Mengenkonstanz (Invarianz der Anzahl) verfügen, d. h. es muss ihnen klar sein, dass eine Menge immer die gleiche Menge darstellt, auch wenn ihre einzelnen Elemente unterschiedlich angeordnet sind. Aus dieser Mengenkonstanz ergibt sich die Einsicht in die Teil-Ganzes-Beziehung, d. h. die Menge 7 kann in unterschiedliche Teilmengen zerlegt werden, ohne dass die Gesamtmenge sich verändert. Die Menge 7 kann sich in 6 und 1 Elemente, in 5 und 2 Elemente und 3 und 4 Elemente usw. zergliedern. Formal mathematisch lässt sich diese Einsicht in das jeweilige Zahlentripel dann jeweils in je zwei Additions- und zwei Subtraktionsaufgaben abbilden: 6 + 1 = 7; 1 + 6 = 7; 7 − 1 = 6; 7 − 6 = 1 oder 3 + 4 = 7; 4 + 3 = 7; 7 − 3 = 4; 7 − 4 = 3.

Eng im Zusammenhang mit der Erarbeitung des Zahlenraums bis 20 sowie den Zähl- und Zerlegstrategien steht die Erarbeitung von Additions- und Subtraktionsaufgaben in diesem Zahlenraum. Diese Erarbeitung ist ebenfalls von grundlegender Bedeutung, da dieses Wissen und diese gewonnenen Kompetenzen später auf größere Zahlenräume übertragen werden. Durch die in diesem Zahlenraum begrenzt zur Verfügung stehenden Aufgaben besteht die Gefahr, dass die Schüler diese Grundaufgaben sehr schnell auswendig lernen und bei einer Übertragung auf den Zahlenraum bis 100 dann große Schwierigkeiten haben.

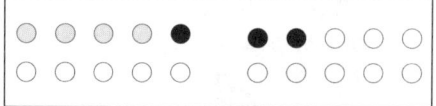 

Abb. 49a: 4 + 3 im 20er-Feld   **Abb. 49b:** 4 + 3 im 20er-Feld

Vor dem Hintergrund notwendiger Strukturierungen des Zahlenraums bis 20 empfiehlt Scherer die Erarbeitungen der Rechenstrategien selbst mit Hilfe des 20er-Feldes (2007, 595). Die am 20er-Feld gelegte Aufgabe 4 + 3 wird verstanden als folgende Situation: „Zu 4 grauen Plättchen kommen drei schwarze Plättchen hinzu und es sind insgesamt 7 Plättchen." Diese Strategie nutzt die Simultanerfassung der beiden Teilmengen 3 und 4 (vgl. Abb 49b). Diese Legetechnik kommt sicher den Kindern entgegen, die schon über einen automatisierten Gleichungssatz verfügen.

In der Abb. 49a soll bei der Erfassung der Gesamtmenge der Plättchen die 5er-Struktur genutzt werden, indem das Kind zu den nun 5 ausgelegten Plättchen als Teilmenge noch 2 hinzuzählt.

Neben dem 20er-Feld wird als Veranschaulichungsmittel häufig der Zahlenstrahl eingesetzt. Dieses Veranschaulichungsmittel sollte den Kindern angeboten, aber nicht vorgeschrieben werden (vgl. Kapitel 2.3.1). Das bedeutet die Kinder sollen und können ihn nutzen, wenn sie ihn persönlich als sinnvoll und hilfreich empfinden. Ob ein Anschauungsmittel sinnvoll ist, lässt sich leicht daran erkennen, ob die Kinder von selbst auf diese Hilfsmittel zugreifen, sie es von sich aus für ihre Problemlösung nutzen. Empfohlen wird daher, die Auswahl der Veranschaulichungsmittel im Unterricht den Kindern selbst zu überlassen. Darüber hinaus ist es empfehlenswert, nur eine begrenzte, überschaubare Zahl entsprechender Hilfsmittel zur Verfügung zu stellen und diese – unabhängig davon, ob die Kindern sie nutzen werden – im Unterricht selbst zum Thema zu machen, ihre Grundidee und ihre Handhabung zu erläutern.

Strukturierte Veranschaulichungsmittel wie der 10er-Streifen und das 20er-Feld können gerade zählenden Rechnern helfen, mentale Vorstellungsbilder aufzubauen und mit diesen in unterschiedlichen mathematischen Kontexten flexibel zu operieren. Dabei ist immer wieder zu prüfen, ob die angebotenen Darstellungen tatsächlich auch den subjektiven Konstruktionen der Kinder, z. B. eines Zahlenraums, entsprechen. Die so angebotenen Strukturen sind für die Schüler nur dann sinnvoll und hilfreich, wenn ihre Konstruktionen, ihre inneren Vorstellungsbilder ähnliche Strukturen enthalten und sie grundlegende Elemente wiedererkennen und anwenden können. So ist es durchaus möglich, dass Kinder, die ein eher zweidimensionales Bild des Zahlenraums bis 100 haben, lineare Darstellungen wie den Zahlenstrahl nicht verstehen und nutzen können. Hier sind geeignete, kompatible Darstellungen zu finden, in denen die Kinder ihre subjektiven Konstruktionen erweitern und den notwendigen mathematischen Strukturen wie beispielsweise der 10er-Bündelung anpassen können.

Neben der Vermittlung unterschiedlicher Rechenstrategien kommt der Einsicht in das *Operationsverständnis* ganz besondere Bedeutung zu.

„Plus mache ich nur in der Schule" – dieser Ausspruch eines Schülers ist kennzeichend für die gegenwärtige Situation des Mathematikunterrichts. PISA, TIMSS und andere Studien zeigen, dass im Laufe der Schulzeit Motivation und Lernleistung im Mathematikunterricht rapide absinken. Dieser Unterricht wird häufig als eine schulische Pflicht erlebt, der man durch schrittweises, präzises Training und fehlerlose Reproduktion eines Reglements von Fachsprache, Formeln und Verfahren genügen kann. Die hier vermittelten Kenntnisse und Fertigkeiten scheinen (fast) gegensätzlich zu den alltags- und berufsbezogenen mathematischen Erwartungen zu stehen. „Plus"-Rechnen erscheint als Technik, die ausschließlich im Rahmen des schulischen Mathematikunterrichts ihre Bedeutung erhält. Eine wesentliche Ursache dafür liegt in den sprachlich leicht gängigen Mustern wie „sieben plus zwei ist gleich neun". Die Schüler erlernen und nutzen diese Sprachmuster sehr schnell und Lehrkräfte neigen dazu, dieses dann als vollständige Einsicht in das Wesen additiver Operationen zu deuten.

Das Operationsverständnis meint die Einsicht, dass alltägliche mathematische Vorgänge wie einkaufen, dazukommen, wegnehmen, mehr/weniger werden sich mit Hilfe mathematischer Zeichen und Symbole beschreiben lassen. Gerade bei lernschwachen Kindern lässt sich immer wieder beobachten, dass ihnen nicht bewusst ist, warum sie gerade „plus" oder „minus" rechnen. Im Gegensatz zu herkömmlichen didaktischen Konzeptionen ist es unter konstruktivistischer Perspektive des Lernens notwendig, diesen Schritt der Formalisierung ausführlich zu thematisieren. D. h. bevor die konkreten Lösungstechniken einer Rechenaufgabe erarbeitet werden, geht es zunächst darum, deutlich zu machen, warum welche Rechenarten genutzt werden. So kann es hilfreich sein, mit Schülern zunächst erst einmal zu sammeln, welche Situationen und Tätigkeiten sie selbst mit den Begriffen und Symbolen „plus" und „minus" verbinden. In einer Klasse 2 an einer Lernbehindertenschule stellten Schüler dazu folgende Tabelle auf:

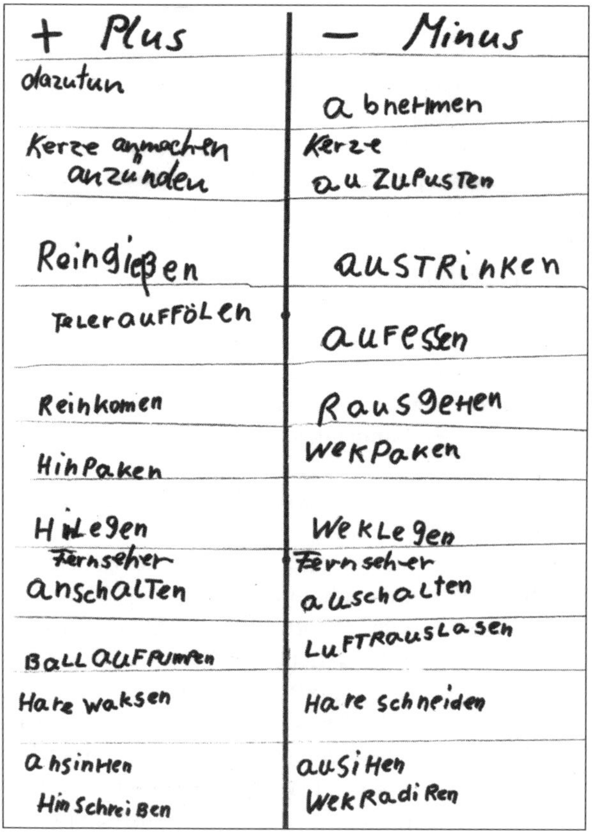

+ Plus	− Minus
dazutun	abnehmen
Kerze anmachen anzunden	Kerze auszupusten
Reingießen	austrinken
Telleraufföllen	aufessen
Reinkomen	Rausgehen
Hinpaken	Wekpaken
Hinlegen	Weklegen
Fernseher anschalten	Fernseher auschalten
Ball aufpumpen	Luftrauslasen
Hare waksen	Hare schneiden
Ahsinthen Hinschreiben	ausithen Wekradiren

Abb. 50: „Plus- und Minus-Tätigkeiten"

Operationsverständnis wird hier verstanden als einsichtsvolle Form der Symbolisierung mathematischer Lösungsstrategien, die eine sowohl alltags- als auch schulpraktische Relevanz haben. Methodische Varianten, die dieses Operationsverständnis thematisieren, sind z. B. folgende:

- Finde zu diesen Aufgaben (z. B. 3 + 4) eine Rechengeschichte! (Formalisierung eines sprachlich formulierten mathematischen Zusammenhangs)
- Wo findest du diese Aufgabe im Alltag? (Konkretisierung formaler Darstellungen)
- Zeichne ein Bild zu dieser Aufgabe! (Bildliche Darstellung mathematischer Sachverhalte)
- Hier siehst du ein Bild (Situationsbild). Kannst du eine Rechenaufgaben dazu schreiben? (Formalisierung mathematischer Sachverhalte)
- Ich erzähle dir eine Rechengeschichte. Schreibe eine Aufgabe dazu! (Enkodierung und Formalisierung einer symbolisch dargestellten Handlung)
- Lies diesen Text/diese Sachaufgaben/diese Rechengeschichte und schreibe eine Aufgabe dazu! (Kodierung eines mathematischen Sachverhalts von der sprachlichen auf die mathematische Symbolebene)
- Löse die Aufgabe mit Plättchen/Muggelsteinen/Gegenständen deiner Wahl! (Enaktive Entfaltung einer Rechenoperation)

Als Zwischenschritt empfiehlt es sich, alle benötigten Zeichen, Wortkarten und Symbole dem Schüler unsortiert zur Verfügung zu stellen, um ein spielerisches Ausprobieren formaler Strukturen zu ermöglichen, z. B. +, –, =. drei. Schreiben die Schüler sofort ihre Lösungsvorschläge in ein Heft, sind Korrekturen nur schwer möglich. Gerade in diesem Zusammenhang ist es wichtig, dieses Tun sprachlich begleiten zu lassen. Das sprachliche Muster von Gleichungen erfüllt hier metakognitive Steuerungs- und Kontrollfunktionen, indem zum einen das tatsächliche Tun sprachlich begleitet wird, damit eine Übereinstimmung zwischen Handlung und verwendeten Symbolen hergestellt wird und gleichzeitig das eigene Vorgehen durch die Kontrolle des selbst Ausgesprochenen kritisch geprüft wird, z. B. es tatsächlich stimmt, dass „drei plus vier das Gleiche ist wie sieben" ist.

Eine Darstellung von Rechenaufgaben in Form von Mengendarstellungen erweist sich in ihrer Interpretation bzw. Lesbarkeit eher als Lernschwierigkeit, weniger als Hilfe für die Schüler.

Darstellungen für die Additionsaufgaben 3 + 2 = 5 wie beispielsweise:
••• + •• = ••••• sind ungeeignet. Die Abbildung der Punktmenge verdeutlicht eben nicht zwingend, dass die Vereinigung der 2er- und der 3er-Menge das Gleiche ist wie eine 5er-Menge. Ebenso lässt sich diese Darstellung interpretieren als die Abbildung einer 2er-, 3er- und 5er-Punktmenge, die linear angeordnet sind und zusammen 10 Punkte darstellt. In dieser Form der Darstellung werden verschiedene Repräsentationsebenen vermischt, so wird die Menge als Punktmenge bildlich, die Operationszeichen + und = als formal abstrakte Zeichen dargestellt, die wiederum als Handlungsaufforderung zu interpretieren sind. Da sich aber auf der bildlichen Ebene nicht „wirklich" mit Punktmengen hantieren lässt, setzt diese Darstellung den schon abgeschlossenen Abstraktionsvorgang einer konkreten Handlung in eine for-

mal-abstrakte Schreibweise voraus. Sie eignet sich daher nicht zu deren Erarbeitung. In der konkreten Situation: „Was passiert, wenn zwei und drei Plättchen zusammen kommen?" bedarf es keiner Operationszeichen, um die Handlung auszuführen. Erst in der abstrakten Darstellung der durchgeführten Handlung, mit dem Verständnis, dass Alltagshandlungen sich mit Hilfe mathematischer Symbole beschreiben lassen, kommen die abstrakten Symbole + und = zum Einsatz.

Ebenso problematisch sind die häufig zu findenden Darstellungen zur Subtraktion (5 − 3 = 2):

●●●●● − ●●● = ●● oder auch ●●●●● − ●●●●● = ●●. Auch hier ist der Prozesscharakter der eigentlich zugrunde liegenden Handlung nicht zu erkennen. Im Gegenteil: Die wegzunehmende Menge ist erneut dargestellt. Die mittels der Querstriche markierte Punktmenge ist nicht eindeutig als weggenommene Menge zu erkennen, sondern stellt lediglich eine Punktmenge in einer anderen grafischen Form dar. Die wegzunehmenden Elemente erneut darzustellen ist mengentheoretisch falsch, da diese schon in der Ausgangsmenge enthalten sind und nicht doppelt auftauchen können.

Auch kann die häufig verwendete Darstellung des Durchstreichens der wegzunehmenden Menge als „Verdoppeln" missverstanden werden, da die eigentliche Menge ja doch noch zu sehen ist, nur anders dargestellt wird.

Um diese Schwierigkeiten zu überwinden wird empfohlen, zunächst mit den Kindern über die Bedeutung der häufig schon bekannten Begriffe „plus", „minus" und „ist gleich" zu sprechen und ihre Vorstellungen über die Bedeutung der Begriffe aufzugreifen. Danach lässt sich zunächst mit den Kindern im Sinne einer Eigenkonstruktion darüber sprechen, auf welche Art und Weise nun die durchgeführte Handlung des Wegnehmens bzw. Hinzutuns dargestellt werden kann. Über mögliche Ideen der Kinder wie z.B. Darstellungen mit Hilfe von Pfeilen, ausradieren usw. werden dann erst in einem letzten Schritt die formalen Symbole den von den Schülern selbst durchgeführten Handlungen und erstellten Zeichnungen oder Bildern zu den Handlungen zugeordnet. Dazu eignen sich laminierte Symbol- und Ziffernkärtchen (mindestens für den Zahlenraum bis 100 und mit allen Rechenzeichen). Diese werden den Schülern komplett zur Verfügung gestellt. Die Schüler sollen selbst für ihre Zeichnungen bzw. Handlungen die entsprechenden Kärtchen heraussuchen und deren Zuordnung begründen.

Einen großen Stellenwert haben in diesem Zusammenhang auch *Bildergeschichten*, in denen Kinder mathematische Sachverhalte erkennen und mit Hilfe mathematischer Symbole beschreiben können. Voraussetzung dabei ist, dass Kinder in Alltagssituationen erst einmal mathematische Strukturen wie Mengen (als Teil- und Gesamtmengen), Längen, Flächen, Reihen, zeitliche Dimensionen usw. erkennen. Einerseits können diese Bilder mit Handlungsabläufen aus Alltagssituationen genutzt werden, um diese Situationen mit mathematischen Begriffen zu beschreiben, andererseits bietet es sich auch an, zu diesen Bildern bereits vorgefertigte Kärtchen (am besten laminiert) mit Ziffernsymbolen, Rechenzeichen, Termen oder auch Gleichungen zuordnen zu lassen.

An dem Beispiel der Bildergeschichte „Geburtstagsgeschenk" lassen sich verschiedene mathematische Sachverhalte demonstrieren. So können z. B. zunächst nur Mengenvergleiche angestellt werden: „Auf welchem Tisch sind viele/wenig, mehr/weniger Pakete zu sehen?" Dann lässt sich die Mengenveränderung im Kontext der Zeit thematisieren: „Zuerst hat der Junge drei Päckchen, dann bekommt er noch zwei hinzu und zum Schluss sind es dann fünf Päckchen. Sind es mehr oder weniger geworden? Waren es am Anfang oder am Ende mehr Päckchen?" Schließlich lässt sich diese Situation dann als Additionsaufgabe 3 + 2 = 5 oder 2 + 3 = 5 darstellen. Des Weiteren lässt sich die Situation weiter entwickeln, indem man mit den Kindern bespricht, was passiert, wenn von den fünf Päckchen wieder zwei weggenommen werden.

Ebenso empfehlenswert ist die Möglichkeit, verschiedene Terme bzw. Gleichungen (wie z. B. 3 + 2; 3 + 3; 3 + 2 = 5; 5 − 4 = 1 usw.) als Kärtchen vorzugeben und von den Kindern zuordnen zu lassen: „Welche Aufgabenkärtchen passen dazu?"

Abb. 51: Terme zu Abbildungen finden (Navi 1 Schülerbuch 2008, 89)

Offene Bildsituationen bzw. Bilder aus Alltagssituationen erweitern diese *Kompetenzen zur Mathematisierung*.

So ist die folgende Bildsituation (Abb. 52) geeignet, zunächst erst einmal Alltagsgeschichten und dann Rechengeschichten aus der Abbildung zu entnehmen. Diese lassen sich verbalisieren, bildlich darstellen und letztlich mit passenden mathematischen Ausdrücken und Gleichungen abbilden. Welche und wie viele Rechenaufgaben die Kinder finden werden, ist nicht exakt vorherzusagen. In einer Partner- oder Gruppenarbeit lassen sich z. B. alle gefundenen Aufgaben an der Tafel sammeln und über deren Sinnhaftigkeit und Angemessenheit diskutieren. Diese Variante bietet der Lehrkraft eine Vielzahl diagnostischer Einsichten. So lassen sich die Schülervorschläge z. B. nach dem genutzten Zahlenraum oder nach der Verwendung der Rechenoperationen analysieren: Hat ein Schüler lediglich Additionsaufgaben gefunden? Werden auch die Umkehroperationen im Sinne von Tausch- und Subtraktionsaufgaben erkannt? Agiert ein Kind eventuell ausschließlich auf der mengentheoretischen Ebene und argumentiert mit Aussagen wie: „Es sind dort ganz viele Hühner und zwei Kinder"?

Das Erfinden eigener Rechengeschichten erweitert, modifiziert und flexibilisiert vor allem die Einsicht in das basale Operationsverständnis. In diesen offenen Bildsituationen müssen die Kinder den Kontext selbst bestimmen, die thematisierten Mengen/Längen usw. in einen sachlogisch-mathematischen Zusammenhang bringen und diesen entsprechend darstellen.

Abb. 52: Alltagssituationen als Anlass zum Mathematisieren (Navi 1 Schülerbuch 2008, 16)

Derartige Übungen bieten darüber hinaus zahlreiche Sprechanlässe und sind daher auch als Form sprachtherapeutischer Arbeit besonders gut geeignet. Das Vortragen der gefundenen Rechengeschichte oder eine Diskussion um mögliche andere Bildinterpretationen eignen sich hervorragend, um einerseits mathematische Begriffe situationsadäquat zu nutzen und andererseits an grammatischen Strukturen, Wortschatz und Satzbau zu arbeiten.

Die Erarbeitung des *Dezimal- und Stellenwertsystems* bzw. des dekadischen Positionssystems ist ein weiteres wichtiges Kapitel innerhalb der Mathematik im Primarbereich.

Bevor die Kinder jedoch im Zahlenraum bis 100 und darüber hinaus rechnen, ist dieser Zahlenraum sorgfältig zu erarbeiten. Im Mittelpunkt stehen hier zwar die natürlichen Zahlen einschließlich der Null. Dennoch darf nicht außer Acht gelassen werden, dass auch negative Zahlen, Dezimalzahlen und einfache Brüche den Kindern als alltags- und kontextbezogene Zahlen bekannt sind. Durch Temperaturmessungen, Einkaufssituationen, Größen und Gewichtsvergleiche oder Volumina verschiedener Getränke kennen die Kinder häufig mathematische Ausdrücke wie $^1/_2$ l; $^1/_4$ h; 50 Cent und 50 Cent sind ein Euro; ich wiege 14 kg und mein Bruder ist größer als ich.

Für den Aufbau des Stellenwertsystems ist u. a. die Unterscheidung von Zahl und Ziffer wichtig. Die Zahl gibt den Gesamtwert an. Zahlen sind z. B. 10, 76, 4543,

46 764, $^1/_2$ usw. Ziffern hingegen sind die 10 arabischen Zeichen, aus denen wir Zahlen bilden: 0, 1, 2, 3, 4, 5, 6, 7, 8, 9. Damit man einfacher große Zahlen darstellen kann, werden so genannte *Stellen* eingeführt. Jede Stelle hat einen Wert. Beim Schreiben in der Stellenwertschreibweise gilt die Regel, dass immer von links begonnen wird. Des Weiteren benötigt unser Stellenwertsystem die Null. Die Null beschreibt die Stellen, die nicht besetzt werden. Die Null muss als Ziffer an der richtigen Stelle auch als das „Nichts" mitgeschrieben werden.

Diese Einsichten werden vor allem über die Aspekte des Bündelns erarbeitet. Bündeln bedeutet das Zusammenfassen und Umtauschen von Einheiten (Elemente einer Menge) zu einer neuen Einheit (Moser Opitz & Schmassmann 2007, 272). Im Unterricht lassen sich z. B. aus 10 einzelnen Streichhölzern mit Hilfe eines Gummibandes ein Bündel von 10 Streichhölzern oder aus 10 einzelnen Eiern eine gefüllte Eierpackung herstellen. Eine sehr alltagsnahe Bündelung liegt der Struktur unserer Münzen zugrunde: 10 einzelne Centstücke lassen sich in ein 10-Cent-Stück umtauschen; weiterführend lässt sich der Umtausch von zehn 10-Cent-Münzen in eine 1-Euro-Münze als Bündelung im 100er-Raum gut nutzen. Für die Erarbeitung des Zahlenraums bis 100 werden in der Schule häufig Veranschaulichungsmittel wie Einerwürfel, Zehnerstab, Hunderterplatte u. ä. genutzt. Diese erweisen sich als sehr praktikabel. Jedoch muss immer wieder darauf geachtet werden, dass die Schüler auch die mathematischen Strukturen in diesen (meist ausschließlich im Kontext Schule verwendeten Materialien) erkennen. Es wird daher empfohlen, den Kindern mehrere Anschauungsmittel zur Verfügung zu stellen (z. B. Eierkartons, Geldmünzen, das 10er- bzw. 20er-Feld, Rechenketten usw.), um sie selbst entscheiden zu lassen, welche sie davon benutzen möchten. Nur so kann sichergestellt werden, dass die Schüler die Anschauungsmittel verwenden, die ihren eigenen internen Vorstellungsbildern am nächsten kommen (vgl. auch Kapitel 2.1.3).

Die Arbeit gerade mit lernschwachen Kindern bewegt sich im ständigen Spannungsfeld zwischen Offenheit und Strukturierung. Einerseits ist es notwendig, die Unterrichtsangebote so offen zu gestalten, dass jedes Kind sich mit seinen individuellen Lernvoraussetzungen, seinen subjektiven Wirklichkeitskonstruktionen einbringen und diese wiedererkennen kann. Andererseits sind Möglichkeiten aufzuzeigen, um die individuellen Lösungswege an die Normen und Erwartungen anzupassen. Offenheit ist nur dann sinnvoll, wenn die Kinder in dieser Offenheit ihre eigenen Strukturen wiedererkennen und diese weiterentwickeln können. Vorgegebene Strukturen dürfen nicht individuelle Lernprozesse einengen, sondern sollen den Lernenden die Möglichkeit geben, sich weiterzuentwickeln, vorhandene Einsichten anzupassen, zu modifizieren und umzustrukturieren. Neue Erkenntnisse und Fähigkeiten entwickeln sich nur dann, wenn sie in bereits vorhandene Strukturen, Wissensnetze und Denkstrategien integriert werden.

Die enge Verflechtung zwischen der Alltags- und der Schulmathematik greift das Lehrwerk „Navi" aus dem Bildungsverlag Eins (2008) auf:

Zunächst wird eine Alltagssituation vorgestellt, in der die Kinder die mathematischen Inhalte und Strukturen selbst finden können. Aus der Analyse einer Alltagssituation wie Spielplatz, Murmel spielen, Frühstück u. a. werden mathematische

Fragestellungen entwickelt und mit Hilfe unterschiedlicher Lösungswege beantwortet. Die Lösung erfolgt zunächst ausschließlich auf der Basis der Schülervorschläge. Hier sollen sie ihre (auch schuluntypischen) mathematischen Vorerfahrungen und schon vorhandene mathematischen Strategien bewusst einsetzen, anwenden und gegebenenfalls modifizieren und weiterentwickeln. In einem weiteren Schritt werden diese Lösungsvarianten systematisiert und in die formale konventionelle Form übertragen, d. h. mit Hilfe der mathematischen Zeichen und Begriffe symbolisch dargestellt.

Die nachfolgend dargestellte Situation „Spielplatz" greift sowohl zahlreiche pränumerische als auch arithmetische und topologische Inhalte auf. Es lassen sich in Gesprächen darüber (Ab-)Zählkompetenzen einbinden, Mengen vergleichen, die Zuordnung von Menge zu Symbol und Ziffer aufgreifen, die Null ebenso berücksichtigen wie räumliche Begriffe (oben und unten; vorne und hinten) sowie Additions- und Subtraktionsaufgaben thematisieren. Das Symbol- und Operationsverständnis lässt sich wie auch die Darstellung der Mathematik in Form mathematischer Gleichungen diskutieren.

Abb. 53: Alltagssituationen zum Erkennen mathematischer Strukturen (Navi 1 Schülerbuch 2008, 48 f.)

Eine mögliche Aufgabe aus dieser Teilsituation ist beispielsweise die Frage: „Wenn die beiden Mädchen, die Zwillinge, auch noch in die Sandkiste hineingehen, wie viele Kinder sind dann dort?"

Erst nachdem sich diese Fragestellung aus der Alltagssituation herausgeschält hat, wird der Rechenweg, die Rechenstrategie selbst thematisiert. Als Lösung werden auch hier gleichberechtigt mehrere Wege bzw. Veranschaulichungsmittel angeboten. Aus der konkreten Frage: „Wie rechne ich 3 + 2?" werden im Rahmen einer Rechenkonferenz mehrere Varianten diskutiert:

Mathematische Kompetenzen und ihre Standards als didaktische Orientierung

Abb. 54: Rechenkonferenz (Navi 1 Schülerbuch 2008, 51)

Diese Aufgabe wird anschließend gelöst, das Ergebnis notiert.

In einem nächsten Schritt wird dann die Zahl interpretiert, d. h. gemeinsam mit den Schülern besprochen, was es nun für diese Situation bedeutet, dass 3 + 2 = 5 ist. Dieser Schritt erscheint gerade bei lernschwachen Kindern äußerst wichtig, denn häufig erschließt sich ihnen der Sinn der errechneten Zahl nicht mehr. Gerade diesem Schritt der Interpretation des rechnerischen Ergebnisses kommt derzeit im Mathematikunterricht zu wenig Bedeutung zu. Häufig endet eine mathematische Problemlösung mit dem Benennen des rechnerischen Ergebnisses. Ob für jeden Schüler dann tatsächlich deren Bedeutung klar ist, wird kaum noch hinterfragt.

Nachdem nun das Ergebnis von „5" interpretiert wurde, d. h. die Kinder auf unterschiedliche Weise (mündlich oder schriftlich) und ohne Vorgabe eines festen Satz- bzw. Sprachmusters erkannt haben, dass 5 in diesem Fall bedeutet, dass 5 Kinder in der Sandkiste sind, folgt ein letzter Schritt. In einer abschließenden Phase, einer Evaluierungsphase, wird überprüft, ob nun dieses – für die konkrete Situation zutreffende – Ergebnis auch in anderen Situationen gültig ist. D. h. die exemplarische Erfahrung, dass 3 + 2 = 5 ist, wird in anderen Situationen evaluiert. Hier bietet es sich an, gleiche Aufgaben in anderen Situationen (z. B. im Spielzimmer oder in der Sporthalle) mit anderen Gegenständen noch einmal zu rechnen. Weiterhin kann dieses Ergebnis geprüft werden, indem mit benannten Zahlen gerechnet wird: „Stimmt die Rechnung auch, wenn wir mit Euro und Cent rechnen?" Weiterführend lassen sich auch alltagsnahe Themen wie die Zeit und das Lebensalter aufgreifen: „Ist ein dreijähriges Kind zwei Jahre später auch 5 Jahre alt? Wenn es drei Uhr ist und zwei Stunden dazu kommen, ist es dann 5 Uhr?"

Übungsvarianten im Sinne des produktiven Übens bieten sich bei diesem Konzept besonders vielfältige an, so z. B. folgende Varianten um das Operationsverständnis zu thematisieren:

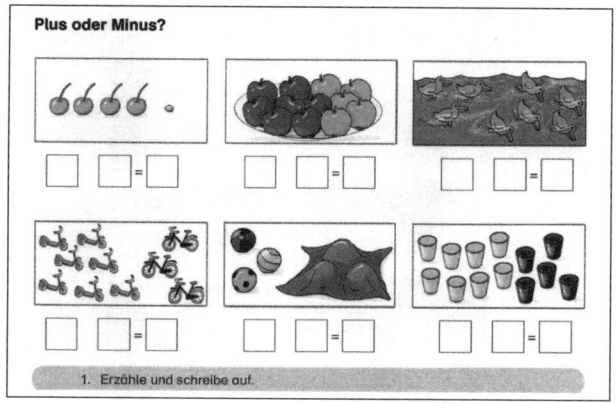

Abb. 55: Übungsvarianten (Navi 1, Arbeitsheft 2008, 60)

Diese Aufgabenblätter vertiefen die Einsichten in die Addition, hier mit Hilfe von Tauschaufgaben:

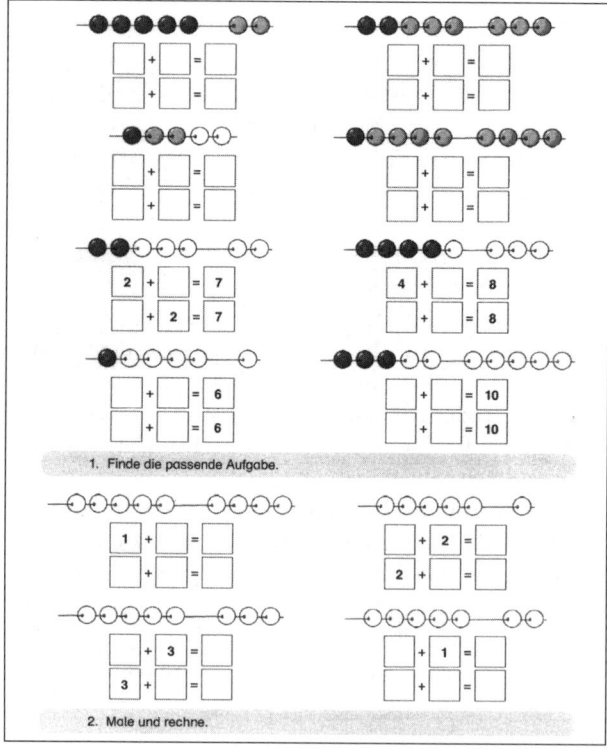

Abb. 56: Tauschaufgaben (Navi 1, Arbeitsheft 2008, 54)

Nach diesen grundlegenden Basisfertigkeiten zum Aufbau des Zahlbegriffs und zur Erarbeitung des Verständnisses und der Techniken in den Grundrechenarten sind im Primarbereich die weiterführenden *Grundtypen des Rechnens* zu erarbeiten: Kopfrechnen, halbschriftliches und schriftliches Rechnen.

Kopfrechnen meint, dass das Ergebnis einer Aufgabe ohne eine Notation von Zwischenschritten bzw. ohne Zuhilfenahme von Anschauungsmitteln o. Ä. genannt werden kann. Am Bekanntesten ist das gedächtnismäßige Lösen der Grundaufgaben in den vier Grundrechenarten: Addition, Subtraktion, Multiplikation und Division. Trotz aller Rechenerleichterungen wie beispielsweise durch den Einsatz von Taschenrechnern (auch auf Mobiltelefonen) ist es unumstritten sinnvoll, diese Grundaufgaben gedächtnismäßig zu beherrschen.

Halbschriftliches Rechnen ist durch die Notation von Zwischenschritten oder Teilergebnissen gekennzeichnet. Die Notation dieser Zwischenergebnisse ist im Gegensatz zu den schriftlichen Verfahren nicht festgelegt. Schriftliches Rechnen hingegen beruht auf einer konventionell normierten Abfolge, einem Lösungsalgorithmus, einem Normalverfahren, dessen Ergebnis auf der Basis unseres Stellenwertsystems ziffernweise ermittelt wird (Krauthausen & Scherer 2003, 40).

Moser Opitz & Schmassmann (2007, 268) unterstreichen die Notwendigkeit und Effektivität dieser Vorgehensweise gerade bei lernschwachen Schülern wie folgt:

- Zwischenschritte und -resultate werden anhand von Veranschaulichungen und Arbeitsmaterialien entwickelt und protokolliert. Durch den Einbezug von Arbeitsmaterialien wird einerseits eine Hilfe zum Verständnis angeboten, andererseits wird durch das Protokollieren das Gedächtnis entlastet.
- Das Verständnis für Operationen und Abläufe wird gefördert, indem die Kinder selbst bzw. die Lehrperson den Lösungsweg noch einmal nachvollziehen und überprüfen können.
- Halbschriftliches Rechnen stellt die Grundlage für das Schätzen und Überschlagen und für den Einsatz des Taschenrechners dar.

Umstritten ist gerade im Unterricht mit lernschwachen Kindern die Erarbeitung *schriftlicher Rechenverfahren*. Im Gegensatz zu den halbschriftlichen Verfahren, bei denen die Schüler die für sie wichtigen Gedankengänge notieren können, ist beim schriftlichen Rechnen der Lösungsweg einschließlich seiner Notation stringent vorgegeben. Häufig werden selbst die Sprechweisen in den Lehrplänen festgeschrieben. Da in diesem Verfahren ausschließlich mit Ziffern gerechnet wird, ist – anders als bei halbschriftlichen Verfahren – ein nur wenig differenziertes Verständnis über unser Stellenwertsystem nötig. Dies führt im Unterrichtsalltag häufig dazu, dass die Kinder mechanisch die Aufgaben bearbeiten, aber bei der Kontrolle und Interpretation des Ergebnisses häufig Schwierigkeiten haben.

Gerade der scheinbar exakte und eindeutige Charakter dieser Strategie führt dazu, dass er besonders für lernschwache Schüler als geeignet angesehen wurde, denn auf diese Art können auch Aufgaben in großen Zahlenräumen gelöst werden, ohne dass differenzierte Einsichten in das dekadische Stellenwertsystem notwendig sind. Die algorithmischen Durchführungen entwickeln sich im Unterricht häufig zu einem rezepthaften Vorgehen, das zugunsten einer Fertigkeit die notwendigen Einsichten eher vernachlässigt.

Lange Zeit galt die Erarbeitung schriftlicher Rechenverfahren als die „Krönung" des Mathematikunterrichts. Aus heutiger Sicht, vor allem begründet durch die flächendeckende Verbreitung und Nutzung des Taschenrechners, stellt sich die Frage, ob sich der Aufwand einer häufig doch recht mühevollen Erarbeitung der schriftlichen Rechenverfahren tatsächlich lohnt. Werden mathematische Kompetenzen vor allem unter dem Aspekt ihrer Funktionalität im Alltag, d.h. ihrer Notwendigkeit und Sinnhaftigkeit in außerunterrichtlichen Kontexten betrachtet, stellt man fest, dass diese Rechenfertigkeiten kaum noch angewendet werden. Auch in der didaktischen Diskussion innerhalb der Grundschulmathematikdidaktik wird deutlich, dass es zu einer Schwerpunktverlagerung innerhalb der drei Rechenmethoden kommt. Während nach wie vor dem Kopfrechnen wichtige und basale Bedeutung zukommt, gewinnen die halbschriftlichen Verfahren als Notationsform einer mathematischen Konstruktion immer mehr an Bedeutung. Im Gegenzug erscheint die Thematisierung schriftlicher Rechenverfahren eher in den Hintergrund zu rücken (Krauthausen & Scherer 2003, 49).

Sinnvoll erscheint eine Kombination von Kopfrechnen und halbschriftlichen Verfahren unter Nutzung des Taschenrechners. Die mathematischen Anforderungen im Alltag konfrontieren uns sicher immer wieder mit Aufgaben wie 963 – 581. Im Gegensatz zu früheren Lösungsmöglichkeiten greifen wir heute jedoch meist zum Taschenrechner. Dieses Hilfsmittel sollte als Lernerleichterung gerade bei lernschwachen Kindern Berücksichtigung finden. Das bedeutet nicht, dass dem Einsatz von Taschenrechnern als didaktisches Hilfsmittel ausschließlich der Vorrang gegeben werden muss und alle anderen Verfahren unbedeutend werden. Im Gegenteil: Gerade für die Nutzung dieses Hilfsmittels sind Kopfrechnen, halbschriftliche Verfahren und das Schätzen bzw. Überschlagen von grundlegender Bedeutung. Erst wenn vorab ungefähr das Ergebnis dieser Subtraktionsaufgabe eingeschätzt werden kann, z.B. durch ein halbschriftliches Verfahren mit gerundeten Zahlen oder auch Kopfrechnen mit Überschlagszahlen, ist es möglich, die vom Taschenrechner ausgegebene Zahlenfolge auf ihre Sinnhaftigkeit und Richtigkeit zu überprüfen.

Unbestritten ist in allen mathematikdidaktischen Überlegungen die *Rolle des Übens*. Grundfertigkeiten und -einsichten sollen möglichst schnell, automatisiert aus dem Gedächtnis abruf- und anwendbar sein. Diese Fähigkeit entlastet das Gedächtnis und erleichtert so das Lösen komplexer Aufgaben. Dies ist eine allgemein akzeptierte Zielvorstellung von Üben. Über die Art des Übens jedoch gibt es die unterschiedlichsten Ansichten. Angefangen von Auswendiglernen über komplette Übungsstunden im Sinne eines Trainings bis hin zu Formen des produktiven Übens bzw. Übens als integrierter Bestandteil der Erarbeitung reicht die Palette der Diskussion. Zu weiteren Ausführungen sei auf das Kapitel 5.1.6 (Entdeckendes Lernen) hingewiesen.

6.1.2 Größen und Messen

Für die Bewältigung alltäglicher mathematischer Aufgabenstellungen sind Vorstellungen von Größen sowie Einsichten in basale Messvorgänge von entscheidender Bedeutung. Wir berechnen Zeitpunkte und Zeitspannen, messen Längen, Entfernungen, prüfen Gewichte, kontrollieren Preise usw. In unserem Alltag sind nahezu alle Aufgaben an Zahlen mit Größen gebunden. Rein arithmetische Aufgaben finden sich in unserem Alltag kaum.

Der Arbeit mit Größen einschließlich der Entwicklung von Größenvorstellungen kommt unter dem Aspekt der Alltagsrelevanz entscheidende Bedeutung zu.

Im Primarbereich geht es zunächst darum, repräsentative Vorstellungen zu den gängigen Alltagsgrößen zu vermitteln. So lässt sich z. B. ein Kilogramm mit Hilfe einer handelsüblichen Tüte Mehl, ein Meter anhand des Tafellineals, 100 g durch eine Tafel Schokolade, eine Tonne als das durchschnittliche Gewicht eines Autos usw. darstellen.

Messvorgänge werden zunächst als direkter und später als indirekter Vergleich (mit Hilfe von Messinstrumenten) erarbeitet.

Abb. 57: Messen durch direkten Größenvergleich (Navi 2 Schülerbuch 2008, 12 f.)

In den Anfangsklassen lassen sich z. B. *Längenmaße* über den eigenen Körper entdecken.

Viele unserer Körperteile sind doppelt vorhanden, so dass sich der Körper und auch einzelne Körperteile spiegeln lassen. Diese Körperteile können wiederum in der Klasse gezählt werden, wobei hier verschiedene Zählstrategien (z. B. Zählen in 2er-Schritten oder mit Hilfe der Finger bzw. Hände in 5er- und 10er-Schritten) zum Einsatz kommen. Der Körper lädt aber auch zum Messen ein. Die Kinder können ihre eigene Körpergröße direkt oder anhand ihrer Größenangabe vergleichen und sie können mit ihrem Körper auch selbst Längen abmessen. Dieses Vorgehen bereitet u. a. das Schätzen von Größen im Alltag vor.

Die Kinder sollen vielfältige Erfahrungen mit dem Vergleich von Größen/Längen sammeln. Mit Hilfe eines 1 m langen Seils oder Lineals kann verglichen werden, was im Klassenzimmer alles größer oder kleiner als 1 m ist.

Der Vergleich von Objekten soll zunächst direkt und mit Hilfe von nicht standardisierten Maßen (z. B. Fingerspanne) ermittelt werden.

Nachdem die Kinder mit Körperspannen wie Schrittlängen und Fingerspannen gearbeitet haben, lässt sich das Maßband einführen. Der direkte Vergleich von Körpergrößen und das Messen mit nicht standardisierten Maßen soll die Schüler zum Messen mit standardisierten Maßen (cm, m) hinführen. Die Schüler sammeln Handlungserfahrungen zu den Relationen „größer/länger" und „kleiner/kürzer" und erfahren, wie sie diese durch direktes Vergleichen oder mit Hilfe des eigenen Körpers bestimmen können.

Nachdem die Schüler das Messen über den direkten Vergleich erfahren haben, wird das Messen mit standardisierten Maßen erarbeitet. Auch in diesem Bereich bringen die Kinder viele Erfahrungen mit. Jedes Kind ist schon einmal gemessen worden und hat gehört, wie ältere Kinder oder Erwachsene Längen sprachlich ausdrücken. Wie so oft in den verschiedenen Größenbereichen gibt es verschiedene Schreib- und Sprechweisen, die im Alltag verwendet werden. Die Schüler sollten diese früh kennenlernen, ohne dass dabei ein Anspruch auf Vollständigkeit gestellt wird. Hier soll es noch nicht darum gehen, dass die Kinder wissen, wie groß 1,15 m ist oder dass 100 cm gleich 1 m sind. Es wird lediglich die Vielfalt in der Umgangssprache thematisiert, z. B. durch Aufzeigen der Parallelen zu Schreib- und Sprechweisen von Geldbeträgen: „Eins Dreißig" oder „Ein Euro Dreißig" oder „Ein Euro und dreißig Cent" beschreiben den gleichen Geldbetrag.

Es bietet sich beispielsweise an, dass die Kinder in der Klasse gemessen werden oder sich gegenseitig messen. Diese Ergebnisse können auf einem Plakat festgehalten werden, um den Kindern die Schreibweise vor Augen zu führen. Dabei kann auf die Einheiten und ihre Abkürzungen eingegangen werden: *„m steht für Meter und cm für Zentimeter"*.

Ein immer wieder wichtiges und alltagsrelevantes Thema (nicht nur in der Förderschule) ist der *Umgang mit Geld*.

Die folgende Unterrichtssequenz skizziert, wie anhand der Situation „Pausenverkauf" das Rechnen mit benannten Zahlen und Dezimalzahlen umgesetzt werden kann. Außerdem illustriert sie den wichtigen Kompetenzbereich „in Kontexten rechnen" sowie „mit Größen in Sachsituationen umgehen" (KMK 2004, 11).

Über eine offene Gesprächssituation werden zunächst die Vorerfahrungen der Schüler aktualisiert und der persönliche Bezug verdeutlicht. Anhand der Bildsituation lassen sich dann Fragen klären wie: „Welcher Schüler hat wie viel Geld bei sich? Wie viel Geld habt ihr täglich bei euch? Was und wie viel lässt sich für die 1,50 Euro kaufen? Wie kann man dieses Geld bzw. die gekauften Waren teilen, wenn ein Schüler kein Geld dabei hat?"

Über diesen Einstieg lässt sich die Idee entwickeln, selbst einen Pausenverkauf zu planen, um z. B. Geld für die Klasse zu verdienen. Dazu muss zunächst entschieden werden, welche Produkte verkauft werden sollen. Um eine reale Preis- und Mengenvorstellung zu entwickeln, lassen sich beispielsweise aktuelle Werbeprospekte nutzen. Zu empfehlen ist auch, mit den Schülern in einem Supermarkt die Preise und

Packungsgrößen für die Produkte herausfinden. Hier geht es zunächst darum, die für den eigenen Verkauf relevanten Informationen herauszufinden, zu strukturieren und zu systematisieren: „Welche Produkte brauchen wir für unseren eigenen Verkauf? In welchen Packungsgrößen werden sie angeboten? Gibt es für eine Ware unterschiedliche Preise?" Die nötigen Informationen sollen dabei selbst von den Schülern notiert werden. Mittels der so entstandenen Übersicht lassen sich Einzelpreise vergleichen und Zusammenhänge zwischen Preis und Verpackungsgröße analysieren, um Kaufentscheidungen zu treffen (z. B. ob größere Packungen billiger oder ob Backwaren beim Bäcker oder im Supermarkt günstiger sind). Daneben bietet die Analyse eines Kassenzettels vielfältige Gesprächs- und Rechenanlässe: Welche Informationen lassen sich entnehmen? Welche und wie viele Produkte wurden gekauft? Wie hoch ist der Einzel- bzw. der Gesamtpreis der Waren? Wie viel Rückgeld wurde gegeben?

Abb. 58: Einstiegssituation Pausenverkauf (Navi 5 Schülerbuch 2008, 30)

Im Klassenverband wird dann der Einkauf geplant und durchgeführt. Darüber hinaus bieten allein die Ankündigung des Verkaufs durch Plakate, die Planung der Preise und auch die Organisation der Verkaufsfläche vielfältige funktionale Anwendungsbereiche sowohl für schriftsprachliche als auch für mathematische Kompetenzen.

Während des Verkaufs muss selbst eine Kasse mit genügend Wechselgeld zur Verfügung stehen, dessen Summe genau dokumentiert werden muss. Ebenso wird vorab überlegt, in welcher Form festgehalten werden kann, welche Waren wie oft verkauft wurden. Eine Liste der verkauften Waren muss erstellt werden, die z. B. die Form einer alltagsüblichen Strichliste haben kann.

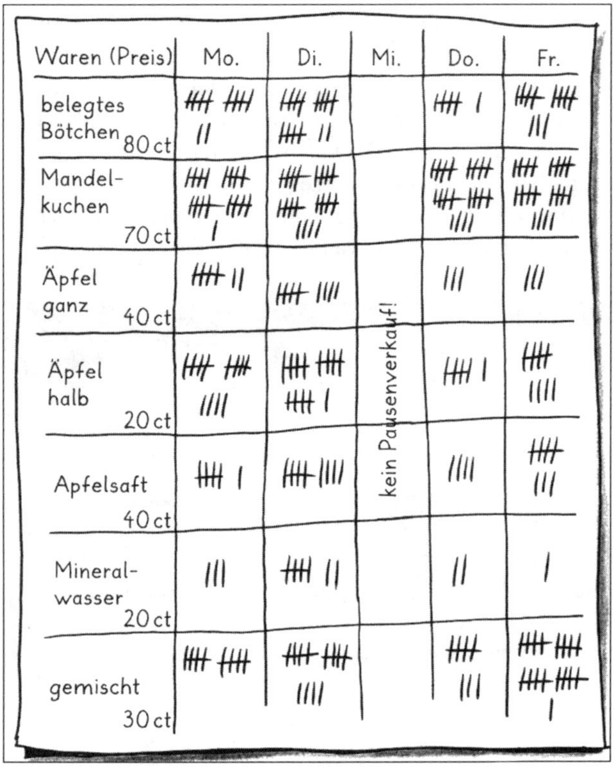

Waren (Preis)	Mo.	Di.	Mi.	Do.	Fr.
belegtes Bötchen 80 ct	﹩﹩﹩﹩ ‖	﹩﹩﹩﹩ ‖		﹩﹩ ‖	﹩﹩﹩﹩ ‖‖‖
Mandelkuchen 70 ct	﹩﹩﹩﹩ ﹩﹩﹩﹩ ‖	﹩﹩﹩﹩ ﹩﹩﹩﹩ ‖‖‖‖		﹩﹩﹩﹩ ﹩﹩﹩﹩ ‖‖‖‖	﹩﹩﹩﹩ ﹩﹩﹩﹩ ‖‖‖‖
Äpfel ganz 40 ct	﹩﹩ ‖	﹩﹩ ‖‖‖‖	kein Pausenverkauf!	‖‖‖	‖‖‖
Äpfel halb 20 ct	﹩﹩﹩﹩ ‖‖‖‖	﹩﹩﹩﹩ ﹩﹩ ‖		﹩﹩ ‖	﹩﹩ ‖‖‖‖
Apfelsaft 40 ct	﹩﹩ ‖	﹩﹩﹩﹩ ‖‖‖‖		‖‖‖‖	﹩﹩ ‖‖
Mineralwasser 20 ct	‖‖‖	﹩﹩ ‖‖		‖‖	‖
gemischt 30 ct	﹩﹩ ﹩﹩	﹩﹩ ﹩﹩ ‖‖‖‖		﹩﹩ ‖‖‖	﹩﹩ ﹩﹩ ‖

Abb. 59: Verkaufsliste (Navi 5 Schülerbuch 2008, 34)

Nach Abschluss des Verkaufs werden die Einnahmen berechnet. Dazu wird die Verkaufsliste in eine Liste über die Einnahmen umgeschrieben. Die notwendigen Notationsformen sollen hierbei von den Schülern entwickelt werden. Die Lehrkraft gibt lediglich Anregungen und unterstützt bei konkreten Fragen. Ebenso sollen hier bewusst verschiedene Rechenstrategien zugelassen werden. Wichtig ist im Sinne einer Funktionalität von Kompetenzen, dass das Rechnen hier primär die Funktion hat, die Gesamtsumme des eingenommenen Geldes zu bestimmen.

In einem weiteren Schritt können dann die in diesem Kontext erarbeiteten Strategien (z. B. Zerlegungsstrategien, Nutzung des Taschenrechners, Sortierstrategien über Geldscheine und -münzen) in anderen Kontexten angewendet, überprüft und geübt werden. Entscheidend für die Bewertung der einzelnen Strategien ist ihre Sinnhaftigkeit und ihre Funktionalität in der konkreten Anwendung. Das bedeutet auch, dass in unterschiedlichen Situationen unterschiedliche Strategien zu gleichen mathematischen Anforderungen (z. B. Addition benannter dezimaler Zahlen) genutzt werden können und sollen.

Mathematische Kompetenzen und ihre Standards als didaktische Orientierung

Abb. 60: Diskussion um die Einnahmen (Navi 5 Schülerbuch 2008, 36)

Spätestens bei der Diskussion um die genaue Berechnung der Einnahmen bzw. des Gewinns stellt sich die Frage, ob die Einnahmen tatsächlich gleich dem Gewinn sind. Sicher wird mindestens ein Schüler anmerken, dass die vorher getätigten Ausgaben von den Einnahmen abgezogen werden müssen. Über diese alltagsrelevante Situation können dann wiederum verschiedene Rechenstrategien erarbeitet werden.

Abb. 61: Rechenstrategien zur Einnahmen- und Ausgabenberechnung (Navi 5 Schülerbuch 2008, 40)

Hier wird exemplarisch berechnet, wie hoch der Gewinn ist, wenn 35,90 Euro eingenommen und vorab 29,89 Euro ausgegeben wurden.

Mit Hilfe dieses Angebots an Strategien können dann Bewertungen wie: „Das ist geschickt", „So kann ich das gut rechnen", aber auch „Das ist für mich nicht hilfreich" vorgenommen und individuelle Lösungswege angeboten und vertieft werden.

Ein weiteres wichtiges Thema aus dem Bereich „Größen und Messen" stellt das Thema *Uhrzeiten* dar. Im Primarbereich sind zunächst die Erfahrungen der Kinder mit der Uhrzeit und dem Tagesablauf zu thematisieren. Ein Schwerpunkt liegt auf der Strukturierung des Tagesrhythmus durch den Stundentakt. Die Kinder lernen das Ablesen der vollen Stunden an der Analog- und der Digitaluhr und entwickeln ein Verständnis für den Tag-Nacht-Rhythmus. Durch das Bestimmen von Zeiteinheiten (z. B. Dauer einer Unterrichtsstunde, des Schulweges, der Lieblingssendung, des Zähneputzens, des Mittagsessens usw.) sollen die Kinder die Möglichkeit bekommen, ein Gefühl für typische alltägliche Zeitspannen zu entwickeln. Die Zeiteinheiten Stunde, Minute und Sekunde sind zunächst – wie alle anderen Größen – mit typischen Alltagshandlungen zu verbinden, um reale Zeitvorstellungen auszubilden, z. B. „eine Sekunde ist so lang wie die Zahl 23 auszusprechen", „eine Minute kann ich auf einem Bein stehen", „eine Stunde ist so lang wie meine Lieblingssendung". Es ist wichtig, die Zeiteinheiten nicht sofort exakt zu messen, sondern zunächst den Zeitbedarf für bestimmte wiederkehrende Abläufe abschätzen zu können, z. B. „wie lange dauert mein Schulweg ungefähr?", „wie lange brauche ich ungefähr für meine Hausaufgaben?" usw.

Gerade der persönliche Tagesablauf eignet sich für dieses Thema gut. Die Schüler können z. B. typische Alltagssituationen abgebildeten Uhrzeiten zuordnen bzw. die Uhrzeiten auf einer Lernuhr selbst einstellen. Um die Bedeutung der Uhrzeiger selbst zu erarbeiten, eignen sich Fragestellungen wie:

- Wo steht der (kleine) Stundenzeiger, wenn du morgens aufstehst?
    - … wenn du frühstückst?
    - … wenn du aus dem Haus gehst?
    - … wenn die große Pause beginnt?
    - … wenn heute dein Unterricht zu Ende ist?
- Um welche Uhrzeit gibt es bei euch Mittag-/Abendessen?
- Wann kommen dein Vater/deine Mutter/deine Geschwister nach Hause?
- Wann beginnt deine Lieblingssendung?

Den Tagesablauf als Bildergeschichte selbst zu gestalten, verdeutlicht den Kindern die zeitliche Abfolge innerhalb eines Tages. Eine interessante und umfangreiche Beobachtungs- und Erkundungsaufgabe ist es beispielsweise, den eigenen Tagesablauf zu erfassen: „Schau morgen, wenn du aufstehst/wenn du frühstückst/wenn du aus dem Haus gehst, auf deine Uhr, merke dir die Zeigerstellung des kleinen Zeigers und stelle dann die Lernuhr so ein."

6.1.3 Raum und Form

Die nachfolgenden Ausführungen basieren in weiten Teilen auf der Wissenschaftlichen Hausarbeit zur Ersten Staatsprüfung für das Lehramt an Sonderschulen an der

Pädagogischen Hochschule Heidelberg, Institut für Sonderpädagogik, zum Thema: „Sich im Raum orientieren – Unterrichtseinheiten zu geometrischen Themen an Förderschulen" (Bekhiet 2007).

„Sich im Raum orientieren" ist ein Kompetenzbereich, den die Schüler der Förderschule laut Bildungsstandards der KMK im Laufe ihrer Grundstufe im Mathematikunterricht erwerben sollen. Sich im Raum orientieren zu können, hängt weitestgehend vom räumlichen Vorstellungsvermögen ab. Dem Geometrieunterricht kommt die Aufgabe zu, das räumliche Vorstellungsvermögen der Schüler zu entwickeln.

Besonders unter dem Aspekt der Alltagsrelevanz sowie der Bedeutung des Vorwissens bezüglich der Entwicklung mathematischer Kompetenzen sei hier kurz auf die Bedeutung der Raumvorstellung in der Schule und im Alltag eingegangen:

„Nach unserer Beurteilung ist die Fähigkeit, sich gedanklich im Raum zu orientieren, eine wichtige und zentrale Eigenschaft, die unsere Wahrnehmung der Umwelt und unsere Art und Weise, sich mit ihr auseinanderzusetzen, beeinflusst" (Meyers 1958, in: Rost 1977, 82). Diese schon ältere Aussage von Meyers spiegelt die umfassende Relevanz der Raumvorstellung und die damit einhergehende Orientierung im Raum wider.

Im Folgenden werden schulische und berufliche Aspekte in Bezug auf die Raumvorstellung und deren Relevanz für den Alltag aufgezeigt:

Die meisten Schulfächer schließen die Raumvorstellung als ein fächerübergreifendes Lernziel und zum Teil auch als Lernvoraussetzung mit ein (Maier 1999). Besondere Relevanz trägt diese in den Kernfächern Deutsch und Mathematik. „Sprache ist ein lautliches Kontinuum im zeitlichen Nacheinander, während Schrift ein optisches Diskontinuum im räumlichen Nebeneinander ist" (Maier 1999, in: Deeken 2002, 153). Die Bedeutung der Schrift ergibt sich u. a. aus ihrer räumlichen Darstellung. Raumlagebeziehungen (wie oben/unten, links/rechts) sind von großer Bedeutung. Neben der Leserichtung spielt diese auch beim Schreiben von Buchstaben eine Rolle. Nicht nur, dass die Symbole konventionell ganz bestimmt geschrieben werden und beispielsweise keine Drehung oder Spiegelung zulassen, sondern auch, dass sich manche Buchstaben wie „u", „n", „q", „p" nur in ihren Lagebeziehungen unterscheiden.

Neben dem Deutschunterricht erscheint im Mathematikunterricht die Raumorientierung als wesentlicher Bestandteil. Auch wenn es auf den ersten Blick nicht offensichtlich erscheint, so spielt die Raumvorstellung auch in der Arithmetik eine Rolle. „Das Ausbilden arithmetischer Begriffe hängt eng mit der Entwicklung geometrischer Grundvorstellungen zusammen" (Bauersfeld 1992, 7). So beinhaltet das Vorstellen einer Zahl nicht nur den Kardinalzahlaspekt (die Mächtigkeit der Menge), sondern auch den Ordinalzahlaspekt (den Platz, den die Zahl in der Zahlenreihe einnimmt). Diese Reihe von Zahlen kann sich jeder Mensch anders vorstellen, sie muss nicht geradlinig sein, sondern kann individuelle Formen annehmen. Jede Zahl ist durch Vorgänger und Nachfolger genau bestimmt. Wir sprechen in diesem Zusammenhang auch von einem „Zahlenraum". Eine Vorstellung von einem Zahlenraum zu entwickeln erfordert räumliche Kompetenzen auf einem hohen Abstraktionsniveau. Um Rechenoperationen wie Addition oder Subtraktion zu verstehen, muss eine gewisse Vorstellung des Zahlenraumaufbaus vorhanden sein. Sowohl für die Zahlvorstellung als auch für die Rechenoperationen werden im Mathematikunterricht Arbeits- und Veranschaulichungsmittel benutzt. Um mit ihnen arbeiten zu können, müssen räumliche Strukturen erkannt werden. So bedeutet bei der Hundertertafel sich ein Feld nach rechts zu bewegen einen Einer mehr, ein Feld nach unten hingegen einen Zehner mehr (vgl. Kapitel 4.3). Mit geometrisch-räumlichen Material wird beim Zehnermaterial das dekadische System anschaulich dargestellt: Kleine Holzwürfel repräsentieren die „Einer", Stangen, die aus zehn aneinander gereihten Würfeln bestehen, die „Zehner", Platten aus zehn Zehnerstangen die „Hunderter" und zehn Hunderterplatten, zu einem großen Würfel zusammengefasst, einen „Tausender". Neben dem Arbeiten mit konkretem Material wird auch auf der bildhaften Ebene gearbeitet. So wird beispielsweise in der Unterrichtskonzeption „mathe 2000" die Fünferstruktur betont, die die Kinder durch Nähe bzw. durch räumlichen Abstand von Plättchen erkennen sollen.

Es wird erwartet, dass die Schule auch in Bezug auf berufliche Kompetenzen Raumvorstellungen vermittelt. In vielen Berufen werden räumliche Kompetenzen erwartet und gegebenenfalls auch in Berufseinstellungstests ermittelt. So gibt die IHK an, dass das räumliche Vorstellungsvermögen eine Fähigkeit sei, die in allen ihren Berufen in unterschiedlichem Ausmaß gefordert werde (IHK 2007, Internet). Aber nicht nur in einem speziellen Ausbildungsbereich werden Kompetenzen in diesem Bereich erwartet. Vielmehr werden diese als Voraussetzung für eine generelle Ausbildungsreife gesehen. Der „Nationale Pakt für Ausbildung und Fachkräftenachwuchs", der im Jahre 2004 von der Bundesregierung und Spitzenverbänden der Wirtschaft geschlossen wurde, beinhaltet u. a. einen „Kriterienkatalog zur Ausbildungsreife". In ihm werden Mindeststandards festgehalten, die „unabdingbar [sind] für die Aufnahme einer Berufsausbildung im dualen System" (Bundesagentur für Arbeit 2006, Internet). Das psychologische Leistungsmerkmal stellt eines von fünf Kriterien dar, worunter auch das räumliche Vorstellungsvermögen gefasst wird. Jugendliche, die eine Ausbildung beginnen wollen, sollen sowohl Kompetenzen im Bereich Lesen und Vorstellen zweidimensionaler Abbildungen (Grundriss, Landkarten, Grafiken, Bewegungsabläufe) als auch im Anfertigen eigener Zeichnungen und Beschreibungen (Wegbeschreibung) mitbringen. Im Bereich der Merkfähigkeit sollen die Jugendlichen auch in der Lage sein, sich an die räumliche Lage von Gegenständen zu erinnern (Bundesagentur für Arbeit 2006, Internet).

Der Umgang mit Computern ist in der heutigen Zeit einmal als Freizeitbeschäftigung, zum anderen als Arbeitsmittel für Schule und Beruf bedeutsam. Neben dem räumlichen Sehen von Animationen, Bildern und Texten auf dem Bildschirm müssen auch räumliche Strukturen vorgestellt werden können. Selbst bei der Menüführung in einem Computerspiel müssen verzweigte Gefüge nachvollzogen und in verschiedene Richtungen durchlaufen werden. Gleiches gilt für Lernsoftware. Auch komplexe interaktive Bildschirmanzeigen verlangen mentale Vorstellungen von virtuellen Räumen.

Zuletzt soll noch ein Blick auf alltägliche Situationen, bei denen Raumvorstellungskompetenzen relevant erscheinen, erfolgen. Eine solche Situation stellt beispielsweise die Beteiligung im Straßenverkehr dar. Das gilt nicht nur für erwachsene Autofahrer, sondern auch für Kinder, die mit dem Fahrrad fahren. „So müssen ständig Winkel, Positionen und vor allem Abstände geschätzt werden, Tätigkeiten, die [...] einen hohen Zusammenhang mit räumlich-visuellen Fähigkeiten, manifestiert in erster Linie durch Qualifikationen zur räumlichen Orientierung, aufweisen" (Maier 1999, 151). Ebenfalls in den Bereich der Mobilität fallende Alltagssituationen sind das Lesen von Stadtplänen, Landkarten oder Netzen des öffentlichen Nahverkehrs. Zu den Anforderungen, diese zweidimensionalen Zeichnungen zu interpretieren, gehört auch die Beantwortung von Fragen, wie beispielsweise: „Wo bin ich? Wo möchte ich hin? Welche Strecke ist die kürzeste?" Dazu gehört auch eine gewisse Abstraktionsfähigkeit beim Vergleich der Realität mit den Zeichnungen. Noch komplizierter wird es beim Nachvollziehen eines bekannten Weges auf einer Karte oder beim Beschreiben eines Weges. Dabei muss der Weg gedanklich vorgestellt und auf die Karte bzw. in Worte übertragen werden.

Ziele und Intentionen eines Geometrieunterrichts

Der Geometrieunterricht bietet, sowohl in der Grundschule als auch in der Förderschule, vielseitige Vorteile. Neben den Möglichkeiten zu individuellen kreativen Produktionen (Muster, Bauwerke, Zeichnungen, Falt- und Schneidearbeiten) bietet er breiten Raum für eigenständige Entdeckungen und Analysen.

Gerade auch Schüler, die eine negative Einstellung zur Mathematik, besonders der Arithmetik, entwickelt haben, kann die Arbeit an geometrischen Inhalten motivieren, Erfolgserlebnisse liefern, Lernfortschritte sichtbar machen und eine positive Sichtweise auf die Mathematik aufzeigen.

Neben den emotionalen finden auch viele soziale Aspekte Berücksichtigung. Das soziale Lernen ist im Geometrieunterricht durch viele Möglichkeiten von Gruppen- und Partnerarbeit und dem kommunikativen Aspekt impliziert.

Einen wichtigen Beitrag liefert der Geometrieunterricht beim Aufbau und Ausbau räumlicher Kompetenzen. Die Tatsache, dass vorschulische Erfahrungen einen wichtigen Teil zur Entwicklung räumlicher Kompetenzen beitragen, lässt sich auf zwei verschiedene Weisen im Geometrieunterricht nutzen: Sind Vorerfahrungen vorhanden, so können diese im Geometrieunterricht genutzt und daran angeknüpft werden. Sind nur mangelhafte Vorerfahrungen vorhanden, so kann der Unterricht genutzt werden, um Handlungserfahrungen „nachholend" zu bieten.

Neben räumlichen Kompetenzen werden auch Fähigkeiten des logischen und deduktiven Denkens (z. B. durch Kopfgeometrie, Knobelaufgaben usw.) sowie feinmotorische Fähigkeiten (z. B. durch Schneiden, Falten, Bauen) gefördert. Franke spricht in diesem Zusammenhang vom Fördern „intellektueller Kompetenzen" (Franke 2007, 5).

Ein immer wieder aufgeführter Vorzug der Geometrie ist der Beitrag, den die Geometrie bei der Umwelterschließung leistet (Franke 2007; Eichler 2007; Radatz & Rickmeyer 1991; Radatz & Schipper 1996). Das Arbeiten an realen Problemen und Bereichen aus der Lebenswelt der Kinder ist hier besonders gut möglich. Die

Schüler entdecken dabei „geometrische Beziehungen, Strukturen und Ordnungen, die ihnen die Umwelterschließung mit ermöglichen" (Radatz & Schipper 1996, 114).

Speziell auf die Förderschule bezogen bietet der Geometrieunterricht weitere Chancen. Ein sehr großer Anteil der zur Förderschule gehenden Kinder stammt aus soziokulturell benachteiligten Familien. Untersuchungen von Begemann (1970) ergaben einen Anteil von 50 %, eine Untersuchung von Eggert (1997) 53,4 %. (vgl. Werning & Lütje-Klose 2006, 51 f.). Handlungserfahrungen, die sowohl für die Feinmotorik als auch für den Ausbau der visuellen Wahrnehmung wichtig sind (wie das Bauen, Legen, Falten, Schneiden und Malen), kommen bei ihnen häufig zu kurz. „Denn unterschiedliche soziokulturelle Lebensbedingungen führen zu unterschiedlichen Vorerfahrungen im mathematischen und verbalen Bereich. Und gerade diese Vorerfahrungen haben bedeutsame Auswirkungen auf Lernerfolge von Schülern" (Ingenkamp 1988, in: Werning & Lütje-Klose 2006, 50). Gerade in den Eingangsstufen sollte den Kindern, die dazu bisher weniger Gelegenheit hatten, die Möglichkeit gegeben werden, in diesem Bereich Erfahrungen zu sammeln.

Zudem kann gerade im Geometrieunterricht dem erhöhten sprachlichen Förderbedarf von Kindern, deren Muttersprache nicht Deutsch ist, eher entsprochen werden als im herkömmlichen sprachlastigen Arithmetikunterricht. Präpositionen und Relationsbegriffe können im Geometrieunterricht anschaulich erklärt und angewendet werden. Daneben sind die im vorangegangenen Kapitel erwähnten Möglichkeiten, Sprechanlässe zu bieten, Chancen für einen integrierten Sprachunterricht, von dem nicht nur Kinder mit Migrationshintergrund profitieren.

Diese theoretischen Ausführungen werden anhand der *Unterrichtseinheit zum Thema „Körper und Lagebeziehungen"*, die in einer Klasse 4 einer Förderschule durchgeführt und positiv evaluiert wurde, konkretisiert.

Diese Unterrichtseinheit soll, wie es die KMK-Standards Mathematik (2004) fordern, den Kindern ermöglichen, einfache geometrische Körper in der Umwelt wahrzunehmen, sie benennen zu lernen und aufgrund ihrer Eigenschaften unterscheiden zu können (KMK 2004, 10). Den Kindern sollen hierbei „Prototypen" der Körper vermittelt werden. Auf genaue Definitionen und „untypische" Formen der Körper soll ganz nach dem Spiralprinzip in einer höheren Jahrgangsstufe eingegangen werden. In der Kommunikation über das Handeln mit geometrischen Körpern ist die Verwendung von Lagebeziehungen notwendig. Da man oft nicht voraussetzen kann, dass dieses Wissen vorhanden ist, sollen Raumlagebeziehungen in diese Unterrichtseinheit bewusst integriert werden. Präpositionen spielen dabei, ebenso wie Beschreibungen und spezielle Termini, eine wichtige Rolle.

Die Stunden verlaufen nach einem gleichen, sich wiederholenden Schema:

In den *Einführungsstunden* wird eine Geschichte zu Fantasiefiguren, die verschiedene Körper repräsentieren, vorgelesen. Es werden immer zwei Körper pro Stunde eingeführt. In einer Stationsarbeit erkunden die Kinder die Figuren der Geschichte genauer und erfahren so Eigenschaften der Körper. Jeder Einführungsstunde folgt eine Vertiefungsstunde. Hier werden die Eigenschaften der Körper noch einmal gemeinsam besprochen. Ein Teil der Geschichte wird noch einmal wiederholt und mit

Bewegungselementen zu den Figuren verknüpft. Inhaltlich wird in einer Arbeitsphase an den Körpern und Raumlagebeziehungen gearbeitet.

Die übergeordneten Lernziele dieser Stunden sind das Erkennen und Benennen der Körper sowie das Entdecken von Körpereigenschaften.

Die nachfolgende Tabelle zeigt die einzelnen Unterrichtsstunden mit Inhalten und Zielen im Überblick:

Tab. 4: Übersicht der Unterrichtsstunden zum Thema „Körper und Lagebeziehungen"

Unterrichtsstunde	Inhalt	Ziele
Einführung Würfel und Quader	• Geschichte: „Würle und Quadi bereiten sich auf eine Reise vor" • Stationsarbeit zu Würfel und Quader	• Erkennen und Benennen von Würfel und Quader • Entdecken von Körpereigenschaften
Vertiefungsstunde 1	• Eigenschaften und Bewegungselemente zu Quader und Würfel • freies Bauen • Bewegungslied „Boogie Woogie"	• Festigung des Wissens über Körpereigenschaften • Handlungserfahrung mit Körpern durch Bauen gewinnen
Einführung Zylinder und Kegel	• Geschichte: „Würles und Quadis neue Mitbewohner" • Stationsarbeit zu Kegel und Zylinder	• Erkennen und Benennen von Kegel und Zylinder • Entdecken von Körpereigenschaften
Vertiefungsstunde 2	• Bewegungslied „Boogie Woogie" • Übung zum Einnehmen einer fremden Perspektive • Eigenschaften und Bewegungselemente zu Kegel und Zylinder	• Sicherheit beim Gebrauch von Präpositionen • Raumlagebeziehungen aus fremder Perspektive erkennen • Festigung des Wissens über Körpereigenschaften
Einführung Pyramide und Kugel	• Geschichte: „Würle und Quadi spielen im Wald" • Stationsarbeit zu Kugel und Pyramide	• Erkennen und Benennen von Würfel und Quader • Entdecken von Körpereigenschaften
Vertiefungsstunde 3	• Eigenschaften und Bewegungselemente zu Kugel und Pyramide • Beschreibungen von Körpereigenschaften dem passenden Körper zuordnen	• Festigung des Wissens über Körpereigenschaften • Erkennen von Körpern durch schriftliche Beschreibung
Vertiefungsstunde 4	• Herstellen eines Minibuchs • Spiele mit Körpern	• Sichere Unterscheidung und Benennung der Körper • Wissen über Körpereigenschaften festigen

Die Geschichte

Folgende Geschichte von „Würle Würfel und Quadi Quader" liegt dieser Einheit zugrunde:

Würle Würfel und Quadi Quader sind kindliche Figuren, die die besten Freunde sind. In der ersten Geschichte „Würle und Quadi bereiten sich auf eine Reise vor" werden die Figuren zunächst einmal in ihrer Lebenswelt vorgestellt. Inhaltlich geht es darum, dass sich beide auf eine Sommerreise vorbereiten, die sie am nächsten Tag mit anderen Kindern antreten werden. In der zweiten Geschichte „Würles und Quadis neue Mitbewohner" wird über den Abreisetag mit Abschied von den Eltern, langer Busfahrt, Zimmersuche und letztlich Zimmereinrichten erzählt. Es kommen die Figuren Zylli Zylinder und Kegu Kegel als weitere Kinder hinzu, die diese Reise mitmachen. Zunächst werden sie von den beiden Freunden nur im Bus beobachtet, später stellt sich heraus, dass sich die vier auch ein Zimmer teilen. In der letzten Geschichte „Quadi und Würle spielen im Wald" findet ein Versteckspiel mit allen Kindern im Wald statt. Würle und Quadi müssen dabei zwei Kinder suchen, deren Aussehen auf einem Zettel beschrieben steht. Hinter der Beschreibung verbergen sich am Ende Kugella Kugel und Pyra Pyramide, die die beiden beim Frühstücken bereits kennengelernt haben.

Abb. 62: Würle Würfel, Zylli Zylinder und Pyra Pyramide (Bekhiet 2007)

In den Geschichten werden grundlegende Eigenschaften der Körper Würfel, Quader, Zylinder, Kegel, Pyramide und Kugel thematisiert. Das Geschehen wird mit der dritten Geschichte nicht abgeschlossen und soll fächerübergreifend dazu genutzt werden, um weitere Geschichten von den Kindern produzieren zu lassen.

Nach jeder Geschichte arbeiten die Schüler an den im Folgenden ausgeführten Stationen, wobei sich der Schwerpunkt der Aufgabeninhalte an der jeweiligen Geschichte orientiert.

Station 1: Fühlsack
An dieser Station geht es darum, die Körper in einem Fühlsack zu erfühlen. Dazu eignen sich besonders gut verschiedene, kleine Kunststoffkörper.

Die Anforderungen werden im Verlauf der Zeit auf verschiedene Art und Weise variiert und erhöht. Dabei orientiert sich der Sachverhalt immer an den vorangegangenen Geschichten. Zum Beispiel geht es bei der ersten Stationsarbeit nur darum, Würle Würfel und Quadi Quader zu finden. In der zweiten Stationsarbeit müssen zusätzlich Kegu Kegel und Zylli Zylinder gesucht werden und in der dritten auch noch Kugella Kugel und Pyra Pyramide. Dabei muss das suchende Kind den Namen der gefühlten Figur vor dem Herausziehen sagen. Die Aufgabenstellung kann umgedreht werden, so dass ein weiteres Kind Anweisungen gibt, welche Figur als nächstes gezogen werden soll. Weiter ist es möglich, dass eine gefühlte Figur von einem Kind so beschrieben wird, dass die anderen sie erraten. Eine Differenzierung geht von den Kindern aus, indem sehr viele verschiedene Figuren, auch in mehrfacher Ausführung, zur Verfügung stehen und sie den Fühlsack vor Beginn der Aufgabe selbst bestücken können. Ziel ist es, dass die Kinder im Laufe der Einheit eine Vorstellung vom Aussehen der Figuren entwickeln, so dass ein schnelles Ertasten der Figuren möglich ist. Die taktile Wahrnehmung liefert einen wichtigen Beitrag zur Entwicklung von räumlicher Vorstellung.

Station 2: Wem gehört was?
Hier sind verschiedene Gebrauchsgegenstände Inhalt der Station. Verpackungen, Kerzen, Schachteln, Perlen, Bauklötze und andere Materialien sollen von den Schülern sortiert und den Figuren in den Geschichten zugeordnet werden. Die Anzahl der zugeordneten Dinge wird auf einem Arbeitsblatt festgehalten, auf dem noch ein weiterer Gegenstand durch „Malen nach Zahlen" einer Figur zugeordnet wird, oder mit Bauklötzen ein weiterer Gegenstand hergestellt werden soll. Der bisher weniger eingebrachte Alltagsbezug ist durch die verwendeten Materialien ein Stück weit gegeben. Um die Verpackungen und andere Gegenstände einem bestimmten Körper zuordnen zu können, muss die äußere Erscheinung, die nicht zu den charakteristischen Eigenschaften des Körpers gehören, ausgeblendet und eben die wichtigen Körpereigenschaften erkannt werden. Als Variation machen sich die Kinder auch selbst auf die Suche nach Körpern im Klassenzimmer.

Das „Malen nach Zahlen" ermöglicht es den Kindern, Schrägbildzeichnungen von Körpern herzustellen und dient am Rande auch (aufgrund der Möglichkeit des Anmalens) als „zeitlicher Puffer". Unterrichtsziel in diesem Bereich stellt der Transfer von Wissen über die Körpereigenschaften und Körperbezeichnungen auf Alltagsgegenstände dar.

Station 3: Von allen Seiten
Mit Wasserfarben werden hier Figuren bemalt und ihre verschiedenen Seiten auf ein Arbeitsblatt gedruckt. Es ist wichtig, dass die Figuren auf den Körpern aufgezeichnet sind, da sonst die Körperseiten nicht auseinandergehalten werden können, wie es auf dem Arbeitsblatt verlangt wird.

Hier beginnt die erste Arbeit an den Lagebeziehungen: Die Körper sollen von oben, unten, hinten, vorne und von den Seiten gedruckt werden. Als Variation ist auch das Verwenden der Begriffe „links" und „rechts" möglich. Was bei den Körpern Quader und Würfel für die Kinder noch vorhersehbar erscheint, ist für viele bei Kugel, Zylinder, Kegel und Pyramide eine Entdeckung.

Durch das Drucken oder Abrollen können die Flächen der Körper bestimmt und wichtige Eigenschaften erarbeitet werden.

Station 4: Kneten
An dieser Station wird mit Knete etwas für die Figuren der Geschichte oder die Figuren selbst hergestellt. Die Anweisungen variieren je nach vorangegangener Geschichte. Zunächst werden die Familien „Würfel" und „Quader" geknetet. In der zweiten Stationsarbeit werden Betten hergestellt und die Knete dazu genutzt, Abdrücke der Figuren zu machen. Bei der dritten Stationsarbeit werden alle sechs Figuren geknetet.

Als Hilfsmittel können den Kindern entweder die Bilder der Figuren dienen oder weitere Kunststoffkörper, so dass ein Formen nach Modell möglich ist. Eine weitere Hilfestellung kann das Benutzen eines Kunststoffmessers sein. Gerade Seiten und Ecken lassen sich einfacher schneiden als kneten. Die Arbeit mit Knete ermöglicht ein direktes Erfahren der Körpereigenschaften in Bezug auf die Anzahl der Seiten oder die Längenverhältnisse.

Nach den jeweigen Einführungsstunden mit Stationsarbeit folgen die dazugehörigen Vertiefungsstunden, die im Nachfolgenden beschrieben sind:

1. Vertiefungsstunde:
Ziel dieser Unterrichtsstunde ist eine Festigung des Wissens über Körpereigenschaften von Würfel und Quader. Außerdem werden spielerische Erfahrungen mit Körpern durch Bautätigkeiten von den Schülern gesammelt.

Mit Hilfe zweier exemplarischer Schülerarbeiten werden Quader und Würfel anhand ihrer Abdrücke verglichen und so die Eigenschaften von Quader und Würfel herausgearbeitet. Dabei wird auch besonders auf die Benutzung der richtigen Formbezeichnungen geachtet. Auf der Grundlage der Eigenschaftsbesprechung werden im Anschluss Bewegungselemente für die Figuren erarbeitet. Die Kinder sollen gemeinsam entscheiden, welche Bewegung für die jeweilige Figuren gemacht werden soll. Dabei ist aber folgende Vorgabe einzuhalten: die Grundfläche soll mit den Füßen (Schritte oder Drehung) und mit dem gesamten Kinderkörper die Statur der Figur beschrieben werden. Bei der Figur Würle Würfel ist eine Umsetzung zum Beispiel mit Schritten (oder Sprüngen), die ein Quadrat auf dem Boden beschreiben mit gleichzeitigem klein und dick machen (Buckel, Ellenbogen zur Seite und Unterarme nach vorne), möglich. Dagegen kann die Figur Quadi Quader von dem Körper der Kinder mit aufrechtem Gang und den Armen am Körper beschrieben werden.

Diese Bewegungseinheiten lassen die Kinder am eigenen Körper die Eigenschaften der Körper unter der Berücksichtigung von Grundfläche, Längenverhältnissen sowie Seitenbeschaffenheit (gerade oder rund) erfahren.

Beim wiederholten Vorlesen eines Teils der Geschichte können die Kinder diese Bewegungen erproben, sobald der Name der entsprechenden Figur fällt.

Die nächste Unterrichtsphase beschäftigt sich damit, dass die Kinder mit verschiedenen Bauklötzen bauen. Ein Grund für diese spielerische Aktivität, die fern vom Unterrichtsstoff erscheint, ist, dass das Bauen ein wichtiger Zugang für Kinder im Hinblick auf geometrische Körper darstellt. Beim Bauen werden beispielsweise Körpereigenschaften unbewusst genutzt. Es kann nicht vorausgesetzt werden, dass diesbezüglich bei allen Kindern Handlungserfahrungen im kindlichen Spiel vorausgegangen sind. Das gemeinsame Singen schließt die Unterrichtsstunde ab. Das Bewegungslied „Boogie Woogie" ist ein Lied, bei dem die Kinder in ihren Bewegungen ihre rechte und linke Seite unterscheiden müssen. Dabei ist zu beachten, dass Kinder, die in der Rechts-Links-Orientierung Unsicherheiten zeigten, neben der Lehrperson stehen und nicht gegenüber. So ist zunächst ein Abschauen möglich, ohne dass dabei die Perspektive gewechselt werden muss. In diesem Zusammenhang kann auch ein Gespräch angeregt werden, in dem es darum geht, wie sich andere Kinder merken, wo rechts und links ist.

2. Vertiefungsstunde
Die Kinder sollen eine Sicherheit beim Gebrauch von Präpositionen bekommen. Raum-Lage-Beziehungen sollen aus fremder Perspektive erkannt werden. Die Festigung des Wissens über Körpereigenschaften von Kegel und Zylinder stellt ein weiteres Ziel dieser Unterrichtsstunde dar.

Als Einstieg zu den Präpositionen werden die Schüler „über Umwege" vom Stehkreis an ihre Plätze geschickt: Hinter oder vor bestimmten Kindern vorbei, über Stühle drüber oder unter Tischen durch.

Um die Veränderung von Raum-Lage-Beziehungen aus verschiedenen Sichtweisen zu thematisieren, kommen zwei Schüler nach vorne. Zu den Variationen nebeneinander und hintereinander stehend sowie Gesicht oder Rücken zur Klasse, werden die Klasse und die vorne stehenden Kinder befragt: Wer steht vorne/hinten/links/rechts?

Wichtig ist, dass die Lehrperson in diesem Zusammenhang noch einmal das Problem verbalisiert: Wo jemand steht, ist davon abhängig, wer der Betrachter ist.

Die Schüler bearbeiten Aufgabenblätter, bei denen sie eine fremde Perspektive einnehmen und zuordnen müssen, was sich links, rechts, vor, hinter oder über ihnen befindet.

Bei dieser Stunde bildet das Thematisieren von Eigenschaften und Vorlesen eines Teils der Geschichte den Abschluss. Bei den Bewegungselementen können die Grundfläche der Figuren Kegu Kegel und Zylli Zylinder von den Kindern mit einer Drehbewegung (Füße schulterbreit auseinander) beschrieben werden. Die weiteren Eigenschaften der Figuren können mit den Händen gezeigt werden: Beispielsweise können die Hände bei Kegu Kegel über dem Kopf eine Spitze beschreiben und bei Zylli Zylinder werden die ausgestreckten Arme an den Händen zusammengenommen.

3. Vertiefungsstunde
Die Kinder sollen anhand von schriftlichen Beschreibungen Körper erkennen und Raum-Lage-Beziehungen von einer schriftlichen Beschreibung in eine bildliche Darstellung umsetzen können. Eine Festigung des Wissens über Körpereigenschaften von Kugel und Pyramide stellt ein weiteres Ziel dar.

Wie in den vorangegangenen Vertiefungsstunden werden im Anschluss an die Erarbeitung der Körpereigenschaften von Kugel und Pyramide neue und alte Bewegungselemente in einem Teil der dritten Geschichte eingebracht. Danach werden die Kinder einzeln an ihre Plätze zurückgeschickt. Dabei müssen sie sich in einer Beschreibung der Lehrperson erkennen.

Das Beschreiben der Kinder bietet einen Einstieg zur nachfolgenden Arbeitsphase, in der sie Beschreibungen von Figuren den jeweiligen Figuren zuordnen sollen.

4. Vertiefungsstunde
Ziel dieser Stunde ist eine sichere Unterscheidung und Benennung der Körper Würfel, Quader, Zylinder, Kegel, Pyramide und Kugel. Außerdem soll das Wissen über Körpereigenschaften von diesen Körpern gefestigt werden.

In Form einer Stationsarbeit werden in unterschiedlichen Aktivitäten alle verschiedenen Körper eingebunden. Zunächst werden alle Stationen gemeinsam besprochen. Danach werden Gruppen eingeteilt und im Wechsel von 15 Minuten die Stationen durchlaufen.

Die Stationsarbeit beinhaltet vier Stationen:

Station 1: Das Mini-Buch
In dieser Station wird ein kleines Faltbuch über die verschiedenen Figuren anhand einer Anleitung erstellt. Um den Faltvorgang zu erleichtern, befinden sich auf der Rückseite Zahlen, die aufzeigen, welche Seiten in welcher Reihenfolge aufeinander geklebt werden.

Station 2: „Wie viele ..."
Hier muss das Mini-Buch bearbeitet werden. Es sollen zu den einzelnen Figuren die Anzahlen der Flächen, Ecken/Spitzen und Kanten aufgeschrieben werden. Als Hilfsmittel stehen den Kindern wieder kleine Figuren zur Verfügung. Diese können noch zusätzlich in verschiedenen Farben die Ecken und Kanten hervorgehoben haben.

Station 3: Geheimzeichen
Diese Station stellt ein Spiel dar, in dem Körper in Handzeichen übersetzt werden. Jedes Kind bekommt eine gewisse Anzahl verschiedener Körper und eine Anleitung für die „Übersetzung". Ein Kind aus der Gruppe bekommt eine Schachtel, in die es ungesehen von den anderen Kindern eine Auswahl an Körpern nebeneinanderlegt. Diese Körper werden vom Kind nun in Form von Handzeichen (in die Hände klatschen, mit der flachen Hand oder der Faust auf den Tisch schlagen) an die anderen weitergegeben. Die anderen müssen versuchen, die erkannten Körper der Reihenfolge nach vor sich auf den Tisch zu legen. Nachdem die Handzeichen mit den Körpern in der Schachtel verglichen wurden, kommt das nächste Kind an die Reihe. Die Körper werden bei dieser Übung bewusst von den Kindern unterschieden.

Station 4: Die Fünf packt zu
Diese Station ist eine Umgestaltung des Spiels „Halli Galli". Anstelle von Karten mit Früchten gibt es hier Karten mit den verschiedenen Figuren. Die Figuren sind bis zu fünf Mal auf einer Karte. Alle Karten werden unter den Kindern aufgeteilt. In

der Mitte des Tischs liegen die sechs verschiedenen Körper aus Holz oder Kunststoff. Nacheinander legen die Kinder vor sich auf ihren eigenen Stapel Karten ab, wobei immer nur die oberste zählt. Sind von einer Figur fünf Bilder auf einer oder auf verschiedenen Karten zu sehen, muss der Körper, der zu dieser Figur gehört, ergriffen und benannt werden. Das Kind, dem das gelingt, darf sich alle bisher abgelegten Karten nehmen. Kann das Kind den Namen des Körpers nicht gleich sagen, darf es nur seine eigenen abgelegten Karten, nicht jedoch die der anderen Mitspieler wieder aufnehmen. Wer keine Karte mehr auf der Hand hat, scheidet aus.

Spielerisch werden hier die Körper bewusst unterschieden und benannt.

Evaluation der Unterrichtseinheit durch den Test „Sich im Raum orientieren"
Die Evaluation der beschriebenen Unterrichtseinheit erfolgte anhand eines von der Autorin selbst entwickelten Gruppentests. Dieser beinhaltet sechs Aufgaben mit jeweils zwei bis vier Teilaufgaben. Zwei geometrischen Figuren „Geo" und „Metrie" führen die Kinder durch die verschiedenen Aufgaben und stellen einen übergeordneten Bezug zum Inhalt her.

Zu den verschiedenen Erhebungszeitpunkten wird die Reihenfolge der Testaufgaben variiert, um eine leichte Verfremdung zum vorangegangenen Test zu erreichen. Die schriftlichen Anweisungen der Testaufgaben beschränken sich auf ein Minimum, um schwache Leser nicht zu überfordern. Daher ist die mündliche Erklärung jeder Aufgabe notwendig.

Inhaltlich orientiert sich der Test an den „Bildungsstandards im Fach Mathematik für den Primarbereich" der KMK (2004) und an den in dem Kapitel „Raum und Form" beschriebenen Inhalten im Bereich „Sich im Raum orientieren".

Die folgende Tabelle stellt die Kompetenzbereiche mit den Aufgaben, die diesen Bereich überprüfen sollen, im Überblick dar:

Tab. 5: Bildungsstandards und Testaufgaben im Überblick (Bekhiet 2007)

Auszug aus den Bildungsstandards „Sich im Raum orientieren"	Teilbereich des Tests
„Über räumliches Vorstellungsvermögen verfügen" (Teilkomponenten) • Körperwahrnehmung • räumliche Beziehungen • Veranschaulichung • räumliche Orientierung	 Wasserglas & Hand Hände gelochtes Blatt & Würfelnetze Fenster
„räumliche Beziehungen erkennen, beschreiben und nutzen" (Anordnungen, Wege, Pläne, Ansichten)	Hände Lochkarten
„zwei- und dreidimensionale Darstellungen von Bauwerken (z. B. Würfelgebäuden) **zuinander in Beziehung setzen"** (nach Vorlage bauen, zu Bauten Baupläne erstellen, Kantenmodelle und Netze untersuchen)	Würfelnetze Bauplan

Bei der Wahl der Testaufgaben wurde darauf geachtet, dass Fähigkeits- und Inhaltsbereiche überprüft werden, die in den Unterrichtseinheiten nicht explizit besprochen werden.

Die einzelnen Testaufgaben wurden von anderen Testverfahren mit Illustration oder nur in Form der Aufgabenidee übernommen. Im Nachfolgenden sollen die Testaufgaben kurz beschrieben werden:

Aufgabe 1: Wasserglas
Diese Aufgabe entstand in Anlehnung an eine Untersuchung von Piaget, in der es um die Erkennung der Horizontalen geht. In der Untersuchung bekommt das Kind zwei Gefäße, eins mit parallelen Seiten und ein bauchiges. Beide sind bis zur Hälfte mit blauer Flüssigkeit gefüllt. Das Kind soll voraussagen, welche Stellung das Wasser in den Gefäßen einnimmt, wenn man dieses neigt. Zusätzlich soll das Kind die Stellung des Wassers mit der Hand anzeigen, dann in einer Zeichnung diese Stellung und den Tisch, auf dem das Gefäß steht, einzeichnen (Piaget 1975, 249 ff.). Nach Piaget wird im Alter von 5–8 Jahren die Beziehung der Senkrechten erfasst, aber noch nicht auf das allgemeine Bezugsschema ausgerichtet. Kinder in diesem Alter malen die Flüssigkeit parallel zur Grundlinie des Glases. Ab 7 Jahren beginnen die Kinder, sich von der Orientierung am Glasboden zu lösen und die Wasserlinie am allgemeinen Bezugssystem zu orientieren.

Dabei geht es, wie auch in dieser Testaufgabe, um die Erfassung räumlicher Beziehungen in Bezug auf den eigenen Körper. Dieser Bereich ist dadurch begründet, dass die Kinder die Horizontale und Vertikale durch ihren eigenen Körper erfahren.

Abb. 63: Ausschnitt aus Testaufgabe „Wasserglas" (Bekhiet 2007)

In der Testaufgabe ist eine Bilderfolge abgebildet, in der die Figur Metrie aus einem Glas trinkt. Die Kinder sind hier aufgefordert, in das Glas eine Wasserlinie einzuzeichnen, die, wenn sie richtig eingezeichnet wurde, orthogonal zur Körperachse der Figur verläuft.

Aufgabe 2: Fenster
Bei dieser Aufgabe sind zwei Räume mit jeweils drei Fenstern zu sehen. Der Raum ist von der Betrachterseite her offen und so einzusehen. In der Mitte des einen Raums steht ein Stuhl, in der Mitte des anderen steht Geo. Unter dem Raum ist Geo bzw. der Stuhl aus verschiedenen Ansichten abgebildet. Diese entsprechen dem Bild, das ein Beobachter bekommt, wenn er durch eines der Fenster blickt. Die Kinder sollen unter den Bildern angeben, um welches Fenster es sich dabei handelt.

Die Idee für diese Aufgabe sind u. a. dem Projekt „DORF – Raumvorstellungen verbessern" der Universität Münster entnommen (Meißner 2006).

Abb. 64: Ausschnitt aus Testaufgabe „Fenster" (Bekhiet 2007)

Aufgabe 3: Würfelnetz
Das Würfelnetz ist ein zentraler Lerngegenstand und Inhalt des Geometrieunterrichts. Bei dieser Testaufgabe ist die Verwendung einer Veranschaulichung in Form eines zusammenklappbaren Netzes sinnvoll.

In der Aufgabe ist auf der einen Seite ein offenes Würfelnetz abgebildet, auf deren Würfelseiten verschiedene Symbole dargestellt sind. Auf der Nachbarseite sind vier Würfel in Schrägbildansicht zu sehen, die aus diesem Netz gefaltet sind. Jeweils auf der vorderen Würfelseite fehlt ein Symbol, während zwei anliegende Seiten mit Symbolen zu sehen sind. Die Aufgabe der Schüler besteht darin, auf die leere Seite das fehlende Symbol zu zeichnen.

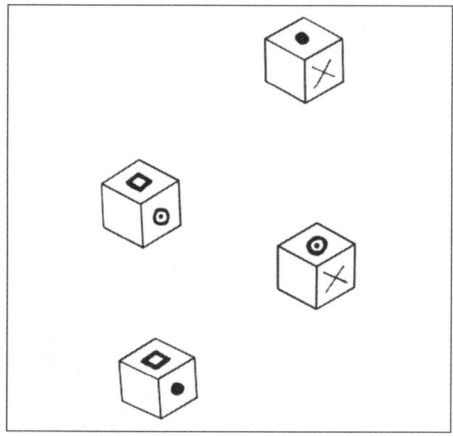

Abb. 65: Ausschnitt aus Testaufgabe „Würfelnetz" (Bekhiet 2007)

Die Idee dieser Aufgabe ist ebenfalls dem Testmaterial des Forschungsprojektes „DORF" entnommen (Meißner 2006). Zielsetzung dieser Aufgabe ist es, die Fähigkeiten im Bereich „Veranschaulichung" zu überprüfen. Außerdem soll auch der Kompetenzbereich „zwei- und dreidimensionale Darstellungen […] zueinander in Beziehung setzen" mit dieser Aufgabe erfasst werden (KMK 2004, 10).

Die oben beschriebene Unterrichtseinheit „Körper und Lagebeziehungen" wurde mit einer weiteren Unterrichtseinheit „Muster und Parkettierungen mit ebenen geometrischen Formen" an einer 4. Klasse einer Förder- bzw. Lernbehindertenschule durchgeführt und mit dem beschriebenen Test positiv evaluiert. Die Ergebnisse zeigen, dass sich ein Großteil der Kinder in fast allen Bereichen in dieser Zeit deutlich verbessern konnte. Diese Verbesserung legt die Vermutung nahe, dass mit den Unterrichtseinheiten der Kompetenzbereich „Sich im Raum orientieren" gefördert werden kann.

6.2 Didaktische Implikationen einer Alltagsorientierung

Gerade im Mathematikunterricht wird die Bedeutung des Faktors „subjektive Bedeutsamkeit" für den Erfolg von Lehr- und Lernprozessen deutlich. Vielen sind sicher aus der eigenen Schulzeit noch Aufgabenstellungen zum Thema lineare Gleichungen, vollständige Induktionen, Beweise usw. in mehr oder weniger angenehmer

Erinnerung, deren Sinnhaftigkeit sich auch nach mehrfachen Erklärungen durch die Fachlehrer häufig nicht erschloss.

Ein Schüler einer 3. Grundschulklasse wurde mit folgender Aufgabenstellung konfrontiert: „Stell dir vor, du kannst diese 50 Maoams (sie lagen dem Schüler in der handelsüblichen Verpackung vor) an deine besten Freunde Peter, Johannes und deinen Volleyballtrainer verteilen." Er antwortete: „Ich will die aber gar nicht verteilen, sondern alles selbst essen, und außerdem ist der Peter gar nicht mein bester Freund." Diese fast leidenschaftlich hervorgebrachte Antwort verdeutlicht, dass noch bevor Rechenstrategien und fachspezifisches Wissen im Sinne einer selbstständigen Lösungsstrategie eingesetzt werden, für Kinder der Sinnzusammenhang, der dargestellte Kontext, nachvollziehbar und bedeutsam sein muss.

An diesem Punkt setzt die Argumentation zum Faktor „Alltagsrelevanz" bzw. subjektive Bedeutsamkeit an. Alltagsrelevanz erfasst die bei Menschen routinierten Abläufe im Tages- und jahreszeitlichen Rhythmus. Unser Alltag ist geprägt von sich wiederholenden Mustern innerhalb unserer Arbeit, unserer Freizeit. Zeitliche Abfolgen und Handlungsmuster sind in unserem Leben routinierte und selbstverständliche Abläufe. „Alltag lässt sich verstehen als ein Ensemble oder eine Sequenz wiederkehrender Situationen – Aufstehen, Frühstücken, Zur-Arbeit-gehen oder Zur-Schule-fahren" (Schulze 1996, 75).

Aber auch die Flexibilität, auf Unvorhergesehenes adäquat reagieren zu können, gehört zur Bewältigung des Alltags, d. h. unbekannte, unerwartete Probleme sind zu lösen. Bereiche unserer Alltagskultur sind u. a. die Zeit, die Familie, Feste und Feiern, Kindheit, Spiel und Freizeit, Kochen, Essen und Trinken, Fragen der Körper- und Wohnungspflege, Einkaufen, Umgang mit Schrift sowie mit medialen Angeboten.

Aus diesen routinierten Handlungsabläufen resultieren viele unserer mathematischen Vorerfahrungen bezüglich Mengen, Größen, Zahlen und Ziffern, Raum und Zeit.

Entwicklungs- und lernpsychologische Ansätze legen nahe, bei der Planung von Lernprozessen an den durch den Alltag der Schüler erworbenen Vorerfahrungen anzuknüpfen, diese zu thematisieren, mathematisch zu strukturieren und zu analysieren. Den Alltag im Unterricht zu berücksichtigen ist demnach sowohl eine Inhalts- als auch eine Zieldimension. Die zu bearbeitenden Themen sollen aus dem Alltag der Schüler stammen und ihnen ein spezifisches Handlungs- und Orientierungswissen vermitteln, das für die Alltagsbewältigung notwendig ist.

Unter Einbeziehung der subjektiven Erfahrungen aus dem Alltag der Schüler sollen weiterführende, ausdifferenzierende Handlungsmechanismen sowie Bewältigungsstrategien entwickelt werden, die die Schüler befähigen, gegenwärtig und zukünftig ihren Alltag zu bewältigen.

Diesen Punkt analysierten Stern & Hasemann (2003) in ihrem Unterrichtsversuchen zum Lösen von Textaufgaben und dem dazu notwendigen mathematischen Verständnis. Schwächere Schüler zeigen eben deshalb schlechtere Leistungen, weil sie Probleme in der Ablösung von konkreten Situationen und dem Herstellen von Beziehungen zwischen Mengen und Zahlen haben. Diese unterschiedliche Wahrnehmung mathematischer Objekte, d. h. die Rekonstruktion und Abstraktion mathematischer Strukturen aus konkreten Objekten und Situationen, charakterisieren qualitative Unterschiede im mathematischen Denken (Hasemann & Stern 2003, 3). Noch bevor Aufgaben auf ihre rechnerisch-technischen Anforderungen analysiert werden, muss zunächst geklärt werden, was sich die Kinder unter der vorgegebenen Situation vorstellen, inwieweit sie mathematische Strukturen darin erkennen und inwieweit dort tatsächlich Rechenaufgaben enthalten sind.

Ein ca. zwölfstündiges alltagsnahes Trainingsprogramm zum Vorgehen vom „Konkreten zum Abstrakten" zeigte, dass Kinder danach durchaus in der Lage waren, selbst Rechengeschichten zu erfinden und vorgegebene mathematische Aufgabenstrukturen auch inhaltlich zu verändern (Hasemann & Stern 2003). Dieses Trainingsprogramm zeigte bei lernschwachen Kindern eindeutig den geringsten Erfolg, während ein Trainingsprogramm auf der abstrakt-symbolischen Ebene in dieser Untersuchungsgruppe den größten Leistungszuwachs bewirkte.

Diese Ergebnisse geben aber nicht automatisch einem formalen Training gerade für lernschwache Schüler den Vorzug. Im Gegenteil, gerade, wenn Kinder diese Zusammenhänge zwischen lebensweltlich konkret und allmählich formal-abstrahierend nicht allein finden, sind in diesem Bereich besondere didaktisch-methodische Anregungen notwendig. Nicht das Training der formal-abstrakten Rechenfertigkeiten, sondern die Anbahnung des Verstehens des komplexen und hoch komprimierten, formal-abstrakten Zeichensystems ist zu thematisieren. Diese Zusammenhänge können beispielsweise durch offene Aufgabenformen gefördert werden wie:

- Rechengeschichten erfinden
- Geschichten zu Bildergeschichten erzählen und Rechenaufgaben finden
- Rechenmauern lösen
- Alltagssituationen wie Einkaufen, Tisch decken oder Frühstück vorbereiten mathematisch entdecken
- Spiele wie „Mensch ärgere dich nicht", „Räuber und Goldschatz", „Kniffel", „Elfer raus".

Eine pädagogische sowie didaktisch-methodische Orientierung am Alltag ist nicht spannungsfrei. Dennoch versucht gerade eine Pädagogik für benachteiligte Kinder und Jugendliche, wie sich die Lernbehindertenpädagogik versteht, nicht nur ihren gegenwärtigen Alltag zu thematisieren, sondern darüber hinaus auch Alternativen zu ihrer gegenwärtigen Lebenssituation aufzuzeigen und ihnen entsprechende Kompetenzen zu vermitteln.

Gerade Schüler der Förderschule sind in doppelter Hinsicht benachteiligt: Die Benachteiligung resultiert aus ihrer erschwerten Lern- und Lebenssituation. Darüber hinaus sind sie am stärksten von den strukturellen Änderungen auf dem Arbeitsmarkt betroffen.

Die Kluft zwischen dem klassischen Schulunterricht und der Lebens- und Berufswirklichkeit wird nicht nur im allgemeinbildenden Bereich immer stärker. Grundlegende berufs- und lebenspraktisch relevante Kompetenzen sowohl in Fähigkeits- als auch Sozialbereichen fehlen. Sie werden durch die Schule nicht mehr vermittelt.

Die Industrie- und Handelskammer (IHK) Düsseldorf stellt in einer Studie im Jahr 2006 erhebliche Defizite bei Schulabgängern in folgenden Bereichen fest:

- Mündliche und schriftliche Ausdrucksfähigkeit
- Elementare Rechenfertigkeiten
- Leistungsbereitschaft und Motivation
- Disziplin, Belastbarkeit, Umgangsformen, Interesse und Aufgeschlossenheit (Stöpel 2007, 92)

Diese Befunde machen deutlich, dass es gerade in der Vermittlung der Kulturtechniken in der Schule einen erheblichen Reformbedarf gibt. Die Schule muss sich stärker den tatsächlichen mathematischen Anforderungen im Alltag und Beruf ihrer Schüler widmen, um flexibles, anwendbares Wissen zu vermitteln.

Burgert (2001) griff unter diesen Umständen als Orientierung an den Schlüsselkompetenzen acht wichtige Alltagsbereiche für den Unterricht in der Schule für Lernbehinderte auf:

1. Einblicke und Zugänge in das Beschäftigungssystem
2. Anregungen für den Umgang mit eigenen, meist begrenzten finanziellen Verhältnissen sowie die Möglichkeiten der Inanspruchnahme staatlicher Unterstützung
3. Fragen der Wohnungssuche und -unterhaltung
4. Aufbau förderlicher und zuverlässiger sozialer Beziehungen
5. Bewusstmachen der Rolle der eigenen Gesundheit einschließlich der Ernährungsgewohnheiten, gesundheitsgefährdende Risikofaktoren wie Drogen und Alkohol
6. Entwicklung eines Zeitmanagements
7. Kompetenzen eines Alltagsmanagements für eine sinnvolle Strukturierung des Alltags z. B. zwischen Arbeit und Freizeit
8. Erörterungen bezüglich der Grenzen legalen Verhaltens in einem Rechtsstaat.

Hiller empfiehlt in seiner Konzeption einer „realitätsnahen Schule" (1989; 2007) alltagsrelevante Themen wie Ausbildung, Freizeit, Finanzen usw. auch mathematisch zu analysieren. So sollen die Schüler sich über das mögliche Einkommen bestimmter Berufsgruppen informieren. Anhand dieser Daten werden die Begriffe „brutto" und „netto" eingeführt. Gekoppelt mit den eigenen Bedürfnissen (z. B. für den Freizeitbereich, Kosten für Wohnung und Nahrungsmittel) wird ein möglicher Haushalts- bzw. Finanzplan erstellt. Die rechnerischen Fähigkeiten wie Differenzen zwischen dem möglichen Einkommen und den eigenen Ansprüchen erfüllen hier keinen Selbstzweck, sondern dienen der Vermittlung lebenspraktischer Kompetenzen. Mathematik wird dadurch im Alltag zum Hilfsmittel um alltägliche Probleme (wie z. B. die Kosten für den Freizeitbereich, Planungen für langfristige Anschaffungen wie Moped usw.) zu bewältigen. Eine solche Mathematisierung des Alltags beinhaltet neben mathematischen Aspekten eine realitätsnahe Konfrontation mit beruflichen und sozialen Fragen des Lebens nach der Schule. Darüber hinaus muss sich der Mathematikunterricht gerade in den höheren Klassenstufen zunehmend mehr auf die berufliche Vorbereitung konzentrieren.

Die methodischen Ideen von Wemmer konkretisieren dies, indem sich die Schüler z. B. mittels Lesen von Zeitungsannoncen über mögliche Preisunterschiede beim Einkauf auch gebrauchter Möbel und Haushaltswaren informieren können.

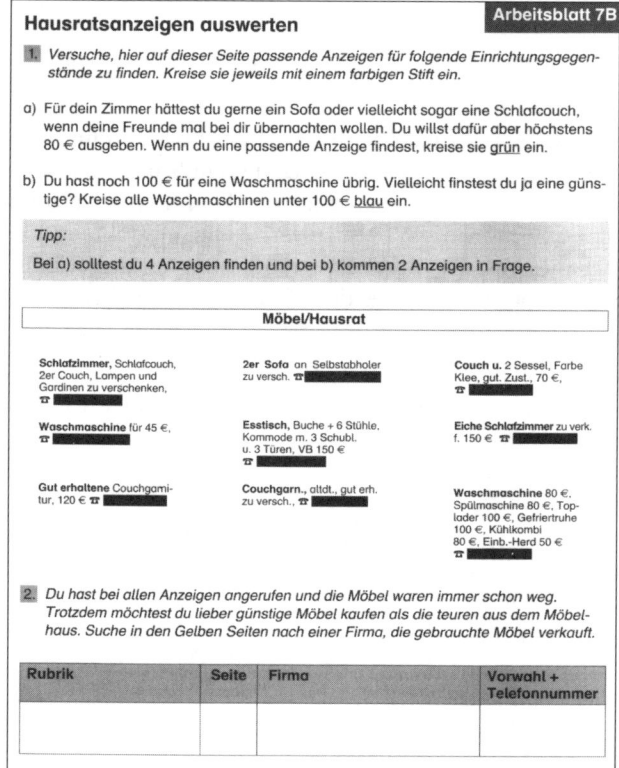

Abb. 66: Nutzung Zeitungsinserate (Wemmer 2008, 57)

6.3 Faktoren einer erfolgreichen Mathematikförderung

Was wissen wir über erfolgreichen Mathematikunterricht? Die Komplexität kommunikativer Prozesse scheint die Beantwortung der Frage nach den Bedingungsfaktoren für erfolgreichen Mathematikunterricht scheinbar unmöglich zu machen. Die Vielzahl der beteiligten Faktoren innerhalb der Trias Aneignungs-, Vermittlungs- und Sachstruktur sowie deren Wechselwirkungen erlauben es nicht mehr, lineare Denkweisen über erfolgreichen Unterricht aufrechtzuerhalten. Der Erfolg des Unterrichts lässt sich nicht an einzelnen Faktoren, wie Schulbuch, Schülervoraussetzungen oder didaktischen Konzeptionen zurückführen. Ricken & Schuck (in Vorb.)

sprechen davon, dass es kein deterministisches Verhältnis zwischen Lehrerverhaltensweisen und äußeren Bedingungen zur Erklärung wie der Varianz von Schulleistungen gibt. In unterschiedlichen multifaktoriellen Modellen und empirischen Untersuchungen werden schulische Variablen wie Unterrichtsqualität, Lehrermerkmale und Schulklima, familiäre Faktoren wie Bildungsnähe, Schulabschlüsse und Erwartungen der Eltern sowie individuelle Variablen wie Motivation, Intelligenz, Vorwissen und aufgewendete Lernzeit zur Klärung der Schulleistungsunterschiede herangezogen. Für Schüler mit Lernbeeinträchtigungen bzw. -störungen liegen kaum Studien vor, die diese multiplen Determiniertheiten empirisch und in deren Entwicklungsverlauf exakt erfassen. Befunde zur Bedeutung einzelner Variablen, wie die kognitiven und metakognitiven Besonderheiten der Handlungsregulation oder einschränkende soziale Bedingungen, sind als Risiko für die Entwicklung von Lernbeeinträchtigungen bekannt. Im Vergleich zu leistungsstarken zeigt sich für lernschwache Kinder eine erhöhte Belastung durch eine Kumulation von individuellen und sozial ungünstigen Bedingungen (Kurth & Streibhardt 1998). Wie aber Risikofaktoren und deren Kumulation im Einzelfall wirken, ist retrospektiv zwar erklärbar, aber kaum vorhersehbar.

Es gibt demnach keine eindeutige Präferenz einzelner Unterrichtsmethoden, -konzepte, -merkmale und der Unterrichtsqualität. Aus einer Analyse der bisherigen Forschung zur Unterrichtsqualität leiten sich drei Merkmalsgruppen ab, mit denen sich erfolgreicher Unterricht beschreiben lässt:

1. Instruktion und Klassenführung (klare, strukturierte und gut organisierte Instruktion)
2. Schülerorientierung (auf individuelle Lernpotenziale und Bedürfnisse der einzelnen Schüler eingehen)
3. Kognitive Aktivierung (Komplexität der Aufgabenstellungen und Argumentationen auf der einen und hohe Intensität des fachlichen Lernens auf der anderen Seite (Ditton 2006, 240; Helmke & Schrader 2007, 531).

Diese voneinander unabhängigen Variablen reduzieren die Vielfalt vorfindbarer Unterrichtsmerkmale auf ein Minimum. Sie lassen sich daher als allgemeine Orientierung nutzen. Für eine Bewertung didaktischer Konzeptionen bzw. konkreter Unterrichtsabläufe erweisen sie sich jedoch als weniger geeignet. Diese drei Kategorien lassen einer Operationalisierung, d.h. in der konkreten Anwendung zur Analyse von Unterricht, sehr viel, ja sogar zu viel interpretativen Spielraum.

Besser handhabbar erscheinen daher die folgenden Merkmale einer guten Unterrichtsqualität nach Helmke (2006). Auch wenn die einzelnen Bereiche konzeptuell Überschneidungen aufweisen, hat dennoch jedes dieser Merkmale seine spezifischen Eigenschaften, so dass diese Aufgliederung praktikabler erscheint:

- Effiziente Klassenführung und Zeitnutzung
- Lernförderliches Unterrichtsklima
- Vielfältige Motivierung
- Strukturiertheit und Klarheit

- Wirkungs- und Kompetenzorientierung
- Schülerorientierung und -unterstützung
- Förderung aktiven selbstständigen Lernens
- Variation von Aufgaben, Methoden und Sozialformen
- Konsolidierung, Sicherung und intelligentes Üben
- Passung, d. h. sensibler Umgang mit heterogenen Lernvoraussetzungen

Dieses Moment der „Passung" ist nach Helmke (2006, 45) das Schlüsselmerkmal guten Unterrichts. Das Merkmal erfasst die „Variationen der fachlichen und überfachlichen Inhalte, Anpassung der Schwierigkeiten und des Tempos an die jeweilige Lernsituationen und die Lernvoraussetzungen der Schüler/Gruppen, sensiblen Umgang mit heterogenen Lernvoraussetzungen und Schülermerkmalen, besonders im Hinblick auf Unterschiede im sozialen, kulturellen Hintergrund sowie Voraussetzungen für das Leistungsniveau" (Helmke 2006, 45). Es sichert die Grundlage für die notwendige Individualisierung und Differenzierung des Unterrichts. Damit wird die normale Passung nicht nur zu einem Planungs- und Gestaltungsprinzip, sondern darüber hinaus zu einem Meta- und Evaluationsprinzip. Passung, d. h. der gelungene Umgang mit Heterogenität, wird zum Gütekriterium für alle Lehr- und Lernprozesse (vgl. auch Kapitel 2).

Dennoch ist das Wissen um die Wirksamkeit einzelner Faktoren, die den Unterricht beeinflussen können, ein wichtiger Reflexionshintergrund für die Gestaltung des Unterrichts selbst.

Zunächst einige Gedanken zu der Frage selbst, was erfolgreicher Mathematikunterricht bedeutet. In lernzielorientierten didaktischen Konzeptionen gilt Mathematikunterricht dann als erfolgreich, wenn die Schüler in einem definierten Zeitraum die in den Lehrplänen festgeschriebenen mathematischen Inhalte auf einem definierten Niveau erlernt hatten. Dieser Wissenserwerb wird anhand curricular orientierter Leistungsüberprüfungen festgestellt und entsprechende Übereinstimmungen bzw. Abweichungen durch die Notengebung dokumentiert. Je höher der Grad des individuellen Leistungsvermögens mit den curricularen Normen ist, desto besser fällt die individuelle Leistungsbewertung aus. In dieser Form der Leistungsbewertung steht das – überwiegend auf formal abstrakter Ebene erhobene – Ergebnis im Vordergrund. Fragen der individuellen Lern- und Lösungswege der Schüler finden keine Berücksichtigung.

Guter Unterricht im systemisch-konstruktivistischen Sinne stellt stärker die individuellen Lern- und Leistungsmöglichkeiten in den Vordergrund. Unterrichtsgeschehen gilt dann als gelungen, wenn die Situation es jedem einzelnen Schüler ermöglicht, sich auf der Basis seiner individuellen Lern- und Leistungsmöglichkeiten den jeweiligen (mathematischen) Sachverhalten zu nähern. In der Bewertung spielen dann die Lern- und Lösungsversuche eine ebenso wichtige Rolle wie die konventionell erforderlichen, formalen Ergebnisse. Diese Qualität von Unterricht definiert sich eben nur über die Qualität der unterrichtlichen Situation selbst.

Auch wenn sich keine isolierbaren notwendigen und hinreichenden Bedingungen für einen guten Unterricht herausfiltern lassen, seien im Folgenden einige ausgewählte Faktoren vorgestellt, die sich empirisch als relevant für den Mathematikunterricht herausstellen.

6.3.1 Vorwissen

„Die individuellen Lernpotenziale werden in unseren Schulen noch keineswegs optimal ausgeschöpft. Dies gilt sowohl für Hochbegabte als auch für begabungsschwächere Schüler" (Weinert 2000, 363).

Betrachtet man Lernen als Prozess der Integration neuer Informationen in bereits bestehende Wissensstrukturen, wird deutlich, wie wichtig Vorwissen für einen erfolgreichen Lernprozess ist. „Vorwissen als Spezifizierung des Wissensbegriffs insgesamt bezeichnet den Wissensstand vor und nach einer Lernaktivität bzw. einer Intervention z. B. durch die Lehrkraft, den Unterricht" (Krause & Stark 2006, 38). Das Vorwissen ist eine Lernvoraussetzung und umfasst das gesamte Wissen, das einer Person vor der Bearbeitung einer Aufgabe zur Verfügung steht. Es ist dynamisch, strukturiert, liegt in unterschiedlichen Formen vor, ist zum Teil explizit und zum Teil implizit und umfasst konzeptuelle und metakognitive Komponenten (Krause & Stark 2006, 38). Entscheidend für die didaktische Diskussion ist hierbei, dass es domänenspezifisches und domänenübergreifendes Wissen gibt. Lernen erfolgt deutlich domänenspezifischer als bislang angenommen wurde, d. h. der Erfolg des Lernens ist besonders stark von Vorwissen abhängig.

Die Vorwissensaktivierung ist der Abruf gespeicherter Informationen aus dem Langzeitgedächtnis und das Bereithalten dieser Information im Arbeitsgedächtnis (Krause & Stark 2006, 41). Damit neue Inhalte verstanden, behalten und angewendet werden können, müssen diese neuen Informationen mit dem vorhandenen Wissen verknüpft werden.

Als effektiv für die Vorwissensaktivierung haben sich folgende Strategien und Methoden herausgestellt:

- Offene Formen: Brainstorming, Mindmapping, Erfahrungsberichte, Fragen, Beispiele, Erklärungen, Hypothesen
- Fokussierte Strategien: Kognitive Vorstrukturierung, Oberbegriffe vorgeben, Fragen stellen, Beispiele und Falldarstellungen, Analogien
- Vorwissensaktivierung durch Problemorientierung und soziale Interaktion: authentische Kontexte und Problemstellungen, kooperative Lernformen, Auseinandersetzung mit multiplen Perspektiven (Krause & Stark 2006, 44 f.)

Jede Aufgabenstellung im Mathematikunterricht muss daher darauf geprüft werden, ob jeder Schüler bei dieser konkreten Instruktion die Möglichkeit hat, an sein Vorwissen anzuknüpfen, seine vorhandenen Strategien und sein Wissen einzusetzen. Erst dann kann diese Aufgabenstellung einen kognitiven Konflikt im Schüler hervorrufen und ihn zu einer kognitiv intensiveren Auseinandersetzung mit dem Sachverhalt anregen.

6.3.2 Kognitive Vorläuferfertigkeiten

Trotz der vorangegangenen Betonung des fachspezifischen Vorwissens, der mathematischen Vorläuferfertigkeiten, gibt es vermehrt Hinweise auf die Bedeutung fachunspezifischer Vorläuferfertigkeiten sowie unterstützender kognitiver Funktionen. Zu diesen zählen die Intelligenzleistung, das (Arbeits-)Gedächtnis sowie die Konzentrationsfähigkeit.

Intelligenz

Ebenso wie in der Diskussion um die Ursachen der Dyskalkulie spielt die Frage nach dem Einfluss der Intelligenz des einzelnen Schülers auf die Mathematikleistung bis heute eine große Rolle. Ihrer Rolle wird unterschiedlich großer Einfluss zugeschrieben. Schwenck & Schneider fanden sowohl bei Kindern mit einer Legasthenie als auch bei Kindern mit einer Dyskalkulie geringere durchschnittliche Intelligenzleistungen als in den Vergleichsgruppen ohne Lernstörungen (Schwenck & Schneider 2003, 262). Der Faktor Intelligenz hat demnach mittelbaren Einfluss auf den Erwerb von Schulleistungen. Schülern mit höheren allgemeinen kognitiven Leistungspotenzialen fällt der Erwerb spezifischen Wissens leichter als anderen.

Die Untersuchungen von Stern (2004) und Stern & Neubauer (2007) relativieren den Einfluss der Intelligenz auf die Mathematikleistung. Sie stellten in mehreren eigenen und in Rückgriff auf zahlreiche ähnlich gelagerte Untersuchungen zur Wirksamkeit einzelner Faktoren auf den Unterricht fest, dass Intelligenz eben nicht der entscheidende Faktor für den Erwerb mathematischer Kompetenzen ist. Erfolgreiches Lernen hängt nur indirekt von der Intelligenz ab: Entscheidender ist für beide Bereiche das (fachspezifische) Vorwissen. Intelligenz kann dabei lediglich den Erwerb und den Abruf der notwendigen Wissensbasis steuern, dieses (fehlende bzw. noch nicht vorhandene) Wissen aber keinesfalls ersetzen (Stern & Neubauer 2007).

Entscheidend für erfolgreiches Lernen ist – nicht nur in Mathematik – das fachspezifische Vorwissen. Hohe Intelligenz ist erst dann von Vorteil, wenn sie in bereichsspezifisches Wissen umgesetzt werden dann. D. h. eine hohe Intelligenz kann zwar den Erwerb spezifischer Kenntnisse begünstigen, ihn aber nicht ersetzen. Fehlendes Wissen lässt sich nicht durch hohe Intelligenz ausgleichen.

Als Zusammenhang zwischen Intelligenz und Mathematikleistungen gibt es eine enge Korrelation zwischen dem Lösen mathematischer Textaufgaben in der zweiten Klasse und den Mathematikleistungen in der 11. Klasse (Stern 2004, 47). Keine Wechselbeziehungen hingegen gibt es zwischen der Intelligenz in der zweiten und den Mathematikleistungen in der 11. Klasse (ebd.). Diejenigen Schüler, die in der 11. Klasse überdurchschnittliche Leistungen zeigten, waren bereits in der zweiten Klasse sehr erfolgreich. Dennoch gab es auch eine Reihe von Schülern, die zwar in der zweiten Klasse sehr erfolgreich waren, dennoch in der 11. Klasse nur noch durchschnittliche oder auch unterdurchschnittliche Leistungen zeigten. Stern schlussfolgert daraus, dass „ein frühes mathematisches Verständnis ... eine notwendige, aber keinesfalls hinreichende Voraussetzung für spätere mathematische Kompetenzen ist" (ebd.). Frühe Versäumnisse beim Erwerb des mathematischen Verständnisses können später nicht mehr kompensiert werden.

Unterschiede in der allgemeinen Intelligenz können die Variationen in den Mathematikleistungen nur teilweise erklären (Stern & Hardy 2004). Spätere Mathematikleistungen lassen sich aufgrund des mathematischen Vorwissens besser vorhersagen als aufgrund der allgemeinen Intelligenz.

Auf die Bedeutung des fachspezifischen Vorwissens für Mathematik (besonders das Mengen- und Zahlenwissen) wurde bereits im Kapitel 4 näher eingegangen.

Gedächtnis

Eine weitere kognitive Grundfunktion, die sowohl für den Aufbau mathematischer als auch schriftsprachlicher Kompetenz entscheidend ist, ist das Gedächtnis und hier vor allem das Arbeitsgedächtnis. Es ist zuständig für vorübergehende Speicherung und Veränderungen und wird zum Beispiel benötigt, um einen Satz inhaltlich zu verstehen, d. h. dass man sich noch an den Anfang des Satzes erinnern kann, wenn man am Ende angelangt ist. Auch im Zusammenhang mit der Lösung komplexer Aufgaben ist das Arbeitsgedächtnis notwendig. Das Arbeitsgedächtnis wird genutzt, um die uns unmittelbar umgebende Umwelt zu verstehen und eine mentale Repräsentation dieser herzustellen. Es wirkt unterstützend beim Problemlösen und beim Erwerb neuen Wissens. Das derzeit weit verbreitete Modell zum Arbeitszeitgedächtnis nach Baddely präzisiert unsere bisherigen Vorstellungen vom Kurzzeitgedächtnis. Das Modell basiert auf vier (früher drei) getrennten Komponenten, die in Verbindung stehen. Dabei unterscheidet man zwischen der *zentralen Exekutive*, die als Steuer- und Organisationselement dient, und den drei Subsystemen, die von der zentralen Exekutive verwaltet werden. Die Subsysteme sind die *phonologische Schleife* (verarbeitet vor allem verbale Informationen), der *räumlich visuelle Notizblock* (verarbeitet vor allem visuelle Informationen) und der *episodische Puffer* (multimodales Speichersystem) (Baddeley 1988; Gaupp 2003). Verschiedene Untersuchungen zeigten enge Zusammenhänge zwischen Lernerfolgen in den fachspezifischen Bereichen Deutsch und Mathematik sowie dem Arbeits- und Langzeitgedächtnis auf (vgl. zusammenfassend Schwenck & Schneider 2003, 262).

Konzentrationsfähigkeit

Als dritten Faktor (fach-)unspezifischer Einflussfaktoren für erfolgreiches Lernen wird die Konzentrationsfähigkeit diskutiert. Sowohl bei Kindern mit einer Dyskalkulie als auch bei Kindern mit einer LRS wurden signifikant mehr Auffälligkeiten bezüglich der Konzentration festgestellt als in den jeweiligen Kontrollgruppen (Schwenck & Schneider 2003). Der Zusammenhang zwischen Konzentrationsfähigkeit und Leistungen im mathematischen und schriftsprachlichen Bereich wird dabei vor allem bei komplexen Aufgaben mit einem hohen Gedächtnisaufwand und in der Phase der Automatisierung von den Inhalten deutlich.

Für die Förderung schulischer und mathematischer Kompetenzen bedeutet dies jedoch, dass diese Faktoren jeweils im engen Kontext mit den fachspezifischen Inhalten und Themen zu sehen sind. Für die jeweiligen Förderkonzepte und Interventionsmaßnahmen ist daher zu berücksichtigen, dass eine isolierte, fachunspezifische Förderung ebenso wenig hilfreich ist wie beispielsweise ein Training visueller, motorischer oder akustischer Fähigkeiten.

6.3.3 Unterrichtsstil bzw. pädagogische Grundhaltung der Lehrkräfte

Gerade die pädagogischen, didaktisch-methodischen und diagnostischen Kompetenzen einer Lehrkraft sind äußerst schwierig zu erfassen. Während in der Rückschau auf die eigenen schulischen Erfahrungen die meisten Menschen vom positiven Einfluss beliebter Lehrkräfte auf die eigene Schulleistung berichten können (und umgekehrt), liegen nur wenig fundierte Forschungsbefunde dazu vor.

Die wiederholt zitierte Scholastik-Studie (Weinert & Helmke 1997) macht Aussagen darüber, inwieweit Leistungsunterschiede bzw. Leistungszuwächse der unterrichtenden Lehrkraft zuzuschreiben sind. In der Untersuchung wurde speziell die fachspezifische pädagogische Grundhaltung der Lehrer erfasst. Pädagogische Grundhaltung meint das Verständnis, wie „bestimmte Themen, Probleme oder Fragen strukturiert, dargestellt, an den Interessen und Fähigkeiten der Lernenden angepasst und für den Unterrichtsstoff aufbereitet werden sollen" (Stern 2004, 48). Demnach weiß ein guter Lehrer, wie seine Schüler lernen und sich bestimmte Inhalte aneignen. Aus dem Lösungsverhalten der Schüler und einer Analyse ihrer Fehler kann er unvollständige aber potenziell sinnvolle Lösungswege erkennen (ebd.). Mit Hilfe von Fragebögen wurden die Grundhaltungen der Lehrkräfte bezüglich der Lösung von Textaufgaben erfragt. Es zeigt sich ein enger Zusammenhang zwischen den geäußerten Grundhaltungen der Lehrkräfte und den Leistungen innerhalb der Klassen. Lehrer, die sich der Bedeutung eines aktiven, problemorientierten Mathematikunterrichts bewusst sind, setzen auch verstärkt Textaufgaben zur Erweiterung des mathematischen Grundverständnisses ein.

„Der Lehrer macht den Unterschied": Auf diese prägnante Aussage lassen sich die Untersuchungsergebnisse von Stern zusammenfassen. Innerhalb einer Befragung von Lehrkräften wurde zwischen Lehrkräften mit konstruktivistischer Grundhaltung (z. B.: „Schüler sollen bereits Textaufgaben erhalten, bevor sie die Rechenprozeduren beherrschen") und rezeptiver Grundhaltung (z. B. „Effektive Lehrerinnen und Lehrer führen die richtige Art und Weise vor, in der eine Textaufgabe zu lösen ist") unterschieden. Trotz stabiler individueller Lern- und Leistungsunterschiede ist davon auszugehen, dass diese Grundhaltungen dennoch die Wirksamkeit des Unterrichts erheblich beeinflusst.

Der Unterricht von Lehrkräften mit einer konstruktivistischen Grundhaltung brachte keine schlechteren Ergebnisse bei Additions- und Subtraktionsaufgaben als in einem stärker rezeptiv orientierten Unterricht. Bei Multiplikations- und Divisionsaufgaben zeigte sich sogar ein positiver Trend (ebd., 49). Auch lässt sich in dieser Studie kein Hinweis darauf finden, dass diese Art von Mathematikunterricht zu Lasten schwächer lernender Schüler gehe. Es wird davon ausgegangen, dass sich diese Tendenzen, über mehrere Jahre betrachtet, eher verstärken, d. h. der Einfluss der Lehrervariablen noch größere Bedeutung erlangen kann (ebd., 50).

Die Untersuchungen ergaben, dass „sich immerhin 25 % der zwischen den Klassen zu beobachtenden Varianz im Lernzuwachs bei Textaufgaben zur Addition und Subtraktion auf die Lehrerüberzeugung zurückführen lassen" (ebd., 49).

Ähnliche Befunde zeigten sich in der Studie von Carpenter & Fennem (1992; in: Burscheid & Struve 1997). In deren Projekt wurden Grundschullehrer mit konstruktivistischen Grundpositionen zum Lernen und speziell zum Mathematiklernen vertraut gemacht (Burscheid & Struve 1997, 38). Durch die Protokollierung von Fallbeispielen konnten sich danach jeweils im Lehrer- als auch im Schülerverhalten deutliche Veränderungen feststellen lassen. Die Schüler zeigten u. a. dadurch bessere Leistungen, dass die Lehrkräfte ihnen mehr Spielraum gaben, eigene Lösungsvorstellungen zu entwickeln.

Auch folgende Einsichten, die das Konzept des Wissenserwerbs charakterisieren, erweisen sich als lernförderlich:

- Säuglinge kommen nicht als „Tabula Rasa" auf die Welt, sie verfügen bereits über spezifische Lernpotenziale wie beispielsweise spezielle Formen der sozialen Wahrnehmung, linguistische und numerische Kompetenzen (Weinert 2000).
- Der Wissenserwerb erfolgt stark situations-, domänen- bzw. bereichsspezifisch.
- Der Wissensaufbau vollzieht sich äußerst individuell, d. h. Wissen wird trotz gleichen Lebensalters nicht bei allen Kindern in der gleichen Zeit in derselben Domäne aufgebaut (Fritz, Ricken & Schuck 2006, 184). Diese große intraindividuelle Variabilität bedeutet, dass die Lernverläufe der Schüler kaum noch miteinander vergleichbar sind.
- Das weit verbreitete Handlungsprinzip lässt sich nicht auf die rein materialbasierte Tätigkeit des Kindes reduzieren. Eine Handlung im erkenntnistheoretischen Sinn betont die aktive, reflexive und reflektierende Auseinandersetzung des Kindes mit der Thematik und reduziert sich nicht auf die Aktion mit einem Gegenstand. Handlungsorientierung kann sowohl auf der konkret-handelnden als auch auf der anschaulichen oder der formal-abstrakten Ebene stattfinden. Wesentlich dabei ist, dass die Reflexion über dieses Tun zum Aufbau von Wissen und einer kontextbezogenen Bedeutungszuweisung erfolgt. D. h. erst in dem Moment, in dem ein Kind selbst die Rechenkette zur Lösung der Aufgaben nimmt und ohne Instruktion der Lehrkraft damit agiert, kann von dieser Handlung abstrahiert werden, kann das Kind Vorstellungsbilder darüber entwickeln. Jegliches Handeln wird also von reflexiven Auseinandersetzungen begleitet, die gewonnenen Erfahrungen ausgewertet und „der strukturelle Kern des Handlungsvollzuges herausgearbeitet, das Handeln geht nicht im Denken auf und wird nicht vom Denken abgelöst" (Fritz, Ricken & Schuck 2006, 188 f.).

- Eine die Heterogenität akzeptierende Grundhaltung versteht die Andersartigkeit im Denken der Schüler nicht als Defizit, sondern als Differenz (Selter 2006, 253).

Besonders wichtig erscheint hierbei die Neu- bzw. Umdefinition der Lehrerrolle. Unter diesem systemisch-konstruktivistischen Lehr- und Lernverständnis übernimmt die Lehrkraft eher die Funktion eines Lernbegleiters, eines Organisators oder Moderators des Lernens. Er ist dafür verantwortlich, dass in der von ihm geschaffenen Lernumgebung alle Schüler die Möglichkeit haben, sich entsprechend ihrer individuellen Lern- und Leistungsvoraussetzungen selbstständig und eigenaktiv mit den Themen zu beschäftigen. Phasen einer direkten Instruktion, einer linearen Wissens- bzw. Informationsvermittlung unterstützen und begleiten diesen Unterricht.

6.3.4 Art der Aufgabenstellung

Einen wesentlichen Aspekt für die Qualität des Unterrichts bildet dabei die Art der Aufgabenstellung selbst. Blum (2001) streicht zur Sicherung und Stärkung einer mathematischen Grundbildung folgende Aspekte heraus:

- Mehr inner- und außermathematische Vernetzungen
- Weniger Verfahren und Kalküle
- Mehr Denkaktivitäten und Eigenkonstruktionen der Schüler
- Mehr Reflexionen
- Flexiblerer Methodeneinsatz

Damit verbindet sich die Forderung, Mathematik als Denkwerkzeug zur Modellierung zu vermitteln (Baumert, Bos & Lehmann 2000; Baumert & Lehmann 1997). Wenngleich diese Forderungen sich an den Analysen des Mathematikunterrichts an den Grund- und Hauptschulen orientieren, ziehen die PISA-Autoren analoge Konsequenzen für die Förderung gerade schwächerer Schüler: „Es muss versucht werden, auch schwächere Schüler – anhand einfacher Inhalte – an Modellierungsprozesse und offenere Aufgaben heranzuführen. Nicht die Reduktion, sondern die Verstärkung des Anspruchsniveaus, nicht die des ‚technischen' Niveaus ist gefordert" (PISA-Konsortium 2001, 187).

Wittmann fordert analog die Gestaltung „substanzieller mathematischer Lernumgebungen", die das Kennenlernen innermathematischer Strukturen mit Anwendungsfähigkeiten verbinden (Wittmann 2002).

Spiegel und Selter favorisieren einen prozesshaft orientierten Mathematikunterricht mit folgenden Zielsetzungen:

- *Kreativ sein:* Die Kinder erforschen problemhaltige Situationen experimentierend, sie entdecken dabei Auffälligkeiten, sie beschreiben eigene Lösungswege und erfinden Aufgaben selbst.
- *Mathematisieren:* Die Kinder gewinnen aus lebensweltlichen Situationen mittels geeigneter Verfahren (Zählen, Schätzen, Messen, Befragen, Nachlesen, Internet-

recherche usw.) relevante Informationen, sie modellieren diese Situationen und beziehen die Ergebnisse auf die Ausgangssituation.
- *Begründen:* Die Kinder stellen Vermutungen über mathematische Sachverhalte (Auffälligkeiten, Regeln, Beziehungen, Annahmen usw.) auf und bestätigen oder widerlegen diese anhand von repräsentativen Beispielen oder allgemeinen Überlegungen.
- *Darstellen:* Die Kinder strukturieren Auffälligkeiten (z. B. durch Ordnen), sie drücken diese für andere nachvollziehbar mündlich oder schriftlich aus und bedienen sich dabei angemessener Darstellungsweisen.
- *Kooperieren:* Die Kinder bearbeiten gemeinsam mit anderen komplexe Aufgaben, sie treffen dabei Verabredungen, halten diese ein und setzen eigene und fremde Standpunkte zueinander in Beziehung (Selter 2006, 255 f.).

Einen besonderen Stellenwert nehmen dabei *offene Aufgabenstellungen* ein.

Sie geben die Möglichkeit, mathematische Sachverhalte zu entdecken, selbstständig Lösungswege zu konstruieren, unterschiedliche Lösungswege zu diskutieren und auf ihre Effektivität hin zu diskutieren. Grundlegende Bedeutung kommt dabei der Verbalisierung mathematischer Probleme zu. Unter bewusster Ausnutzung des engen Zusammenhangs zwischen Sprache und Denken soll den Schülern immer wieder Gelegenheit gegeben werden, ihre Lösungswege zu versprachlichen, zu begründen, mathematische Sachverhalte zu beschreiben. Sie bieten sowohl die Möglichkeit einer individuellen Förderung als auch der lernprozessbegleitenden Diagnostik.

Situationen bzw. Instruktionen, die mehrere Lösungswege ermöglichen, sind beispielsweise:

- Finde Plusaufgaben mit den Zahlen: 2, 13, 20, 25.
- Finde Minusaufgabe, bei denen das Ergebnis 15 ist.
- Erfinde Rechengeschichten.
- Lege zu Situationsbildern Rechenaufgaben.
- Was kannst du für 50 Euro kaufen?
- Schreibe alle Aufgaben, die du schon kannst.
- Erzähle zu Rechenaufgaben eigene Rechengeschichten.

Offene Aufgabenstellungen geben weder den mathematischen Sachverhalt, die mathematische Fragestellung, noch den Lösungsweg sowie die erwartete Lösung vor. Im Mittelpunkt stehen bei offenen Aufgaben die von den Kinder beobachteten sachstrukturellen Merkmale, ihre Ideen und Lösungsvarianten sowie ihre Interpretation der rechnerisch ermittelten Ergebnisse.

Entscheidendes Moment für den bestmöglichen Unterricht ist die Frage, wie es gelingt, Lernumgebungen für jeden einzelnen Schüler so zu gestalten, dass er auf der Grundlage seiner Lern- und Leistungsvoraussetzungen die Möglichkeit findet, sich selbstständig und eigenaktiv mit seiner Umwelt (hier mit dem konkreten Mathematikunterricht) auseinanderzusetzen, für seine Entwicklung anregende Impulse zu entdecken und zu nutzen, eigenständige Lernwege und Lösungsmöglichkeiten zu finden. Der Kern didaktischer Entscheidungen liegt darin, eine optimale individuelle Förderung in heterogenen Lerngruppen zu ermöglichen. Die individuellen

Stärken und Schwächen eines Schülers können ganz individuelle didaktisch-methodische Zugänge und Entscheidungen begründen. Scheinbar gleiche Probleme können ganz unterschiedliche Interventionen notwendig machen.

Da Lehrkräfte selbst keinen direkten Einfluss auf Schüler haben, kommt der Gestaltung anregender und entwicklungsförderlicher Lernumgebungen zentrale Bedeutung zu. Diese erfassen das Arrangement von Methoden und Techniken, Lernmaterialien und Medien einschließlich des soziokulturellen Kontextes und der aktuellen Lernsituation (Gerstenmaier & Mandl 1995).

Nicht nur, aber gerade für Schülerinnen und Schüler mit sonderpädagogischem Förderbedarf erscheinen daher in Erweiterung von Gerstenmaier & Mandl (1995) folgende *Gestaltungsprinzipien* entscheidend:

- *Authentizität und Situiertheit:* Lehr- und Lernsituationen sind so zu gestalten, dass die Lernenden Informationen aus lebensnahen, realistischen und subjektiv bedeutsamen Kontexten entnehmen können. Solche Situationen sollen es den Lernenden ermöglichen, in authentischen Situationen mit wirklichen, für sie bedeutsamen Situationen umzugehen sowie einen Rahmen und einen Anwendungskontext für das zu erwerbende Wissen zu bekommen.
- *Komplexitätsgrad:* Im Gegensatz zur traditionellen sonderpädagogischen Didaktik betont dieses Prinzip die Notwendigkeit, die Vernetzung, die Komplexität der Informationen, wie sie in der Realität auftauchen, in den entsprechenden Lernsituationen zu erhalten.
- *Multiple Kontexte:* Um Wissen flexibel werden zu lassen und in anderen Situationen anwenden zu können, müssen Lehr- und Lernsituationen immer wieder vielschichtige Kontexte, variierende Anwendungsfelder anbieten, die den Lernenden die Möglichkeit geben, bereits vorhandenes Wissen anzuwenden und zu übertragen.
- *Multiple Perspektiven:* Den Schülern ist immer wieder Gelegenheit zu geben, die Lerninhalte unter variierenden Aspekten sowie von verschiedenen Kontexten aus zu betrachten. Verschiedene Perspektiven auf ein und denselben Gegenstand bieten den Lernenden Gelegenheit, sich mit möglichen hilfreichen Perspektiven anderer auseinanderzusetzen und diese in ihr Handlungsrepertoire zu übernehmen.
- *Sozialer Kontext:* Kooperatives Lernen fördert gerade unter Anerkennung der Individualität jedes Einzelnen die soziale und persönliche Identität und erhöht die Chancen auf realistische Lernerfolge. Lernsituationen sollten daher das Arbeiten in Kleingruppen und heterogenen Lerngruppen fordern und fördern. Expertenteams inner- und außerhalb der Lerngruppe sowie Kooperationen mit außerschulischen Partnern erhöhen die Kooperationsfähigkeit und fördern weitere soziale Kompetenzen (Werner, in Vorb.).

Didaktische Konzepte, die diese Aspekte berücksichtigen bzw. in Teilen verstärkt thematisieren und zum Forschungsgegenstand machen, sind folgende:

- Varianten des entdeckenden Lernens (Scherer 1995; Wittmann 2001, 2002; Winter 1994)

- Mathematikunterricht unter dem Schwerpunkt der Provokation von Äquilibrationsprozessen (Wember 1986)
- Mathematiklernen als symbolische Konstruktion (Bussmann 1992)
- Mathematiklernen aus der Sicht subjektiver Erfahrungsbereiche (Bauersfeld 1983)
- Ansätze einer systemisch orientierten Lernbehindertenpädagogik (Werning, Balgo, Reiser, Palmowski)
- Ganzheitlicher und in Sinnzusammenhängen konzipierter Mathematikunterricht mit dem Schwerpunkt des Anknüpfens an kindliche Vorerfahrungen (Radatz et al. 1996)
- Bildungstheoretische Überlegungen zur Verknüpfung von Mathematik und Allgemeinbildung (Heymann 1996): Hier insbesondere die Verklammerung von fachlichem und sozialem Lernen und der Reflexion über Mathematikunterricht und mathematischem Tun; Ziel ist die Vermittlung mathematischer Grunderfahrungen wie:
  - Erscheinungen der Welt zu verstehen
  - Mathematische Gegenstände als geistige Konstruktionen (Schöpfungen) eigener Art kennenzulernen
  - Problemlösefähigkeiten zu erwerben.

6.4 Das Literacy-Grundbildungsmodell als grundlegende didaktisch-methodische Orientierung

Spätestens seit der PISA-Diskussion tritt der Begriff der „Literacy" (Literalität) in bildungspolitischen Diskussionen immer wieder auf. Trotz aller Fachspezifik und Unterschiedlichkeit in den Ausprägungen liest er sich, auch wenn es ein solches Verständnis von den PISA-Autoren nicht direkt intendiert war, wie der „Inbegriff einer neuen Allgemeinbildung" (Messner 2003, 401).

Der Begriff *Literacy* wird in der pädagogischen und bildungspolitischen Literatur in einer nahezu unüberschaubaren Vielfalt benutzt. Zahlreiche gesellschaftliche und fachwissenschaftliche Bereiche werden damit in Verbindung gebracht (scientific literacy, visual literacy, family literacy, teaching information literacy, medialiteracy, computerliteracy, reading literacy, healthliteracy, emotional literacy usw.). In allen Bereichen fungiert der Begriff als Definition von Bildungszielen. Gleichzeitig dokumentiert er auch ein basales Verständnis, eine Einstellung gegenüber einer inhaltsbezogenen, fachspezifischen Grundbildung einschließlich der Methoden ihrer Vermittlung.

Die Kulturtechniken, d. h. schriftsprachliche und mathematische Kompetenzen, gelten im Literacy-Konzept als basale Kulturwerkzeuge. Sie sind die wichtigsten Voraussetzungen zur Generalisierung universeller Prämissen für die Teilhabe an Kommunikation und Lernfähigkeit (PISA 2001, 21). Diese Basiskompetenzen werden als basale Kulturwerkzeuge in variierenden Anwendungssituationen modelliert. Sie zielen auf bereichsspezifische sowie fachübergreifende Kompetenzbereiche ab, die im Sinne einer Handlungsfähigkeit auf die aktive Teilnahme am gesellschaftlichen Leben vorbereiten sollen.

Für den mathematischen Bereich hat sich international der Begriff „mathematical literacy" etabliert. Im deutschsprachigen Raum wird jedoch eher von einer mathematischen Grundbildung gesprochen (Winter 1995; Kaiser & Schwarz 2003). Dieser Begriff orientiert sich stärker an den Intentionen einer Allgemeinbildung als im englischsprachigen Raum. Abgeleitet aus den Ansprüchen des philosophischen Pragmatismus steht im Literacy-Modell dabei die Bewährung im Leben als Kriterium schulischer Bildung ganz oben (Messner 2003). Die Nützlichkeit und der Wert für die Praxis werden zum Maßstab für die Qualität schulischer Bildung. In dieser funktional-pragmatischen Auffassung wird der Inhalt schulischer Bildung an seinem Gebrauchswert für die Lebens- und Berufswelt gemessen. Literalität wird dabei als ein „Kontinuum" angesehen, auf dem verschiedene Stufen zu erreichen sind (Kaiser & Schwarz 2003, 361).

Neben diesen inhaltlich orientierten Diskussionen analysierten Kaiser & Schwarz weitere Aspekte dieses Begriffs, die gerade auch für lernschwache Schüler von Bedeutung sind. Diese erweiternden Aspekte gelten der sprachlichen Komponente mathematischer Tätigkeiten. Eine allgemeine Literalität umfasst drei Komponenten:

- Das Verständnis literarischer und alltäglicher Texte als „prose literacy",
- die „document literacy" als das Verstehen von Informationen in wissenschaftlichen Texten, Karten oder Plänen sowie
- die „quantitative literacy" zur Lösung rechnerischer Probleme (Kaiser & Schwarz 2003, 359 f.).

Der Umgang mit mathematischen Symbolen, Zeichen und Begriffen ist demnach gleichwertiger Bestandteil einer Literalität wie die Beherrschung von Schriftsprache. Damit wird deutlich, dass das Konzept einer „mathematical literacy" die Auffassung von Mathematik als eine (Fach)Sprache impliziert. Neben der Vermittlung fachwissenschaftlicher Inhalte kommt es im Mathematikunterricht darauf an, dass die Schüler eine entsprechende intellektuelle Haltung zur Mathematik erwerben. Sprache ist das zentrale Werkzeug zum Wissenserwerb und unabdingbar für soziale Aktivitäten.

In den Standards für den Mathematikunterricht in den USA werden seit knapp zehn Jahren als Reaktion auf die veränderten Anforderungen der Gesellschaft drei Komponenten als zentral herausgearbeitet:

1. Mathematische Literalität verlangt Fähigkeiten und Fertigkeiten, die über Arithmetik und einfaches Rechnen hinausgehen und die Entwicklung von Problemlösefähigkeiten mit einschließen.
2. Mathematische Literalität beinhaltet eine spezifische Position zur Sprache: Innerhalb der natürlichen Sprache werden mittels Konventionen, spezifischer Ausdrücke und Symbole Uneindeutigkeiten vermieden. Darüber hinaus kann unter die-

sem Aspekt auch berücksichtigt werden, dass selbst eine mathematische Sprache über eine eigene Grammatik und Syntax verfügt. Die Schüler müssen in der Lage sein, mit Mathematik über Mathematik kommunizieren zu können.
3. Mathematische Literalität geht von einer dynamischen, tätigkeitsorientierten Auffassung von Mathematik aus und beinhaltet demnach Prozessziele (Kaiser & Schwarz 2003, 361).

Nicht nur die PISA- auch die vorhergehende TIMSS-Studie mit ihren länderspezifischen Aufgaben lehnt sich in ihrer Aufgabenkonstruktion an diese Grundzüge mathematischer Allgemeinbildung an. Im Mittelpunkt steht die funktionale Verwendung von Mathematik in der jeweiligen Lebenssituation und eben nicht die Bewältigung schulischer Anforderungen.

Trotz aller Unterschiedlichkeit in den drei genannten Konzepten finden sich hier Ansätze zu einer grundlegenden Reform des Umgangs mit rechenschwachen Kindern bzw. eines Mathematikunterrichts für Kinder mit heterogenen Lern- und Leistungsvoraussetzungen.

Wichtige Elemente sind dabei:

1. *Grundverständnis von Lehren und Lernen:* Es setzt sich allmählich ein Denken und Handeln durch, das von einem Lernbegriff ausgeht, der die Eigenaktivität der Schüler und die Notwendigkeit der Schaffung geeigneter Lernumgebungen gerade für Kinder mit Lernschwierigkeiten unterstreicht.
2. *Grundverständnis von Unterricht:* Unterricht ist eine spezifische soziale Situation, in der institutionsgebunden und zeitlich strukturiert und damit definiert durch unterschiedliche soziale Rollen übergreifende gesellschaftliche Ziele avisiert werden; Unterricht ist eine intentionale Interaktion, die auf Kommunikation basiert und deren Verlauf nicht determinierbar ist.
3. *Organisation und Planung von Unterricht* konzentrieren sich auf die Bereitstellung entwicklungsfördernder und lernanregender Umgebungen sowie die prozessbegleitende Dokumentation individueller Lern- und Entwicklungsprozesse z. B. in Form von individuellen Entwicklungs- oder Förderplänen.
4. *Schülerorientierung:* Im Mittelpunkt didaktisch-methodischer Überlegungen steht das Kind mit seiner prinzipiellen Lern- und Entwicklungsfähigkeit, seiner individuellen Lernbiografie, seinen Wünschen und Bedürfnissen. Das Unterrichtsangebot ist auf die jeweiligen individuellen Lern- und Leistungsvoraussetzungen sowie Vorerfahrungen abzustimmen und auszurichten. Dies schließt eine zieldifferente Leistungsbeschreibung mit ein.
5. *Sozial-kommunikative Orientierung:* Unterricht wird als Prozess der gegenseitigen Verständigung verstanden, ein Prozess des Aushandelns von Regeln, Themen, Inhalten und Methoden, die damit selbst wieder zum Unterrichtsgegenstand werden.
6. *Dokumentation des gemeinsamen Lehr- und Lernprozesses:* Transparente Lern- und Leistungsbeschreibung sowie -kontrolle.
7. *Stoff- und Themenauswahl* orientieren sich an der konkreten Lebenswirklichkeit der Schüler, suchen eine stärkere Verbindung zwischen Schule und Leben. Die

Komplexität der alltagsrelevanten und subjektiv bedeutsamen Situationen bleibt im Unterricht erhalten und wird nicht zugunsten einer Fächerorientierung aufgesplittet (Werner, in Vorb.).

Damit schließt sich der Gedankenkreis zur Konzeption von Hans Freudenthal. Der Verdienst des niederländischen Mathematikdidaktikers Hans Freudenthal (1905–1990) für die Erneuerung des Mathematikunterrichts besteht darin, dass er die mathematischen Gegenstandsbereiche auf ihre „zentralen Ideen" hin analysiert und diese in Bezug zu mathematisierenden Tätigkeiten gesetzt hat. Mit seiner Feststellung: „Unterricht muss auf einen reichen Kontext an selbst gemachten Erfahrungen, an realen Handlungen basieren, in denen mathematisches Denken erfahren und auf dem weiter abstrahiert werden kann", hat Hans Freudenthal bereits auf Qualitätsmerkmale des Mathematikunterrichts verwiesen, die die Konsequenzen aus den Ergebnissen der PISA-Studien 2000 bis 2004 mit allem Nachdruck benennen.

Bahnbrechend für die Bestimmung des Inhalts mathematischer Bildung waren ab 1962 seine Arbeiten, die sich kritisch mit aktuellen Reformbestrebungen zum Mathematikunterricht auseinandersetzten („New Mathematic"). Wenn Hans Freudenthal davon sprach, dass Mathematik „nicht eine Menge von Wissen ist, sondern eine Verhaltensweise, eine Einstellung, eine Geistesverfassung", beschrieb er damit, wie er selbst Mathematik praktizierte (Freudenthal 1982, 140). Eine moderne mathematische Bildung wird nach seiner Auffassung nicht „als fertiges Produkt, sondern als eine im Lernprozess entstehende Konstruktion beschrieben" (ebd.).

Mathematik wird als ein System begrifflicher Werkzeuge aufgefasst, mit deren Hilfe sich die Phänomene der natürlichen, geistigen und sozialen Welt ordnen lassen. Diese Fokussierung auf die begriffliche Durchdringung als Beschreibung alltäglicher Phänomene stellt die Basis für das funktionale Grundverständnis von Mathematik dar.

Zusammenfassend sprechen folgende Aspekte für einen grundbildungsorientierten Mathematikunterricht:

- Die lehrgangsorientierten Konzepte der Schulmathematik stellen eine „antididaktische Inversion" (Freudenthal) dar.
- Eine aktiv betriebene Mathematik verläuft nicht in fachsystematischer Strenge.
- Fachwissenschaftlich dominierte Konzeptionen klammern die Entwicklung und das Lösen von Fragen sowie subjektiv bedeutsame Probleme aus.
- Eine vorgegebene fachwissenschaftlich strukturierte Vermittlung mathematischen Wissens steht konträr zu Lernauffassungen, die die aktive und eigenständige Auseinandersetzung und selbstständige Konstruktion von Wissen präferieren, und fördert eher „träges", d. h. nicht anwendungsfähiges Wissen.
- Mathematische Kompetenzen sind immer kontextabhängig und daher nicht als isolierte Wissensmodule zu verstehen.
- Eine rein fachwissenschaftlich ausgerichtete Didaktik fasst Mathematik als Fertigprodukt auf und vermittelt segmentierend einzelne Wissenselemente; sie iso-

liert die jeweiligen Schwierigkeiten voneinander und unterstützt das klassische „Lernen in kleinen Schritten".

6.4.1 Kulturelle Literalität

Die Grundidee der PISA- und IGLU-Studie dokumentiert sich in dem Begriff einer kulturellen Literalität, einer kulturellen Grundbildung. Kulturelle Literalität erweitert die Vermittlung eines elementaren Basiswissens in den Kernbereichen Sprache (Deutsch) und Mathematik um die Funktionalität des vermittelten Wissens. D. h. die Transferierbarkeit des (schulisch) vermittelten Wissens in alltagsbezogenen, kulturellen, beruflichen und sozialen Kontexten wird zum charakteristischen Merkmal einer Grundbildung.

Literacy als kulturelle Literalität

Im Folgenden wird die sehr weit gefasste Literacy-Definition, wie sie die UNESCO und die PISA-Studien nutzen, zugrunde gelegt. Diese präferiert eine allgemeine Grundbildung als grundlegenden Anspruch des Menschen zur Ermöglichung (s)einer gesellschaftlichen Teilhabe.

Die UNESCO definiert Literacy wie folgt: „Literacy is a human right, a tool of personal empowerment and a means for social and human development. Educational opportunities depend on literacy. Literacy is at the heart of basic education for all, and essential for eradicating poverty, reducing child mortality, curbing population growth, achieving gender equality and ensuring sustainable development, peace and democracy" (UNESCO Internetportal). Literacy bildet demnach den Kern einer Bildung für alle. Sie befähigt die Menschen zum Lernen und zum (Weiter-)Lernen und sichert ein erfolgreiches lebenslanges Lernen.

Neben diesem humanistischen und demokratischen allgemeinen Bildungsanspruch markiert die UNESCO konkrete Inhalte: „Literacy is the ability to identify, understand, interpret, create, communicate and compute, using printed and written materials associated with varying contexts. Literacy involves a continuum of learning to enable an individual to achieve his or her goals, to develop his or her knowledge and potential, and to participate fully in the wider society" (UNESCO Internetportal).

Wenngleich diese Definition scheinbar vordergründig die Fähigkeit des Lesens und Schreibens thematisiert, sind dennoch mathematische Kompetenzen darin eingeschlossen. Um in unserer Informationsgesellschaft die Vielzahl unterschiedlicher medial übertragener Informationen nutzen zu können, sind neben den Lese- und Schreibkompetenzen auch grundlegende mathematische Einsichten notwendig. So lässt sich ein Fahrplan nur „lesen", wenn grundlegendes Wissen über Zeiteinheiten, im Zusammenhang mit Wochentagen vorhanden ist. Werbeangebote über Preisreduzierungen benötigen zu einem sinnerfassenden Lesen und Verstehen neben basalen Lesekompetenzen grundlegende Einsichten in Geldeinheiten, Umrechnungsmodalitäten, Prozentrechnung usw. Hervorzuheben ist hier die enge Verzahnung zwischen schriftsprachlichen und mathematischen Kompetenzen. Beide Aspekte markieren die zentralen Bereiche gesellschaftlicher Teilhabe: „Die Beherrschung der Muttersprache in Wort und Schrift sowie ein hinreichender Umgang mit mathematischen Symbolen und Modellen gehören in allen modernen Informations- und Kommunikationsgesellschaften zum Kernbestand kultureller Literalität" (PISA-Konsortium 2001, 20).

Mit der Konzentration auf die Erfassung von Basiskompetenzen als Kern einer kulturellen Literalität wird ein didaktisch und bildungstheoretisch normatives Konzept skizziert (ebd., 19). Die Unterrichtsfächer und die schulischen Themen sind variabel, nicht aber der Auftrag einer Vermittlung notwendiger kultureller Basiskompetenzen.

Literale, schriftsprachliche Kompetenz als Teil kultureller Grundbildung

Besonders häufig wird der Begriff Literacy mit grundlegenden Lese- und Schreibkompetenzen gleichgesetzt und mit „Literalität" übersetzt. Diese Lese- und Schreibkompetenzen beinhalten Fähigkeits- und Fertigkeitsbereiche wie Text- und Sinnverständnis, die Vertrautheit mit Büchern, die Fähigkeit, sich schriftlich auszudrücken, sprachliche Abstraktionsfähigkeit, die Vertrautheit mit Schriftsprache oder mit der literarischen Sprache und auch der Medienkompetenz (Uhlich 2003; Mandl 2008). Damit geht dieser Bereich von Literacy weit über eine Literalität im Sinne einer Alphabetisierung, einer basalen Lese- und Schreibfähigkeit hinaus und betont den funktionalen Gebrauch dieser Kulturtechnik. Alphabetisierung zielt auf eine elementar-technische Lese-Schreib-Fähigkeit und ist eine notwendige, aber nicht hinreichende Bedingung für Literalität. Literalität meint den kompetenten Umgang mit geschriebener Sprache. Dazu gehören neben diesen technisch-funktionalen Basisfertigkeiten wie beispielsweise (De-)Kodier- und Segmentierungsfähigkeiten u. a. auch das Wissen um die formale Organisation und Funktion schriftlicher Kommunikationsformen und die Beherrschung kulturspezifischer Standards (Hollenweger & Studer 1998, 8).

Die Lesekompetenz bei PISA wird wie folgt beschrieben: „Geschriebene Texte zu verstehen, zu nutzen und über sie zu reflektieren, um eigene Ziele zu erreichen, das eigene Wissen und Potenzial weiterzuentwickeln und am gesellschaftlichen Leben teilzunehmen" (PISA-Konsortium 2001, 23). Das Verstehen basiert, grob unterschieden, auf textimmanenten und wissensbasierten Verstehensleistungen. Beim textimmanenten Verstehen bilden die im Text enthaltenen Informationen ausreichend Grundlage für die Beantwortung der Fragen. Das wissensbasierte Verstehen setzt eine situationsadäquate Interpretation unter Rückgriff auf weiteres Vorwissen voraus. Lesen selbst versteht sich nicht als reine Fertigkeit bzw. Technik, sondern differenziert sich unter dem Aspekt des Verstehens in drei wesentliche Dimensionen:

1. *Textarten*: Lesekompetenz zeigt sich darin, verschiedene Arten von Texten lesen zu können, z. B. Beschreibungen, Erzählungen, Tabellen, Übersichten, Fahrpläne,

Formulare, Grafiken, elektronische Texte oder auch in Texte eingebundene bildliche Veranschaulichungen wie auf Internetseiten.
2. *Leseaufgaben:* Lesekompetenz zeigt sich darin, verschiedene Leseaufgaben auszuführen, z. B. Informationen heraussuchen, Interpretationen entwickeln, über die Inhalte eines Textes und auch seine Form zu reflektieren.
3. *Situationen:* Lesekompetenz zeigt sich darüber hinaus darin, Texte zu lesen, die für verschiedene Situationen geschrieben wurden, z. B. private Texte, Texte zur Arbeitsanleitung (PISA-Konsortium 2001, S. 23).

Diese Orientierung an dem gesellschaftlich erwarteten Grad der Schriftsprachbeherrschung charakterisiert ebenfalls die Diskussion um den funktionalen Analphabetismus. Gerade hier steht die Fähigkeit zur Nutzung und Anwendung von Schrift in sozialen, alltäglichen, berufsrelevanten Kontexten im Mittelpunkt aller Maßnahmen.

Wie eng die Verzahnung zwischen Lese-, Schreib- und mathematischen Kompetenzen bei der Bewältigung lebenspraktischer Situationen ist bzw. wie wichtig diese zur gesellschaftlichen Teilhabe ist, machen die Ansätze der UNESCO-, der PISA-Studie als auch die Alphabetisierungsdiskussion bei Erwachsenen deutlich. Die internationale Studie zum Stand der Alphabetisierung bei Erwachsenen „International Adult Literacy Survey" (IALS) (1994–1998) legt ebenfalls eine funktionale Orientierung zugrunde. Das Hauptziel dieser international vergleichenden Untersuchung war herauszufinden, wie gut Erwachsene Informationen aus der Gesellschaft herausfiltern und für sich nutzen können (IALS, o. J.). Neben den „klassischen" Lesekompetenzen werden auch mathematische Kompetenzen als Kernbestandteile der Alphabetisierung benannt. Für die hier geführte Diskussion ist die Ausdifferenzierung des Alphabetisierungsbegriffs interessant. Das Literacy-Profil wird auf drei Ebenen analysiert:

1. *Prose literacy (Prosa-Alphabetisierung),* d. h. die Kenntnisse und Fähigkeiten, die erforderlich sind, Informationen aus Texten, einschließlich Leitartikeln, Nachrichten, Geschichten, Gedichten und Fiktionen zu verstehen und zu nutzen.
2. *Document literacy (Dokument-Alphabetisierung),* d. h. das Wissen und die erforderlichen Kompetenzen, um die in verschiedenen Formaten wie Bewerbungen, Lohnabrechnungen, Fahrplänen, Karten, Tabellen und Grafiken enthaltenen Informationen zu erkennen und zu verwenden.
3. *Quantitative literacy (Quantitative Kompetenz),* d. h. das Wissen und die Fähigkeiten, die erforderlichen Rechenoperationen entweder einzeln oder hintereinander auszuführen und dabei auf abgedruckte Zahlen anzuwenden, wie es beispielsweise nötig ist zum Führen eines Scheckheftes, beim Herausfinden der Höhe des Trinkgeldes einer Rechnung oder bei der Berechnung des Zinssatzes eines angebotenen Kredits (OECD 2000, foreword).

Alphabetisierung umfasst hier sowohl basale schriftsprachliche als auch mathematische Kompetenzen. Ihre Funktionalität, d. h. ihre Anwendbarkeit in variablen Alltagssituationen, begründet ihre Bedeutung.

Dieses Verständnis von Literacy deckt sich in weiten Teilen mit den Überlegungen der UNESCO und dem PISA-Konzept zu einer allgemeinen Grundbildung.

Mathematische Literalität als Teil kultureller Grundbildung

Mathematische Grundbildung bedeutet, „die Rolle zu erkennen und zu verstehen, die die Mathematik in der Welt spielt, fundiert mathematische Urteile abzugeben und sich auf eine Weise mit der Mathematik zu befassen, die den Anforderungen des gegenwärtigen und zukünftigen Lebens einer Person als konstruktivem, engagiertem und reflektierendem Bürger entspricht" (PISA-Konsortium 2001, 23).

Mathematische Kompetenzen erfassen die Anwendung von Mathematik in unterschiedlichen Situationen (ebd.). Sie begrenzen sich demnach nicht auf die Kenntnis mathematischer Sätze und Regeln und die Beherrschung mathematischer Verfahren. Sie zeigen sich vielmehr „im verständnisvollen Umgang mit Mathematik und in der Fähigkeit, mathematische Begriffe als ‚Werkzeug' in einer Vielfalt von Kontexten einzusetzen" (ebd., 141).

Dieses Grundverständnis von mathematischer Grundbildung (mathematical literacy) lehnt sich an das Modell eines realistischen, an der Wirklichkeit orientierten Mathematikunterrichts an. Diese Auffassung geht im Wesentlichen auf zwei Ansätze zurück: einmal auf den mathematikdidaktischen Ansatz des niederländischen Mathematikers Hans Freudenthal (1983) sowie auf die Standards zum Mathematikunterricht des National Council of Teachers of Mathematics (NCTM) 1989/2000, die mit ihrer Veröffentlichung „Currriculum and Evaluation Standards for School Mathematics" konkrete Operationalisierungsmöglichkeiten für mathematische Kompetenzen vorlegten (vgl. PISA-Konsortium 2001).

Freudenthals Kernaussage seiner „Realistischen Mathematik" besteht darin, Mathematik zu nutzen, um alltägliche Probleme und Aufgabenstellungen zu lösen wie z. B. Preise zu vergleichen. Zur Lösung alltäglicher mathematischer Probleme sind allein Rechenverfahren nicht ausreichend. Diese müssen eingebunden werden in die Lösung konkreter Probleme.

Der kompetenzorientierte Standard des NCTM definiert folgende Kompetenzen als grundlegende Inhalte und Zieldimensionen eines Mathematikunterrichts:

- Vorbereitung auf offene Aufgabenstellungen, da realistische Probleme und Aufgaben in der Regel nicht gut definiert sind
- Fähigkeit, die Anwendbarkeit mathematischer Konzepte und Modelle auf alltägliche und komplexe Probleme zu erkennen
- Fähigkeit, die einem Problem zugrunde liegende mathematische Struktur zu sehen
- Ausreichende Kenntnis und Beherrschung von Lösungsroutinen (NCTM 1989; in: PISA-Konsortium 2001, 24).

6.4.2 Anspruch einer Grundbildung in der Lernbehindertenpädagogik

Dieser Anspruch auf eine Grundbildung erscheint im Kontext der Diskussion um eine integrative bzw. inklusive Didaktik sowie der Ergebnisse der Studien zur Effektivität der Förderschule unumgänglich. Zahlreiche Studien (Tent 1991; Haeberlin 1991; Sander 1982; Ahrbeck, Bleidick & Schuck 1997) als auch die Ergebnisse der PISA-Studie kritisieren die unzureichende Effektivität dieser Schulform (vgl. zusammenfassend Schröder 2000; Bless 2000). Der Förderschule gelang es bisher nicht bzw. nur unzureichend, ihre Schüler nachhaltig besser auf nachschulische berufliche Situationen und Ausbildungssituationen vorzubereiten. Nach Angaben des Bundesministeriums für Bildung und Forschung besteht die Gruppe gering Qualifizierter bzw. Ungelernter, deren Anteil bei fast 15 % der Schulabgänger liegt, zumeist aus ehemaligen Förderschülern (BMBF 2005, 86). Deutlich über 50 % der Absolventen von Sonder- und Förderschulen bleiben ungelernt, absolvieren also keine Berufsausbildung (Ellinger, Stein & Breitenbach 2006, 123). Einer der Gründe dafür wird in den unzureichenden mathematischen und schriftsprachlichen Kompetenzen der Schulabgänger gesehen. Trotz rechnerischer und lesetechnischer Fertigkeiten können sie diese nicht adäquat in realen, berufsorientierten und ausbildungsbezogenen Situationen anwenden.

Die Möglichkeit und Fähigkeit zur Teilhabe am gesellschaftlichen Leben sind die zentralen Zielkategorien aller Schulformen, d. h. auch die der Förderschulen. Gerade für diese meist aus bildungsfernen Familien bzw. bildungsbenachteiligenden Verhältnissen stammenden Schüler ist die bestmögliche Vorbereitung auf eine berufliche und soziale Integration oberstes Ziel.

Das Literacy-Konzept betont ebenfalls diese funktionale Orientierung, d. h. fokussiert auf die Bewährung von Kompetenzen in authentischen Anwendungssituationen. Damit geht der Literacy-Begriff weit über die Aufgaben und Ansprüche einer elementaren Alphabetisierung und der Vermittlung von elementaren Fertigkeiten in Mathematik hinaus. Ebenso werden Fragen einer curricularen Validität nachrangig gegenüber einer Auswahl authentischer und subjektiv bedeutsamer Verwendungs- und Lebenssituationen.

Diese Auffassung zu den Lese- und mathematischen Kompetenzen unterstreichen deren Bedeutung in allen Schulformen. Mit diesen Intentionen werden grundlegende Parallelen zur didaktischen Diskussion in der Allgemeinen sowie der Lernbehindertenpädagogik deutlich. Didaktisch-methodische Maßnahmen in dieser sonderpädagogischen Fachrichtung orientieren sich seit Beginn an einer Vorbereitung ihrer Schüler auf das zukünftige, weitgehend selbstständige Leben. Spätestens seit den 1970er Jahren sind hier die Kriterien „Berufs- und Lebens- bzw. Alltagsrelevanz" zentral und zielführend für die interne didaktische Diskussion (Klein 2007; Schröder 2007; Hofsäss 2007). Schriftsprachliche und mathematische Kompetenzen standen und stehen dabei im Vordergrund.

Viele in der Didaktik der Lernbehindertenpädagogik diskutierten Ansätze fokussieren auf eine elementare Grundbildung zur Realisierung gesellschaftlicher Teilhabe für diese Schülergruppe.

Problemorientiertes, handelndes Lernen fordern bereits in den 1970er Jahren Vertreter der Lernbehindertendidaktik wie Mann (1979), Rohr (1975) und Wittoch (1976) mit Konzepten zu einem lebenspraktisch orientierten sowie berufs- und problemzentrierten Unterricht bei lernschwachen Schülern. Nestle (1976) kritisiert die Reduktion des Allgemeinbildungsanspruchs an Förderschulen und fordert als Grundintention dieser Schulform eine „sinnhafte und differenzierte Realitätserschließung", um eine allgemeine (z. T. kultur- und schulbedingte) Lernbehinderung zu vermeiden.

Begemann (1975; 1997) nimmt die Eigenwelt des Kindes als didaktisches Kriterium: Hilfsschulgemäßer Unterricht ist als handelnde, einsichtige Eigenwelterweiterung zu verstehen. „Der Aufbau der menschlichen Person erfolgt in einer Eroberung gewisser Weltausschnitte zu einer Eigenwelt. Dieser Unterricht hat die Kinder in ihrer Eigenwelt aufzusuchen und durch Aufgaben und Begegnungen zu erweitern, die Möglichkeiten und Begabungen zu fördern, so dass die Kinder für ihre Welt befähigt werden, so dass sie darin ihre Aufgaben erkennen und ihnen entsprechen können" (Begemann 1975, 56).

Kulturtechniken im Sinne einer funktionalen Anwendung mit Sach- und Handlungsbezug sowie Formen des sozialen Lernens prägen auch Böhms didaktische Überlegungen. Kulturtechniken werden zwar lehrgangsmäßig vermittelt, finden aber ihre Umsetzung, ihre Anwendung in den Kerngebieten wie „Vorbereitung auf die Berufs- und Arbeitswelt" (Böhm 1983).

Besonders Hiller (1989; 2007) konzentriert sich in seinem Konzept einer realitätsnahen (Jugend-)Schule auf die Lebenswelt der Schüler: „Eine Schule für benachteiligte Kinder und Jugendliche muss die Lebenswelt ihrer Schüler nachweislich zum Bezugspunkt machen. Denn diese hat ihre bisherige Lebensgeschichte geprägt und wird sie auch weiterhin bestimmen" (Vorwort).

Angerhoefer (1998) fordert aufgrund veränderter sozialer und wirtschaftlicher Rahmenbedingungen die Vermittlung von Schlüsselqualifikationen im Kontext einer allgemeinen Grundbildung an Förderschulen. Auch sie greift, ähnlich wie Hiller (1989), den Begriff einer „realitätsnahen Schule" auf, die primär auf eine Erwerbstätigkeit der Förderschüler abzielt. Wesentliche Akzentuierungen im curricularen Bereich finden sich in den beiden Bereichen Lebensweltbezogenheit und Ausbildung lebensbedeutsamer Handlungskompetenzen in Einheit mit der Ausbildung allgemein-formaler Funktionen, bei denen die Kulturtechniken eine wesentliche Rolle spielen (Angerhoefer 1998, 106).

Haugwitz, Koch & Unterstab (2002) begründen mit den spezifischen Lebenslagen und Zukunftsperspektiven der Förderschüler eine umfassende Material- und Ideensammlung für einen lebenspraktisch orientierten Unterricht in der Oberstufe der Förderschulen. Nur mit einer Reform des Unterrichts selbst lässt sich der Anspruch der Förderschule auf die Umsetzung ihrer Qualifikations- und Allokationsfunktion, der Vermittlung erwünschter Grundwerte und ihrer Sozialisationsfunktion gerecht werden.

Das Konzept des Gemeinsamen Unterrichts versucht gerade bei lernschwachen Kindern eine Bildungsbenachteiligung zu vermeiden und Chancengleichheit herzustellen (Balgo & Werning 2003). Die Diskussion innerhalb der Integrationsdidaktik favorisiert mehrheitlich didaktische Modelle wie die des Entdeckenden Lernens und Formen des offenen bzw. projektorientierten Unterrichts.

All diese Modelle zielen auf eine individuelle Passung der Lernangebote mit den individuellen Lern- und Leistungsvoraussetzungen der Schüler und gelten gerade für lernschwache Kinder als geeigneter Zugang zu schulischen Bildungsinhalten (Wittmann 2001; Werning & Lütje-Klose 2006, 2007; Mandl 2003; Walter & Wember 2007; Hartke 2007; Reiß & Werner 2007; Heimlich 2007). Sie verzichten auf eine Spezifizierung und/oder eine Reduktion der Bildungsinhalte und fokussieren auf ein anwendungsfähiges, alltagsorientiertes und berufsrelevantes Basiswissen. Zentrale Inhalte sind auch in diesen Konzeptionen die Vermittlung von Kulturtechniken in den Bereichen Deutsch und Mathematik.

Diese Konzepte basieren weitgehend auf einem systemisch-konstruktivistisch orientierten Lehr- und Lernverständnis. Der Schüler als eigenaktives Wesen ist prinzipiell in der Lage, im Rahmen seiner inneren Strukturen die ihn umgebende Welt zu (re)konstruieren und für sich nutzbar zu machen. Unterricht hat dabei (lediglich) die Funktion, angemessene Lern- und Erfahrungsräume zu schaffen. Lernen vollzieht sich in subjektiven Erfahrungsräumen und dient dem Aufbau, der Erhaltung sowie der Erweiterung seiner individuellen Handlungsfähigkeiten, die den Schüler zur Teilhabe am gesellschaftlichen Leben befähigen.

Annäherungen zwischen dem Literacy-Modell und der Didaktik in der Lernbehindertenpädagogik

Die didaktischen Konzeptionen in der Lernbehindertendidaktik finden vor allem in ihrer Forderung nach einer funktionalen, lebensnahen und berufsrelevanten Bildung ihre grundlegende Gemeinsamkeit mit dem Literacy-Modell.

Annäherungen lassen sich vor allem auf drei Ebenen feststellen:

- *Kompetenzorientierung:* Alle neueren didaktischen Konzeptionen sowohl in der Allgemein- als auch in der Sonderpädagogik legen ihren Schwerpunkt auf die Anbahnung und Vermittlung von Kompetenzen. Thematisch werden die schriftsprachlichen und mathematischen Konzepte in den Vordergrund gestellt.
- *Situationsorientierung:* Das Lernen in Situationen und Zusammenhängen, die für Schüler sinnhaltig sind, Alltags- und Berufsrelevanz aufzeigen, wird curricular und didaktisch aufbereitet.
- *Natürliche Differenzierung:* Es sind den Schülern Lern- und Erfahrungsräume bereitzustellen, in denen alle Kinder sich mit ihren individuell unterschiedlichen Lern- und Leistungsvoraussetzungen gemeinsam mit einem Unterrichtsgegenstand, -thema auseinandersetzen können.

Die Ergebnisse der PISA- und IGLU-Studien verstärkten auch in der Sonderpädagogik die Diskussion um die Wirksamkeit pädagogischer Maßnahmen sowie die Messbarkeit von Ergebnissen. Neben bildungspolitischen Aspekten stehen vor allem Fragen des Zusammenhangs von Schülerleistungen und sozialer Benachteiligung sowie dem Erfassen und zielgerichteten Fördern von Schulleistungen wieder verstärkt im Mittelpunkt (v. Stechow & Hofmann 2006). Dass dabei gerade fachdidaktische Fragen im Bereich Deutsch und Mathematik innerhalb der Lernbehindertenpädagogik immer noch unzureichend thematisiert werden, wird immer wieder angemahnt (Moser-Opitz 2006; Seitz 2005). Das grundbildungsorientierte, funktional ausgerichtete und kompetenzorientierte Grundverständnis des Literacy-Modells als schulformunabhängige Konzeption bietet eine geeignete Grundlage zur Gestaltung von Lehr- und Lernprozessen in allen sonderpädagogischen Handlungsfeldern einschließlich integrativen/inklusiven Settings.

6.4.3 Didaktische Umsetzung des Literacy-Grundbildungsmodells im Mathematikunterricht

Nachfolgend soll ein mögliches didaktisches Vorgehen im Sinne dieses Literacy-Konzepts für den Bereich Mathematikunterricht dargestellt werden.

Das Literacy-Konzept Mathematik betont den funktionalen Gebrauch dieser Kulturtechniken und warnt vor der Reduktion mathematischen Könnens auf formalisierte Automatismen. „Mathematische Kompetenz zeigt sich ... im verständnisvollen Umgang mit Mathematik und in der Fähigkeit, mathematische Begriffe als Werkzeuge in einer Vielfalt von Kontexten einzusetzen. Die konkrete Bearbeitung und Lösung einer mathematischen Aufgabenstellung wird als Prozess der Erstellung, Verarbeitung und Interpretation eines mathematischen Modells verstanden" (PISA-Konsortium 2001, 146).

Die folgende Grafik illustriert die Zusammenhänge zwischen sachstrukturellen, alltags- und lebensweltlichen Faktoren:

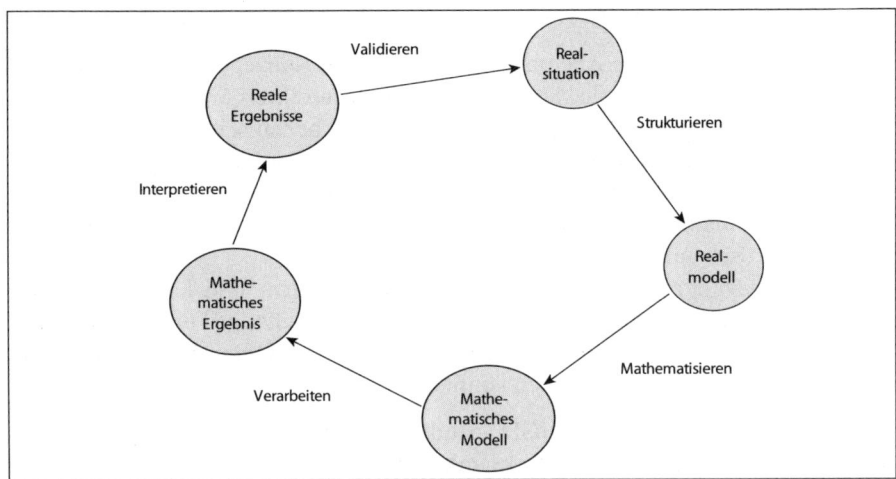

Abb. 67: Grundbildungsmodell Mathematik nach IGLU (Bos 2003, 191) und PISA (PISA-Konsortium 2001, 144)

Das Literacy-Grundbildungsmodell als grundlegende didaktisch-methodische Orientierung

> Die Grafik lässt sich wie folgt lesen: Ausgangspunkt jeglicher mathematischer Überlegungen ist eine Realsituation: *„Anja, Klaus und Peter spielen nach der Schule zusammen Memory. Auf dem Tisch liegt eine Tüte mit noch neun Schokoladenbonbons. Sie wollen sie unter sich aufteilen. Wie viele Bonbons bekommt jedes Kind?"*
> Um das Problem zu lösen, muss diese Realsituation strukturiert und vereinfacht werden. Die sachbezogenen Faktoren werden herausgefiltert, zusammengefasst, unwesentliche Aspekte weggelassen. Es gilt herauszuarbeiten, dass dieses Problem als ein mengentheoretisches, mathematisches Problem zu lösen ist.
> Damit ist ein Realmodell entwickelt worden: *Neun Bonbons sind auf drei Kinder aufzuteilen.* Über das Mathematisieren, d.h. das Entwickeln mathematischer Lösungs- und Rechenwege, wird das entsprechende mathematische Modell entwickelt. So lässt sich diese Situation z.B. über folgende Strategien lösen:
>
> - Stück-für-Stück-Zuordnung: *Jedes Kind bekommt jeweils ein Bonbon bis die Gesamtmenge verteilt ist.*
> - Verteilung gebündelter Mengen: *Zuerst bekommt jedes Kind zwei Bonbons, danach noch eins.*
> - Verteilung gebündelter Mengen in der Dreierbündelung: *Jedes Kind bekommt sofort drei Bonbons.*
>
> Während diese Lösungswege mehrheitlich auf der konkret-handelnden Ebene erfahren werden können, lassen sich weitere, abstraktere Lösungswege finden/erarbeiten, beispielsweise: $3 + 3 + 3$; $(2 + 1) \times 3$; $(1 + 2) \times 3$ oder 3×3 oder $9 : 3$.
> In der Phase der Verarbeitung dieses mathematischen Modells wird die *Aufgabe ausgerechnet, das mathematische Ergebnis ermittelt: $9 : 3 = 3$.*
> Dieses formal-abstrakte, mathematische Ergebnis ist nun zu interpretieren und als Realergebnis zu verstehen: *Die Zahl 3 bedeutet in diesem Zusammenhang: Wenn neun Bonbons auf drei Kinder aufgeteilt werden, erhält jedes Kind drei Bonbons.*
> Dieses Ergebnis, das zunächst nur für diese konkrete Situation gültig ist, wird abschließend in der Phase der Validierung auf vielfältige Realsituationen übertragen, d.h. diese Verteilungsstrategien gelten auch für alle anderen Mengen mit der Anzahl 9, für andere Verteilungssachverhalte, in anderen Situationen: *Immer, wenn neun Gegenstände auf drei Personen, in drei Gruppen usw. zu verteilen sind, erhält jede Person, jede Gruppe drei dieser Gegenstände.*
> Die Kompetenz von Kindern, Sachaufgaben zu lösen, lässt demnach Rückschlüsse auf die Qualität und den Umfang ihrer mathematischen Kompetenzen zu.

Das nachfolgend skizzierte Vorgehen illustriert eine mögliche Unterrichtssequenz im Mathematikunterricht einer Anfangsklasse zum Thema Einführung des Zahlenraums bis 100 sowie der Bündelungsstrategien: Ausgangspunkt ist hier die spielerische Alltagssituation, in der Kinder ihr klasseninternes Murmelturnier vorbereiten. Dies lässt sich am besten durch das konkrete Spiel arrangieren. Die dazu notwendigen vielen Murmeln müssen vorab gezählt werden.

Diese im Alltag der Kinder als real erlebte Situation wird nun durch strukturierende Fragen und Strategien (man muss schätzen und/oder zählen) zum Realmodell: Die Anzahl der Elemente einer Menge muss erfasst werden.

In diesem „Realmodell" erfahren die Kinder die verschiedenen Möglichkeiten, die Anzahl größerer Mengen zu erfassen. Hier dargestellt sind unterschiedliche Lege-, Zähl- und Notationsstrategien. Wichtig erscheint hierbei, dass keine der zu diskutierenden und von Schülern auszuprobierenden Strategien als einzig richtige bewertet wird. Entscheidend ist, ob eine der angebotenen Strategien für das einzelne Kind nachvollziehbar und sinnvoll ist. Es werden von Kindern diejenigen Vorgehensweisen übernommen, die aus ihrer Sicht am besten zu ihren inneren Strukturen, zu ihrem Vorwissen und zu ihren Strategien passen. Lernen versteht sich so als ein re-, de- und konstruierender Prozess, als Verknüpfung und Erweiterung eines bereits vorhandenen Wissens.

Abb. 68: Alltagssituation – Murmeln schätzen

Abb. 69: Zähl- und Notationsstrategien

Nachdem diese Varianten zur Erfassung größerer sortierter und unsortierter Mengen auf vielfältige Art ausprobiert wurden, wird eine Entscheidung über eine möglichst effektive Strategie getroffen, um die Ausgangsfrage beantworten zu können: Wie viele Murmeln sind in dem Glas?

Abb. 70: Bündeln von 10er-Mengen

In diesem Fall bietet sich die 10er-Bündelung als effektive Möglichkeit an. Für die gewählte Alltagssituation bieten sich zahlreiche Möglichkeiten an, die konkrete Handlung sowie deren Abstraktionen auf vielfältige und unterschiedliche Weise umzusetzen.

Das mathematische Ergebnis wird im nächsten Schritt dann formalisiert, d. h. mit den konventionellen mathematischen Zeichen und Begriffen notiert, sowie interpretiert: Unabhängig davon, wie die Murmeln gezählt werden, erhält man die Gesamtzahl von 86.

Informell können hier die Begriffe Einer/Zehner eingeführt werden. Die verschiedenen Darstellungsarten wie Strich-Bündelungen oder Skizzen der gefüllten Murmelsäckchen erleichtern die Einsicht in die notwendige Abstraktion von konkreten Handlungen über die bildliche, symbolische bis hin zur formal-abstrakten Ebene. Diese Situation bietet über ein erstes Erkennen der dekadischen Struktur unseres Zahlensystems hinaus die Möglichkeit, Additions- und Subtraktionsaufgaben im Zahlenraum bis 100 zu entdecken und zu rechnen.

Im letzten Schritt sind diese Vorgehensweisen und Strategien (hier Zähl- und Bündelungsstrategien) in anderen alltags- und lebensrelevanten Situationen zu evaluieren. So bietet es sich beispielsweise an, im Supermarkt nach Verpackungen zu suchen, in denen unterschiedlichste Waren gebündelt sind, z. B. Wattestäbchen, Kaugummipackungen, Getränkeverpackungen, Bonbontüten, Eier-, Gebäck- oder Teigwarenverpackungen.

Eine solche Vorgehensweise sichert allen Kindern mit unterschiedlichsten Lern- und Leistungsvoraussetzungen eine individuelle Lernmöglichkeit. So lassen sich für Kinder beispielsweise einfache Zählstrategien und -prinzipien erfahren und Zusammenhänge zwischen Zahlwort und Ziffernsymbol erkennen. Selbst Kinder, die ausschließlich im pränumerischen Bereich arbeiten, können Erfahrungen in Klassifikations- und Seriationsstrategien (Murmeln sortieren und zusammenfassen, mengentheoretische Vergleiche zu „mehr" und „weniger") sammeln. Andere Kinder wiederum erkennen die Notwendigkeit der Bündelung größerer Mengen, wieder andere Kinder haben die Möglichkeit, additive Strukturen des dekadischen Positionssystems zu rekonstruieren.

Neben dem Bereitstellen des entsprechenden Rahmens für die Schüler besteht für die Lehrkraft die Möglichkeit, durch Beobachtung des Lernverhaltens der Kinder oder auch durch Befragung zu ihren Überlegungen und Denkvorgängen diagnostische Hinweise zu bekommen.

Auch wenn eine solche Vorgehensweise (noch) nicht umfassend empirisch abgesichert ist, untermauern die eingangs genannten Forschungsbefunde zu den Einflussfaktoren erfolgreichen Unterrichts dieses Konzept. Darüber hinaus unterstreichen die Ergebnisse aus der Dyskalkulieforschung und -therapie diese Vorgehensweise.

Jacobs & Petermann (2007, 40) geben zur Prävention von Rechenstörungen folgende Hinweise:

- Die Förderung soll auf mathematische Inhalte abzielen.
- Die mathematische Förderung soll systematisch aufgebaut werden.
- Mit der Förderung soll auf der Entwicklungsstufe begonnen werden, auf der sich das Kind befindet.
- Es sollen abstrakte Modelle zur Veranschaulichung mathematischer Inhalte verwendet werden (z. B. Zahlenstrich).
- Die Rechenoperationen sollen nicht nur vom Kind nachvollzogen, sondern auch laut verbalisiert werden.
- Konkrete oder anschauliche Darstellungsmittel sollten solange verwendet werden, wie sie das Kind benötigt.

Fazit

Dieses Konzept nutzt die durch Forschungsergebnisse gestützten Faktoren eines erfolgreichen Mathematikunterrichts. Es greift im Unterricht solche Themen und Situationen auf, die für die Schüler alltags- und berufsrelevant sind. Diese Situationen bieten Schülern die Möglichkeit, eigenständig mathematische Strukturen zu re- und zu konstruieren. Nicht nur das formale Ergebnis, sondern die mathematisierende Analyse der Situationen selbst sowie die unterschiedlichen Lösungsmöglichkeiten auf der Basis fachspezifischen Wissens und individueller Kompetenzen bilden den zentralen Inhalt derartiger Lehr- und Lernsituationen.

Eine solche situations- und kompetenzorientierte Herangehensweise ist nicht gebunden an eine bestimmte Schulform. Sie lässt sich nicht leiten von ausschließlich sachstrukturellen und fachwissenschaftlichen Überlegungen, sondern setzt die Kompetenz der Kinder und deren subjektiv bedeutsamen Probleme aus ihrer Lebenswelt in den Mittelpunkt aller didaktisch-methodischer Entscheidungen.

Eine didaktisch-methodische Herangehensweise auf der Basis des Literacy-Modells leistet wertvolle Beiträge zur

- Professionalisierung der Fachdidaktik.
- Sicherung einer Allgemeinen Grundbildung.
- Verminderung von (Bildungs-)Benachteiligung speziell für Kinder in erschwerten Lern- und Lebenssituationen.

- Konkretisierung einer integrativen Didaktik/Inklusionsdidaktik.
- Prävention von Lernschwierigkeiten, Dyskalkulie.

Das Jahr 2008 war das Jahr der Mathematik. Ein zentrales Motto lautete: *„Du kannst mehr Mathe als du denkst"*. Das hier begründete Konzept eines alltags- und kompetenzorientierten Mathematikunterrichts mag nicht nur für lernschwache Schüler einen Beitrag dazu darstellen.

Literaturverzeichnis

Aebli, H. (1976). Grundformen des Lehrens. Eine allgemeine Didaktik auf kognitionspsychologischer Grundlage. Stuttgart
Aebli, H. (1981). Denken. Das Ordnen des Tuns. Band 2. Stuttgart
Aescheberger, U. (1994). Verstehen als operative Beweglichkeit und Einsicht. In: Reusser, K. & Reusser-Weyeneth, B. (Hrsg.). Verstehen. Bern, 127–141
Ahrenholz, B. (2006) (Hrsg.). Kinder mit Migrationshintergrund. Spracherwerb und Fördermöglichkeiten. Freiburg
Akademie für Lehrerfortbildung und Personalführung Dillingen; Ganser, B. (2004) (Hrsg.). Rechenstörungen. Hilfen für Kinder mit besonderen Schwierigkeiten beim Erlernen der Mathematik. Donauwörth
Angerhoefer, U. (1998). Zur Entwicklung von Schlüsselqualifikationen im Kontext einer veränderten allgemeinen Grundbildung in der Förderschule. In Angerhoefer U. & Dittmann W. (Hrsg.). Lernbehindertenpädagogik. Eine institutionalisierte Pädagogik im Wandel. Berlin, 97–115
Antell, J. R. & Keating, D. P. (1983). Perception of numerical invariance in neonates. In: Child Development. 54, 695–701
Antor, G. & Bleidick, U. (2001) (Hrsg.). Handlexikon der Behindertenpädagogik. Stuttgart
Ayres, J. (1984). Bausteine kindlicher Entwicklung. Berlin
Ayres, J. (1986). Lernstörungen. Sensorisch-integrative Dysfunktionen. Berlin
Ayres, J. (2002). Bausteine der kindlichen Entwicklung. Berlin
Baddeley, A. D. (1988). So denkt der Mensch. München
Balgo, R. (1997). Vom Defizit zum Profizit – oder: Von Lern- und Verhaltensproblemen zu möglichen Lösungen. In: System Schule. Zeitschrift für eine innovative Schulpraxis. 3, 90–93
Baptist, P. (2000). Nach TIMSS und vor PISA. Gedanken zum Mathematikunterricht. In: Flade, L. & Herget, W. (Hrsg.). Mathematik lehren und lernen nach TIMSS. Berlin, 7–13
Barth, K. (2003). Lernschwächen früh erkennen. München
Bauersfeld, H. (1983). Subjektive Erfahrungsbereiche als Grundlage einer Interaktionstheorie des Mathematiklernens und -lehrens. In: Bauersfeld, H. (Hrsg.). Lehren und Lernen von Mathematik. Köln, 1–56
Bauersfeld, H. et al. (1983). Lernen und Lehren im Mathematikunterricht. Köln
Bauersfeld, H. (1992). Drei Gründe, geometrisches Denken in der Grundschule zu fördern. In: Beiträge zum Mathematikunterricht. Hildesheim, 7–33
Baumert, J. et al. (1997). TIMSS. Mathematisch-naturwissenschaftlicher Unterricht im internationalen Vergleich. Deskriptive Befunde. Opladen
Baumert, J.; Bos, W. & Lehmann, R. (2000). TIMSS/III. Dritte Internationale Mathematik- und Naturwissenschaftsstudie. Mathematische und naturwissenschaftliche Bildung am Ende der Schullaufbahn (2 Bände). Opladen
Begemann, E. (1970). Die Entwicklung der sozio-kulturell benachteiligten Schüler. Hannover
Begemann, E.; Gnirk, H.; Mathieu, A.; Riedel, L. & Wittoch, M. (1976). Denken, Rechnen, Handeln. Lehrerband 1. Dortmund
Begemann, E. (1997). Lebens- und Lernbegleitung konkret. Bad Heilbrunn
Behring, K.; Kretschmann, R. & Dobrindt, Y. (1999). Prozessdiagnose mathematischer Kompetenzen in den Schuljahren 1 und 2. Band 1–3. Horneburg a. d. Niederelbe
Bekhiet, M. (2007). Sich im Raum orientieren. Unterrichtseinheiten zu geometrischen Themen an der Förderschule. Unveröffentliche Wissenschaftliche Hausarbeit zur Ersten Staatsprüfung für das Lehramt an Sonderschulen. Heidelberg

Benholz, C.; Lipkowski, E. & Iordanidou, C. (2005). Wie schwierig sind Texte aus Leistungstests. In: Grundschule aktuell. 92, 21–24
Berges, M. (1984). Wir spielen Einkaufen und bezahlen mit Geld. In: Ehrenwirth Sonderschulmagazin. 12/184, 15–16
Bleidick, U. (1975). Empirische Untersuchungen der Rechenleistungen von Lernbehinderten im Hinblick auf die Didaktik des Rechenunterrichts. In: Kanter, G. & Langenohl, H. (Hrsg.). Didaktik des Mathematikunterrichts. Berlin, 1–25
Bleidick, U. (2000). Theorien zur Psychologie der Menschen mit Behinderungen. In: Borchert, J. (Hrsg.). Handbuch Sonderpädagogische Psychologie. Göttingen, 127–232
BMBF (Bundesministerium für Bildung und Forschung) (Hrsg.) (2005). Berufsbildungsbericht 2005. Bonn
Bönsch, M. (2006). Allgemeine Didaktik. Stuttgart
Bos, W.; Lankes, M.; Prenzel, M.; Schwippert, K.; Walther, G. & Valin, R. (2003). Erste Ergebnisse aus IGLU. Münster
Bruder, R. (2000). Akzentuierte Aufgaben und heuristische Erfahrungen. In: Flade, L. & Hergest, W. (Hrsg.). Lehren und Lernen nach TIMSS. Berlin, 69–78
Brügelmann, H. (2008). Kinder auf dem Weg zur Schrift. Lengwil
Brügelmann, H. & Brinkmann, E. (1998). Die Schrift erfinden. Legwil
Brügelmann, H. (1997). Die Öffnung des Unterrichts muss radikaler gedacht, aber auch klarer strukturiert werden. In: Balhorn, H. & Niemann, H. (Hrsg.). Sprachen werden Schrift. DGLS-Jahrbuch. Band 7. Lengwil, 43–60
Bruner, J. (1971). Studien zur kognitiven Entwicklung. Stuttgart
Brunner, H. (2007). Die Entwicklung des Zahlbegriffs in der Mathematik. In: Österreichisches Bundesministerium für Bildung, Wissenschaft und Kultur (Hrsg.). Wissenschaftliche Nachrichten. Wien, 32–34
Brunsting, M. (1990). Teilleistungsschwächen. Zürich
Bürger, H. (2000): Argumentieren im Mathematikunterricht. In: Flade, L. & Hergest, W. (Hrsg.). Lehren und lernen nach TIMSS. Berlin, 31–38
Buggle, F. (1997). Die Entwicklungspsychologie Jean Piagets. Stuttgart
Bundschuh, K. (1996). Einführung in die sonderpädagogische Diagnostik. München
Bundschuh, K.; Heimlich, U. & Krawitz, R. (1999). Förderung. In: Bundschuh, K.; Heimlich, U. & Krawitz, R. (Hrsg.). Wörterbuch Heilpädagogik. Bad Heilbrunn 82–86
Burgert, M. (2001). Fit fürs Leben. Grundriss einer Pädagogik für benachteiligte Jugendliche in Schule, Ausbildung und Erwerbstätigkeit. Langenau-Ulm
Bussmann, H. (1992). Mathematiklernen als symbolische Konstruktion. Frankfurt
Butterworth, B. (1999). The Mathematical Brain. London
Caluori, F. (2003). Die numerische Kompetenz von Vorschulkindern. Theoretische Modelle und empirische Befunde. Hamburg
Calvin, W. & Ojemann, G. (2000). Einsicht ins Gehirn. Wie Denken und Sprache entsteht. München
Carpenter, T. P. & Moser, J. M. (1983). The aquisition of addition and subtraction concepts. In: Lesh, R. & Landau, M. (Eds.): Acquisition of mathematics concepts and process. New York 7–44
Case, R. (1999). Die geistige Entwicklung des Menschen. Von der Geburt bis zum Erwachsenenalter. Heidelberg
Clausen-Suhr, K.; Schulz, L. & Bricks, P. (2008). Mathematische Bildung im Kindergarten. Ergebnisse einer quasi-experimentellen Evaluation des Förderprogramms „Zahlenzauber". In: Zeitschrift für Heilpädagogik. 09, 341–349
Damasio, A. (2002). Ich fühle, also bin ich. München
Damerow, P. (1993). Zum Verhältnis von Ontogenese und Historiogenese des Zahlbegriffs. In: Edelstein, W. & Hoppe-Graf, S. (Hrsg.). Die Konstruktion kognitiver Strukturen. Bern, 195–260

Dank, S. (1995). Übungsreihen für Geistigbehinderte (Heftreihe). Dortmund
Dank, S. (2001). Übungsreihen für Geistigbehinderte (Heftreihe). Dortmund
Dannbauer, F. (1999). Grammatik. In: Baumgartner, S. & Füssenich, I. (Hrsg). Sprachtherapie mit Kindern. München, 105–161
Dax, H. & Meister, H. (1998). Sich ein Bild machen von einer pädagogischen Situation. In: Eberwein, H. & Knauer, S. (Hrsg.). Handbuch Lernprozesse verstehen. Wege einer (sonder)pädagogischen Diagnostik. Weinheim, 110–125
Deeken, T. (2002). Die Bedeutung der Raum-Zeit-Dimension für die Entwicklung und die Schulleistung bei lern- und entwicklungsgestörten Schülern. In: Eggert, D. & Bertrand, L. (Hrsg.). RZI – Raum-Zeit-Inventar. Dortmund, 117–181
Degenhardt, S. (2003). Pädagogische Interventionen bei Beeinträchtigungen der visuellen Wahrnehmung. In: Leonhardt, A. & Wember, F. (Hrsg.). Grundfragen der Sonderpädagogik. Weinheim, 376–398
Dehaene, S. (1997). The number sense: how the mind creates mathematics. New York
Dehaene, S. (1999). Der Zahlensinn oder Warum wir rechnen können. Basel
Dehaene, S. (2001). Precis of the number sense. Mind and Language. 16, 16–36
Deutscher Bildungsrat (1973). Empfehlungen zur sonderpädagogischen Förderung behinderter und von Behinderung bedrohter Kinder und Jugendlicher. Bonn
Deutsches PISA-Konsortium (2001) (Hrsg.). PISA 2000. Opladen
Devlin, K. (2002). Muster der Mathematik. Heidelberg
Devlin, K. (2004). Das Mathe-Gen oder: Wie sich das mathematische Denken entwickelt und warum Sie Zahlen ruhig vergessen können. München
De Vries C. (2006). Mathematik an der Schule für Geistigbehinderte. Dortmund
Dilling, H. & Freiberger, J. (2001) (Hrsg.). Taschenführer zur ICD 10-Klassifikation psychischer Störungen. Bern
Ditton, H. (2006). Unterrichtsqualität. In: Arnold, K.; Sandfuchs, U. & Wiechmann, J. (Hrsg.). Handbuch Unterricht. Bad Heilbrunn, 235–243
Dornheim, D. & Lorenz, J. H. (2002). Zwischenbericht zum Projekt „Früherfassung von Lernstörungen im Mathematikunterricht". Bonn
Ebersbach, M.; Luwel, K.; Frick, A.; Onghena, P. & Verschaffel, L. (2008). The relationship between the shape of the mental number line and familiarity with numbers in 5 to 9 year old children. Evidence for a segmented linear model. Journal of Experimental Child Psychology. 99, 1–17
Eberwein, H. (1998). Die Beobachtung von Kindern im Unterricht als Methode des Fremdverstehens und zur Unterstützung von Lernprozessen. In: Eberwein, H. & Knauer, S. (Hrsg.). Handbuch Lernprozesse verstehen. Weinheim, 194–208
Eggert, D. (1997). Von den Stärken ausgehen. Dortmund
Eichler, K.-P. (2007). Zum Geometrieunterricht in der Primarstufe. In: Kaufmann, S. & Filler, A. (Hrsg.). Kinder fördern – Kinder fordern. Hildesheim, 21–38
Ellinger, S.; Stein, R. & Breitenbach, E. (2006). Nischenarbeitsplätze für Menschen mit geringer Qualifikation. Zeitschrift für Heilpädagogik. 57 (4), 122–132
Ellrott, D. & Aps-Ellrott, B. (1995). Förderdiagnostik. Offenburg
Esser, G. & Wyschkon, A. (2002). Umschriebene Entwicklungsstörungen. In: Petermann, F. (Hrsg.). Lehrbuch der Klinischen Kinderpsychologie und -psychotherapie. Göttingen, 409–429
Ezawa, B. (1992). Die Förderung mathematischer Fähigkeiten bei Geistigbehinderten mit speziellen Lernstörungen. Ein Fallbericht und therapeutische Vorschläge. In: Zeitschrift für Heilpädagogik. 43 (2), 73–83
Ezawa, B. (1996). Zahlen und Rechnen bei geistig behinderten Schülern. Frankfurt
Ezawa, B. (1997). Das Kardinalzahlkonzept. Untersuchungen bei einer Schülerin mit geistiger Behinderung. In: Zentralblatt für Didaktik der Mathematik. 1, 11–20

Literaturverzeichnis

FAZ (Frankfurter Allgemeine Sonntagszeitung) (17. 08. 2008), 40

Floer, J. & Möller, M. (1978). Mathematikunterricht zwischen „Lebensnähe" und Strukturierung – dargestellt an einer Unterrichtseinheit mit lernbehinderten Kindern. Sonderpädagogik. 08 (2), 49–58

Foppa, K. (1997). „Verstehen im Dialog" und „Textverstehen". Zwei Seiten einer Medaille? In: Reusser, K. & Reusser-Weyeneth, B. (Hrsg.). Verstehen. Bern, 55–68

Franke, M. (2007). Didaktik der Geometrie in der Grundschule. Heidelberg

Freudenthal, H. (1982). Mathematik – eine Geisteshaltung. In: Die Grundschule. 14 (4), 140–142

Fricke, A. & Besuden, H. (1968). Mathematik in der Grundschule. Empfehlungen und Richtlinien zur Modernisierung des Mathematikunterrichts an den allgemeinbildenden Schulen (Beschluss der KMK vom 3. 10. 1968). Stuttgart

Friedrich, G. (2003). Die Zahlen halten Einzug in den Kindergarten. Ein Projekt zur mathematischen Frühförderung. In: Kindergarten Heute. 1, 34–40

Friedrich, G. & de Galgóczy, V. (2004). Komm mit ins Zahlenland. Eine Entdeckungsreise in die Welt der Mathematik. Freiburg

Friedrich, G. & Munz, H. (2004). Projekt- und Evaluationsbericht „Komm mit ins Zahlenland". Ein „ganzheitliches" Frühförderungskonzept am Beispiel elementarer Mathematik. Freiburg

Fritz, A. (2003). Bedingungsvariationen und Fehleranalysen als Beobachtungszugänge zur Diagnostik arithmetischer Kompetenz. In: Fritz, A.; Ricken G. & Schmidt S. (Hrsg.). Rechenschwäche. Lernwege, Schwierigkeiten und Hilfen bei Dyskalkulie. Weinheim, 283–308

Fritz, A.; Ricken, G. & Schmidt, S. (2003). Rechenschwäche. Lernwege, Schwierigkeiten und Hilfen bei Dyskalkulie. Weinheim

Fritz, A. & Ricken, G. (2005). Früherkennung von Kindern mit Schwierigkeiten im Erwerb von Rechenfertigkeiten. In: Hasselhorn, M.; Schneider, W. & Marx, H. (Hrsg.). Diagnostik von Mathematikleistungen. Göttingen, 5–27

Fritz, A.; Ricken, G. & Schuck, K. D. (2006). Lernen. Wie die Welt nach innen kommt. In: Fritz, A.; Klupsch-Sahlmann, R. & Ricken, G. (Hrsg.). Handbuch Kindheit und Schule. Weinheim, 180–191

Fritz, A.; Ricken, G. & Gerlach, M. (2007). Handreichung zur Durchführung der Diagnose Kalkulie. Diagnose- und Trainingsprogramm für rechenschwache Kinder. Berlin

Fritz, A. & Ricken, G. (2008). Rechenschwäche. München

Fröhlich, A. (2003). Mehrfache Schädigungen und schwerste Behinderungen. In: Leonhardt, A. & Wember, F. (Hrsg). Grundfragen der Sonderpädagogik. Weinheim, 661–683

Frostig, M. (1985). Teilleistungsstörungen. Ihre Erkennung und Behandlung bei Kindern. München

Fuchs, A. (1922). Versuch einer Hilfsschulpädagogik. Eine Auswahl aus: Schwachsinnige Kinder, ihre sittlich-religiöse, intellektuelle und wirtschaftliche Rettung. Beschel, E. (Hrsg.) (1967). Berlin

Füssenich, I. (2003). Pädagogische Förderung bei Beeinträchtigungen der sprachlichen Kommunikation. In: Leonhardt, A. & Wember, F. (Hrsg.). Grundfragen der Sonderpädagogik. Weinheim, 421–440

Fuson, K. C. (1988). Children's counting and concepts of number. New York

Ganser, B. (2004). Theoretische Grundbausteine. In: Akademie für Lehrerfortbildung und Personalführung Dillingen (Hrsg.). Rechenstörungen. Hilfen für Kinder mit besonderen Schwierigkeiten beim Erlernen der Mathematik. Donauwörth, 6–25

Gaidoschik, M. (2003). Rechenschwäche – Dyskalkulie. Eine unterrichtspraktische Einführung für LehrerInnen und Eltern. Wien

Gallin, P. & Ruf, U. (1993). Sprache und Mathematik in der Schule. Zürich

Ganser, B. (2004). Theoretische Grundbausteine. In: Akademie für Lehrerfortbildung und Personalführung Dillingen (Hrsg.). Rechenstörungen. Hilfen für Kinder mit besonderen Schwierigkeiten beim Erlernen der Mathematik. Donauwörth, 6–25

Gasteiger-Klicpera, B. & Klicpera, C. (2000). Kinder mit deutscher und nicht deutscher Muttersprache. Zusammenhang zwischen außerschulischer Förderung und Lese- und Rechtschreibschwierigkeiten. In: Sonderpädagogik. 3, 127–139

Gaupp, N. (2003). Dyskalkulie. Arbeitsgedächtnisdefizite und Defizite numerischer Basiskompetenzen rechenschwacher Kinder. Berlin

Geary, D. C. (1993). Mathematical disabilities. Cognitive, neuropsychological, and genetic components. In: Psychological Bulletin. 114, 345–362

Geary, D. C. (1996). Children's mathematical development. Research and practical applications. American Psychological Association, Washington

Geary, D. C.; Hoard, M. K. & Hamson, C. O. (1999). Numerical and arithmetic cognition. Patterns of functions and deficits in children at risk for mathematical disability. In: Journal of Experimental Child Psychology. 74, 213–239

Geary, D. C.; Hamson, C. O. & Hoard, M. K. (2000). Numerical and arithmetical cognition. A longitudinal study of process and concepts deficits in children with learning disability. In: Journal of Experimental Child Psychology. 77, 236–263

Gehrecke, S. & Mohr, C. (1973). Naturlehre in der Sonderschule für Lernbehinderte. Berlin

Gelman, R. (1990). First principles organize attention to and learning about relevant data. Number and animate-inanimate distinction and examples. In: Cognitive Science. 14, 79–106

Gelman, R. (2000). The epigenesis of mathematical thinking. In: Journal of Applied Developmental Psychology. 21, 27–37

Gelman, R. & Galistell, C. (1978). The child's understanding of number. Cambrigde

Gerstenmair, J. & Mandl, H. (1995). Wissenserwerb unter konstruktivistischer Perspektive. In: Zeitschrift für Pädagogik. 41(6), 867–888

Gerster, H. D. (1984). Lerndefizite als Folge von Lehrdefiziten? Erfahrungen aus der Analyse von Schülerfehlern bei schriftlichen Rechenverfahren. In: Lorenz, J. H. (Hrsg.). Lernschwierigkeiten in Forschung und Praxis. Köln, 56–74

Gerster, H. D. (2003). Schwierigkeiten beim Erwerb arithmetischer Konzepte im Anfangsunterricht. In: Lernart, F.; Holzer, N. & Schaupp, H. (Hrsg.). Rechenschwäche, Rechenstörung, Dyskalkulie. Graz, 154–160

Goglin, I.; Kaiser, G.; Roth, H.; Deseniss, A.; Hawighorst, B. & Schwarz, I. (2004). Mathematiklernen im Kontext sprachlich-kultureller Diversität. DFG-Abschlussbericht. Hamburg

Gripp-Hagelstange, H. (1997). Niklas Luhmann. Eine Einführung. München

Grissemann, H. & Weber, A. (1982). Spezielle Rechenstörungen. Ursachen und Therapie. Basel

Grissemann, H. (1996). Dyskalkulie heute. Sonderpädagogische Integration auf dem Prüfstand. Bern

Grotlüschen, A. (2006). Lernkompetenz oder Learning Literacy? Hamburg

Grube, D. (2006). Entwicklung des Rechnens im Grundschulalter. München

Grüßing, M. & Schmitman, A. (2007). „Ohne Zahlen keine Welt und ohne Wörter guckt man sich nur an". Erkenntnisse aus dem Elementarmathematischen Basisinterview bei Kindern mit Migrationshintergrund. In: Grundschulunterricht. 7/8, 28–32

Grundmann, M.; Groh-Samberg, O.; Bittlingmayer, U. & Bauer, U. (2003). Milieuspezifische Bildungsstrategien in Familie und Gleichaltrigengruppe. In: Zeitschrift für Erziehungswissenschaft. 6 (1), 25–45

Gudjons, H. (1994). Pädagogisches Grundwissen. Bad Heilbrunn

Gudjons, H. (2001). Lehr- und Lernplanung. In: Antor, G. & Bleidick, U. (Hrsg.). Handlexikon der Behindertenpädagogik. Stuttgart, 35–38

Haeberlin, U.; Bless, G.; Moser, U. & Klaghofer, R. (1991). Die Integration von Lernbehinderten. Bern
Hansen, G. & Stein, R. (1997). Sonderpädagogik konkret. Ein Handbuch in Schlüsselbegriffen. Bad Heilbrunn
Häsel, U. (2000). Ganzheitlicher Einstieg in den Hunderterraum. In: Sonderpädagogik. 30 (3), 154–156
Hasemann, K. (1985). Mathematische Lernprozesse. Analysen mit kognitionstheoretischen Modellen. Braunschweig
Hasemann, K. (2003). Anfangsunterricht Mathematik. Heidelberg
Hasemann, K. (2008). Möglichkeiten der Diagnose arithmetischer Fähigkeiten im vorschulischen Bereich. In: Hellmich, F. & Köster, H. (Hrsg.). Vorschulische Bildungsprozesse in Mathematik und Naturwissenschaften. Bad Heilbrunn, 45–58
Hasselhorn, M. & Gold, A. (2006). Pädagogische Psychologie. Stuttgart
Hasemann, K. & Stern, E. (2003). Textaufgaben und mathematisches Verständnis. In: Grundschulunterricht. 2, 2–5
Hasselhorn, M.; Marx, H. & Schneider, W. (2005). Diagnostik von Mathematikleistungen. Jahrbuch der pädagogisch-psychologischen Diagnostik. Tests und Trends. Göttingen
Haug, C. & Keuchel, B. (1984). Lesen, Schreiben und Rechnen mit geistig Behinderten. Wien
Haugwitz, S.; Koch, K. & Unterstab, S. (2002). Mehr aus dem Lehrplan machen. Weinheim
Heimlich, U. (2003). Integrative Pädagogik. Stuttgart
Heimlich, U. (2004). Didaktische Konzepte für den zieldifferenten Gemeinsamen Unterricht. In: Zeitschrift für Heilpädagogik. 55(6), 288–295
Hellmich, F. (2008). Förderung mathematischer Vorläuferfertigkeiten im vorschulischen Bereich. Konzepte, empirische Befunde und Forschungsperspektiven. In: Hellmich, F. & Köster, H. (Hrsg.). Vorschulische Bildungsprozesse in Mathematik und Naturwissenschaften. Bad Heilbrunn, 83–102
Hellmich, F. & Köster, H. (2008) (Hrsg.). Vorschulische Bildungsprozesse in Mathematik und Naturwissenschaften. Bad Heilbrunn
Helmke, A. & Weinert, F.E. (1997). Bedingungsfaktoren schulischer Leistungen. In: Weinert, F.E. (Hrsg.). Psychologie des Unterrichts und der Schule. Pädagogische Psychologie, Enzyklopädie der Psychologie, Band 3. Göttingen, 71–176
Helmke, A. & Reich, H. (2001). Die Bedeutung der sprachlichen Herkunft für die Schulleistungen. In: Empirische Pädagogik. 15(4), 567–600
Helmke, A. (2006). Was wissen wir über guten Unterricht? In: Pädagogik. 2, 42–45
Helmke, A.; Helmke, T. & Schrader, F. (2007). Qualität von Unterricht. Aktuelle Tendenzen und Herausforderungen im Hinblick auf die Evaluation und Entwicklung von Schule und Unterricht. In: Pädagogische Rundschau. 61 (5), 527–543
Hemminger, U. et al. (2000). Testdiagnostische Verfahren zur Überprüfung der Fertigkeiten im Lesen, Rechtschreiben und Rechnen. Eine kritische Übersicht. In: Zeitschrift für Kinder- und Jugendpsychiatrie und Psychotherapie. 28 (3), 188–201
Henn, H.W. (2000). Realitätsbezug im Mathematikunterricht. In: Flade, L. & Hergest, W. (Hrsg.). Lehren und lernen nach TIMSS. Berlin, 13–24
Henning, H. & Schuster, E. (2000). Entdeckendes Lernen als Problemlösemethode. In: Flade, L. & Hergest, W. (Hrsg.). Mathematik. Lehren und Lernen nach TIMSS. Berlin, 79–86
Heubrock, D. & Petermann, F. (2000). Lehrbuch der Klinischen Kinderneuropsychologie. Grundlagen, Syndrome, Diagnostik und Intervention. Göttingen
Heymann, H. (1995). Zur Unterrichtskultur eines allgemeinbildenden Mathematikunterrichts. In: Beiträge zum Mathematikunterricht. Hildesheim
Heymann, H. (1996). Allgemeinbildung und Mathematik. Weinheim
Hildeschmidt, A. & Sander, A. (1997). Der ökosystemische Ansatz als Grundlage für Einzelintegration. In: Eberwein, H. (Hrsg.). Handbuch Integrationspädagogik. Weinheim, 269–276

Hillenbrand, C. (2006). Einführung in die Pädagogik bei Verhaltensstörungen. München
Hiller, G. (2007). Aufriss einer kultursoziologisch fundierten, zielgruppenspezifischen Didaktik. In: Heimlich, U. & Wember, F. (Hrsg.). Didaktik des Unterrichts im Förderschwerpunkt Lernen. Stuttgart, 41–55
Hiller, G. (1989). Ausbruch aus dem Bildungskeller. Langenau-Ulm
Hinz, A. (1993). Heterogenität in der Schule – Interkulturelle Erziehung – Koedukation. Hamburg
Hönig, J. (2000). Entdeckendes Lernen im Mathematikunterricht in der Schule für Körperbehinderte. In: Zeitschrift für Heilpädagogik. 4, 150–155
Hoenisch, N. & Niggemeyer, E. (2007). Mathe-Kings. Junge Kinder fassen Mathematik an. Weimar
Höss, H. (1979). Primar- und Sekundarbereich. In: Bach, H. (Hrsg.). Handbuch der Sonderpädagogik, Band 5. Berlin, 88–113
Hofmann, C. (1998). Förderdiagnostik und Versagen. Situationsdiagnostische Anmerkungen. In: Zeitschrift für Heilpädagogik. 1, 4–13
Hofsäss, T. (2007). Berufsvorbereitung. In: Heimlich, U. & Wember, F. (Hrsg.). Didaktik des Unterrichts im Förderschwerpunkt Lernen. Stuttgart, 318–324
Horsch, U. (2003). Pädagogische Intervention bei Beeinträchtigungen der auditiven Wahrnehmung. In: Leonhardt, A. & Wember, F. (Hrsg.). Grundfragen der Sonderpädagogik. Weinheim, 324–349
Horster, D. (1997). Niklas Luhmann. München
Huschke-Rhein, R. (2003). Einführung in die systemische und konstruktivistische Pädagogik. Weinheim
Hußlein, E. (1989). Unterrichtsgestaltung in der Schule für Verhaltensgestörte. In: Goetze, H. & Neukäter, H. (Hrsg). Handbuch der Sonderpädagogik, Band 6. Berlin, 473–491
Ifrah, G. (1998). Universalgeschichte der Zahlen. Frankfurt
Jacobs, C. & Petermann, F. (2003): Dyskalkulie. Forschungsstand und Perspektiven. In: Kindheit und Entwicklung. 12 (4), 197–211
Jacobs, C. & Petermann, F. (2007). Rechenstörungen. Göttingen
Jansen, P. (2006). Nicht alles lässt sich entdecken. In: Grundschule. 5, 32–35
Jetter, K. H. (1982). Mathematik – Rechnen. Thesen zur Entwicklung des mathematischen Denkens. In: AkoP – Zeitschrift des Arbeitskreises Kooperative Pädagogik. 1, 66–68
Johnson, D. J. & Myklebust, H. R. (1971). Lernschwächen. Stuttgart
Kaiser, G. & Schwarz, I. (2003). Mathematische Literalität unter einer sprachlich-kulturellen Perspektive. In: Zeitschrift für Erziehungswissenschaft. 3 (6), 357–377
Kant, I. (1787). Kritik der reinen Vernunft. Köln
Kaufmann, S. (2003). Früherkennung von Rechenstörungen in der Eingangsklasse der Grundschule und darauf abgestimmte remediale Maßnahmen. Frankfurt
Kettler, M. (1991). Der Symbolschock. Eine Form metakognitiver Empfindungen bei Lernenden im Prozeß der Auseinandersetzung mit algebraischen Symbolen. Dissertation. München
Kiene, S. (2005). Untersuchungen der Effekte einer Förderung von lernschwachen Schülerinnen und Schülern einer vierten Klasse der Förderschule im Zahlenraum bis 100. Unveröffentlichte Examensarbeit, Pädagogische Hochschule Heidelberg
Klafki, W. (1991). Neue Studien zur Bildungstheorie und Didaktik. Weinheim
Klafki, W. (1995). „Schlüsselprobleme" als thematische Dimension einer zukunftsbezogenen „Allgemeinbildung". Zwölf Thesen. In: Münzinger, W. & Klafki, W. (Hrsg.). Schlüsselprobleme im Unterricht. Thematische Dimensionen einer zukunftsorientierten Allgemeinbildung. In: Die Deutsche Schule 3. Beiheft 1995. Weinheim
Klauer, G. (1993). Denktraining für Jugendliche. Göttingen
Kleber, E. W. (2001). Beurteilung, Zeugnisse, Zensuren. In: Antor, G. & Bleidick, U. (Hrsg.). Handlexikon der Behindertenpädagogik. Stuttgart, 4–6

Klein, G. (1971). Kritische Analyse gegenwärtiger Konzeptionen der Lernbehindertenschule. In: Sonderpädagogik. 1, 1–13

Klein, G. (2001). Sozialer Hintergrund und Schullaufbahn. In: Zeitschrift für Heilpädagogik. 52, 51–61

Klein, G. (2007). Zur Geschichte der Didaktik im Förderschwerpunkt „Lernen". In: Heimlich, U. & Wember, F. (Hrsg.). Didaktik im Förderschwerpunkt Lernen. Stuttgart, 11–26

Klieme, E. (2004). Was sind Kompetenzen und wie lassen sie sich messen? In: Pädagogik. 56, 10–12

KMK (1960). Gutachten der KMK zur Ordnung des Sonderschulwesens. In: Zeitschrift für Heilpädagogik. 12

KMK (1972). Empfehlung zur Ordnung des Sonderschulwesens. In: Zeitschrift für Heilpädagogik, 23 (9)

KMK (1994). Empfehlungen der Kultusministerkonferenz zur Sonderpädagogischen Förderung in den Schulen der Bundesrepublik Deutschland. In: Drave, W.; Rumpler, F. & Wachtel, P. (2000) (Hrsg.). Empfehlungen zur sonderpädagogischen Förderung. Würzburg, 25–39

KMK (2005). Bildungsstandards im Fach Mathematik für den Primarbereich. Beschluss vom 15.10.2004. München

Kneer, G. & Nassehi, A. (1997). Niklas Luhmanns Theorie sozialer Systeme. München

Kniffka G. & Siebert-Ott G. (2007). Deutsch als Zweitsprache. Lehren und Lernen. Paderborn

Knura, G. (1980). Grundfragen der Erziehung, des Unterrichts und der Therapie in der Schule für Sprachbehinderte. In: Knura, G. & Neumann, B. (Hrsg.). Handbuch der Sonderpädagogik. Band 7. Berlin, 413–437

Koch, K. (2004). Die Sozialisationsbedingungen in Familien von Förderschülern. Ergebnisse einer empirischen Studie. In: Integration und pädagogische Rehabilitation. 49 (1), 181–200; 49 (2), 411–428

König, H.-W. & Ebert, B. (2001). Qualitatives Prüfverfahren zum mathematischen Verständnis von Sachverhalten, den Grundlagen des Verstehens von Zahlen und von Rechenoperationen. Kronshagen

Kornmann, R. (2003). Kommentar – Analysen von Rechenschwierigkeiten aus unterschiedlichen Perspektiven. In: Fritz, A.; Ricken, G. & Schmidt, S. (Hrsg.). Rechenschwäche. Lernwege, Schwierigkeiten und Hilfen bei Dyskalkulie. Weinheim, 248–259

Krämer, S. (1988). Symbolische Maschinen. Die Idee der Formalisierung in geschichtlichem Abriß. Darmstadt

Krajewski, K. (2003). Vorhersage von Rechenschwäche in der Grundschule. Hamburg

Krajewski, K. (2008). Vorschulische Förderung bei beinträchtiger Entwicklung mathematischer Kompetenzen. In: Borchert, J., Hartke, B. & Jogschies, P. (Hrsg.). Frühe Förderung entwicklungsauffälliger Kinder und Jugendlicher. Stuttgart, 122–135

Krajewski, K. & Schneider, W. (2004). Frühe Diagnose und Prognose von Rechenschwäche mit dem DEMAT. In: Akademie für Lehrerfortbildung und Personalführung Dillingen (Hrsg.). Rechenstörungen. Hilfen für Kinder mit besonderen Schwierigkeiten beim Erlernen der Mathematik. Donauwörth, 84–92

Krajewski, K. & Schneider, W. (2007). Prävention von Rechenstörungen. In: Suchodoletz, W. (Hrsg.). Prävention von Entwicklungsstörungen. Göttingen

Krause, U. & Stark, R. (2006). Vorwissen aktivieren. In: Mandl, H. & Friedrich, H. (Hrsg.). Handbuch Lernstrategien. Göttingen, 38–49

Krauthausen, G. & Scherer, P. (2003). Einführung in die Mathematikdidaktik. Heidelberg

Kretschmann, R. (2003). Prävention und pädagogische Interventionen bei Beeinträchtigungen des Lernens. In: Leonhardt, A. & Wember, F. (Hrsg.). Grundfragen der Sonderpädagogik. Weinheim, 465–503

Kröhnert, O. (1982). Curriculare Probleme der Schule für Gehörlose. In: Jussen, H. & Kröhnert, O. (Hrsg.). Handbuch der Sonderpädagogik. Band 3. Berlin, 201–259

Kron, F. (2004). Grundwissen Didaktik. Stuttgart
Krüll, K. E. (1994). Rechenschwäche. Was tun? München
Krummheuer, G. (1983). Das Arbeitsinterim im Mathematikunterricht. In: Bauersfeld, H. et al. (Hrsg.). Lehren und Lernen von Mathematik. Köln, 57–104
Kupisiewicz, M. (2006). Spezifische Schwierigkeiten beim Mathematiklernen hörgeschädigter Kindern und das Problem der Schulreife. In: Sonderpädagogik. 36(1), 45–53
Kurrel, I.; Prändl, B. & Wenz, K. (1970). Operatives Rechnen in der Sonderschule. Band 2 Numerischer Teil. Stuttgart
Kurth, E. (2000). Leistungs- und Persönlichkeitsdiagnostik. In: Borchert, J. (Hrsg.). Handbuch der Sonderpädagogischen Psychologie. Göttingen, 249–260
Kutzer, R. & Probst. J. (ohne Jahr). Strukturbezogene Aufgaben zur Prüfung mathematischer Einsichten. Philipps-Universität, Marburg
Kutzer, R. (1975). Zur Erarbeitung des Zahlenraums in der Schule für Lernbehinderte. In: Kanter, G. & Langenohl, H. (Hrsg.). Texte zur Lernbehindertendidaktik. Didaktik des Mathematikunterrichts. Berlin, 88–119
Kutzer, R. (1983). Mathematik entdecken und verstehen. Struktur- und niveauorientiertes Arbeitsbuch für den Mathematikunterricht. Band 1 Lehrerband. Frankfurt a. M.
Kutzer, R. (2001). Mathematik entdecken und verstehen. Band 1 Schülerbuch. Frankfurt a. M.
Landerl, K.; Bevan, A. & Butterworth, B. (2004): Developmental dyscalculia and basic numerical capacities. A study of 8–9 year old students. Cognition. 93, 99–125
Lang, M. (1996). Die Reise ins Zahlenland. In: Zeitschrift für Heilpädagogik. 12, 512–520
Laschkowski, W. (2004). Diagnostik. In: Akademie für Lehrerfortbildung und Personalführung Dillingen (Hrsg.). Rechenstörungen. Hilfen für Kinder mit besonderen Schwierigkeiten beim Erlernen der Mathematik. Donauwörth, 32–58
Lauth, G. & Schlottke, P. (1993). Training mit aufmerksamkeitsgestörten Kindern. Weinheim
Lauth, G.; Grünke, M. & Brunstein, J. (2004) (Hrsg.). Interventionen bei Lernstörungen, Göttingen
Leonhardt, A. (2003). Symptomatik, Ätiologie und Diagnostik bei Beeinträchtigungen der auditiven Wahrnehmung. In: Leonhardt, A. & Wember, F. (Hrsg.). Grundfragen der Sonderpädagogik. Weinheim, 304–323
Leyendecker, C. (1982). Lernverhalten behinderter Kinder. Heidelberg
Liese, W. (2007). Formeln und Gleichungen am PC. In: blind – sehbehindert. 1, 13–29
Lindmeier, C. (2000). Heilpädagogische Professionalität. In: Sonderpädagogik. 3, 166–180
Lörcher, G. (1981). Ausländische Kinder im Mathematikunterricht. Lernschwierigkeiten und Fördermaßnahmen. In: Sandfuchs, U. (Hrsg.). Lehren und Lernen mit Ausländerkindern. Klinkhardt, 243–252
Longhorn, F. (2000). Numeracy for very special people. Wootton, Bedfords. Catalyst Education Resources
Lorenz, J. H. (1992). Anschauung und Veranschaulichungsmittel im Mathematikunterricht. Göttingen
Lorenz, J. H. & Radatz, H. (1993). Handbuch des Förderns im Mathematikunterricht. Hannover
Lorenz, J. H. (2003). Lernschwache Rechner fördern. Berlin
Lorenz, J. H. (2005). Diagnostik mathematischer Basiskompetenzen im Vorschulalter. In: Hasselhorn, M. & Schneider, W. (Hrsg.). Diagnostik von Mathematikleistungen. Göttingen, 29–48
Lorenz, J. H. (2004). Rechenschwäche. In: Lauth, G. W.; Grünke, M. & Brunstein J. C. (Hrsg.). Interventionen bei Lernstörungen. Förderung, Training und Therapie in der Praxis. Göttingen, 34–45
Lorenz, J. H. (2005). Mathematikverstehen und Sprachrezeptionsstörungen in den Eingangsklassen. In: Arnoldy, P. & Traub, B. (Hrsg.). Sprachentwicklungsstörungen früh erkennen und behandeln. Karlsruhe, 184–194

Luhmann, N. (1984). Soziale Systeme. Grundriß einer allgemeinen Theorie. Frankfurt
Luhmann, N. (1990). Die Wissenschaft der Gesellschaft. Frankfurt
Luhmann, N. (1997). Die Gesellschaft der Gesellschaft. Frankfurt
Luhmann, N. (2001). Das Erziehungssystem der Gesellschaft. Auszug Kapitel 7, „Selbstbeschreibungen". In: Zeitschrift für Erziehungswissenschaft. 4, 601–605
Luhmann, N. (2002). Das Erziehungssystem der Gesellschaft. Frankfurt
Luit, J. van; Rijt, B. van de & Hasemann, K. (2001). Osnabrücker Test zur Zahlbegriffsentwicklung. Göttingen
Maaß, J. (1986). Mathematik als soziales System. Ein Beitrag zur Theoriedebatte in der Mathematikdidaktik. In: Beiträge zum Mathematikunterricht. Bad Salzdetfurth, 184–187
Mähler, C. & Hasselhorn, M. (1990). Gedächtnisdefizite bei lernbehinderten Kindern. Entwicklungsverzögerung oder Strukturdifferenz. In: Zeitschrift für Entwicklungspsychologie und Pädagogische Psychologie. Göttingen, 354–366
Maier, H. & Schweiger, F. (1999). Mathematik und Sprache. Wien
Mand, J. (2003). Lern- und Verhaltensprobleme in der Schule. Stuttgart
Martin, E. & Wawrinowski, U. (2000). Beobachtungslehre. Weinheim
Maturana, H. & Varela, F. (1987). Der Baum der Erkenntnis. Die biologischen Wurzeln menschlichen Erkennens. Bern
Merdian, G. (2003). Training mathematischer Grundfertigkeiten. Materialien zur Förderung visueller Wahrnehmungsprozesse und kognitiver Operationen. Teil 1–4. Bamberg
Messner, R. (2003). PISA und Allgemeinbildung. In: Zeitschrift für Pädagogik. 49, 400–412
Meyer, A. (1986). Geometrieunterricht bei blinden Schülern. In: blind – sehbehindert. 106, 130–140
Meyer, H. (1987). Unterrichtsmethoden. Band I. Berlin
Maier, H. P. (1999). Räumliches Vorstellungsvermögen. Donauwörth
Milz, I. (1995). Rechenschwächen erkennen und behandeln. Dortmund
Moog, W. & Schulz, A. (1999). Zahlen begreifen. Diagnose und Förderung bei Kindern mit Rechenschwäche. Berlin
Moser Opitz, E. (2001). Zählen – Zahlbegriff – Rechnen. Theoretische Grundlagen und eine empirische Untersuchung zum mathematischen Erstunterricht in Sonderklassen. Bern
Moser Opitz, E. (2007a). Erstrechnen. In: Heimlich, U. & Wember, F. (Hrsg.). Didaktik des Unterrichts im Förderschwerpunkt Lernen. Stuttgart, 253–265
Moser Opitz, E. (2007b). Rechenschwäche/Dyskalkulie. Bern
Moser Opitz, E. & Schmassmann, M. (2007). Grundoperationen. In: Heimlich, U. & Wember, F. (Hrsg.). Didaktik des Unterrichts im Förderschwerpunkt Lernen. Stuttgart, 266–279
Motsch, H. & Berg, M. (2003). Therapie grammatischer Störungen. Interventionsstudie zur Kontextoptimierung. In: Die Sprachheilarbeit. 48 (4), 151–156
Möller, R. & Pilz-Laukhuf, B. (1997). Zur Didaktik fächerverbindenden Mathematikunterrichts. In: Schönbeck, J. (Hrsg.). Facetten der Mathematikdidaktik. Albrecht Abele zum 65. Geburtstag. Weinheim, 60–82
Müller, G. & Wittmann, E. (1990). Handbuch produktiver Rechenübungen. Band I und II. Stuttgart
Müller, G. & Wittmann, E. (1995). Mit Kindern rechnen. Hannover
Müller, G.; Steinbring, H. & Wittmann, E. (1997). 10 Jahre „mathe 2000". Bilanz und Perspektiven. Stuttgart
Müller, S. (2000). Das Problem der Rechenschwäche bei spracherwerbsgestörten Kindern. Didaktische Ansätze im Primarbereich. Unveröffentlichte Wissenschaftliche Hausarbeit zur Ersten Staatsprüfung für das Lehramt an Sonderschulen. Heidelberg
Mutzeck, W. (1998) (Hrsg.). Förderdiagnostik bei Lern- und Verhaltensstörungen. Weinheim
Nassehi, A. (1997). Kommunikation verstehen. In: Sutter, T. (Hrsg.). Beobachtung verstehen, Verstehen beobachten. Opladen, 134–163

Neumärker, K.-J. & Bzufka, M. W. (2005). Diagnostik und Klinik der Rechenstörungen. In: von Aster, M. & Lorenz, J. H. (Hrsg.). Rechenstörungen bei Kindern. Göttingen, 73–92

Nissen, G. (1977). Erbliche Dyskalkulie. In: Handbuch der Sonderpädagogik. Band 4. Pädagogik der Lernbehinderten. Berlin

Navi. Mathematik (2008) (Lehrwerk für den Mathematikunterricht an Förderschulen). Schülerbücher und Arbeitshefte. Band 1, 2 und 5. Troisdorf

Nolte, M. (2000). Rechenschwächen und gestörte Sprachrezeption. Bad Heilbrunn

OECD (Hrsg.) (2000). Literacy in the information age. Final report of the International Adults Literacy Servey. OECD-Publishing. Canada

Oevermann, U. (1993). Die objektive Hermeneutik als unverzichtbare methodologische Grundlage für die Analyse von Subjektivität. In: Jung, T. & Müller-Dohm, F. (Hrsg.). „Wirklichkeit" im Deutungsprozess. Verstehen und Methoden in den Kultur- und Sozialwissenschaften. Frankfurt a. M., 106–189

Oeveste, H. zur (1987). Kognitive Entwicklung im Vor- und Grundschulalter. Eine Revision der Theorie Piagets. Göttingen

Opp, G. (1998). Reflexive Professionalität. Professionalisierungstendenzen im Arbeitsfeld der Kinder- und Jugendhilfe. In: Zeitschrift für Heilpädagogik. 49, 148–156

Opp, G. (2003). Symptomatik, Ätiologie und Diagnostik bei Gefühls- und Willensstörungen. In: Leonhardt, A. & Wember, F. (Hrsg.). Grundfragen der Sonderpädagogik. Weinheim, 504–517

Ostad, S. (1989). Mathematics through the fingertips. Oslo

Paturi, F. (1998). Harenberg Schlüsseldaten Entdeckungen und Erfindungen. Dortmund

Peter-Koop, A.; Wollring, B.; Spindeler, B. & Grüßing, M. (2007). Das Elementarmathematische Basisinterview (EMBI). Offenburg

Petermann, F. & Petermann, U. (1993). Training mit aggressiven Kindern. Weinheim

Petermann, F.; Niebank, K. & Scheithauer, H. (2000) (Hrsg.). Risiken in der frühkindlichen Entwicklung. Entwicklungspsychopathologie der ersten Lebensjahre. Göttingen

Petermann, F. (2003). Legasthenie und Rechenstörung. Einführung in den Themenschwerpunkt. In: Kindheit und Entwicklung. 12 (4), 193–196

Piaget, J. (1964). Das Erwachen der Intelligenz beim Kinde. Stuttgart

Piaget, J.; Resag, K.; Fricke, A. & von Hiele, P. M. (1964). Rechenunterricht und Zahlbegriff. Die Entwicklung des kindlichen Zahlbegriffs für den Rechenunterricht. Braunschweig

Piaget, J. & Szeminska, A. (1965). Die Entwicklung des Zahlbegriffs beim Kinde. Stuttgart

Piaget, J. (1970). Einführung in die genetische Erkenntnistheorie. Frankfurt

Piaget, J. (1979). Jean Piaget über Jean Piaget. Sein Werk aus seiner Sicht. München

Piaget, J. & Inhelder, B. (1979). Die Entwicklung des inneren Bildes beim Kinde. Stuttgart

PISA-Konsortium Deutschland (2004) (Hrsg.). PISA 2003. Münster

Piepenbreier, M. (2008). Umgang mit Eigenproduktionen der Schülerinnen und Schüler im Unterricht in Form des Rechentagebuchs an Schulen mit Förderschwerpunkt lernen. Unveröffentlichte Examensarbeit Pädagogische Hochschule Heidelberg

Platte, A. (2005). Schulische Lebens- und Lernwelten gestalten. Münster

Prengel, A. (1995). Pädagogik der Vielfalt. Opladen

Prengel, A. (2004). Spannungsfelder, nicht Wahrheiten. Heterogenität in pädagogisch-didaktischer Perspektive. In: Heterogenität. XXII, 44–46

Prenzel, M.; Heidemeier, H.; Ramm, G.; Hohensee, F. & Ehmke, T. (2004). Soziale Herkunft und mathematische Kompetenz. In: PISA-Konsortium Deutschland (Hrsg.). PISA 2003. Der Bildungsstand der Jugendlichen in Deutschland. Ergebnisse des zweiten internationalen Vergleichs. Münster, 273–282

Preiß, G. (2007). Leitfaden Zahlenland 1. Verlaufspläne für die Lerneinheiten 1 bis 10 der „Entdeckungen im Zahlenland". Kirchzarten

Probst, H. & Waniek, D. (2003). Kommentar – Erste numerische Kenntnisse von Kindern und ihre didaktische Bedeutung. In: Fritz, A.; Ricken G. & Schmidt S. (Hrsg.). Rechenschwäche. Lernwege, Schwierigkeiten und Hilfen bei Dyskalkulie. Weinheim, 65–78

Probst, H. & Dippon, C. (2005). Wie kann Grundschule ihre Kapazitäten für Risikoschüler verbessern? Export sonderpädagogischer Kompetenz in Diagnostik und Förderung. In: Moser, V. & von Stechow, E. (Hrsg.). Lernstands- und Entwicklungsdiagnose. Bad Heilbrunn, 155–174

Quaiser-Pohl, C. (2008). Förderung mathematischer Vorläuferfertigkeiten im Kindergarten mit dem Programm „Spielend Mathe". In: Hellmich, F. & Köster, H. (Hrsg.). Vorschulische Bildungsprozesse in Mathematik und Naturwissenschaften. Bad Heilbrunn, 103–125

Quak, U.; Sterkenburg, S. & Verboom, L. (2006). Die Grundschulfundgrube für Mathematik. Berlin

Radatz, H. & Rickmeyer, K. (1991). Handbuch für den Geometrieunterricht an Grundschulen. Hannover

Radatz, H. & Schipper, W. (1983). Handbuch für den Mathematikunterricht an Grundschulen. Hannover

Radatz, H.; Schipper, W.; Dröge, R. & Ebeling, A. (1996). Handbuch für den Mathematikunterricht. 1. Schuljahr. Hannover

Rademacher, J.; Trautewig, N.; Günther, A.; Lehmann, W. & Quaiser-Pohl, C. (2005). Wie können mathematische Fähigkeiten im Kindergarten gefördert werden? Ein Förderprogramm und seine Evaluation. Report Psychologie. 30, 366–374

Reiser, H. (1990). Psychogene Leistungsstörungen im Bereich Mathematik. In: Behindertenpädagogik. 19 (3), 312–321

Reiser, H. (1998). Sonderpädagogik als Service-Leistung? Perspektiven der sonderpädagogischen Berufsrolle. In: Zeitschrift für Heilpädagogik. 49, 46–54

Reiß, G. & Werner, B. (2007). Offener Unterricht. In: Heimlich, U. & Wember, F. (Hrsg.). Didaktik des Unterrichts im Förderschwerpunkt Lernen. Stuttgart, 112–124

Remschmidt, H. (2005). Kinder- und Jugendpsychiatrie. Eine praktische Einführung. Stuttgart

Resnick, L. B. (1989). Developing mathematical knowledge. In: American Psychologist. 44, 162–169

Reymann, S. (2000). Konstruktivistische Gespräche mit Kindern und Jugendlichen im Kontext von Mathematik. Eine explorative Studie. Unveröffentlichte Examensarbeit am Institut für Heilpädagogik der Universität Kiel

Ricken, G. (2003). Entwicklungsorientierte Diagnostik am Beispiel mathematischer Kompetenzen. In: Ricken, G.; Fritz A. & Hofmann C. (Hrsg.). Diagnose – Sonderpädagogischer Förderbedarf. Lengerich, 345–366

Ricken, G. & Fritz, A. (2005). Fit fürs Rechnen. Früherfassung mathematischer Kompetenzen. In: Vds-Kongressbericht „Fit fürs Lernen". Würzburg, 221–226

Ricken, G. & Schuck, K. D. (in Vorb.). Diagnostik und Lernen. In: Jantzen, W. & Beck, I. (Hrsg.). Enzyklopädie Behindertenpädagogik. Band 3. Stuttgart

Rijt, B. A. M. van de, Luit, J. E. H. van & Hasemann, K. (2000). Zur Messung der frühen Zahlbegriffsentwicklung. In: Zeitschrift für Entwicklungspsychologie und Pädagogische Psychologie. 32 (1), 14–24

Rödler, K. (2006). Rechnen mit konkreten Zahlen. Neue Vorschläge für einen fördernden und differenzierten Rechenunterricht. In: Behindertenpädagogik. 45 (1), 59–67

Rost, D. H. (1977). Raumvorstellung. Psychologische und pädagogische Aspekte. Weinheim

Roth, G. (1997). Das Gehirn und seine Wirklichkeit. Frankfurt

Roth, H. (Hrsg.). Begabung und Lernen. Schriftenreihe des Deutschen Bildungsrates. Gutachten und Studien der Bildungskommission. Stuttgart

Rotthaus, W. (1999). Wozu erziehen? Heidelberg

Ruf, U. & Gallin, P. (1995). Ich mach das so! Sprache und Mathematik. Zürich

Ruf, U. & Gallin, P. (1998). Dialogisches Lernen in Sprache und Mathematik. Band 1 und 2. Seelze

Sacks, O. (1995). Eine Anthropologin auf dem Mars. Reinbek

Schäfer, M. (2002). Produktives Üben im Mathematikunterricht der Schule für geistig Behinderte. Bedeutung und unterrichtspraktische Erprobung. In: Zeitschrift für Heilpädagogik. 8, 322–328

Schecker, H. & Parchmann, I. (2006). Modellierung naturwissenschaftlicher Kompetenz. In: Zeitschrift für Didaktik der Naturwissenschaft. 12, 45–66

Scherer, P. (1995). Entdeckendes Lernen im Mathematikunterricht der Schule für Lernbehinderte. Theoretische Grundlegung und evaluierte unterrichtspraktische Erprobung. Heidelberg

Scherer, P. (1999). Produktives Lernen für Kinder mit Lernschwächen. Fördern durch Fordern. Band 1 Zwanzigerraum. Stuttgart

Scherer, P. (2007). Elementare Rechenoperationen. In: Walter, J. & Wember, F. (Hrsg.). Sonderpädagogik des Lernens. Göttingen, 590–605

Schmassmann, M. (2003). Lernförderung und zeitgemäße Mathematikdidaktik. Aktiv entdeckende Lernformen bei mathematischen Lernschwierigkeiten. In: Lenart, F. & Holzer, N. (Hrsg.). Rechenschwäche, Rechenstörungen, Dyskalkulie. Erkennung, Prävention, Förderung. Graz

Schmetz, D. (1999). Förderschwerpunkt Lernen. In: Zeitschrift für Heilpädagogik. 50 (4), 134–143

Schmidt, M.H. & Esser, G. (1991). MBD. Fact or Fiction. A revision of the MBD-concept with respect to the developmental perspectives. In: Remschmidt, H. & Schmidt, M.H. (Eds.). Developmental Psychology. Toronto

Schmidt, S. (2003). Arithmetische Befunde am Schulanfang. Befunde aus mathematikdidaktischer Sicht. In: Fritz, A.; Ricken G. & Schmidt S. (Hrsg.). Rechenschwäche. Lernwege, Schwierigkeiten und Hilfen bei Dyskalkulie. Weinheim, 26–47

Schmitman, A. (2007). Mathematik und sprachliche Kompetenz. Oldenburg

Schmitz, G. & Scharlau, R. (1985). Mathematik als Welterfahrung. Bonn

Schneider, W. L. (1994). Die Beobachtung von Kommunikation. Opladen

Schönberger, F. (1982). Kooperative Didaktik. Hannover

Schröder, E. (1993). Individuelle Konstruktion und kognitive Entwicklung. Eine Analyse der Veränderung intraindividueller Unterschiede. In: Edelstein, W. (Hrsg.). Die Konstruktion kognitiver Strukturen. Perspektiven einer konstruktivistischen Entwicklungspsychologie. Bern, 139–155

Schröder, J. (1998). Die Vielfalt berechnen. In: Dunker, L. & Popp, W. (Hrsg.). Fächerübergreifender Unterricht in der Sekundarstufe I und II. Bad Heilbrunn, 56–79

Schröder, J. (2000). Mathematikunterricht. In: Reich, H.; Holzbrecher, A. & Roth, H. (Hrsg.). Fachdidaktik interkulturell. Opladen, 451–471

Schröder, J. (2007). Alltagsvorbereitung. In: Heimlich, U. & Wember, F. (Hrsg.). Didaktik des Unterrichts im Förderschwerpunkt Lernen. Stuttgart, 307–317

Schröder, J. (2003). Fragen an einen Grabstein. In: mathematik lehren. 116, 16–18

Schuck, K.D. (2001). Fördern, Förderung, Förderbedarf. In: Antor, G. & Bleidick, U. (Hrsg.). Handlexikon der Behindertenpädagogik. Stuttgart, 63–67

Schülerduden (1990). Mathematik I. Ein Lexikon zur Schulmathematik der Sekundarstufe I. Mannheim

Schulz, A. (1995). Lernschwierigkeiten im Mathematikunterricht der Grundschule. Berlin

Schulz, A.; Bebber, N. van & Moog, W. (1998). Mathematische Basiskompetenzen lernbehinderter Schüler. Eine Erhebung mit dem Dortmunder Rechentest für die Eingangsstufe. DORT-E. In: Zeitschrift für Heilpädagogik. 49, 402–411

Schulze, T. (1996). Alltag und Lernen. Versuch einer Annäherung. In: Grundwald, K. et al. (Hrsg.). Alltag, Nicht-Alltägliches und die Lebenswelt. Beiträge zur lebensweltorientierten Sozialpädagogik. Weinheim, 71–79

Schwenck, C. & Schneider, W. (2003). Einflussfaktoren für den Zusammenhang von Rechen- und Schriftsprachleistungen im frühen Grundschulalter. Kindheit und Entwicklung. 12 (4), 212–221

Schwenck, C. & Schneider, W. (2003). Der Zusammenhang von Rechen- und Schriftsprachkompetenz im frühen Grundschulalter. In: Zeitschrift für Pädagogische Psychologie. 17 (3/4), 261–267

Seitz, S. (2005). Zeit für inklusiven Sachunterricht. Hohengehren

Selter, C. (1997). Wie Kinder rechnen. Stuttgart

Selter, C. (2006). Veränderte Sichtweise auf Kinder, auf Mathematik und auf das Lernen. In: Fritz, A.; Klupsch-Sahlmann, R. & Ricken, G. (Hrsg.). Handbuch Kindheit und Schule. Weinheim, 251–262

Simon, F. (1999). Die Kunst, nicht zu lernen. Heidelberg

Singer, W. (2002). Der Beobachter im Gehirn. Frankfurt

Speck, O. (1996). System Heilpädagogik. München

Speck, O. (1999). Menschen mit geistiger Behinderung. Ein heilpädagogisches Lehrbuch. München

Speck, O. (2002). Hat die schulische Qualitätsoffensive auch mit weniger leistungsstarken Schülerinnen und Schülern zu tun? In: Sonderpädagogik in Schleswig-Holstein. 2, 48–60

Spiess, W. (1998). Die Logik des Gelingens. Dortmund

Spiess, W. & Werner, B. (2001). Mathematikförderung mittels konstruktivistischer lösungs- und entwicklungsorientierter Gespräche. Modellbeschreibung und Explorationsstudie. In: Zeitschrift für Heilpädagogik. 52 (1), 4–12

Spitzer, M. (2002). Lernen. Gehirnforschung und die Schule des Lebens. Heidelberg

Stadler, H. (2003). Pädagogische Intervention bei Beeinträchtigungen der Motorik und der körperlichen Entwicklung. In: Leonhardt, A. & Wember, F. (Hrsg.). Grundfragen der Sonderpädagogik. 632–660

Starkey, P. (1992). The early development of numerical reasoning. In: Cognition. 43, 93–126

Staves, L. (2001). Mathematics or children with serve and profound learning difficulties. London

Stein, R. & Stein, A. (2006). Unterricht bei Verhaltensstörungen. Bad Heilbrunn

Steinbring, H. (2000a). Epistemologische und sozial-interaktive Bedingungen der Konstruktion mathematischer Wissensstrukturen (im Unterricht der Grundschule). Abschlußbericht zum DFG-Projekt. Dortmund

Steinbring, H. (2000b). Mathematische Bedeutung als soziale Konstruktion. In: Journal für Mathematik-Didaktik. 21, 28–48

Steiner, G. (1973). Mathematik als Denkerziehung. Stuttgart

Steinhausen, H.C. (2001) (Hrsg.). Entwicklungsstörungen im Kindes- und Jugendalter. Stuttgart

Steinweg, A. (2003). Gut, dass es etwas zu entdecken gibt. Zur Attraktivität von Zahlen und Mustern. In: Ruwisch, S. & Peter-Knoop, A. (Hrsg.). Gute Aufgaben im Mathematikunterricht der Grundschule. Offenburg, 56–74

Steinweg, A. (2008). Zwischen Kindergarten und Schule. Mathematische Basiskompetenzen im Übergang. In: Hellmich, F. & Köster, G. (Hrsg) Vorschulische Bildungsprozesse in Mathematik und Naturwissenschaften. Bad Heilbrunn, 143–159

Stern, E. (1998a). Die Entwicklung des mathematischen Verständnisses im Kindesalter. Lengerich

Stern, E. (1998b). Die Entwicklung schulbezogener Kompetenzen. Mathematik. In: Weinert, F.E. (Hrsg.). Entwicklung im Kindesalter. Weinheim, 95–113

Stern, E. & Staub, F. (2000). Mathematik lernen und verstehen. Anforderungen an die Gestaltung des Mathematikunterrichts. In: Inckermann, E.; Kahlert, J. & Speck-Hamdan, A. (Hrsg.). Sich lernen leisten. Grundschule vor den Herausforderungen der Wissenschaft. Berlin, 90–100

Stern, E. (2004). Lernen als der mächtigste Mechanismus der kognitiven Entwicklung. Der Erwerb mathematischer Kompetenzen. Tätigkeitsbericht der Max-Planck-Gesellschaft. Berlin, 45–50

Stern, E. & Hardy, I. (2004). Differentielle Psychologie des Lernens in Schule und Ausbildung. In: Pawlik, K. (Hrsg.). Enzyklopädie der Psychologie. Differentielle Psychologie. Theorien und Anwendungen. Göttingen

Stern, E. (2005). Vom Gehirn zur Kultur. Mit Mathematik die Welt verstehen. In: Hasselhorn, M.; Marx, H. & Schneider, W. (Hrsg.). Diagnostik von Mathematikleistungen. Göttingen, 293–300

Stöpel, F. (2007). Aktuelle Tendenzen des Arbeitsmarktes. In: Sonderpädagogik. 2/3(37), 89–97

Straßmeier, W. (2000). Didaktik für den Unterricht mit geistigbehinderten Schülern. München

Straßmeier, W. (2003). Pädagogische Interventionen bei Beeinträchtigungen der kognitiven Entwicklung. In: Leonhardt, A. & Wember, F. (Hrsg.). Grundfragen der Sonderpädagogik. Weinheim, 577–595

Strömer, N. & Vojtova, V. (2006). Interventionen. Berlin

Suhrweiher, H. & Hetzner, R. (1993). Förderdiagnostik für Kinder mit Behinderungen. Berlin

Terhart, E. (2001). Didaktik. In: Antor, G. & Bleidick, U. (Hrsg.). Handlexikon der Behindertenpädagogik. Stuttgart, 14–17

Thiel, O. (2001). Rechenschwäche und Basisfunktionen. Volxheim

Troßbach-Neuner, E. (1994). Plus, minus, mal oder geteilt? Integrierte Maßnahmen sprachlicher Förderung im Sachrechnen. In: Sprachheilarbeit. 39 (6), 262–369

Universität Paderborn (2003). PISA-Studie 2000. Impulse für Schule und Lehrerausbildung aus zwei Blickwinkeln. Paderborner Lehrerausbildungszentrum. Universität Paderborn, Heft 3

Varela, F. (1994). Ethisches Können. Frankfurt

Vernooij, M. (2005). Erziehung und Bildung beeinträchtigter Kinder und Jugendlicher. Paderborn

Voigt, F. (1983). Entwicklungslinien des Zahlbegriffs im Vorschulalter. Eine Längsschnittstudie. Unveröffentlichte Dissertation. Universität Heidelberg

Voigt, J. (1991). Sozial-interaktive Bedingungen der Entwicklung mathematischer Fähigkeiten im gegenwärtigen Mathematikunterricht. In: Steiner, H.-G. (Hrsg.). Grundfragen der Entwicklung mathematischer Fähigkeiten. Köln, 281–292

Voigt, J. (1994). Negotation of mathematical meaning an learning mathematics. In: Cobb, P. (Ed.): Learning mathematics. Constructivist and interactionist Theories of Mathematical Developments. Dodrecht/Boston/London, 171–194

Von Aster, M. (2005). Rechenstörungen im Kindesalter. In: Kinderheilkunde. 153, 614–622

Von Glasersfeld, E. (1997). Radikaler Konstruktivismus. Ideen, Ergebnisse, Probleme. Frankfurt

Von Glasersfeld, E. (1997). Wege des Wissens. Konstruktivistische Erkundungen durch unser Denken. Heidelberg

Von Foerster, H. (1993). Wissen und Gewissen. Frankfurt

Von Rourke, B. P. (1989). Nonverbal learning disabilities. The syndrome and the model. New York

Von Rourke, B. P. (1993). Arithmetic disabilities, specific and otherwise. A neuropsychological perspective. In: Journal of Learning Disabilities. 26, 214–226

Walter, J.; Suhr, K. & Werner, B. (2001). Experimentell beobachtbare Effekte zweier Formen von Mathematikunterricht in der Förderschule. In: Zeitschrift für Heilpädagogik. 52 (4), 143–151

Walter, J. (2002). „Einer flog übers Kuckucksnest". Oder: Welche Interventionsformen erbringen im sonderpädagogischen Feld welche Effekte? In: Zeitschrift für Heilpädagogik. 53 (3), 442-453

Walthes, R. (1998). Ich sehe Dich – ich bin hier. Überlegungen zu Blindheit und Sicht. In: Schmetz, D. & Wachtel. P. (Hrsg.). Entwicklungen, Standorte, Perspektiven. Sonderpädagogischer Kongress. Würzburg, 69-79

Walthes, R. (2003). Einführung in die Blinden- und Sehbehindertenpädagogik. Weinheim

Wehrmann, M. (2003). Qualitative Diagnostik von Rechenschwierigkeiten im Grundlagenbereich Arithmetik. Berlin

Weidel, R. & Wagner, A. (1982). Die Methode des lauten Denkens. In: Huber, G. & Mandl, H. (Hrsg.). Verbale Daten. Weinheim

Weinert, F. E. (2000). Begabung und Lernen. In: Neue Sammlung. Vierteljahreszeitschrift für Erziehung und Gesellschaft. 3, 353-368

Weinert, F. E. (2001). Schulleistungen. Leistungen der Schule oder der Schüler? In: Weinert, F. E. (Hrsg.). Leistungsmessungen in Schulen. Weinheim, 85

Weinert, F. E. & Helmke, A. (1998). Entwicklung im Grundschulalter. Weinheim

Weinhold, M.; Schweiter, M. & von Aster M. G. (2003). Das Kindergartenalter. Sensitive Periode für die Entwicklung numerischer Fertigkeiten. In: Kindheit und Entwicklung. 12 (4), 222-230

Welling, A. (2006). Einführung in die Sprachbehindertenpädagogik. München

Wember, F. B. (1986). Piagets Bedeutung für die Lernbehindertenpädagogik. Untersuchungen zur kognitiven Entwicklung und zum schulischen Lernen bei Sonderschülern. Heidelberg

Wember, F. (1989). Die sonderpädagogische Förderung elementarer mathematischer Begriffsbildung auf entwicklungspsychologischer Grundlage. In: Zeitschrift für Heilpädagogik. 49 (7), 433-443

Wember, F. (1991). Die Frühdiagnostik bei Rechenschwäche zwischen früher Diagnostik und früher Stigmatisierung. In: Lorenz, H.-J. (Hrsg.). Störungen beim Mathematiklernen. Köln, 3-40

Wember, F. (1996). Mathematik lehren und Mathematik lernen. Methodische Überlegungen zum Unterricht bei lern- und geistigbehinderten Kindern. In: von Baudisch, W. & Schmetz, D. (Hrsg.). Sonderpädagogische Beiträge. Band IV Mathematik und Sachunterricht im Primar- und Sekundarbereich. Frankfurt, 11-44

Wember, F. B. (1999). Zahlbegriff und elementares Rechnen. Vorschläge zur Diagnose und Intervention bei Kindern mit Lernstörungen. Kurseinheit 4574. Hagen

Wember, F. B. (2003). Die Entwicklung des Zahlbegriffs aus psychologischer Sicht. In: Fritz, A.; Ricken, G. & Schmidt, S. (Hrsg.). Rechenschwäche. Lernwege, Schwierigkeiten und Hilfen bei Dyskalkulie. Weinheim, 48-64

Wemmer, K. (2008). Die erste eigene Wohnung. Buxtehude

Wendeler, J. (1990). Retardierung in der kognitiven Entwicklung. In: Hetzer, H. & Todt, E. (Hrsg.). Angewandte Entwicklungspsychologie des Kindes- und Jugendalters. Heidelberg, 136-165

Werner, B. (1999). Rechenschwäche oder nicht geförderte Rechenfähigkeiten? In: Zeitschrift für Heilpädagogik. 50 (10), 471-476

Werner, B. (2000). Einsichten in die Addition und Subtraktion. Ein Projekt zur förderdiagnostischen Analyse additiver Einsichten bei Grundschulkindern der Förderschule. In: Sonderpädagogik. 30 (3), 140-153

Werner, B. (2001). Warum ist eigentlich drei mal drei gleich zehn? Zur Rolle von Kommunikation und Sprache im Mathematikunterricht für lernschwache Kinder. Möglichkeiten der Verknüpfung von Didaktik und Diagnostik. In: System Schule. 5 (2), 51-59

Werner, B. (2002). Sinn verstehen als didaktische und diagnostische Kategorie im Unterricht mit lernschwachen Schülern. Konsequenzen des Luhmannschen Kommunikationsmodells für den Unterricht. In: Gehrmann, P. & Hüwe, B. (Hrsg.). Kinder und Jugendliche in erschwerten Lernsituationen. Stuttgart, 183–196

Werner, B. (2003). „Mit der Hundertertafel stimmt etwas nicht". Mathematikunterricht beobachten und verstehen. In: Balgo, R. & Werning, R. (Hrsg.). Lernen und Lernprobleme im systemischen Diskurs. Dortmund, 233–254

Werner, B. & Peters, A. (2007). Lineare Gleichungen in der Förderschule?! Substantielle Aufgabenformate im Unterricht an der Förderschule. Exemplarische Erprobung anhand des Themas „Partnerzahlen". In: Zeitschrift für Heilpädagogik. 58 (4), 122–129

Werner, B. (in Vorb.). Didaktik und Förderung unter erschwerten Bedingungen. In: Kaiser, A.; Schmetz, D.; Wachtel, P. & Werner, B. (Hrsg.). Didaktik und Unterricht. Enzyklopädisches Handbuch der Behindertenpädagogik. Band 4. Stuttgart

Werning, R. (1996). Anmerkungen zu einer Didaktik des Gemeinsamen Unterrichts. In: Zeitschrift für Heilpädagogik. 47, 463–469

Werning, R. & Wildt, M. (1997). Konstruktivismus und Mathematik. In: System Schule. 1 (3), 75–82

Werning, R.; Balgo, R.; Palmowski, W. & Sassenroth, M. (2002). Sonderpädagogik. München

Werning, R. (2002). Lernen und Behinderung des Lernens. In: Werning, R.; Balgo, R.; Sassenroth, M. & Palmowski, W. (Hrsg.). Sonderpädagogik. München, 129–189

Werning, R. (2004). Bernd kann immer noch nicht lesen! Warum eigentlich Integration. Und wie? In: Heterogenität. Friedrich Jahresheft. XXII, 24–27

Werning, R.; Lütje-Klose, B. (2003). Einführung in die Lernbehindertenpädagogik. München

Wevelsiep, C. (2000). Niklas Luhmanns Theorie sozialer Systeme und sonderpädagogischer Schlüsselprobleme. Marburg

Wieczorek, M. (2005). Zur Problematik des Mathematikunterrichts bei Schülern mit Körperbehinderungen. Methodisch-didaktische Zugänge. In: Zeitschrift für Heilpädagogik. 6, 235–241

Wiese, H. (2003). Iconic and non-iconic stages in number development. The role auf language. In: Trends in cognitive science. 7 (9), 385–390

Wigger, L. (2004). Didaktik. In: Benner, D. & Oelkers, J. (Hrsg.). Historisches Wörterbuch der Pädagogik. Weinheim, 244–278

Willke, H. (1996). Systemtheorie I. Stuttgart

Wilms, W. (1973). Neue Mathematik für lernschwache Schüler. Berlin

Wilms, W. (1975). Neue Mathematik als Denkerziehung bei lernschwachen Schülern. In: Kanter, G. & Langenohl, H. (Hrsg.). Didaktik des Mathematikunterrichts. Berlin, 26–61

Winter, H. (1995). Mathematikunterricht und Allgemeinbildung. In: Mitteilungen der Gesellschaft für Didaktik der Mathematik. 61, 37–46

Wittenberg, A.J. (1963). Bildung und Mathematik. Stuttgart

Wittgenstein, L. (1984). Bemerkungen über die Grundlagen der Mathematik. In: Anscombe, R.; von Wright, G.H. (Hrsg.). Ludwig Wittgenstein Werkausgabe. Band 6. Frankfurt a. M.

Wittmann, C. & Müller, G. (1990). Handbuch produktiver Rechenübungen. Band 1. Stuttgart

Wittmann, C. & Müller, G. (1993). Handbuch produktiver Rechenübungen. Band 2. Stuttgart

Wittmann, E. (1976). Grundfragen des Mathematikunterrichts. Braunschweig

Wittmann, E. (2002). Mathematikunterricht zwischen Skilla und Charybdis. In: Voß, R. (Hrsg.). Die Schule neu erfinden. Berlin, 313–332

Wittmann, E. & Müller, N. (2004). Das Zahlenbuch. Band 1–4 Lehrer- und Schülerbände. Stuttgart

Wittoch, M. (1991). Diagnose von Störungen. In: Lorenz, H.-J. (Hrsg.). Störungen beim Mathematiklernen. Köln, 90–105

Wittoch, M. (2003). Diagnostik von Unterrichts- und Erziehungsbedingungen am Beispiel des Rechnen-Lernens. In: Fritz, A.; Ricken, G. & Schmidt, S. (Hrsg.). Rechenschwäche. Weinheim, 309–330

Wocken, H. (2001). Integration. In: Antor, G. & Bleidick, U. (Hrsg.). Handlexikon der Behindertenpädagogik. Stuttgart, 76–80
Wößmann, L. (2008). Die Bildungsfinanzierung in Deutschland im Licht der Lebenszyklusperspektive. Gerechtigkeit im Widerstreit mit Effizienz. In: Zeitschrift für Erziehungswissenschaft. 2, 214–233
Wygotski, L. (1974). Denken und Sprechen. Berlin
Wynn, K. (1992). Addition and subtraction by human infants. Nature. 358, 749–750
Zech, F. (1977). Grundkurs Mathematikdidaktik. Weinheim
Zimpel, A. (2008). Der zählende Mensch. Göttingen
Zwack, C. (1983). Erfahrungsbericht zu dem Unterrichtswerk „Mathematik entdecken und verstehen" von R. Kutzer u. a. In: Behindertenpädagogik. 22 (1), 72–75
Zwack-Stier, C. (1988). Überlegungen zur Veränderung der gegenwärtigen Lernprozessorganisation an der Schule für praktisch Bildbare. Marburg (Dissertation)

Internetadressen
Bildungsstandards Mathematik Grundschule (2004). http://www.bildung-staerkt-menschen.de/service/downloads/Bildungsstandards/GS/GS_M_bs.pdf [25.10.2008]
Bundesagentur für Arbeit (2006). Nationaler Pakt für Ausbildung und Fachkräftenachwuchs in Deutschland – Kriterienkatalog für Ausbildungsreife. www.pakt-fuer-ausbildung.de [05.05.2007]
Clausen-Suhr, K. (o.J.). Projekt Zahlenzauber. http://www.uni-flensburg.de/uni/projekte/zahlenzauber-mathematische-bildung-im-kindergarten/ [20.08.2008]
Die Zeit (2008). http://www.zeit.de/2004/50/C-Mathematik?page=4 [05.08.2008]
Feuser, G. (2007). Allgemeine integrative Pädagogik und entwicklungslogische Didaktik. http://bidok.uibk.ac.at/library/feuser-didaktik.html [12.04.2007]
FiBS (2008). http://idw-online.de/pages/de/news258565 [20.08.2008]
Forschungsprojekt Mathematiklernen (2002). www.erzwiss.uni-hamburg.de/matheprojekt [25.10.2008]
Hellmich, F. (2007). Möglichkeiten der Förderung mathematischer Vorläuferfähigkeiten im vorschulischen Bereich. http://www.bildungsforschung.org/Archiv/2007-01/mathematik [19.03.2008]
IALS (o.J.). International Adult Literacy Survey. http://www.nifl.gov/nifl/facts/IALS.html [24.01.2008]
IHK (2007). Erwartungen und Anforderungen. Was sind „passende Berufe"? http://www.frankfurt-main.ihk.de/berufsbildung/marktplatz/lehrstellenboerse/anforderungen/index.html [20.05.2007]
KMK (2008). http://www.kmk.org/statist/auslschueler.pdf [04.08.2008]
Kutzer-Verlag (2008). www.kutzer-verlag.de [16.07.2008]
Leitgedanken zum Kompetenzerwerb. http://www.bildung-staerkt-menschen.de/service/downloads/Bildungsstandards/GS/GS_M_bs.pdf [19.03.2008]
Meißner, H. (2006). „DORF – Raumvorstellungen verbessern". http://www.math1.uni-muenster.de/didaktik/u/meissne/WWW/DORF.doc [13.10.2006]
Nestle, W. (2004). Ursachen von „Rechenschwäche" bzw. „Schwierigkeiten im Mathematikunterricht" und notwendige Hilfen. In: Heilpädagogik online. 1, 26–57. http://www.heilpaedagogik-online.com/2004/ [01.04.2004]
Schmitman, A. (2007). M3. (Mehr-)Sprachliche, mathematische Kompetenzen und Migrationshintergrund. Wissen & wachsen. Schwerpunktthema Mathematik. www.wissen-und-wachsen.de/page_mathematik [18.01.2007]
Wittmann, E. (o.J.). Ein alternativer Ansatz zur Erklärung von Rechenschwierigkeiten. www.uni-dortmund.de/didaktik/mathe 2000/pubonline.de [10.05.2008]

Tabellen- und Abbildungsverzeichnis

Tab. 1: Leitfaden für entwicklungsorientierte Gespräche (Spiess & Werner 2001)... 76
Tab. 2: Themenverteilung im Lehrwerk „Denken, Rechnen, Handeln" (1975)... 168
Tab. 3: Prinzipien zur Unterrichtsgestaltung (Wember 1996) 177
Tab. 4: Übersicht der Unterrichtsstunden zum Thema „Körper und Lagebeziehungen"... 229
Tab. 5: Bildungsstandards und Testaufgaben im Überblick (Bekhiet 2007)... 235

Abb. 1: Abakus... 14
Abb. 2: Muster mit Blüten 18
Abb. 3: Quadratzahlen als Punktmuster (Steinweg 2003, 57).............. 18
Abb. 4: Arithmetische Muster 19
Abb. 5: Kommunikationsmodell (im Kontext Mathematikunterricht) 25
Abb. 6: Zahlenstrich 30
Abb. 7: Rechenkette... 33
Abb. 8: Epistemologisches Dreieck (Steinbring 2000b, 34) 40
Abb. 9: „Warum ist drei mal drei eigentlich gleich zehn?" (United Feature Syndicate) 43
Abb. 10: Systemisch-konstruktivistisches Modell des Mathematiklernens bzw. des Mathematikunterrichts 44
Abb. 11: Modell zur Situationsdiagnostik im Mathematikunterricht 48
Abb. 12: Arbeitsblatt „Kindergeburtstag"................................. 51
Abb. 13: Rechentagebuch 86
Abb. 14: Schülerreflexion über Rechentagebücher........................ 87
Abb. 15: Erträge der Bildungsinvestitionen in Abhängigkeit vom Lebensalter (FAZ 2008, 40) 107
Abb. 16: Kompetenzentwicklungsmodell (Fritz, Ricken & Gerlach 2007, 15)... 116
Abb. 17: Verzahnung mathematischer Kompetenzbereiche (Steinweg 2008, 147).. 121
Abb. 18: Zahlenkonstruktion (Hoenisch & Niggenmeyer 2007, 59) 127
Abb. 19: Melonenumfang messen (Hoenisch & Niggemeyer 2007, 17)...... 128
Abb. 20: Das kleine Zahlenbuch (Band 1) 129
Abb. 21: Das kleine Zahlenbuch (Band 2) 129
Abb. 22: Zahlenweg (Preiß 2004) 132
Abb. 23: Zahlenhaus (Preiß 2004)...................................... 132
Abb. 24: Entwicklungsmodell nach Krajewski (2008) 136

Tabellen- und Abbildungsverzeichnis

Abb. 25: Titelblatt aus „Mengen, zählen, Zahlen" 137
Abb. 26: Treppenmodell als anschauliche Koordination von Seriation und Klassifikation 148
Abb. 27: Entwicklung der Beziehungen zwischen den einzelnen Zahlaspekten nach Lebensjahren (Hasemann 2003, 69) 153
Abb. 28: Logische Blöcke 163
Abb. 29: Mehrsystemblöcke 163
Abb. 30: Cuisinaire-Stäbe 165
Abb. 31: Operatives Rechnen (Schülerbuch 1970, 3) 166
Abb. 32: Denken, Rechnen, Handeln 1975 (Begemann et al. 1976, 29) 169
Abb. 33: Denken, Rechnen, Handeln 1975 (Begemann et al. 1976, 61) 170
Abb. 34: Denken, Rechnen, Handeln 1975 (Begemann et al. 1976, 17) 171
Abb. 35: Lernstrukturgitter (Kutzer 1983) 174
Abb. 36: Beispiele aus „Mathematik entdecken und verstehen" (Kutzer 2001, 57) 175
Abb. 37: Rechenzug 176
Abb. 38: Übungen zu Zählstrategien (Wittmann & Müller 1993, 163) 183
Abb. 39: Rechendreiecke (Scherer 1997) 184
Abb. 40: Zahlenmauern 184
Abb. 41: Übung zur Orientierung in der Hundertertafel. Welche Zahlen verstecken sich unter den Buchstaben? (Wittmann & Müller 2004) . 185
Abb. 42: 1 + 1-Tafel (Wittmann & Müller 2004) 186
Abb. 43: Schülerlösungen 194
Abb. 44: Punktmuster (Scherer 2007, 593) 203
Abb. 45: Handkarten I (Navi 2 Arbeitsheft 2008, 6) 204
Abb. 46: Handkarten II (Navi 2 Arbeitsheft 2008, 7) 204
Abb. 47: Menge 7 mit Hilfe der 5er-Bündelung (Müller & Wittmann 2003) .. 205
Abb. 48a: Menge 7 mit Hilfe der Würfeldarstellung (Müller & Wittmann 2003) 205
Abb. 48b: Menge 7 mit Hilfe der Tortenform (Müller & Wittmann 2003) 205
Abb. 49a: 4 + 3 im 20er-Feld 206
Abb. 49b: 4 + 3 im 20er-Feld 206
Abb. 50: „Plus- und Minus-Tätigkeiten" 208
Abb. 51: Terme zu Abbildungen finden (Navi 1 Schülerbuch 2008, 89) 211
Abb. 52: Alltagssituationen als Anlass zum Mathematisieren (Navi 1 Schülerbuch 2008, 16) 212
Abb. 53: Alltagssituationen zum Erkennen mathematischer Strukturen (Navi 1 Schülerbuch 2008, 48 f.) 214
Abb. 54: Rechenkonferenz (Navi 1 Schülerbuch 2008, 51) 215
Abb. 55: Übungsvarianten (Navi 1, Arbeitsheft 2008, 60) 216
Abb. 56: Tauschaufgaben (Navi 1, Arbeitsheft 2008, 54) 216
Abb. 57: Messen durch direkten Größenvergleich (Navi 2 Schülerbuch 2008, 12 f.) 219
Abb. 58: Einstiegssituation Pausenverkauf (Navi 5 Schülerbuch 2008, 30) 221

289

Abb. 59: Verkaufsliste (Navi 5 Schülerbuch 2008, 34) 222
Abb. 60: Diskussion um die Einnahmen (Navi 5 Schülerbuch 2008, 36) 223
Abb. 61: Rechenstrategien zur Einnahmen- und Ausgabenberechnung
(Navi 5 Schülerbuch 2008, 40) 223
Abb. 62: Würle Würfel, Zylli Zylinder und Pyra Pyramide (Bekhiet 2007) ... 230
Abb. 63: Ausschnitt aus Testaufgabe „Wasserglas" (Bekhiet 2007) 236
Abb. 64: Ausschnitt aus Testaufgabe „Fenster" (Bekhiet 2007)............. 237
Abb. 65: Ausschnitt aus Testaufgabe „Würfelnetz" (Bekhiet 2007).......... 238
Abb. 66: Nutzung Zeitungsinserate (Wemmer 2008, 57).................. 242
Abb. 67: Grundbildungsmodell Mathematik nach IGLU (Bos 2003, 191) und
PISA (PISA-Konsortium 2001, 144) 264
Abb. 68: Alltagssituation – Murmeln schätzen 266
Abb. 69: Zähl- und Notationsstrategien................................ 266
Abb. 70: Bündeln von 10er-Mengen................................... 267

2009. 228 Seiten. Kart.
€ 26,-
ISBN 978-3-17-020731-8

Frank Hellmich/Stephan Wernke (Hrsg.)
Lernstrategien im Grundschulalter
Konzepte, Befunde und praktische Implikationen

Die Vermittlung von Lernstrategien gilt als wichtiges Bildungsziel und relevanter Bildungsauftrag der Grundschule. Erfolgreiche Lernstrategien bei Schülerinnen und Schülern bilden letztlich die Grundlage und Voraussetzung für gelingende Lehr- und Lernprozesse in den einzelnen Unterrichtsfächern. Das Buch liefert erstmalig eine Zusammenschau von theoretischen Konzepten und Forschungsergebnissen zur Entwicklung, Erkennung und Förderung von Lernstrategien bei Kindern im Grundschulalter. Dabei wird nicht nur ein Überblick über Befunde aus der pädagogischen und psychologischen Lehr-Lernforschung geboten; ausführlich wird auch auf die praktischen Implikationen für die einzelnen Unterrichtsfächer und Lernfelder eingegangen.

W. Kohlhammer GmbH · 70549 Stuttgart
Tel. 0711/7863 - 7280 · Fax 0711/7863 - 8430 · www.kohlhammer.de

2008. 276 Seiten. Kart.
€ 26,–
ISBN 978-3-17-020149-1

Hanna Kiper/Wolfgang Mischke

Selbstreguliertes Lernen – Kooperation – Soziale Kompetenz

Fächerübergreifendes Lernen in der Schule

Schule und Unterricht sollen nicht nur fachliches Lernen ermöglichen. Die Schule muss auch überfachliche Kompetenzen aufbauen und weiterentwickeln, die für die Wissensgesellschaft unentbehrlich sind. Selbstgesteuertes Lernen, kooperatives Arbeiten und soziale Kompetenz sind zentrale Stichworte. Im Mittelpunkt des Buches stehen theoretische Begründungen und didaktische Überlegungen, wie Lehrerinnen und Lehrer Lernsituationen und Lernumgebungen gestalten können, um die fächerübergreifenden Fähigkeiten im Unterricht zu fördern. Über die didaktischen Überlegungen hinaus behandelt das Buch unterrichtspraktische Fragen des schulischen Alltags.

W. Kohlhammer GmbH · 70549 Stuttgart
Tel. 0711/7863 - 7280 · Fax 0711/7863 - 8430 · www.kohlhammer.de